· 法律文化研究文丛 ·

镜中观法

《中国评论》与十九世纪晚期西方视野中的中国法

Peering through the Looking Glass
The Late-19th-Century Chinese Law in *The China Review*

李秀清 主编

撰稿人（以撰写章节先后为序）

李秀清　于　明　李　洋　赖骏楠
胡译之　洪佳期　汪　强　冷　霞

商务印书馆
The Commercial Press

主编前言

《法律文化研究文丛》自 1996 年面世，已经出版三辑，计有海内外学者专著、文集、译著三十余种刊行，内容涉及法律理论、法律史、比较法、法律社会学、法律人类学等诸多领域。

自今年起，《法律文化研究文丛》将由商务印书馆出版。编者不改初衷，将通过本文丛的编辑出版，继续坚持批评和反思的学术立场，推动法律的跨学科研究，为深入认识中国法律与社会的历史、文化和现实，推进中国的法治事业，略尽绵薄。

梁治平

2022 年 7 月

目　录

导　论　/ 1

主题篇

第一章　《中国评论》中的中国法律及其研究价值　/ 19
　　一、《中国评论》刊载中国法之概况　/ 20
　　二、《中国评论》论及中国法律的特色
　　　　——与《中国丛报》比较　/ 33
　　三、《中国评论》应有的法学研究价值　/ 35

第二章　晚清西方视角中的中国家庭法
　　　　——以哲美森所译《刑案汇览》为中心的讨论　/ 46
　　一、哲美森与《中国评论》　/ 47
　　二、为什么翻译《刑案汇览》？　/ 50
　　三、婚姻何以有效？——律例与人情　/ 60

四、立嗣继承中的宗法与情感 / 79

五、"活化石"？——重返比较法的视野 / 90

第三章 他曾这样译注《大清律例》
——《中国评论》所载哲美森译作述评 / 105

一、引言 / 105

二、哲美森及其所译《大清律例》篇章概览 / 108

三、创造性的翻译理念："例"的译制 / 114

四、复合性的题材考量：时局使然与兴趣所指 / 118

五、诠释性的翻译特色：注释的功能 / 122

六、交互性的文本解读：比较法上的观照 / 126

第四章 19世纪晚期西方人眼中的中国司法
——基于《中国评论》的分析 / 134

一、《中国评论》所载中国司法之概览 / 135

二、从《中国评论》看19世纪晚期西方人的中国司法观之变化 / 137

三、变化之主要缘由 / 141

第五章 "文明论"视野下的晚清中国及其对外关系
——以《中国评论》为考察对象 / 149

一、引言 / 149

二、"古代文明"及其局限 / 152

三、"文明化"与改革 / 163

四、结语 / 171

第六章　理雅各眼中的中国及其中国观 / 174

一、理雅各其人其著 / 175

二、"教化未全"的中国 / 179

三、阻碍中国发展的因素 / 186

四、中国的未来 / 194

第七章　来华传教士中国法律观的"变"与"常"
——以理雅各《圣谕广训》译介为中心 / 203

一、《圣谕广训》的历史地位及其译介 / 203

二、"瑕瑜互见"的《大清律例》 / 208

三、"言胜于行"的法律实践 / 213

四、"息讼"和"畏法"的中国人 / 217

五、结语 / 223

第八章　外交官与汉学家眼中的中国法律
——以翟理斯为视角 / 226

一、翟理斯的人生三阶段 / 227

二、《中国评论》中的翟理斯：《洗冤录》译本及杂论 / 232

三、作为会审公廨陪审官的翟理斯 / 239

第九章　叙事·话语·观念
——论19世纪西人笔下的杀女婴问题 / 250

一、来华西人记述中国杀女婴之汇览 / 251

二、偶发还是盛行：中国杀女婴的描述差异 / 257

三、需要即优势：中国盛行杀女婴成为主导性话语 / 268

四、余论 / 274

附 篇

第一章 《印中搜闻》与19世纪早期西方人的中国法律观 / 283
一、引言 / 283

二、《印中搜闻》中的中国法概览 / 286

三、抨击和否定：《印中搜闻》与19世纪早期西方人评判中国法之转向 / 297

四、《印中搜闻》负面中国法律观的历史影响 / 311

第二章 晚清中国的英国议会形象
——基于1866年至1885年域外日记的研究 / 318

一、引言 / 318

二、源于阅读：1866年前晚清士人的英国议会知识 / 321

三、观其形：议会大厦 / 327

四、察其制：议会的活动 / 331

五、定其名：关于议会的语词 / 339

第三章 近代英国法律知识的大众传播及其中国影响
——以《人人自为律师》的译介为例 / 344

一、引言 / 344

二、"人人自为律师"的理想：精神溯源 / 346

三、《人人自为律师》的读本：载体变迁 / 352

四、《人人自为律师》的翻译：中国诠释 / 367

刊文选译

中国法的运行 / 383

中华帝国的宪法性法律 / 409

中国官制改革之观点 / 441

威妥玛论中国 / 449

参考文献 / 474

索　引 / 497

后　记 / 506

导 论

一

中国的近代史纷繁复杂，历来是史家必论。就其究竟肇端于何时，近代化的主因到底是自身还是外部的压力，及重大事件的历史地位、著名人物的臧否等等，都有丰富的叙事，不过，"中国悲剧性近代"恐怕是多数人的一个共识。或许，我们曾反感于风行一时的"西方中心论"，曾对"中国中心观"所倡导的"在中国发现历史"有过期待，也希冀以"全球史观"的视野更加客观、周全地看待过去和当下，或者是更加偏好福柯式的解构，强调历史的丰富、细致和复杂，而生疑于孰优孰劣的单调比较。可不管所好何论，无法回避的是，自18世纪末19世纪初起，中国，本身何如，是好是坏，渐渐已不可自决，相反，得面对来自西方的打量。

欧美来华的传教士、商人、外交官，构成了打量者的主体，他们的信函、日记、论著及杂志是载体。中国的政制、中国人的习俗、中国人的素质，当然还有中国的律例及司法状况，都是话题。在19世纪,纵向地看,打量者的人数不断增多,来华的目的和心态各异,载体的种类也随之日益丰富,但这些话题却是自始至终的。而一脉相承的三份英文汉学杂志,即《印中搜闻》(The Indo-Chinese Gleaner, 1817—1822)、《中国丛报》(The Chinese Repository, 1832—1851)和《中国评论》(The China Review: Or, Notes and Queries on the Far East, 1872—1901),就是打量者对于上述话题说长道短的主要载体,它们也是我们探讨19世纪中国法知识的西传、欧美人中国法律观的构建及变化的重要媒介。

《印中搜闻》是一份季刊,由第一位来华新教传教士、英国人马礼逊(Robert Morrison, 1782—1834)与同受伦敦传教会(London Missionary Society,即伦敦会)派遣来华协助传教,后转至马六甲开创传教据点的米怜(William Milne, 1785—1822)创刊于马六甲,1817年5月开始发行,1822年6月因米怜病逝而停刊,分3卷20期。涉及中国法的文章和报道,若按现在的法律分类法,主要属于刑事法。

《中国丛报》是外国人在中国境内创办的第一份成熟的英文期刊,由美国第一位来华传教士裨治文(E. C. Bridgman, 1801—1861)于1832年5月在广州创刊,1851年年底停刊,前后整20卷、总232期。办刊也得到马礼逊的大力支持。对照《中国丛报》与《印中搜闻》,可以发现,前者的宗旨,及初期的体例和内容,与后者均存暗合,某种意义上可以说,这是马礼逊在弥补《印中搜闻》仅持续五年的遗憾。《中国丛报》虽为传教士所创办,但宗教内容并非主要的,重点是对中国各方面国情的报道和介绍。该刊后期的作者队伍扩大,外交官、商人、旅行家、军事将领等也纷纷投稿。综览《中国丛报》所载有关中国法律的文章及报道,内容大致可分为:中国的政制，中国的立法，法律的实施，刑法，诉讼，监狱，土地制度，等等。其中，涉及诉讼的极其庞杂，介绍民事法律的最为简单。

1872年，也即《中国丛报》停刊20年之后，英国人丹尼斯（N. B. Dennys，1838—1900）在香港创办《中国评论》，至1901年6月停刊，共25卷150期。丹尼斯是领事官、记者，后接替其负责杂志的是原德裔传教士、后脱离教会任职于港府的欧德理（E. J. Eitel，1838—1908）。另两位担任过主编的是霍近拿（Alexander Falconer，1847—1888）和波乃耶（James D. Ball，1847—1919）。主编们是主笔，也都一身多职，均是汉学家。该刊作者比《中国丛报》的更多更广，达四百余人，英国人最多，中国作者仅有何启（1859—1914）一人。刊物内容庞杂，有关中国法律的论文、释疑极为丰富，其中有数篇直接转摘自《印中搜闻》和《中国丛报》。但比起这二者，《中国评论》涉及中国法律的范围更广，关注的侧重点有变，不仅关注律例条文，而且还重视司法判例、习惯法和地方习俗，介绍中国法律的方式也更具学术性。它是英国汉学或曰英美汉学的代表刊物，甚至被称为"西方世界最早的真正汉学期刊"，在此时期中西文化交流史上有着主导性媒介的地位。

回溯近代中西直接交集不断频繁的足迹，我们皆知，17、18世纪时，因受耶稣会传教士赞誉中国的论著、游记的影响，包括法律在内的中国文化曾受到遥远的欧洲国家的欣赏和推崇，至晚在18世纪末，欧洲人还视中国拥有更优越的文化，并乐意借鉴。这从莱布尼茨、伏尔泰的笔下皆能找到印证。即使孟德斯鸠在《论法的精神》中对于中国的政制、法律、风俗有诸多激烈的抨击，但也并非一概否定。19世纪，中西关系跌宕起伏，欧美各国之间也有竞争和冲突，这三份杂志恰巧存续于这一世纪的早期、中叶和晚期,以它们为中心,梳理和分析西人眼中的中国法律和习俗,可以从一个侧面探讨、总结该时期西方人看待中国法的视角、观点,及其变化、传播、影响。这无疑也是中西法律文化交流史、比较法律史研究中值得深入探讨的课题。

十多年前,笔者得缘赴美访学,研究兴趣也转到了探寻中美早期的法律交流上。由美国第一位来华传教士裨治文创办,最后数年由有"美国汉学第一人"之称的卫三畏(S. W. Williams, 1812—1884)负责的《中国丛报》,自然进入了笔者关注的视野。此后数年,笔者一直集中于对它的研读,并发表系列论文,从研究中西法律文化交流史的视野探讨《中国丛报》应有之价值,并阐析《中国丛报》作者笔下的中国的政制、刑事法及诉讼制度,分析其所呈现之真实与想象,并最终汇集出版了《中法西绎:〈中国丛报〉与十九世纪西方人的中国法律观》(上海三联书店2015年版)。在此过程中,笔者已经注意到《中国丛报》的一些文章和报道是摘自《印中搜闻》,手头上也有本书撰稿人之一、当时在校读博的李洋购买赠送的《〈中国评论〉(1872—1901)与西方汉学》(上海人民出版社2010年版)一书,而且也知晓国家图书馆出版社已相继影印出版了这两份杂志。但限于时间和精力,当时并没能对二者做进一步的思考。

二

《中法西绎》一书出版的当年,笔者在初步浏览影印版《印中搜闻》和《中国评论》之后，决意并顺利申请了题为"《中国评论》与十九世纪末西方视野中的中国法"的国家社科重点项目（15AFX006）。读者现在看到的，就是我们历时五年所完成的课题成果的最终稿。

延续探究早期中外法律交流史的兴趣，深感此有进一步挖掘的必要和意义，这自然是申请项目的内在缘由。但更重要的是因为《中国评论》中有着丰富的法律内容，它发行较广，在欧美等国的主要图书馆均有收藏，对于19世纪末20世纪前期的西方人论中国法律的相关著作多产生过影响，在当代研究中西文化交流史的重要论著中，它也都是参考资料。而在中国学界，长期以来，它却不受待见。最近十余年，随着中西文化交流史研究的趋热，同时亦因它的影印出版带来利用上的便利，以其为主题的较有学术价值的研究成果陆续问世，不过，还仅限于文学交流史、西方汉学史、比较文学等领域。特别令人遗憾的是，包含着丰富法律内容的《中国评论》，在近代法、比较法律史的研究中还没有得到应有的重视。至项目申请时，我们所能看到的仅是零星的引用。

有鉴于此，在逐页翻阅、爬梳《中国评论》所载的论文、释疑、书讯等全部信息的基础上，笔者首先撰写了一篇总括性的论文——《〈中国评论〉中的中国法律及其研究价值》。此文就其所刊有关中国法律和习俗的文章进行大致归类，包括：摘译《大清律例》《洗冤录》和《刑案汇览》；专文论述中国古代法律传统及《大清会典》；评述中国法律的运行；介绍中国的官制、刑法、监狱、婚姻、继承、收养、商事；相比于《中国丛报》，它在关注中国法律的范围、侧重点和论述方法等方面的具体变化。并提出，就对中国法律典籍西译史的深入研究、19世纪西方人中国法律观变迁史的总结等而言，《中国评论》均有重要价值。而因其内容繁杂,完成课题又有时限,不容许也不可能如此前对于《中国丛报》那样独自研究,故而笔者邀请了在比较法律史领域已耕耘数年,并有了丰硕积累的青年同道参与其中。但即使有团队优势,从项目设计之初,我们也没有期求事实上也不可能做到面面俱到的探讨,而只是拟从比较法律史兼及翻译史、观念史的角度,以重要的制度、风俗、人物、事件为切入点,分专题做个案研究。

与《中国丛报》相比,《中国评论》关注中国法重民轻刑,刑事审判、刑讯逼供、公开斩绞死刑犯等在前者中屡见不鲜的报道和描述,在《中国评论》中已极为少见。相应地,有关财产买卖、婚姻家庭等有较多论述,摘译《刑案汇览》时偏重的是收养、继承、婚姻等案例,摘译《大清律例》也主要是其中的《户律》。摘译《刑案汇览》《大清律例》的同时又做了诸多评论的,就是该刊的重要作者哲美森(George Jamieson, 1843—1920)。

于明的《晚清西方视角中的中国家庭法——以哲美森所译〈刑案汇览〉为中心的讨论》,即是以哲美森翻译《刑案汇览》为切入点的一篇长文。尽管哲美森所译案例数量不多,但却是迄今所知《刑案汇览》最早的英译。通过对所译文本的具体分析可以发现,哲美森所译的内容都集中于婚姻与继承,这一译事既源自他的中国民法研究计划,也来自英国法律人对于民事习惯与判例的关注。而通过将其后来所著《中国家庭法与商事法》与所译这些案例的对勘,可见他对中国家庭法中的婚约效力、嫁娶违律、立嗣继承等诸问题的独到观察与研究,并由此折射出19世纪下半叶西方人对中国家庭法的一般看法。该文最后,作者回到哲美森所处维多利亚时代的学术背景之中，分析得出哲美森中国家庭法研究的学术旨趣与理论考量，即他的中国家庭法研究来自梅因（Sir Henry S. Maine，1822—1888）等人所开创的比较历史人类学的研究传统，其中既有对已有研究的继承，也有汉学研究的独特视角与智识贡献，同时还指出，由于殖民者的视野局限，这种比较研究的背后也存在无法避免的缺陷。

《大清律例》作为传统中国律典的最终承载体，在近代中西法律冲突的进程中，尤其是在小斯当东（Sir George Thomas Staunton，1781—1859）于1810年将之英译出版后，备受西人关注。中国学界对于《大清律例》西译的关注也并不鲜见。但是，《大清律例》的西译史尚有被忽视的片段，那就是哲美森连载于《中国评论》上的译文。李洋的《他曾这样译注〈大清律例〉——〈中国评论〉所载哲美森译作述评》，就是以涉足英国在华外交、商事及司法等诸多领域的哲美森为样本，聚焦于对其曾从事的这段被遗忘的过往译事的探究。在对哲美森所译《大清律例》具体条文进行细致对照后，作者指出，其所译条文虽然难称全面，但却系统性地、诠释性地翻译了其中的《户律》与《兵律》诸篇，他将翻译重心驻足于既往相关译者所忽视的"例"，丰富了西人对中国传统法律的完整认知。同时，哲美森还将时局与个人旨趣有机结合，从而体系化地翻译了《兵律》中的《关津》篇与《户律》中的《户役》《田宅》《婚姻》诸篇。作者还总结出了哲美森的翻译风格，即将大量注释融于律例条文的翻译之中，诠释解读律例的真实表达；将英国法的术语、观念作为比较法引入，有效地促成西人对中国传统律典的理解。并且提出，尽管法律殖民背景之下的翻译活动已有几缕政治色彩，但仍然无法抹杀哲美森所译《大清律例》在19世纪晚期中西法律文化交流史上不容忽视的价值。

19世纪著名传教士、汉学家理雅各（James Legge, 1815—1897）在评价中国时表现出的"矛盾"态度，在学界一直众说纷纭。他也是《中国评论》的作者，发表了包括《帝国的儒学：康熙十六条圣谕》《香港殖民地》等论文。基于这些论文，同时结合其编著的《智环启蒙塾课初步》及其译著《中国经典》的导读部分等，胡译之撰写了《理雅各眼中的中国及其中国观》《来华传教士中国法律观的"变"与"常"——以理雅各〈圣谕广训〉译介为中心》。前一篇在对理雅各的中国观进行细致的解读之后指出，他对中国的态度看似矛盾，实则并无抵牾：一方面，理雅各将中国视为科学技术落后和拥有"惨酷习俗"的"半文明国家"，认为近代以来中国文明停滞，是因为儒学中存在阻碍中国发展的因素，以及清政府的畏葸不前；另一方面，与其他一些传教士的观点不同，理雅各认为中华文明有较强的生命力，对中国的前景总体上充满信心，主张中英两国应发展健康的贸易，增进文化交流，并提出正是理雅各传教士和学者的双重身份，决定了他的这种独特的中国观。后一篇则在此基础上，集中于对理雅各的中国法律观的进一步研究，认为从其对于清代中国的立法、司法、守法的描述中可以看出他虽承认中国法有优劣两面，但总体上不如"基督教文明国家"的观点。

曾被视为"西方汉学家的公敌"的翟理斯（Herbert A. Giles, 1845—1935）以汉学研究显名于世，他的一生与中国法也有关联，不仅在《中国评论》上发表《洗冤集录》部分译作，而且还曾作为陪审官在上海租界会审公廨中审理案件。洪佳期的《外交官与汉学家眼中的中国法律——以翟理斯为视角》一文，即以翟理斯的这两段经历为主线,探讨他是如何看待中国的文化、法律与社会秩序的。作者认为,翟理斯虽因与编辑发生矛盾而未能刊登《洗冤集录》全部译文,但仍可从中看出他对包括法律在内的中国文化的兴趣与功底,他在担任上海公共租界会审公廨陪审官一职时,因诉讼程序、审判依据等与共同审理案件的中方谳员发生争议甚至激烈冲突,后以离职才结束纷争。"博学""好斗"的翟理斯,其观点、其与同事的争执冲突,也折射出了19世纪外交官与汉学家眼中的中国法的一个侧影。

三

无论是《中国丛报》还是《中国评论》,它们都是《印中搜闻》直接或间接的衣钵传承者。此前笔者专注于《中国丛报》之际没有来得及深究《印中搜闻》,这次聚焦于《中国评论》时再也不能错过。而且,也唯有将此三者对照着看待,才能理解19世纪晚期的《中国评论》在报道、介绍中国法律和习俗时在议题、观点、方法上的变化,以及其作者群体看待中国的态度、心境的改变。

基于《印中搜闻》有关中国法内容的分析,笔者形成了《〈印中搜闻〉与19世纪早期西方人的中国法律观》一文。作为来华传教士最早创办的英文刊物,《印中搜闻》主要关注的是中国的刑事法,体现出来的是抨击和否定,具体包括死刑多、执行方法残酷,非法拷问屡禁不绝,地方官失职渎职、司法腐败,及奸杀案件不断、道德沦丧。纵向地看,这种抨击和否定,正符合始自19世纪初西方人对中国法的评判发生转向,否定中国法的观点逐渐上升为主流的趋势,而且它在其中起到了推波助澜的作用,其所构建的负面中国法律观的影响持久且根深蒂固。

自18世纪下半叶中外之间的纠纷迅速增多以后，西人关注中国的主要兴趣点之一即是司法。就此方面的记载林林总总。《19世纪晚期西方人眼中的中国司法——基于〈中国评论〉的分析》就以《中国评论》为切入点，兼及比较三份杂志所载司法的内容，总结视角和观点的变化。中国法律的实施、审判权归属、刑事诉讼各个阶段及监狱状况等均受到关注，相比于《印中搜闻》《中国丛报》，《中国评论》对于中国刑事司法的关注度降低，广泛、公开地处决死刑犯的信息已是鲜见，对于非法刑讯的报道骤减，地方官审判不力、失职渎职的描述也很少。19世纪下半叶中国着手引入西方制度，中西关系暂时缓和，刊物所在地独特的地缘和文化环境，及编作者众多且身份多元和办刊的开放性，都是《中国评论》不再一概否定和抨击中国司法，而是代之以既有抨击又有肯定历史进步的评述的原因。这些是笔者在撰写时所提出的观点。

而当论及19世纪西人看待中国法的变与不变时，有两个话题肯定是离不开的，那就是中国的文明位阶，以及与此相关的杀女婴问题。

"文明"（civilization）是理解近代世界秩序之形成的一个关键线索，也是19世纪西方知识界观察东西方世界各文化的一个重要工具，将"文明论"予以逻辑上最为清晰的展现的，是国际法学。赖骏楠在《国际法与晚清中国：文本、事件与政治》（上海人民出版社2015年版）中曾对此有过专门的论述，此次受邀撰写了《"文明论"视野下的晚清中国及其对外关系——以〈中国评论〉为考察对象》一文。他认为，作为19世纪"侨居地汉学"的重要平台之一，《中国评论》

也是在"文明论"框架下来界定和描绘清季中国的国际地位和对外关系的，总体上将中国界定为"古代文明"，亦即承认其具有部分"文明"特质，但其"文明"等级又明显低于西方基督教"文明"，同时极为鲜明地坚持基督教作为最高"文明"的实质构成部分。正因如此，对于中国应如何实现更高"文明"这一问题，该刊编作者提出了包括完善基础设施建设、改良国内法律、接受近代欧美国际法规则等要素在内的较为完整的改革方案，尤其强调以全民改宗基督教作为道德与信仰的改良方案。他还认为，汉学家往往居住在中国，相比于其本人曾聚焦关注过的国际法学家更为熟悉中国的情况，分析更为细致、独到，能呈现出更丰富的历史场景性乃至生动性，因此，研究《中国评论》对于清季中国之国际地位和对外关系的表述，或许将有助于我们对中外关系史上某些重大事件，以及中国在19世纪国际舞台上的角色和命运，达至某种更为身临其境甚至更为深刻的理解。

当《中国评论》编作者考察中国应当在国际社会或国际法上获得何种地位，本能性地诉诸"文明/野蛮"这套语言体系来为中国在"文明"阶梯和国际权利等级制中指定位置时，他们诟病中国存在的严重社会问题就是妇女地位低下，直接针对的是杀女婴及缠足、一夫多妻制。《叙事·话语·观念——论19世纪西人笔下的杀女婴问题》就以杀女婴问题为切入点，基于《印中搜闻》《中国丛报》和《中国评论》上的文章和报道，及其他来华西人的主要日志、游记、论著，就此时期西人关于中国的风俗、法律乃至民族性等观念做进一步的思考。研究发现，这三份刊物所载杀女婴的内容，及其他来华西人的相关论述，不乏矛盾。其中，关于杀女婴在中国是偶发还是盛行，是属于一般陋俗还是本源于中国人残忍的本性，是他们之间最主要的争议。笔者进而还提出，19世纪"传教、贸易、统治或打仗"的历史背景，决定了欧美人所需要的是中国盛行杀女婴、杀女婴不受道德谴责和法律惩罚、若以女性地位来衡量中国就是野蛮落后等知识，它们才是主导性话语，由此所形成的负面中国观的影响延续至今，当值得正视和反思。

四

至《中国评论》创办、存续的19世纪下半叶，中西之间的关系以清廷战败并签订一系列不平等条约换来暂时的缓和。面对西方列强，"天朝上国"没有了制度和文明的自信，开始正视中西力量的差异和体制的迥异，从器物到制度的引入势在必行，也已成共识。

从被动派遣驻外使节，初识其好处，并相继在各主要国家设立公使馆，中国终于"进入国际大家庭"。[1] 在此背景下，与越来越多的西人来华办报创刊著述，对于中国各种事务评头论足相对应的是，国人了解外界的路径也开始变得直接。一拨接一拨的士人、使节走出国门，走向世界，他们留下了记述亲历各国心路、直击西洋景的日志，他们译介西论，也曾说东道西。尽管有关近代西法东渐的言说已不胜枚举，但在构思本书框架之初，我们就预留了篇幅，拟选两个合适的切入点做深入的分析，既是为了拾遗补缺，也是为了与《中国评论》编作者的相关言说做一定的镜鉴映照。彼此打量既然存在，交互论析

---

[1] 详可参见［美］徐中约：《中国进入国际大家庭：1858—1880年间的外交》，屈文生译，商务印书馆2018年版。

就不可或缺。汪强、冷霞各自完成的论文之意义即在于此。

考虑到清廷第一次派出赴欧洲考察团即斌椿使团是在1866年，而至1885年最早的两位驻英国公使郭嵩焘、曾纪泽先后结束任职，汪强将关注的目光集中于这个时期西方国家和社会的亲历者的日记，并侧重有"议会之母"之称的英国，撰就了《晚清中国的英国议会形象——基于1866年至1885年域外日记的研究》一文，分析有关英国议会的知识、形象、机制和名称在晚清中国的输入和传播。他认为，自19世纪70年代中期，也即《中国评论》创刊不久起，议会（或议院）之称在中国逐渐流行，这与晚清士人日记中描述、建构的议会形象有着密切关系。他们在出国之前，通过阅读来华西人的中文著述及第一代"睁眼看世界"的先驱们的编著，已经具备了关于议会的一些知识，到达英国之后，实地观看议会建筑"景观"、议会议事场景，则深化了他们对议会的理解。他们所塑造的英国议会形象，部分受到源于阅读的知识积累的影响，更多的则来自现场到访的观察及感悟，具有知识与文化层面的意义，同时嵌入了中国传统政制文化的内容。尽管谈不上是"深描"，但在一定意义上，这些日记中的英国议会形象推动了晚清国人对于议会的理解，也影响了其后中国的相关实践。

跨语际法律交流实践中译事之张力并不稀罕，而且常谈常新。冷霞的《近代英国法律知识的大众传播及其中国影响——以〈人人自为律师〉的译介为例》一文，针对迄今少有学者关注的《人人自为律师》(*Every Man His Own Lawyer*) 这一英国法律读本如何被移译为《英例全书》的问题，究其源流，探其成因，析其影响。她认为，17—19世纪英国陆续出版并流行的《人人自为律师》以英国近代兴起的人文主义、自由主义、平等主义思潮以及新教理念为精神源头，以法律语言的通俗化、法律形式的简明化以及法律职业的民主化为目标，致力于法律知识的大众传播，塑造了近代英国法律大众化的亚传统。此类书籍不仅在美、澳等深受英国文化影响的殖民地广受欢迎，而且还趁着西法东渐之风远渡重洋。至19世纪80年代，《人人自为律师》读本由胡礼垣译为《英例全书》，《中国评论》唯一的中国作者何启不仅是该书的鉴定人，而且在译本的选择、提供以及具体翻译过程中都起了不容忽视的作用。这是英国法在中国的首次全面译介，事实上也是这两位著名维新思想家、推动英国法传播进入中国的冰人互相合作的真正起点。她还认为，《人人自为律师》的中英文本转换，反映了身为作者的英国知识分子和身为译者的中国士人的不同理解和迥异追求。英国作者通过此书想要达到的目的是对法律知识的普遍理解，从而对国民进行政治教育，保障公民的基本权利和自由；而中国译者则想借此获得对西方制度的认识，推动民权理念的启蒙，最终实现国家的富强梦想。中英社会面对的社会根本问题的差异，以及不同的文化传统所造就的价值研判标准的分歧，是造就双方对该文本作出不同诠释的真正原因。

五

全书分为"主题篇""附篇"及"刊文选译"。各章撰稿人如下：李秀清，导论及"主题篇"第一、四、九章，"附篇"第一章；于明，"主题篇"第二章；李洋，"主题篇"第三章；赖骏楠，"主题篇"第五章；胡译之，"主题篇"第六、七章；洪佳期，"主题篇"

第八章；汪强，"附篇"第二章；冷霞，"附篇"第三章。收录于"刊文选译"的是四则译自《中国评论》的专文，具体包括《中国法的运行》《中华帝国的宪法性法律》《中国官制改革之观点》及《威妥玛论中国》，它们常在论述主题篇章时被加以引用。而且作为资料，其或多或少所展现出来的19世纪晚期西方人的欧洲中心主义的立场及带有明显时代烙印的观点，当值得阅者审思、驳辨。参与"刊文选译"的译（校）者有高珣、涂钒、刘芸伊、于莹、罗带、毛皓强等。参考文献由汪强制作。全书由笔者统稿。

从《中国评论》出发，原汁原味地回溯19世纪晚期西方人眼中的中国法律观，进而立体地呈现并反思在这一重大历史转折时期的西法东渐和东法西传过程中的中西法律观的差异、冲突及其复杂性、多变性，以及曾产生的深远影响，是本书的研究宗旨，也是课题组所有成员的共同期求。但错综复杂的中外关系，跌宕起伏的历史演进，粉墨登场的众多人物，注定了踏足于19世纪中西法律交流史这一领域的探讨本身就是冒险，必留遗憾。

对于《中国评论》所载较多的关于中国的官制及商事法等信息，还没能做具体的解读；一些重要编作者，包括也曾翻译《大清律例》片段的杰弥逊（J. W. Jamieson, 1867—1946）、详陈论证中国必须改革的威妥玛（Thomas F. Wade, 1818—1895）等其言其论，也有待进一步关注；行文中免不了出现的"西方""西方人"乃至"西法"等宽泛、开放的词汇，也容易引人误解，似乎所有西方人看待中国法的观点是相同的，是不变的。还有，《中国评论》中的旁观侧语如何流传至欧美帝国的中心，并对其主流言论界、宗教界和政治界构成了何种影响，又是否以及如何具体影响了列强在历次外交事件中的判断和行动；相对于《印中搜闻》《中国丛报》，《中国评论》所体现的西方人评判中国法的部分转向，是否对于民国初期法制肇建时竭力主张既要承续中国法律传统又要移植西方经验的一代立法者有过影响；20世纪其后各个阶段，乃至中国当下的法律变化和改革，与各个时期外国人看待中国法的态度和观点是否也有剪不断理还乱的联系；等等诸项，都有待总结，也值得我们后续更多的努力和思考。

主 题 篇

第一章
《中国评论》中的中国法律及其研究价值

《中国评论》是香港期刊 The China Review: Or, Notes and Queries on the Far East 的通常译名，于1872年6月由英国人丹尼斯（N. B. Dennys, 1838—1900）[1] 创刊，1901年6月停刊，共25卷150期。[2] 每卷各期页码连续，最多的是第12卷，有519页，最少的是第24卷，有296页，其他各卷三四百页不等。《中国评论》主要刊载篇幅较长的专题论文（articles），其他主要栏目还有"书讯"[3] 和"释疑"[4] 等，绝大部分都是以英文撰写的，以法、德、意、西和葡等文撰写的仅有几篇，总体上说，它是一份英文期刊。尽管它在报刊史及中西交流史等研究中还有另一译名——《远东释疑》，但无论专文还是释疑乃至

---

[1] 丹尼斯经历丰富，曾在英国驻华使领馆任译员，《德臣报》（China Mail）主编，系《中日释疑》（Notes and Queries on China and Japan, 1867—1870）的创办人，及香港市政厅博物馆和图书馆的创立人之一。

[2] 其中，前18卷，各卷均是从头一年的7月到次年的6月为一卷，双月刊，每卷6期；第19卷，1891年，6期；第20卷，1892年至1893年，6期；第21卷，1894年至1895年，6期；第22卷，1896年至1897年，6期；第23卷，1898年至1899年，6期；第24卷，1899年至1900年，6期；第25卷，1900年至1901年，6期。

[3] 即 Short Notices of New Publication and Literary Intelligence 或者 Notices of New Books and Literary Intelligence。

[4] 即 Notices and Queries。

书讯,绝大多数都是关于中国的,其中,有关法律的内容就很丰富,值得关注和研究。

一、《中国评论》刊载中国法之概况

《中国评论》的作者队伍庞大,有四百余人,主要是欧美来华的传教士、外交官、公务人员、商人、记者等,其中,英国人最多,而中国作者仅有何启一人。[1] 内容涉及面极广,发刊词[2]中明确提到的就有艺术和科学、人种、民俗、地理、历史、文学、神话、风俗习惯、自然志[3]和宗教等。第 11 卷第 3 期的最后,首次刊载"To Contributors"[4](类似于现在的"征稿启事"),明确欢迎以下 33 类主题的来稿,其后各期也多原封不动地加以刊载。为清晰起见,特制表如下:

表1 《中国评论》欢迎来稿主题

主题序列	主题分类
1	古代和现代建筑(Architecture, ancient and modern)
2	土著种族(Aboriginal Races)
3	农业、工业和商业(Agriculture, Industry and Commerce)

---

[1] 详见王国强:《〈中国评论〉(1872—1901)与西方汉学》,上海书店出版社 2010 年版,"附录二 《中国评论》作者索引(共 405 人)",第 405—464 页。

[2] "Introductory," *The China Review: Or, Notes and Queries on the Far East*, Vol. I: 1 (July, 1872 to June, 1873), p. 1. 以下引注中,该刊名称统一简化为 *The China Review*。

[3] 即 Natural History,又译"自然史"或"博物学",本章从吴国盛先生的观点,将其译为"自然志"。参见吴国盛:"自然史还是博物学?",《读书》2016 年第 1 期。

[4] *The China Review*, Vol. XI: 3 (July, 1882 to June, 1883), p. 202.

(续表)

主题序列	主题分类
4	考古学（Archeology）
5	艺术和科学（Arts and Sciences）
6	文献学（Bibliography）
7	传记（Biography）
8	中亚的人种、地理和历史（Central Asia, ethnography, geography and history of）
9	年代学（Chronology）
10	朝鲜的历史、语言、文学和政治（Corea, history, language, literature and politics of）
11	工程（Engineering works）
12	人种（Ethnography）
13	动植物（Fauna and Flora）
14	自然地理和政治地理（Geography, physical and political）
15	地质学（Geology）
16	行会和贸易组织（Guilds and Trade Combinations）
17	通史和地方志（History, general and local）
18	碑铭（Inscriptions）
19	中外交流（Intercourse between China and other nations）
20	中国对于日本文学、宗教、哲学和文明之影响（Japan, Chinese influence on the literature, religion, philosophy and civilization of）
21	法学（Jurisprudence）
22	古今文学（Literature, ancient and modern）
23	体育和娱乐的风俗习惯（Manners and Customs, sports and pastimes）

(续表)

主题序列	主题分类
24	神话（Mythology）
25	医药（Medicine）
26	冶金术和矿物学（Metallurgy and Mineralogy）
27	钱币学（Numismatics）
28	政制和行政（Political Constitution and Administration）
29	宗教及其教义、法事和仪式（Religions, their tenets, rites and ceremonies）
30	与东方相关著作之书评（Reviews of Works relating to the East）
31	秘密社团（Secret Societies）
32	贸易线路（Trade Routes）
33	本地小说、戏剧等作品的翻译（Translations of native works, novels, plays, etc.）

一般而言，中国现代学术的确立（即学术转型的完成）是在五四运动之后，但究其发端，却是在晚清。正是此时期，在西学东渐的潮流中，主要集中于经、史、子、集"四部"框架之中的中国传统学术及其知识系统开始发生转型，即从文史哲不分的"通人之学"向西方近代"专门之学"转变，从"四部之学"向"七科之学"（文、理、法、商、医、农、工）转变，这是中国传统学术向现代学术形态转变的重要标志。[1] 从上表所列的欢迎来稿主题及其实际刊载的九百余篇专文和一千余条释疑可知，《中国评论》所含内容主要是

---

[1] 关于中国传统学术向现代学术转型的详论，参见左玉河《从四部之学到七科之学——学术分科与近代中国知识系统之创建》（上海书店出版社2004年版）一书各论。

与中国有关的,几乎涵盖了上述七个学科,确实可称得上是百科全书式的刊物。

在经过近一年逐页浏览和研读之后,笔者发现按现在理解属于33类主题之一的"法学",其内容十分丰富,既有专文,也有简要的释疑和报道,将之进行归纳,主要有下列方面。

(一)摘译中国法律典籍

1.《大清律例》。哲美森和杰弥逊分别翻译了若干条款。前者在译者序中明确说明是依据1870年版,摘译的内容涉及《兵律》和《户律》,分五个部分连载。[1] 杰弥逊的摘译较少,仅包括《户律·钱债》"违禁取利"条律文及5条附例、"得遗失物"条律文,《户律·市廛》"私充牙行埠头"条律文及5条附例、"把持行市"条律文及5条附例、"私造斛斗秤尺"条律文。[2]

2.《洗冤录》。译者为翟理斯,据道光二十三年(1843年)版翻译了前两册,无译者序,连载于第3卷第1期至第3期。[3]

3.《刑案汇览》。译者也是哲美森,他翻译了9起案例,涉及收养、继承、婚姻,对其中4起案例附加了注解。在简要的前言中,译

---

[1] See "Translations from The Lü-Li, or General Code of Laws," *The China Review*, Vol. VIII: 1 (July, 1879 to June, 1880), pp. 1–18; Vol. VIII: 4, pp. 193–205; Vol. VIII: 5, pp. 259–276; Vol. VIII: 6, pp. 357–363; Vol. VIX: 3 (July, 1880 to June, 1881), pp. 129–136; Vol. VIX: 6, pp. 343–350; Vol. X: 2 (July, 1881 to June, 1882), pp. 77–99.

[2] See "Extracts from The Ta-Ching Lü-Li," *The China Review*, Vol. XVIII: 2 (July, 1889 to June, 1890), pp. 118–124.

[3] See "The Hsi Yuan Lu, or Instructions to Coroners [Translated from the Chinese]," *The China Review*, Vol. III: 1 (July, 1874 to June, 1875), pp. 30–38; Vol. III: 2, pp. 92–99; Vol. III: 3, pp. 159–172. 译者还加了题注,将《洗冤录》直译为"Record of the Washing Away of Wrongs"。

者还介绍了《刑案汇览》的性质及选摘这些案例的缘由,对于中国的法典及其实施也有所评论。[1]

此外,杰弥逊也摘译了两组指导性案例:一组是关于给没赃物,另一组是倒卖田宅。[2] 至于它们是否来自《刑案汇览》,还有待细查,注释中只说明译自"a Chinese collection of leading cases",若将之直译的话,即《中国指导性案例汇编》。

(二) 专文介绍中国古代法律传统

有一篇由汉恩·蒲拉斯(Dr. J. Heinr. Plath)译自德国《巴伐利亚皇家科学院汇刊》(*The Transactions of the Royal Bavarian Academy of Science*,慕尼黑,1865 年)的长文——《古代中国的立法和法律》[3],分两期刊载,介绍中国古代尤其是夏、商、周三朝的立法、司法,及包括婚姻家庭和土地等民事法,并有一些评价。文中多处参引了《周礼》《论语》《左传》《中庸》等经典文献。

此外,还有一则短文《中国最初的法典编纂》[4]。该文认为,如同罗马颁布《十二表法》,子产"铸刑书"在中国法律史上也具有划时代的意义,尽管最初遭到激烈的反对。

1　See "Cases in Chinese Criminal Law," *The China Review*, Vol. X: 6 (July, 1882 to June, 1883), pp. 357-365.

2　See "Chinese Law. Translations of Leading Cases," *The China Review*, Vol. XVIII: 1 (July, 1889 to June, 1890), pp. 33-36.

3　"Legislation and Law in Ancient China. According to Chinese Sources," *The China Review*, Vol. VII: 3 (July, 1878 to June, 1879), pp. 187-193; Vol. VII: 5, pp. 285-290.

4　"The Primitive Codification of Chinese Law," *The China Review*, Vol. X: 1 (July, 1881 to June, 1882), p. 71.

（三）专文论述中国的宪法性法律，即《大清会典》

有一篇长文，题名即为《中华帝国的宪法性法律》[1]，作者是该文发表前不久刚刚病逝的丕思业（C. F. Preston，1829—1877）。他认为，《大清会典》在一定意义上可被视作中华帝国的宪法性法律，并翻译了乾隆二十九年（1764年）的《钦定大清会典》序言全文，对《大清会典》的印刷版本及中国古代印刷技术进行考证，简要介绍其内容，最后还对《大清会典》和中国古代礼仪文化做了总结性评价。

（四）中国官制

此方面内容零散，但涉及面广。除杰弥逊摘编的《中国官制改革之观点》[2] 这篇政论外，其他主要的还有：

1. 官衔术语。主要有欧德理的《中国官衔》[3]、白挨底（G. M. H. Playfair，1850—1917）的《中国官名》[4] 等文章。
2. 满汉官员比例。《中国政府中的满汉官员》[5] 即是此方面的专文。
3. 地方官员列表。在英国领事馆工作的商人班德瑞（F. S. A.

1　"Constitutional Law of the Chinese Empire," *The China Review*, Vol. VI：1（July, 1877 to June, 1878），pp. 13-29.

2　"Chinese Views on Civil Service Reform," *The China Review*, Vol. XIX：1（1891），pp. 37-42.

3　"Chinese Official Ranks," *The China Review*, Vol. III：1（July, 1874 to June, 1875），pp. 377-379；Vol. IV：2（July, 1875 to June, 1876），pp. 125-130.

4　"Chinese Official Titles," *The China Review*, Vol. VI：3（July, 1877 to June, 1878），pp. 242-253.

5　"The Share Taken by Chinese and Bannermen Respectively in the Government of China," *The China Review*, Vol. VI：2（July, 1877 to June, 1878），pp. 136-137.

Bourne，1854—1940）发表《中国各省官员列表》[1]《中国历任中央和地方高级官员列表》[2] 等文。前者列有自 1874 年起任职，包括各省道台及以上级别官员，尤其是通商口岸负责海关事务，与外国人直接打交道的官员的名单，内含 170 余位地方官员的任职、调任等时间表。后者列有自 1860 年至 1879 年 2 月清朝中央主要官员及各省道台以上除学政之外的共 144 名官员的重要信息，同时对其中的满汉比例和高官中捐钱获得初任官员的人数也做了统计。

4. 任官禁止。有一则简讯——《禁止在本省任官职》[3]，它特别提道：在中国，任何人不可在本省担任文官。

5. 官职买卖。《官职买卖及其后果》[4] 一文对此有简要介绍。它认为，在中国，从前只有名誉官职可以买卖，在叛乱时期，实职以候选方式首次被买卖，后来买卖官职的花样不断翻新，滋长腐败，致使正常提拔和升迁的渠道受阻。

6. 关注清朝政要的言论和动向。刊载有《驻英法公使曾纪泽日记摘译》[5]《使臣薛福成论中国人移民海外》[6]《张之洞论中国改

---

[1] "Tabular View of the Officials Composing the Chinese Provincial Governments," *The China Review*, Vol. VI: 6 (July, 1877 to June, 1878), pp. 351-362.

[2] "Historical Table of the High Officials Composing the Central and Provincial Governments of China," *The China Review*, Vol. VII: 5 (July, 1878 to June, 1879), pp. 314-329.

[3] "Prohibition of Hold Civil Office in One's Native Province," *The China Review*, Vol. X: 3 (July, 1881 to June, 1882), p. 220.

[4] "Office Purchase and Its Result," *The China Review*, Vol. XII: 2 (July, 1883 to June, 1884), p. 136.

[5] "Extracts from the Diary of Tseng' Hou-Yeh, Chinese Minister to England and France," *The China Review*, Vol. XI: 3 (July, 1882 to June, 1883), pp. 135-146.

[6] "Minister 薛福成 on Chinese Emigrants Abroad," *The China Review*, Vol. XXI: 3 (1894 to 1895), pp. 138-141.

革》[1]《中国官员自撰的为官记录》[2] 等文，此外，还多处提及皇太后和李鸿章。

（五）刑事法律

关于犯罪，除数则报道评论上海、厦门、广州等地存在"杀女婴"[3] 这一陋习之外，主要还有两篇文章：一是司登得（G. C. Stent, 1833—1884）的《两起钉头案》[4]，另一是阿拉巴德（Ernest Alabaster, 又译阿拉巴斯特, 1872—1950）的《中国犯罪之说明》[5]，主要对不同的杀人罪如过失杀人与谋杀、不同方式的谋杀等做了具体的介绍。另外，阿拉巴德还有一则答疑，举例解释醉酒是否应承担刑事责任。[6]

关于刑罚，引人关注的是费伊女士（L. M. Fay）《论国事犯的处决》[7] 一文，较详细地描述了审判和处决犯叛逆罪、叛乱罪者的过

1　"H. E. Chang Chih Tung on Reform in China," *The China Review*, Vol. XXIII: 6 (1898 to 1899), pp. 301-310.

2　"Record of Services of Chinese Officials Written by Themselves," *The China Review*, Vol. IX: 6 (July, 1880 to June, 1881), pp. 370-375. 内有刘坤一、瑞麟、叶名琛、姚锦元和孙凤翔等任职广东时的为官履历及相关信息。

3　"Female Infanticide," *The China Review*, Vol. I: 4 (July, 1872 to June, 1873), pp. 272-273; "Female Infanticide from an Unpublished History of Amoy," *The China Review*, Vol. II: 1 (July, 1873 to June, 1874), pp. 55-58; "Female Infanticide among the Punti Chinese," *The China Review*, Vol. II: 2 (July, 1873 to June, 1874), pp. 130-131.

4　"The Double Nail Murders," *The China Review*, Vol. X: 1 (July, 1881 to June, 1882), pp. 41-43.

5　"Illustrations of Chinese Criminal, Practice-II," *The China Review*, Vol. XXV (1990-1901), pp. 174-175.

6　See "Effect of Temporary Insanity—Drunkenness," *The China Review*, Vol. XXV (1990-1901), p. 93. 第25卷共6期，各期并没有如同其他各卷标出期号。

7　"On the Execution of State Criminals," *The China Review*, Vol. II: 3 (July, 1873 to June, 1874), pp. 173-175.

程。此外，还有若干简讯，主要有：评述禁止和废除鞭背罪人[1]，就小斯当东所译《大清律例》中的刑罚进行补正[2]，评论地方审判中所处刑罚及鉴定尸体方法带有迷信色彩[3]，报道地方官员可应被执行者家属之请求变通执行绞刑或斩刑[4]，介绍《大清律例》中的"保辜限期"[5]。

（六）司法

有一篇文章题为《中国法律的运行》[6]（作者署名 Lex），是针对中国司法的最主要的评论文章。该文指出，中国法与西方法的差异较大，应该从历史发展、法律形式与基本原则等方面，去回应"中国法是什么"这一问题；并对中国古代律法的演变和清朝修律情况做了简要回顾，指出科举制和宗法制对于中国法律实施的影响，具体介绍诉讼程序，并以清末的"安德海案"与"柏葰科举舞弊案"等为例，揭露中国的司法腐败。在最后总结中作者指出，中国法的运行所呈现出的是一幅明亮与灰暗兼具的图景，既不可过度赞扬，

---

[1] See "Punishments," *The China Review*, Vol. XVII: 1（July, 1888 to June, 1889）, p. 52; "Flogging of Criminals," *The China Review*, Vol. IX: 5（July, 1880 to June, 1881）, p. 323.

[2] See "Punishments under The Chinese Penal Code," *The China Review*, Vol. IX: 2（July, 1880 to June, 1881）, p. 124.

[3] See "Chinese Punishments and Superstitions," *The China Review*, Vol. XI: 5（July, 1882 to June, 1883）, pp. 333-334.

[4] See "Decapitation v. Strangulation," *The China Review*, Vol. XVI: 3（July, 1887 to June, 1888）, p. 182.

[5] "Limit of Responsibility for Effects of Wounds According to Chinese Law," *The China Review*, Vol. X: 4（July, 1881 to June, 1882）, pp. 286-287.

[6] "The Administration of Chinese Law," *The China Review*, Vol. II: 4（July, 1873 to June, 1874）, pp. 230-244.

亦不能极端指责。

此外，还有两篇以广东监狱为主题的文章：一篇是传教士嘉约翰（J. G. Kerr, 1824—1901）医生的《广东的监狱》[1]，介绍广东番禺和南海的监狱的状况；另一篇《广东监狱》[2]，没有作者具名，看似是广东监狱的实地调查报告。其他还有几则零星报道，包括转载自《京报》的执法官虐囚行径[3]，摘自《中国丛报》和《申报》分别有关广东以命抵命的规则、北京不鼓励诉讼的规定[4]，及三则关于刑讯的简讯[5]。

（七）家庭法

此方面最为庞杂，内容极为丰富，涉及婚姻、继承、收养等方面的法律和习俗。有报道、释疑，有专文，还有一篇以《比较中国家庭法》[6]为标题的超长篇文章。

---

[1] "The Prisons of Canton," *The China Review*, Vol. IV: 2（July, 1875 to June, 1876），pp. 115-122.

[2] "The Canton Prisons," *The China Review*, Vol. XI: 6（July, 1882 to June, 1883），pp. 343-347.

[3] See "Official Barbarities," *The China Review*, Vol. XIII: 3（July, 1884 to June, 1885），p. 224.

[4] See "Judicial," *The China Review*, Vol. XVII: 1（July, 1888 to June, 1889），p. 54. 它被重复刊载于同卷第 2 期第 114 页。

[5] 这三则简讯是："Torture in British and Chinese Prisons," *The China Review*, Vol. IV: 3（July, 1875 to June, 1876），pp. 203-204；"Torture in China," *The China Review*, Vol. XI: 4（July, 1882 to June, 1883），p. 260； "The Use of Torture," *The China Review*, Vol. XII: 2（July, 1883 to June, 1884），p. 136。

[6] "Comparative Chinese Family Law," *The China Review*, Vol. VIII: 1（July, 1879 to June, 1880），pp. 67-107. 该文是庄延龄（E. H. Parker, 1849—1926）对于穆麟德（P. G. von Möellendorff, 1847—1901）所著《中国家庭法及与其他国家之比较》的长篇书评。

关于婚姻，主要关注中国婚姻的效力，比如有对于结婚是否需要登记[1]、有无结婚证书或其他证明婚姻效力的方法[2]的提问，及相应的解答。其中有一篇解答，题名即是《中国婚姻的效力》[3]，作者署名G. J.（应该是哲美森）。他在文中首先说明，在中国，不存在结婚证书之说，国家或宗教组织对于结婚典礼也没有任何的控制；接着，他还介绍了亲属或同姓不能为婚的律例规定、婚约及其他结婚程式、妾的地位等，特别强调，基于双方父母或男性尊长同意的婚约是关键。

关于继承，关注比较集中的首先是遗嘱，有四篇标题都为《中国的遗嘱》[4]的问答，对于中国是否有遗嘱、遗嘱的见证人应该需要几名、各地的遗嘱习俗是否有别等问题进行解释。还有一篇专文，即《被普遍理解和适用的中国遗嘱继承》[5]。在该文中，作者欧德理指出，在《大清律例》中找不到有关遗嘱的规定，但在中国香港地区或其他地区，习俗中却存在遗嘱，其有效的前提就是与律例中规定的遗产继承原则不相矛盾，比如不能剥夺儿子的继承权等，并将《大清律例》的"立嫡子违法"等条款译出附于文后，还进行了评述。

1　See "Marriage Registries," *The China Review*, Vol. III: 4（July, 1874 to June, 1875）, p. 255.

2　See "Chinese Marriage Law," *The China Review*, Vol. V: 1（July, 1876 to June, 1877）, p. 72.

3　"Validity of Chinese Marriages," *The China Review*, Vol. V: 3（July, 1876 to June, 1877）, pp. 204-205.

4　"Chinese Wills," *The China Review*, Vol. IV: 4（July, 1875 to June, 1876）, p. 268; Vol. IV: 5（July, 1875 to June, 1876）, pp. 331-332; Vol. IV: 6（July, 1875 to June, 1876）, pp. 399-400; The China Review, Vol. V: 1（July, 1876 to June, 1877）, p. 69.

5　"The Law of Testamentary Succession as Popularly Understood and Applied in China," *The China Review*, Vol. XV: 3（July, 1886 to June, 1887）, pp. 150-155.

另有一篇从继承与家长权的视角论述中国继承制度的文章。[1] 同时，还有连载三期的名为《继承法》[2] 的文章，是阿查立（Chaloner Alabaster, 1838—1898）摘自数年前公布但直到此时仍有效力的指导性案例汇编，共 18 则各地法官的裁决。作者在文章开头的按语中指出，在中国，有关财产的遗嘱继承似乎没有绝对固定的法律，但是，在司法实践中，却存在若干得到承认的基本规则。在多数裁决之后作者还附有简要解释。

关于收养，有数则简讯，包括：《中国的养子》[3]，提到中国最早的养子是司马攸，他是司马昭之子，但被过继给伯父司马师；《收养》[4]，提及中国在收养方面，有类似于印度、古代罗马的原则；《收养——与此相关的一起案件》[5]，是转摘自《京报》，某人"继于姨夫为嗣"改为龙姓之后，申请要求"归宗"、恢复自己原来的邱姓的报道。此外，有两篇长文：一篇是港府职员米歇尔-英尼斯（N. G. Mitchell-Innes）的《收养》[6]，就中国人为何重视收养、按何顺序确定被收养人、被收养人继承财产及其他权利的保障等问题进行阐述；

---

[1] See "Inheritance and 'Patra Potestas' in China," *The China Review*, Vol. V: 6 (July, 1876 to June, 1877), pp. 404-407.

[2] "The Law of Inheritance," *The China Review*, Vol. V: 3 (July, 1876 to June, 1877), pp. 191-195; Vol. V: 4 (July, 1876 to June, 1877), pp. 248-251; Vol. VI: 1 (July, 1877 to June, 1878), pp. 55-56.

[3] "Adopted Sons in China," *The China Review*, Vol. XIII: 2 (July, 1884 to June, 1885), pp. 119-120.

[4] "Adoption," *The China Review*, Vol. VII: 3 (July, 1878 to June, 1879), pp. 281-282.

[5] "Adoption—A Cass in Point," *The China Review*, Vol. IX: 2 (July, 1880 to June, 1881), pp. 122-123. 作者于 1890—1895 年担任香港殖民政府的司库。

[6] "Adoption," *The China Review*, Vol. XIV: 4 (July, 1885 to June, 1886), pp. 199-205.

另一篇是哲美森在日本东京英吉利法律学校[1]的演讲稿——《收养的历史及其与现代遗嘱的关系》[2]，先回顾世界法律史上的收养，接着解释中国法律中关于收养的规定，分析源自古代罗马法的遗嘱继承，最后总结出收养与遗嘱之间的关系及原则。

（八）商事法

署名 A. C. D. 的作者发表《中国商法评注》[3] 一文，主旨是说明中国确实缺乏体系化和制度化的商法，并分析了原因；但同时提出，在实践中，事实上存在包括买卖、合伙、保证人、经纪人等方面的大量商事规则。另一篇专文是署名 K. 的《中国的行会及其规则》[4]，作者鉴于在中国多数条约口岸都已设立行会，但商人们对行会规则却又都不甚了解，故将某港口城市的行会规则全文译出，包括序言和 25 个条款的具体规则。此外，还有若干关于中国的破产、买卖和合伙登记等方面规则的简讯。[5]

---

    1 日本英吉利法律学校，系由增岛六一郎、穗积陈重等人创建于 1885 年 7 月，为日本旧制五大法学校之一，以讲授英美法为主。1889 年 10 月，改称东京法学院，1905 年改称中央大学，校名沿用至今。哲美森曾到访该校发表演讲。

    2 "The History of Adoption and Its Relation to Modern Wills," *The China Review*, Vol. XVIII: 3（July, 1889 to June, 1890），pp. 137-146.

    3 "Notes on Chinese Commercial Law," *The China Review*, Vol. II: 3（July, 1873 to June, 1874），pp. 144-148.

    4 "Chinese Guilds and Their Rules," *The China Review*, Vol. XII: 1（July, 1883 to June, 1884），pp. 5-9.

    5 See "Bankruptcy in China," *The China Review*, Vol. VI: 2（July, 1877 to June, 1878），p. 136; "Laws of Sale Amongst the Chinese," *The China Review*, Vol. VI: 2（July, 1877 to June, 1878），p. 137; "The Commercial Law Affecting Chinese: with special reference to Partenrship Registration and Bankruptcy Laws in Hongkong. 'China Mail' Office, Hongkong, 1882," *The China Review*, Vol. VI: 2（July, 1882 to June, 1883），pp. 52-53.

二、《中国评论》论及中国法律的特色
——与《中国丛报》比较

19世纪,外国人来到中国之后,一待条件成熟,就积极创办报刊,报道和介绍中国国情,这几乎是当时来华有识之士的一致做法。所以,此时期相关西文报刊不计其数,其中,在《中国评论》之前,同类期刊中在西方国家影响最大的,非《中国丛报》莫属。

《中国丛报》于1832年5月创刊于广州,创办人是美国第一个来华传教士裨治文。在他移居上海后,卫三畏于1848年继任主持该刊。《中国丛报》存续时间长,前后整整20卷,总232期,卷、期稳定,体例固定,文字也较规范,转摘多有出处,每卷附有索引,可以说,是外国人在中国境内创办的第一份成熟的英文期刊。它涉及的内容较广,虽然并没有将"法律"作为其30类主题之一,[1] 但所载关于中国法律的文章及报道却不少,大致可分为中国的立法、法律的实施、刑法、诉讼、监狱、土地制度等。其中涉及诉讼的最为庞杂,主要包括刑事诉讼的程序、证据、庭审、审判官、监狱管理,介绍土地制度等民事法的最为简单。[2]

与《中国丛报》一样,《中国评论》也是内容庞杂,涉及面广。

---

[1] 由卫三畏制作,附在《中国丛报》最后一卷的"文章列表"显示,其1257篇文章按主题被划分为30类。"List of the Articles in the Volumes of the Chinese Repository, Arranged According to Their Subjects," *The Chinese Repository*, Vol. XX(1851), pp. ix-liv.

[2] 详见李秀清:《中法西绎:〈中国丛报〉与十九世纪西方人的中国法律观》,上海三联书店2015年版。

但是，细细研读这两份期刊，感觉还是有很大的变化，不仅体现在后者在征稿启事中已经明确将"法学"（Jurisprudence）作为33类受欢迎来稿主题之一，而且还表现在下列四个方面：

首先，关注中国法律的范围更广。如前所述，《中国评论》摘译中国法律典籍，如《大清律例》《洗冤录》和《刑案汇览》等，这在《中国丛报》中没有看到；同时，《中国评论》对于官制改革、满汉官员比例、官衔买卖、任官禁止、婚姻效力、妾的地位、收养顺序、遗嘱生效条件、破产、合伙登记、买卖抵押、行会组织规范等内容，也都是《中国丛报》几乎没有涉及的。

其次，关注中国法律的侧重点有变，最为明显的即是重民轻刑。在《中国丛报》中，民事法最为简单，仅有零星几则简讯涉及土地制度，刑事法尤其是刑事司法占据主要篇幅。而在《中国评论》中，涉及犯罪与刑罚的很少，刑事审判、刑讯逼供、公开斩绞死刑犯等在《中国丛报》中屡见不鲜的报道和描述，在《中国评论》中已极为少见。相应地，有关财产买卖、婚姻家庭等有较多论述，摘译《大清律例》的内容主要是其中的《户律》，摘译《刑案汇览》时主要关注的也是收养、继承、婚姻等案例，甚至在针对中国第一部由官方组织系统翻译的外国法典，即任职同文馆的法国教习毕利干（A. A. Billequin, 1837—1894）翻译的《法国律例》的书评中，所附英汉对照仅有5个法条，也即关于结婚的资格和要件的《法国民法典》第144条至151条。[1]

再次，不仅关注律例条文，而且还重视司法判例、习惯法和地方

1　See "Codes Francais, Translated into Chinese, by A. Billequin. Tung Wen College, Peking: 1882," *The China Review*, Vol. X: 6 (July, 1881 to June, 1882), pp. 420-423.

习俗。在《中国评论》中，不仅有哲美森摘译《刑案汇览》的9起案例，杰弥逊摘译的两组指导性案例，还有阿查立摘译的18则关于继承的地方裁决。对于结婚仪式、遗嘱见证人、收养仪式、商业交易习惯等，《中国评论》的编作者都特别重视介绍各地实际遵循的习惯和风俗，其中，涉及香港及广东一带的习惯和习俗就有不少。这种探究律例的实际运作，及律例之外之后的观念、民俗、风情的视角，是《中国丛报》的读者较少能够感受到的。

最后，报道和介绍中国法律的方法发生明显变化，学术性增强。这具体又表现在：系统性的论述增多，在有关中国的立法演变史、宪法性法律即《大清会典》、官制改革、国事罪、广东监狱、法律的运行及婚姻家庭法、商事法等方面，《中国评论》都不仅有简要的报道和释疑，而且还有长篇文章；介绍力求中立客观，评论尽量避免偏激，这是继研读《中国丛报》之后浏览《中国评论》时明显会有的感受，即使在少数几则关于非法刑讯的报道中，也看不到《中国丛报》中跃然纸上的完全抨击性的那类行文；广泛运用比较法，将中国法律纳入世界法律体系进行论述，不仅有直接冠以"比较"之名的如《比较中国家庭法》等长文，而且在其他专文甚至在简要的报道和释疑中，都可以看到将中国法律和习俗与印度、日本、古希腊、古罗马、英国、法国等相关制度进行比较的内容，这在《中国丛报》中尚属稀少，此方面值得另文详述。

三、《中国评论》应有的法学研究价值

前后持续29年的《中国评论》，是英国汉学或曰英美汉学的代

表刊物，甚至有学者称其是"西方世界最早的真正汉学期刊"，但是，在我国大陆学术圈，长期以来，它却并不受待见。最近十余年，随着中西文化交流史研究的趋热，同时亦因香港大学将所藏《中国评论》扫描并在网络上免费开放，为学界的利用和研究提供了便利，一批有学术价值的论著相继问世。

其中，有两部以《中国评论》为主题的专著，即段怀清和周俐玲编著的《〈中国评论〉与晚清中英文学交流》（广东人民出版社2006年版），及前文已有参引的王国强所著《〈中国评论〉（1872—1901）与西方汉学》，最值得关注。两者都以《中国评论》为切入点，但从书名即可知道，视角和侧重点有所不同，前者侧重于晚清中英文学的交流史，后者则特别着墨于西方汉学。相对而言，后者的论述更为系统、详实，是作为复旦历史学博士的作者，在博士论文基础上修订出版的，不仅有脉络清晰的学术史综述，对于该刊史实，包括出版时间、栏目设置、编（作）者群体等都有细致的考证，而且还特别就其对于中国语言的研究、所翻译的汉籍，及其对于包括英国汉学在内的西方汉学的推动进行了综合考察，同时，其"附录"所列各表也有重要参考价值。

2010年，国家图书馆出版社全套影印出版《中国评论》，除将第14卷与第15卷、第17卷与第18卷、第23卷与第24卷各合并为一册外，其他各卷单独成册，共计22册。同时，在第1册的册首，增加"总目"和"各卷目录"，在第22册的最后，分别附加了两个索引，一者为各卷索引之汇总，另一者为福开森（John C. Ferguson, 1866—1945）于1918年制作的按主题所列的总索引。[1] 这无疑是惠

1　该索引由别发洋行（Kelly & Walsh）出版发行。

泽学界的盛举，也引起了史学、社会学、跨文化交流等领域学者的浓厚兴趣并受到了深度关注。[1] 但遗憾的是，包含着上述如此丰富法律内容的《中国评论》，在近代法研究领域至今尚没有得到应有的重视。就笔者阅读所及，看到的仅是零星的介绍和引用，包括田涛、李祝环在合著《接触与碰撞：16世纪以来西方人眼中的中国法律》中提及发表于《中国评论》上的文章，即丕思业的《中华帝国的宪法性法律》，及翟理斯摘译《洗冤录》的信息；[2] 前述王国强博士的论著就《中国评论》翻译中国法律文献及其对于汉学研究的价值有简要介绍；张振明在《晚清英美对〈大清律例〉的认识与研究》[3] 一文参考了《中国评论》中的三篇文章；及张世明在《法律、资源与时空建构：1644—1945年的中国》（第四卷 司法场域）一书中有几处引用。[4]

《中国评论》曾发行较广，在欧美等国的主要图书馆都有收藏，对于19世纪末20世纪前期的西方人论中国法律的相关著作多产生过影响，在当代研究中西文化交流史的论著，如美国马森（Mary G. Mason）的《西方的中国及中国人观念（1840—1876）》[5] 和英国约·罗伯茨（J. A. G. Roberts）编著的《十九世纪西方人眼中的中

1　比如，江莉："十九世纪下半叶来华西方人的汉语研究——以《中国评论》为中心"，北京外国语大学比较文学与跨文化研究专业博士学位论文，2015年。
2　参见田涛、李祝环：《接触与碰撞：16世纪以来西方人眼中的中国法律》，北京大学出版社2007年版，第101、102—103页。
3　该文载《北京理工大学学报（社会科学版）》2011年第3期。
4　详见该书第六章第一节"有清一代外国人对中国法律的学术研究"，广东人民出版社2012年版，第722、725、730页。
5　该书中文版由杨德山翻译，中华书局2006年出版。

国》[1] 等中，《中国评论》都是参考资料。但是，在当代欧美著名学者论中国法律传统的力作，如布迪和莫里斯的《中华帝国的法律》（朱勇译，江苏人民出版社 2008 年版）和卜正民等著的《杀千刀：中西视野下的凌迟处死》（张光润等译，商务印书馆 2013 年版）等书中，它却似乎也已被遗忘。

可见，当下近代法研究对于《中国评论》的关注明显不足，系统、深入的研究更是阙如，令人遗憾。仅以比较法律史的视角看，就可据《中国评论》延伸思考若干论题，有较大的研究价值。

一是弥补中国法律典籍西译史研究之不足。以《大清律例》为例，小斯当东于 1810 年将《大清律例》译成英文，它是《大清律例》的第一个西文版，问世后迅速引起各界关注，不仅《爱丁堡评论》（*Edinburgh Review*）、《评论季刊》（*Quarterly Review*）、《每月评论》（*Monthly Review*）、《亚洲杂志》（*Asiatic Journal*）、《文学公报》（*The Literary Gazette*）及《中国丛报》等都迅速刊载书讯或长篇书评，而且仅时隔一年，即 1812 年，据此英文版翻译为法文版和意大利文版的《大清律例》分别在巴黎和米兰出版，同样据此英文版翻译为西班牙文版的《大清律例》分别于 1862 年在哈瓦那、1884 年在马德里出版。[2] 学界对《大清律例》的西译史已有关注，但对于《中国评论》曾刊载的摘译《大清律例》内容几乎没有研究。

1　该书中文版由蒋重跃、刘林海翻译，时事出版社 1999 年出版。
2　据意大利特里亚斯特大学历史学教授阿巴蒂斯塔（Guido Abbattista）于 2016 年 4 月影印出版的 1812 年意大利文版《大清律例》的约稿说明，笔者才获悉《大清律例》还有这两个西班牙文版。特此致谢。

同样，对于《洗冤录》《刑案汇览》的摘译，也都没有给予应有的关注。[1] 就此而言，仔细研读《中国评论》刊载的对于这些中国法律典籍的摘译，其学术意义不言自明。

二是《中国评论》对于曾纪泽、薛福成、张之洞、李鸿章及皇太后慈禧等清廷政要的言论，及其他法律改革措施的关注，也可作为我们研究此时期西方人对于中国政治、法律改革看法的依据。《中国评论》发刊和存续期间，历经两次鸦片战争的清廷以巨大代价换来中西关系表面上的暂时缓和，开始正视中西力量的差异和体制的迥异，已形成共识，认为从器物到制度的引入势在必行，着手开始各方面的改革。毫无疑问，西方对此总体上当然是欢迎的。例如，就清廷出资组织系统翻译并出版《法国律例》，西人就曾毫不吝啬地赞誉，"不管这一译事是出于清政府本身的意愿，还是源于外国顾问的建议"，"清政府的进步和开明（liberal and enlightened）的政策都可喜可贺"，并且指出，清政府能组织翻译欧洲国家的法典，这本身"就是清廷高层人士的思想和心理态度转变的革命性标志，也是过去数年

---

[1] 对于中国法律典籍西译史关注最早、研究最精的当属苏亦工教授，早在《环球法律评论》2003年春季号上他就发表了《另一重视角——近代以来英美对中国法律文化传统的研究》一文，介绍小斯当东英译《大清律例》的情况及其意义，还就《大清律例》另两个法文版（即菲拉斯特［P. L. F. Philastre］翻译，1876年在巴黎出版；及布莱斯［Le P. Gui Boulais］翻译，1924年在上海出版）做了简要说明，该文还据转引资料提到，哲美森曾"翻译《大清律例》的部分内容，并发表在《中国评论》上"，"翻译引述过《刑案汇览》的部分内容"。这是笔者迄今所查阅到的大陆学界仅有的最具原创性的相关论文。其中，此文提到的菲拉斯特即是法国海军上尉霍道生（1837—1902），布莱斯即是法国耶稣会传教士鲍来思（1843—1894）。在本书定稿过程中，笔者收到上海政法学院王春荣博士赠送的鲍来思译本全稿，感谢惠赠。

进步发展的结果"。[1] 对于这些方面的深入研究，应该可以得出一些有启发性意义的总结。

三是《中国评论》所载中国法律，集中反映了19世纪晚期西方人的中国法律观，将其与此前的《中国丛报》《中日释疑》及同一时期前后的《皇家亚洲文会北华支会会刊》[2] 等同类期刊进行比较，无论是关注内容侧重点的不同，还是具体观点的变化，以及这些不同和变化的原因，都很值得具体地探究。单就变化原因，就不仅可从该时期中外关系的特点这一大背景，从该刊作者群的身份和知识结构、稿件来源，还可以从刊物所在地的地缘和文化氛围等方面进行思考。若深入探讨，其中每一项皆可成就一篇有价值的文章。同时，就其所刊的中国法律，包括前已提及的翻译中国法律典籍、介绍中国古代立法，及评述中国传统法律文化、中国的婚姻家庭制度和习俗、中国司法实践等方面，分断面各个进行具体论述，进而归纳分析，这样才能较客观地总结出西方人的中国法律观在19世纪的纵向变化，及其在19世纪晚期所呈现出的特点。

四是在《中国评论》存续的19世纪晚期，清朝的法律本身与康雍乾时期的已经有很大差异，而西方汉学也早已走过了"游记汉学"，正从"传教士汉学"转向"专业汉学"，其所刊之中国法律，正好成为我们研究传教士眼中的中国法到专业汉学家眼中的中国法的

---

[1] "Codes Francais, translated into Chinese, by A. Billequin. Tung Wen College, Peking: 1882," *The China Review*, Vol. X: 6 (July, 1881 to June, 1882), pp. 420-423.

[2] 即 *Journal of the North-China Branch of the Royal Asiatic Society（1858-1948）*。关于该刊概况及有关研究，可详见上海图书馆编：《皇家亚洲文会北华支会会刊（1858—1948）：导论·索引·附录》，上海科学技术文献出版社2013年版。

转变过程的材料。

除创刊人丹尼斯外,后来担任主编的还有前已提及的欧德理、霍近拿和波乃耶,主编们是主笔,均是汉学家。[1] 摘译中国法律典籍或撰有相关专文的其他署名作者,如庄延龄、翟理斯、哲美森、杰弥逊、阿查立、丕思业、司登得、阿拉巴德,及尚未提及的将有法学研究价值的《圣谕广训》[2] 译成英文并就此做专题演讲的理雅各,个个都是响当当的汉学家。他们是中西文化交流史(或曰冲突史)的重要人物,其中有的同时又是传教士,有的先是传教士后脱离教会而成为纯粹的港府职员或学者,个别的如哲美森还曾担任英国驻华法院(The British Supreme Court for China and Japan)[3] 的法官。他们在关注中国法律的同时,也译介中国其他传统典籍和制度。

研究这些作者,及他们眼中的中国立法、司法及其变化,也有助于我们了解此时期西方视角下对于中国文明位阶、中国在世界体系中地位的衡量和判定。

五是当我们考察《中国评论》中的中国法律时,自然还会将其与此前后问世的中文期刊如何介绍和评价西方法律,以及清朝驻外使节和其他赴西方求学考察的一代有识之士对于西方法律的经验和印象

---

[1] 在四位主编中,欧德理的著述最为丰富。其中文名又被译为艾德,出生于德国,1862年加入巴塞尔会(Basel Mission)并被派来中国广东传教,1865年娶英国女子为妻,同年转而加入伦敦传道会,1879年辞去传道工作,开始为香港政府服务。其著述多达数十种,涉猎甚广,包括中国的传统经籍文本、民间风俗、历史、宗教、哲学及香港历史等。参见黄文江:"欧德理的汉学研究",载《国际汉学》(第14辑),大象出版社2006年版,该文附录即是"欧德理的汉学著述"。

[2] "Imperial Confucianism," *The China Review*, Vol. VI: 3 (July, 1877 to June, 1878), pp. 147-158; Vol. VI: 4, pp. 223-235; Vol. VI: 5, pp. 299-310; Vol. VI: 6, pp. 363-374.

[3] 1865年创设于上海,时人称之为"大英按察使司衙门"。从英文名称看,应直译为"英国驻中国及日本法院",为行文方便,简称之为"英国驻华法院"。

等进行比较，集中于19世纪文化交流的主要中西媒介和主要人物的思考和观点，考察彼此之间的视角和态度的不同和变化，是比较法律史研究不可或缺的论题。

就此类中文期刊而言，当首推在其之前于香港创刊，也是香港第一份中文期刊的《遐迩贯珍》（1853—1856），其中1853年第3号上的《英国政治制度》[1]和1854年第2号上的《花旗国政治制度》[2]即是分别介绍英国和美国的政制、法律的专文，将其作为英国法输入中国之途径和表现的研究成果已有，[3]但将其作为中西法律一进一出比照对象的研究却阙如。其他的如《循环日报》（1874年创刊）等也都可作为研究参照。

而19世纪末致力于中西文化交流且呼吁变法自强之言论影响颇巨的驻外使节，及赴西方求学、考察的启蒙先行者，前者如曾纪泽、郭嵩焘、薛福成、黄遵宪，后者如马建忠、王韬等，都留有详尽的日记或文集，它们几乎已经引起近代史各个领域研究者的关注，若在比较法律史的研究中，能将它们与同时期的《中国评论》所刊相关文章联系起来参考，肯定会有更为丰富、全面的思考。

六是《中国评论》虽然于1901年戛然停办，但它的影响并没有因为停刊而终结，无论形式还是内容。

从形式上言，1919年3月，英国人库寿龄（Samuel Couling, 1859—1922）在上海创办的《新中国评论》（*The New China Review*），就是一份旨在赓续《中国评论》的刊物，其栏目设置也承袭后者，《中国评

---

    1 详见［日］松浦章、［日］内田庆市、沈国威编著：《遐迩贯珍——附解题·索引》，上海辞书出版社2005年版，第694—695页。
    2 同上书，第665—667页。
    3 参见李栋：《鸦片战争前后英美法知识在中国的输入与影响》，中国政法大学出版社2013年版，第133—142页。

论》的作者譬如庄延龄、翟理斯都积极撰稿支持。[1]

再就内容看,《中国评论》所刊包括法律在内的文章,不仅被同时期其他相关报刊如《北华捷报》(North-China Herald)和《皇家亚洲文会北华支会会刊》等转载和参引,而且欧德理、庄延龄、哲美森、阿拉巴德等同时也是这些报刊的作者。

更重要的是,《中国评论》中的中国法律,还随着其中部分作者于19世纪末20世纪初出版的颇具影响的中国法论著而得到更广泛的流布,如阿拉巴德1899年于伦敦出版的《中国刑法评注》[2],1906年于上海出版的《中国法和诉讼复审程序略记》[3],及哲美森1921年在上海出版的《中国家庭法与商事法》[4],等等。阿拉巴德的前一部著作副标题显示,该书的编撰主要基于阿查立的相关重要论述,在序言中,作者也明确说明了这一点,想必是为了纪念自己这位刚刚去世的叔叔并表达崇敬之情,[5] 同时序言中明确提到的参考资料也包括哲美

---

[1] 详见〔英〕库寿龄主编:《新中国评论》,国家图书馆出版社2012年版,"出版前言"(王国强撰)。

[2] 即 Notes and Commentaries on Chinese Criminal Law, and Cognate Topics. With Special Relation to Ruling Cases. Together with a Brief Excursus on the Law of Property Chiefly Founded on the Writings of the Later Sir Chaloner Alabaster, K. C. M. G., etc., Sometime H. B. M. Consul-Ge-renal in China, 通常简称 Notes and Commentaries on Chinese Criminal Law。它是《中华帝国的法律》所参考的西方学者研究清代法律的主要三部著作之一,参见〔美〕德克·布迪、克拉伦斯·莫里斯:《中华帝国的法律》,朱勇译,江苏人民出版社2008年版,第50页。

[3] 即 Notes on Chinese Law and Practice Proceeding Revision。

[4] 即 Chinese Family and Commercial Law。

[5] 阿查立生有一子,名为 Chaloner Grenville Alabaster,中文名为晏礼伯,曾任职于香港律政司。笔者在读近代文献时,看到多处资料提到曾在中国海关任职的阿拉巴德是"阿查立的另一个儿子",这可能有误。在《中国刑法评注》"序言"(Preface)的最后部分,阿拉巴德特别向为该书编写提供了重要帮助,尤其是承担繁琐校订工作的自己的堂弟 Mr. C. G. Alabaster 致谢。据此可以推测,阿拉巴德是阿查立的侄子。参见 Ernest Alabaster, Notes and Commentaries on Chinese Criminal Law, "Preface", p. XV。

森发表于《中国评论》上的文章。后一部论著的作者哲美森，在序言首句即提到自己数年前摘译《大清律例》发表于《中国评论》上这一情况。《中国评论》直接借助这些20世纪前期西方人所著中国法权威论著而影响持久，前已提及的两部论著——《中华帝国的法律》和《杀千刀：中西视野下的凌迟处死》，虽然没有直接参考《中国评论》，但阿拉巴德和哲美森的论著恰恰都是它们的参考书，前者同时列了阿拉巴德的《中国刑法评注》和哲美森的《中国家庭法与商事法》，后者应该是因为主题关系，只列了阿拉巴德此书。此外，在比较法律史领域广受关注的《美国学者论中国法律传统》和《法律东方主义：中国、美国与现代法》等书，也多处引用阿拉巴德和哲美森的这两部著作。[1]

此外，《中国评论》对于当时香港司法实践和法律习俗的描述，也应成为研究香港这个时段的法律社会史所不可忽略的资料。

归纳言之，《中国评论》是19世纪晚期中西文化交流史上的主导性媒介，在西方世界流布甚广，影响广泛，其所刊有关中国法律和习俗的内容丰富，包括摘译《大清律例》《洗冤录》和《刑案汇览》，专文论述中国古代法律传统及《大清会典》，评述中国法律的运行机制和实施效果，还介绍了中国的官制、刑法、监狱、婚姻、继承、收养、商事等方面。与此前影响较大的同类期刊《中国丛报》相比，《中国评论》涉及中国法律的范围更广，较侧重于民事法，在关注律

---

[1] 详见高道蕴、高鸿钧、贺卫方编：《美国学者论中国法律传统（增订版）》，清华大学出版社2004年版，第402、409、411、414、455、461页；[美]络德睦：《法律东方主义：中国、美国与现代法》，魏磊杰译，中国政法大学出版社2016年版，第11、81、87、89、94、97、99页。

例条文的同时也重视司法判例、习惯法和各地习俗，系统性论述增多，将中国法纳入世界法律体系之中进行比较论述的文章也不少。《中国评论》的法学研究价值应该受到重视，仅从比较法律史角度看，它就有助于深入探讨中国法律典籍西译史，总结清末法律变革前夕原汁原味的西方人的中国法律观及与此相关的他们对于中国文明进程和位阶的评判，拓展和深化中西法律文化交流（冲突）史、西方人中国法律观的变迁史等研究，有助于探究巨大变革社会中不同法律文化的激荡、冲突与融合。概而言之，《中国评论》可补以往研究的文献之阙，继而可深究时代之变，以辨史观，以为今鉴，其法学研究价值不容置疑，值得高度重视。

第二章
晚清西方视角中的中国家庭法
——以哲美森所译《刑案汇览》为中心的讨论

晚清以来,西方人进入中国日久,对中国社会的观察与体会也愈深。关注的对象从最初的奇风异俗,过渡到典章制度,再到社会生活与精神信仰的层面。对中国法的认知也经历了大致的过程,早期关注的焦点多为犯罪、审讯、酷刑等刑事相关法律,而后随着交往的增多与深入,开始更多关注民事法与商事法的领域。[1] 在这个过程中,传统的中国家庭法是与西方人距离最遥远但也最能体现中国传统法律精神的领域;到19世纪晚期,开始关注婚姻、家庭、继承等传统中国法的汉学研究也日渐增多。其中,最重要也最引人注目的无疑是英国汉学家哲美森对中国家庭法的研究。

哲美森对中国家庭法的研究开始于对《大清律例》民事部分的翻译(19世纪80年代),之后是对于《刑案汇览》有关婚姻、继承案例的翻译(19世纪80年代),以及对会审公廨的民商事案例的研究,并在此基础上完成了《中国家庭法与商事法》(1920年出版)一

---

[1] 较之《中国丛报》,《中国评论》对中国法关注的侧重点明显从刑事法转向民事法。

书的写作。[1] 在长达四十余年的研究过程中，哲美森对于《刑案汇览》的翻译和研究最为引人注目。尽管哲美森所译案例数量不多，但内容都集中于婚姻与继承，也是目前所知的《刑案汇览》最早的英译（1882 年）。本章聚焦于哲美森所译案例，通过对历史背景和英文文本的分析，并结合《中国家庭法与商事法》的相关论述，透视 19 世纪晚期西方人对中国家庭法的观察与理解。最后，回到哲美森所处的 19 世纪欧洲学术思潮中，本章还将探寻哲美森中国家庭法研究的学术旨趣与理论考量，及其对于比较法律史研究的推进与贡献，以及可能的不足。

一、哲美森与《中国评论》[2]

哲美森自 21 岁来到中国后，一生几乎都在中国度过。哲美森曾任英国驻上海领事助理，以及驻台南、烟台、福州等地的副领事。1871 年，哲美森返英，进入内殿律师会馆（Inner Temple Inn）学习，后转入中殿律师会馆（Middle Temple Inn），1880 年取得律师资格。此后，又先后担任英国驻华法院法官、首席法官、英国驻沪总领事（1897—1899 年）。退任后，哲美森转入商界，担任英福公司（Peking Syndicate）总董事长，参与英国对华经济掠夺，侵吞河南焦

1　See G. Jamison, *Chinese Family and Commercial Law*, Kelly and Walsh, Limited, 1921. 对本书的评论，参见苏亦工："另一重视角——近代以来英美对中国法律文化传统的研究"，《环球法律评论》2003 年春季号。

2　哲美森的生平，参见"Biography of G. Jamison," in G. Jamison, *Chinese Family and Commercial Law*, Kelly and Walsh, Limited, 1921; 另参见 P. D. Coates, *The China Consuls: British Consular Officers, 1843-1943*, Oxford University Press, 1988。

作地区的煤矿开采权。[1] 在外交生涯之外，哲美森还是著名的汉学家，曾撰写《中国度支考》[2] 和《华英谳案定章考》[3] 等著作，对中国财税史、司法制度的研究有开创性贡献。但整体来说，哲美森用力最深、最持久的领域还是家庭法研究。

讲到哲美森的中国法研究，不能不提及当时著名的汉学刊物《中国评论》。哲美森中国法研究的主要成果最初都发表于《中国评论》上。其中，第一篇题为《中国的遗嘱》[4]，是对于中国继承法中的遗嘱问题的解答。文章强调中国继承法中不存在类似西方的遗嘱，因为财产本质上属于家庭而非个人；但也承认父亲在不违背法定原则的情况下拥有一定范围内的分配权。此后，哲美森又发表了题为《中国婚姻的效力》[5] 的释疑文章，讨论了中国婚姻订立及其有效性的问题。

三年后，哲美森开始在《中国评论》上发表他翻译的《大清律例》的英文译文。从 1879 年第 8 卷第 1 期开始，哲美森先后在《中国评论》第 8 卷第 4、5、6 期（1880 年），第 9 卷第 3、6 期（1881 年），第 10 卷第 2 期（1881 年）上连载 7 期《大清律例》的译文，主要内容是《户律》中有关婚姻、田宅的相关内容，尤其是对于婚

---

[1] 关于哲美森在河南的侵略活动，参见薛世孝："论英福公司在中国的投资经营活动"，《河南理工大学学报》2005 年第 5 期；韩长松等："英福公司与焦作早期的城市化进程"，《焦作大学学报》2008 年第 3 期。

[2] 关于《中国度支考》的评价，参见陈锋："20 世纪的清代财政史研究"，《史学月刊》2004 年第 1 期。

[3] 该文收录于王健编：《西法东渐——外国人与中国法的近代变革》，中国政法大学出版社 2001 年版。

[4] "Chinese Wills," *The China Review*, Vol. IV: 6（July, 1875 to June, 1876）, pp. 399-400.

[5] "Validity of Chinese Marriages," *The China Review*, Vol. V: 3（July, 1876 to June, 1877）, pp. 204-205.

姻缔结、立嗣继承等问题的规定。[1] 在《大清律例》之后，哲美森又翻译了本章所着重关注的《刑案汇览》中的案例，以《中国刑法的案例》[2] 为题首次发表在《中国评论》第 10 卷第 6 期（1882 年）上，翻译的 9 个案例都是关于婚姻、继承、收养的内容。关于这些案例，我们将在后文详述。

除以上释疑和译文外，《中国评论》第 18 卷（1889 年）还刊登过哲美森在日本东京英吉利法律学校的长篇演讲——《收养的历史及其与现代遗嘱的关系》。在这篇演讲中，哲美森充分展现了对于家庭法的比较历史研究的兴趣与学识。哲美森指出，收养继承制度在世界法律史上曾经广泛存在；在希腊、罗马等西方国家与中国、印度等东方国家之间，最初的收养制度几乎相同，但在历史演化中，东方的收养制度长期保持稳定，而古罗马法中的收养继承却不断衰落，并最终为自由的遗嘱继承所取代。借助梅因的法律进化论理论[3]，哲美森细致勾勒了历史演变的进程，并分析了导致这种东西方道路差异的原因。

由以上回顾可见，哲美森在《中国评论》发表的文章数量虽然不少，但主题非常集中。在 13 篇文章中，除了一篇对"关律"的翻译和一篇有关"朝贡国"的答疑之外，其他全部内容都是关于中国

1　See "Translations from The Lü-Li, Or General Code of Laws," *The China Review*, Vol. VIII: 1（July, 1879 to June, 1880）, pp. 1-18; Vol. VIII: 4, pp. 193-205; Vol. VIII: 5, pp. 259-276; Vol. VIII: 6, pp. 357-363; Vol. VIX: 3（July, 1880 to June, 1881）, pp. 129-136; Vol. VIX: 6, pp. 343-350; Vol. X: 2（July, 1881 to June, 1882）, pp. 77-99.

2　"Cases in Chinese Criminal Law," *The China Review*, Vol. X: 6（July, 1882 to June, 1883）, pp. 357-365.

3　梅因关于遗嘱继承历史的研究，参见［英］梅因：《古代法》，郭亮译，法律出版社 2016 年版，第 92—106 页。

家庭法的翻译和研究，尤其集中在婚姻效力和收养继承这两个领域。作为中殿会馆的律师和驻华法院的法官，哲美森无疑是《中国评论》作者群中的法学专家。但较之此前的汉学研究，哲美森的关注点却并非犯罪与刑罚等传统领域，而是集中于中国传统婚姻家庭法的研究。在这种关注的背后，隐藏着哲美森怎样的学术追求和现实意义？在接下来的部分，本章将聚焦哲美森所译《刑案汇览》的内容，并结合他晚年出版的《中国家庭法与商事法》一书的评论，透视晚清西方视角中的中国家庭法及其背后的比较法意涵。

二、为什么翻译《刑案汇览》？

在《刑案汇览》的对外传播史上，哲美森在1882年《中国评论》上发表案例英译的行为无疑是其中最引人注目的事件。在英语文献中，这几则英译案例是迄今为止我们看到的最早公开发表的《刑案汇览》的译本。如果说在哲美森所译的《大清律例》之前已经存在小斯当东在1810年的译本，那么他对于《刑案汇览》的翻译则堪称英语世界的首创，也是哲美森本人对中西法律文化交流所做出的最重要的贡献之一。

《刑案汇览》是清代规模最大、流传最广的案例汇编，"三编"分别出版于1834年、1840年和1886年。[1]《刑案汇览》出版的时间，也正是开埠之后西方人大量进入中国的时代，因此，也很快引起了汉学家的注意。以1882年哲美森在《中国评论》上发表部分案例英译

1　参见张晋藩、林乾："序"，载祝庆祺等编：《刑案汇览》，北京古籍出版社2004年版。

50　镜中观法：《中国评论》与十九世纪晚期西方视野中的中国法

为起点,西方人对《刑案汇览》的翻译和研究始终不曾中断。1899年,汉学家阿拉巴德出版的《中国刑法评注》是当时西方人研究中国刑法最权威的著作,其中即大量援引了《刑案汇览》的案例。此后,美国汉学家布迪和莫里斯在20世纪60年代创作的《中华帝国的法律》,更是将《刑案汇览》中的190个案例译成英文,并以这些案例为基础,建构了西方人对清代法律与社会的理解。[1]

(一)"令人失望"的中国判例集

如果说阿拉巴德、布迪和莫里斯对《刑案汇览》的翻译源于各自研究和教学的需要,那么哲美森在19世纪80年代翻译《刑案汇览》中的案例又究竟为何呢?如果是翻译,为什么在七千多件案例中,却仅仅选择了九起案例,而不再有更多的译文?

对此,哲美森在《刑案汇览》译文的"序言"中有所交代。哲美森坦言,选择翻译《刑案汇览》是因为它是"中国现有的众多判例汇编中最全面、最权威的一部";因此,它"被视作法典的补充,这些判决中的附带意见(dicta)在当时的审判实践中也不断被引用"。[2] 由此可见,哲美森翻译《刑案汇览》的直接原因就在于汇览的重要性。作为19世纪的英国法律人,哲美森对于法律的认知从来就不是法典中心主义的,而是很自然地将判例视作法律的重要渊源。因此,当19世纪的西方人进入中国,看到数量庞大、令人叹为观止

---

[1] Derk Bodde and Clarence Morris, *Law in Imperial China: Exemplified by 190 Ch'ing Dynasty Cases*, Harvard University Press, 1967. 中译本参见〔美〕D. 布迪、C. 莫里斯:《中华帝国的法律》,朱勇译,江苏人民出版社2003年版。

[2] *The China Review*, Vol. X: 6 (July, 1882 to June, 1883), p. 357.

的案例汇编时，将其视作了解中国法的重要线索，实在情理之中。尤其是这些案例在现实审判中经常被援引作为判决的依据，自然更加坚定了哲美森翻译和研究《刑案汇览》的决心。

但紧接着却是"失望"。这种"失望"主要来自《刑案汇览》中的案例与同时期英国判例集中所记载的判例的"不同"。或许是希望越大，失望也越大。我们或可推测，哲美森最初下决心要翻译《刑案汇览》时，原本对这厚厚的判例集寄予厚望，甚至将其视作地位不低于《大清律例》的法源，试图从中寻找中国法的基本原则与精神——至少，在同时期的英国，法律的基本原则的确更多蕴涵在判例集之中，而非制定法之中。但在一段时间的阅读之后，这种简单类比产生的"希望"很快破灭了。在《刑案汇览》中，哲美森几乎找不到任何与英国类似的判例。在译文的"序言"中，哲美森毫不掩饰地表达了自己的失望之情：

> 然而，我们不得不承认对它内容感到失望。这些案例汇编与英国法中的判例汇编很少或几乎没有相似之处。在英国的判例中，有的案件包含了一般的法律原则，其他案件则用以补充例证的规则和例外情形。而在这里，所有的只是细节。我们找不到一般原则。[1]

对于造成这种"差异"的原因，哲美森将其归结为中国法的"刑罚导向"。在哲美森看来，全部中国法的目标都旨在为某个个体的犯罪寻找到最合适的刑罚。因此，无论是法典还是判例，全部注

---

[1] *The China Review*, Vol. X：6（July, 1882 to June, 1883），p. 357.

意力都集中在对犯罪具体情节的区分上，以针对不同情节给出不同的刑罚。哲美森以殴伤（assault）为例，他发现中国法律并不像英国法律那样，首先给所有的殴伤犯罪确定一个基本规则，然后交由法官依据该规则在具体情节中决定具体的刑罚。相反，中国的法典在讨论殴伤犯罪时，是在对各种具体情形进行规定，对具体情节进行不断细分和再细分。比如，可能是对于殴伤所使用的工具的列举，如使用拳脚、棍子或锐利武器等情形的区分；或者是对于殴打对象的区分，依据殴伤对象是父母、兄长、弟弟、叔婶等亲属等级作出具体规定，对殴伤服丧等级（degrees of mourning）之内的亲属和之外的亲属作出区分。

这种复杂的、无限诉诸具体情节的法典在哲美森看来已经是"混乱"和难以忍受的。但正如哲美森强调的，当判例法（case law）被融入这一法律体系时，混乱程度又要增添十倍的复杂。哲美森举例说，比如在《刑案汇览》中，仅"强占良家妻女"一条，就至少列举了102个案件，用以讨论实施强占的各种具体方式，以及每种方式所对应的刑罚。当然，哲美森也承认，在这些案例中，或许可能隐藏了有关中国法的一般原则，但是"要找到这些原则显然是一件极其费力的工作"。用一个形象的比喻来说，"较之少之又少的麦粒，这里的谷壳多得令人难以忍受"。[1] 为了让读者对这些烦人的"谷壳"有直观印象，哲美森不厌其烦地列举了"强占良家妻女"中一些具体案例的名称：

强卖有夫改嫁并非伙众；挟嫌拦截妇女致被他人强奸；强抢

---

[1] *The China Review*, Vol. X: 6 (July, 1882 to June, 1883), p. 358.

被翁卖休辗转价卖之妇；强抢由伊翁主婚改嫁之孀妇；休妻改嫁因短身价纠众抢回；卑幼强抢妇女配与尊长为妻；雇工为从强抢家长之妾自首；亲属殴伤强抢罪人限外身死；强抢妇女事后追捕拒杀捕人；强抢仅止口许并未聘定之女……[1]

以今天的眼光来看，不能不承认，哲美森的观察的确触及了中国传统判例与英国判例法的一个内在差异——与英国普通法判例更关注对抽象法律规则的提炼不同，中国对案例的关注始终集中在具体的事实。[2] 在同时期的英国判例集中，对案情的叙述往往是简略的，判决记述的重点是判决理由（ratio decidendi），即对于判决所依据的法律原则和规则的阐明。用帕克男爵（B. Parke）的话来说，"我们普通法制度的特色就在于能够将我们从法律原则和司法先例中提炼出来的法律规则适用于新的情势"[3]。相比之下，中国的成案始终缺乏这种对判决理由及其背后的普遍规则的抽象，关注的焦点始终集中在情节和刑罚之上。哲美森生动描述了在翻阅中国判例并试图从中寻找抽象规则时的"失望"：

> 在很多时候，当你发现一个有希望的案子时，最终的判决却似乎忽略了真正的法律争点，或是偏离主题转向一些根本不重要的背景，整页判决中都充斥着胡言乱语的废话。所有判决唯一的目标，似乎只是为了决定罪犯究竟应当打 100 下还是 50 下，或

---

[1] *The China Review*, Vol. X: 6 (July, 1882 to June, 1883), p. 358.
[2] 王志强："中英先例制度比较研究"，《法学研究》2008 年第 3 期。
[3] ［英］鲁伯特·克罗斯、J. W. 哈里斯：《英国法中的先例》，苗文龙译，北京大学出版社 2011 年版，第 31 页。

者罪犯被流放的距离究竟应该是3000里还是500里。[1]

事实上,哲美森的"感觉"也为进一步的研究所证实。细致的研究表明,中英传统先例制度之间的差异,最主要体现在运用先例的推理模式上。[2] 中国传统司法在援引先例时,相关律例规则往往是明确的,援引成案的目的更多是一种事实类比,即通过比较事实的相似性来决定是否适用类似的法律和刑罚。当然,这并不意味着中国传统成案中不存在类似英国的判例;实际上,如果仔细考察成案的运用,同样不乏从案件中归纳法律原则并适用于新的案件的做法。但总的来说,这种做法在全部成案中所占的比例依然很低;而要寻找到这些案例,必须有相当系统深入的研究。[3] 这对于初识中国法的哲美森而言,如同他自己所说,好比在多得难以忍受的"谷壳"中寻找少之又少的"麦粒"——"失望"也在所难免。

或许也正是因为这种"失望",哲美森在翻阅了《刑案汇览》的案例之后,最终在七千多个案件中只选择了九个案例,而没有进一步地翻译与研究。这或许是一种遗憾,但从中西法律文明的交流史上看,这种"失望"却是一种常态。当西方人带着自己的好奇与偏见审视东方文明时,总是不免为实际与预期的落差而"失望";但在这种"失望"之中,也往往孕育着发现与创造的可能。哲美森接下来对于这九则案例的翻译与分析也同样如此。

---

1 *The China Review*, Vol. X: 6 (July, 1882 to June, 1883), p. 358.
2 参见王志强:"中英先例制度比较研究",《法学研究》2008年第3期。
3 关于清代成案对法律原则的概括与提炼,参见王志强:"清代成案的效力和其运用中的论证方式——以《刑案汇览》为中心",《法学研究》2003年第3期;王志强:《清代国家法:多元差异与集权统一》,社会科学文献出版社2017年版,第137—168页。

（二）家庭法——中国的"普通法"？

但问题还没有结束，我们似乎还可以追问，为什么哲美森翻译的案例全部集中在家庭法领域？虽然只是九个案例，哲美森也完全可以在不同领域选择各自具有代表性的案例，但他为什么没有这样做？尽管这只是一个假设的问题，但仔细思考这个问题，或许有助于我们从另一个角度审视哲美森翻译《刑案汇览》的原因。

问题的答案，或许可以从哲美森在《中国家庭法与商事法》一书的序言中找到。在这部晚年出版的著作中，哲美森回顾了自己的研究初衷与计划。用他自己的话来说，他最初翻译《大清律例》时，就有意选择了其中涉及"西方法学视作民法的部分"，主要是婚姻、继承、土地方面的法律。因为他最初的设想是写一部《中国民法入门》（*Manual of Chinese Civil Law*），但在经过尝试之后，最终还是放弃了这一计划。[1] 这一方面当然是由于哲美森本人公务繁忙，但更重要的原因还是研究难度远远超出他的想象。这种困难首先表现为资料的匮乏，在传统中国的法典中，关于民法的规定实在少之又少，难以作出令人满意的整体描述。既然法典能提供的信息很少，哲美森自然想到判例的汇编，试图从中国的判例集中去寻找民法的内容，但结果有如前述，"案例的帮助也并不大"[2]。

虽说帮助不大，但哲美森还是完成了《刑案汇览》中部分案例的翻译，并将其融入最终出版的《中国家庭法与商事法》一书之中。由

1　See G. Jamison, *Chinese Family and Commercial Law*, Kelly and Walsh, Limited, 1921.

2　*The China Review*, Vol. X: 6 (July, 1882 to June, 1883), p. 358.

此可见,哲美森之所以选择仅仅翻译婚姻与继承的部分案例,实际上有自己的精心考虑。这种考虑,首先当然是因为研究的初衷即是有关中国民法的研究,选择婚姻与继承的案例都服务于对中国民法的整体研究计划。但这并非全部的原因,另一个重要的考虑是基于"民法"在中国传统法律体系中的地位。正如哲美森所说,中国法律的一个显著特征是,"与刑事法律相区分的民法概念在中国立法中始终是缺失的";在中国法典中,对于"有关犯罪与刑罚的所有可能细节都有详细的讨论",但有关民法与商法的内容却不过是一些"只言片语":[1]

> 在法典中,每一种不法行为,无论是盗窃钱包,还是欠债不还,最终都会被归类为一种犯罪,并被处以刑罚。每一个案件都会变成一个刑事案件,要么是原告有罪,要么是被告有罪,最终总有一方受到刑事惩罚。在实施刑罚的同时,民事权利有时也会被宣告;但大多数情况下,惩罚是首要的、唯一的,民事权利只能留待人们去推测。[2]

既然"民法"不在法典之中,那么是否可能存在于习惯法之中呢?这里,哲美森作为英国法律人的"直觉"再次被激活,他开始探寻作为习惯法的"民法"——正如同时期的英国法一样,最重要的法律原则和规则从来不存在于成文的制定法之中,而是存在于作为普通法来源的习惯法之中。我们也有证据证明哲美森的这种观念来自与普通法的类比。在谈到中国"民法"的内容时,哲美森指出,"在

---

[1] G. Jamison, *Chinese Family and Commercial Law*, Kelly and Walsh, Limited, 1921, "Preface", p. i.
[2] Ibid.

主题篇 57

中国从来不存在民法典",但有关婚姻、继承的法律却从来都是存在的。只不过,这些法律不存在于法典之中,而是存在于"无法追忆的习惯"(immemorial custom)之中。这些习惯并非源于成文法的规定,而是源于人民的自然本能(primitive instinct)和基于祖先崇拜(ancestral worship)的宗教信仰。

对于这种习惯的起源,哲美森反复强调它们来自"不可追忆的时代"(time immemorial)。比如,在谈到继承法中的立嗣继承时,强调这种做法是"在成文法出现时就已经存在的普通法或习惯法(common or customary law)"。在许多时候,成文法中对于婚姻、继承等问题的规定,"仅仅是对这些既存规则的认可,并通过惩罚任何违反规则的行动来确保这些习惯规则的执行"。换言之,在哲美森看来,中国的家庭法从来都是习惯法的领域,成文法只是对这些习惯的一种事后的"认可"和"救济"。比如,哲美森举例说,《大清律例》规定:"凡立嫡子违法者,杖八十。"但这里并没有规定所违的"法"是什么,因为这种习惯早已被人们所理解,而不需要重复的规定。"它是一种习惯法,来自不可追忆的时代,每个人都应当知晓。"[1]

在这里,我们已经不难体会到哲美森对于中国家庭法的一个重要"发现"——中国家庭法的核心内容并不存在于成文的律例法典之中,而是和英国的"普通法"一样,存在于不可追忆时代的古老习惯之中。如果熟悉英国法,读者很快会注意到,哲美森所使用的"不可追忆的时代"正是英国学者对普通法传统的一个经典表达。柯克(Edward Coke, 1552—1634)在17世纪就曾写道:"我们生活在世

---

[1] G. Jamison, *Chinese Family and Commercial Law*, Kelly and Walsh, Limited, 1921, p. 3.

间的时日不过是遥远的古老时代和过去岁月的投影：在那里，法律就是这样借助于最卓越的人的智慧，在无数世代中，通过漫长而持续的经验得以逐渐完善。"[1] 黑尔（Matthew Hale，1609—1676）和布莱克斯通（William Blackstone，1723—1780）也强调，普通法"不是以书面形式确立下来的，它们逐渐变成惯例，并在长时间无始无终的使用中借助习惯的力量和在这个王国被接受的事实而取得了约束力和法律的效力"[2]；"判断一项习惯法是否可取，总是视其使用的时间是不是长到已无法追忆；或者判断一条法律格言是否属于正式的法律，总是取决于自人们有记忆始是否有相反的例证"[3]。

由此可见，中国家庭法的"习惯法"特点[4]，再次引发了作为英国法律人的哲美森的"比较法"冲动。哲美森很自然地使用"普通法"作为参照物，来类比中国家庭法的性质与实践。与英国的普通法一样，中国的家庭法原则同样在"不可追忆的时代"就已经存在，并且在时间的沉淀中不断被习用，以至于"每个人都应知晓"其内容，而无须在成文法中重复规定。同时，与普通法中的"程序优先于权利"类似，成文法所要做的不是去规定这些权利与习惯的内容，而是规定如何对这些权利提供保护与救济的方法。就像哲美森举的例子一样，《大清律例》并不需要去详细规定继承的规则是什么，而只需要规定当这些继承的规则被破坏时，应当施以

---

1 "Calvin's Case," See Coke, *Seventh Reports*, in Sheppard Steve (eds.), *The Selected Writings and Speeches of Sir Edward Coke*, Vol. 1, Liberty Fund, 2003.
2 ［英］马修·黑尔：《英格兰普通法史》，［美］查尔斯·M. 格雷编，史大晓译，北京大学出版社2016年版，第17页。
3 ［英］威廉·布莱克斯通：《英国法释义》（第1卷），游云庭、缪苗译，上海人民出版社2006年版，第81页。
4 关于中国民事法源的习惯法倾向，亦参见梁治平：《清代习惯法》，广西师范大学出版社2015年版。

怎样的刑罚以保证规则的实现。[1] 至于这些规则的阐明，从来也不属于成文法的领域，而是由普通法法官在司法审判的过程中去"发现"和"宣告"。

或许，这也从另一个角度解释了哲美森翻译《刑案汇览》的原因。在哲美森看来，既然中国家庭法本质上属于习惯法的领域，那么对于其规则的考察，就不应当仅仅诉诸《大清律例》之类的成文法，而应当重点考察诸如《刑案汇览》之类的判例集。因为在英国法的传统中，普通法本质上就是作为"宣谕者"的法官对于习惯法的发现、确认与阐明的产物；而作为中国的"普通法"，家庭法的习惯与规则的发现，也同样应当求助于法官的判决。因此，当哲美森准备开始对中国家庭法进行系统研究时，着手翻译《刑案汇览》中有关婚姻与继承的判例，并将其视作与《大清律例》同等重要的材料，也就不足为奇了。这种选择也许是下意识的，但在哲美森所身处的智识背景中却近乎成为一种"必然"。

三、婚姻何以有效？——律例与人情

接下来进入对哲美森所译《刑案汇览》案例的讨论。有如前述，这九个案例全部是关于婚姻与继承的案例，其中七个案例是关于婚姻的效力，剩下的两个案例都是关于立嗣继承。虽然在《中国评论》上刊出时，依据《大清律例》的条目次序，继承案例在婚姻案例之

---

1 See G. Jamison, *Chinese Family and Commercial Law*, Kelly and Walsh, Limited, 1921, p. 3.

前,但因为继承的一些前提问题与婚姻有密切关系,我们这里首先讨论有关婚姻的案例。

婚姻案例的译文在《中国评论》上刊出时,并未指出案例在《汇览》中所属的条目,且标题多为哲美森自拟,因此,要找到这些案例所对应的原文并不容易。经过中英文的仔细比对,目前可以确定,关于婚姻的七个案例分别出自《刑案汇览》卷七中的"男女婚姻""居丧嫁娶""父母囚禁嫁娶"和卷八中的"娶亲属妻妾""强占良家妻女""嫁娶违律主婚媒人"这六个条目之下。为叙述方便,依据哲美森关心的主题,可将这七个案例分为三类:第一类是有关婚约的效力,包括"王万春案"和"刘七案";第二类是有关违律婚姻中法与情的权衡,包括"任统信案""孔昭池案"和"嫁娶违律之妇于夫卑幼有犯案";第三类是有关孀妇再嫁问题,包括"韦士荣案"和"郭世那案"。具体分析如下:

(一)婚约——"实际"有效的婚姻?

在中国传统婚姻法中,为了将婚姻和仅仅是事实上的男女结合区别开来,自古以来对婚姻的成立规定了严格的程序。这个程序分为"订婚"与"成婚"两个阶段。具体来说,"六礼"中的前四礼(纳采、问名、纳吉和纳征)为订婚,后两礼(请期、亲迎)为成婚。举行订婚仪式,可以是订立婚书,也可以是收受聘财,两者必居其一。订婚是结婚的法定前提,它是以婚约的形式出现的,婚约在清代婚姻中具有相当于"真实"婚姻的效力。婚约订立后,男女双方就应按约在一定期间内履行结婚,无论男方还是女方违约,都要受到法律的制裁。[1]

哲美森在谈到中国婚姻的缔结时，显然对"订婚"这种特殊的程序具有浓厚兴趣。哲美森首先注意到，中国的"订婚"与西方的婚姻缔结有两方面明显不同：一方面，与西方婚姻考虑结婚男女双方的意愿不同，中国婚姻契约的订立不是在男女双方之间进行，而是由两个家庭的男性家长缔结的。在这个过程中，"新郎与新娘的同意是完全不需要的，甚至也不会被询问。新郎与新娘的默许就隐藏在父亲的权威之下"[2]。另一方面，与西方婚姻缔结需要在国家机构登记注册，或是在宗教场所举行宗教仪式不同，中国婚姻的订立不需要任何的国家或民间机构的登记，甚至也不需要任何的宗教仪式。在这个过程中，哲美森注意到中国婚姻缔结效力的发生，并不是始于成婚的婚礼，而是始于"订婚"（betrothal）。

哲美森也细致地讨论了"订婚"的成立要件。在哲美森看来，一个有效的婚姻通常包括以下五个条件：（1）聘请媒人提亲和订立口头契约；（2）交换庚帖和订立书面契约；（3）新娘家接受新郎家作为对价的聘礼；（4）抬轿子迎接新娘并演奏音乐；（5）跪拜父母和祖先牌位。哲美森认为，这些程序形式在西方人眼中或许不乏异域风情，但在本质上与西方的婚姻法有类似之处。这些程序和英国的结合程序之间存在一定的对应关系，比如，"媒人对应证人；名帖代表共同认可的证据；轿子和音乐代表公示性；跪拜父母和祖先类似于宗教仪式"[3]。在这些程序中，哲美森强调，最关键的是前三个环节，

---

1 参见陈顾远：《中国婚姻史》，商务印书馆2014年版，第119页。
2 G. Jamison, *Chinese Family and Commercial Law*, Kelly and Walsh, Limited, 1921, p. 44.
3 Ibid., p. 45.

即提亲、立约和聘礼,"三者共同构成一个正式的订婚,具有法律效力,可以强制执行"[1]。

当然,在对于婚约的讨论中,最令哲美森感到惊异的还是婚约的效力。在西方的婚姻法中,婚约虽然构成对男女双方的约束,但并不具有完全等同于婚姻的效力。但哲美森却发现,在中国,"当婚书签订并接受聘礼后,订婚就宣告完成,任何一方都可以要求对方履行婚约,任何一方都不能再订立新的婚约。如果新娘的父亲将新娘嫁给其他人,原来的新郎可以选择主张后来的婚姻无效;如果他不选择这样做,后来的婚姻可以维持现状,但他可以要回聘礼"[2]。尤其不可思议的是,"如果订婚后的未婚夫在婚礼完成前死亡,未婚妻也可以选择进入亡夫的家庭做一个寡妇;在这种情况下,她拥有所有婚姻完成后的妻子的权利"。对此,哲美森不得不感叹,中国婚姻法中的订婚,已经完全超越了"准婚姻"的状态,而是在"未婚夫妻之间形成了实际的(bona fide)婚姻关系"。

在哲美森所译《刑案汇览》中,"王万春案"即为婚约纠纷的典型案例。[3] 该案中王运为儿子王杜儿订婚,女方是屈全经之女。王杜儿订婚后(嘉庆二十三年[1818年])去哈密经商并有书信寄回。九年后,因王杜儿依然在外,女方家长向县官控告,主张依据律例中"夫逃亡三年"[4] 的规定解除婚约,并得到支持。此后,屈全经将女

---

[1] G. Jamison, *Chinese Family and Commercial Law*, Kelly and Walsh, Limited, 1921, p. 45.

[2] Ibid., p. 47.

[3] See "Cases in Chinese Criminal Law," *The China Review*, Vol. X: 6 (July, 1882 to June, 1883), p. 360. 该案原题为"定婚改嫁虽已生子应归前夫",载《刑案汇览》卷七《户律·婚姻·男女婚姻》道光十年说帖,上海鸿光书局光绪十九年印本。

[4] "夫逃亡三年不还者,并听经官告给执照,别行改嫁。"《大清律例·户律·婚姻》,"出妻"条,例2。

儿另嫁王万春。王运不服，将案件上控到府。府级的裁决是王万春的婚姻无效，命令将屈全经之女，重归王杜儿完婚；因屈氏已怀孕，故等分娩后再交由王杜儿带回。但王万春亦对此不服，将案件又上控至省。此时屈氏已经生子并哺乳数月，"母子实在难离"，省抚亦感到难办，害怕"别生事端"，于是将案件提交刑部，请求刑部指示。

对于这起法律与人情纠缠的案件，刑部认为问题的关键是最初王杜儿的订婚是否有效。在这个问题上，刑部否定了县官的看法，认为王杜儿外出经商并有书信寄回，不符合律例中"夫逃亡三年不还"的规定，因此婚约仍然有效。在此情况下，屈全经将女儿另嫁王万春，违背了双方的婚约，因此，应当主张与王万春的婚约无效，将屈氏交还给订有婚约的王杜儿。此外，刑部还合理推断，县官解除婚约后，屈氏"在一月之间即经王万春迎娶过门，显系预先商谋"，甚至不排除错断的县官也有"受嘱扶捏情事"（刑部指示对官员做进一步调查）。至于省府的顾虑，害怕伤害该女子的感情（名节）致其做出极端之事，刑部也认为不必考虑，因为该女子甘于服从再婚的乱命，也就不会对依法判离有激进反应。

显然，哲美森之所以选择该案，意在说明中国的婚约所具有的不可挑战的效力。即便是男子订婚后九年不完婚，只要并非无故和无音信的"逃亡"，婚约就依然有效。而且即使女子与其他男子事实上缔结婚约，甚至已经生下孩子，只要最初订有婚约的男方家庭主张，女方仍不得不离开后来的丈夫和儿子，回到订有婚约的男方家中。就像哲美森所说的，这种订婚产生的效力，是一种"实际的"婚姻关系，与实际的婚姻没有任何差别。[1] 因此，无论该女子与其他男性有无新的婚姻或后代，这个事实上已经成立的婚姻都依然有效。尽管这样近乎"冷酷"的做法与人情有悖，审理本案的督抚亦害怕依律判决会伤害女子的名节而致其自杀，但刑部却依然维护了"婚约"的法律效力。

如果说"王万春案"尚可理解，那么令哲美森更加惊奇的，恐怕是他翻译的另一个案件——"刘七案"[2]。该案中，刘八与苏从德侄女苏大各订有婚约，但尚未过门，刘八却离家出走，八年不知所踪。苏从德害怕苏大各因年龄太大难嫁，将其许配给刘八的哥哥刘七。该案被告发后，官府认定婚姻无效，判处苏大各离异归宗，听从改嫁别姓；双方主婚人则因"嫁娶违律"被判处流刑。该案后被上报刑部，刑部同样认为，依据条例，如果丈夫未娶逃亡三年，允许妻子告官别嫁。本案中刘八逃亡八年，苏从德可以在告官后将苏大各改嫁他姓。但因苏大各已有刘家媳妇的"名分"，故不能再嫁给刘家的任何亲属，双方主婚人"嫁娶违律"应当受罚。鉴于此案没有先例，刑部将此案传送各有司，作为此后审判的依据。

在对该案的评论中，哲美森一开始就指出："这个案件之所以引起我们的兴趣，就在于它从法律层面展示了订婚在婚姻缔结中的重要意义。一旦经过双方家长的同意订婚，男女双方的关系就和事实上已经结婚完全一样（as good as married）。"[3] 这种"完全一样"，不仅意

---

[1] See G. Jamison, *Chinese Family and Commercial Law*, Kelly and Walsh, Limited, 1921, p. 47.

[2] "Cases in Chinese Criminal Law," *The China Review*, Vol. X：6（July, 1882 to June, 1883）, p. 362. 该案原题为"娶未婚弟妇为妻系尊长主婚"，载《刑案汇览》卷八《户律·婚姻·娶亲属妻妾》乾隆六十年说帖，上海鸿光书局光绪十九年印本。

[3] "Cases in Chinese Criminal Law," *The China Review*, Vol. X：6（July, 1882 to June, 1883）, p. 362.

味着男女双方不得再另嫁娶他人,而且意味着双方已经取得丈夫或妻子的全部权利。在本案中,苏大各已与刘八订婚,就已取得作为刘八妻子的地位。此时,苏大各与刘七之间已成为"五服"之内的兄长与弟妇;同时,这种亲属关系是永恒的,不会因为刘八失踪、死亡或与苏大各离异而改变。因此,无论在任何时候,将苏大各嫁给刘七,都相当于"弟亡收弟妇",有违"娶亲属妻妾"的律例。在此基础上,哲美森得出关于观察中国婚约的结论:

> 一个正式的订婚似乎在未婚夫妻之间已经建立了"实际的"夫妻关系。从这时开始,至少女方已经受到男方家庭的约束,不可能再嫁给任何其他家庭成员;甚至在未婚夫死亡或逃亡的情况下,也不可以再嫁给家庭的其他成员(比如死者的兄弟)。此类婚姻在法律中都将被视作乱伦与无效。[1]

在这里,哲美森所讨论的已经不仅仅是订婚的问题,还涉及了中国传统婚姻法的另一个重要问题——姻亲的婚姻禁止。通过对"刘七案"的翻译,哲美森也注意到中国婚姻法对亲属婚姻的禁止,不仅包括血亲,还包括姻亲。但在这个问题上,对于男女双方的规定却截然相反。对于丈夫而言,妻子的亲属一般不构成婚姻禁忌;比如,丈夫可以娶他的亡妻的姐妹。但对于妻子而言,却不得与丈夫的任何亲属结婚;比如,妻子不可以嫁给她的亡夫的兄弟。无论是"兄亡收嫂"还是"弟亡收弟妇",都被视作严重的乱伦,构成可能被判处

---

[1] G. Jamison, *Chinese Family and Commercial Law*, Kelly and Walsh, Limited, 1921, p. 47.

绞刑的大罪。对此，哲美森意识到这种男女差异的形成，恰恰来自中国宗法制婚姻中的男性中心主义；这也就导致了婚姻缔结所带来的姻亲关系对于男女双方的意义完全不同：

> 通过缔结婚姻，女性被带入丈夫的家庭和族谱之中；对于所有其他人，这个女性的地位就相当于这个家庭的女儿。而且这个关系不会因为丈夫的死亡或离异而被解除，因此，她也绝对不被允许与任何宗族之内的人结合，就好像她原本就是这个家庭的亲生女儿一样。[1]

（二）"嫁娶有违"与"酌免离异"

在订婚问题之外，哲美森关心的另外一个问题是，在司法实践中，对于"嫁娶有违"的案件，司法官员如何处理与权衡？从哲美森对案件的选择来看，他考虑的焦点问题是，清代婚姻法中婚姻的禁忌如此之多，一旦发生在法律上有"瑕疵"的婚姻，这些婚姻在实践中是否一概无效？对于已发生的婚姻，是否会顾及人情而予以宽宥，承认"瑕疵"婚姻的有效？

1. 孔昭池案

在这一部分翻译的三个案例中，"孔昭池案"[2]情节最简单，处

---

[1] G. Jamison, *Chinese Family and Commercial Law*, Kelly and Walsh, Limited, 1921, p. 50.

[2] "Cases in Chinese Criminal Law," *The China Review*, Vol. X: 6 (July, 1882 to June, 1883), p. 361. 该案原题为"夫犯罪监禁妻因贫擅自改嫁"，载《刑案汇览》卷七《户律·婚姻·父母囚禁嫁娶》道光六年说帖，上海鸿光书局光绪十九年印本。

主题篇 67

理结果也严格依律审断。被告任氏的丈夫辛六犯私拒捕,被判处监禁;在此期间,任氏因为家贫产生改嫁念头,就托朋友李开选将这个想法告知她的姑姑辛刘氏。之后,任氏谎称,因丈夫犯罪被处死,辛刘氏主婚令其改嫁,并通过李开选说合,将自己改嫁给戴景明为妾。但事实上,辛刘氏并未担任她的主婚人。任氏之后又被孔昭池强抢嫁卖,导致该案事发。该案主审官员认为,《大清律例》虽有规定,夫弃妻逃亡,三年之内不告官司,擅自改嫁者,杖一百;但本案中辛六犯罪监禁与弃妻逃亡不同,因此任氏在此期间不得改嫁。同时,由于辛刘氏并未实际主婚,任氏行为应被认定为有夫和奸,处以杖刑。

哲美森之所以选择翻译该案,意在突出婚姻法中的两方面内容。首先是关于妇女的离婚。哲美森发现,在《大清律例》中,"妻子没有任何提出离婚的权利;唯一的例外是,当妻子被丈夫遗弃时,她可以提出改嫁的请求"[1]。在这种情况下,"如果妻子被遗弃的时间不超过三年,妻子可以向官员申诉,官员有权裁定她是否改嫁;如果被遗弃时间超过三年,妻子则有权自己选择是否再嫁"[2]。但在本案中,任氏的丈夫辛六却是被判处监禁,与弃妻逃亡的情形不同,故不能适用弃妻改嫁的条款,其与戴景明的婚姻亦无效。其次,即便存在弃妻逃亡的情节,合法的改嫁也必须由家长主婚,即要"得到丈夫的家长同意","如果丈夫家已无家长,也要由娘家的家长主婚"。[3] 本案中任氏虽将改嫁的想法告知姑姑辛刘氏,但辛刘氏并未实际主婚;因此,即便任氏是弃妻改嫁,由于"无主

1　G. Jamison, *Chinese Family and Commercial Law*, Kelly and Walsh, Limited, 1921, p. 54.
2　Ibid.
3　Ibid.

婚人"，依律也只能被等同于有夫和奸。

2. 任统信案

与"孔昭池案"对违律婚姻的否定不同，哲美森翻译的另外两个"嫁娶违律"的案件却似乎对事实存在的婚姻抱有更多同情和理解。其中，"任统信案"[1] 是清代司法实践中普遍存在的"居丧嫁娶"案。该案中，杨氏的丈夫杨长春去世，其母唐氏以女儿无子且家贫为由，将杨氏改嫁给任统信为妻。但杨长春的哥哥杨锦却以杨氏居丧改嫁为由向官府控告。地方官员认定，杨氏改嫁在夫丧期间，判决杨氏离异归宗。任统信不服，又将案件上控刑部。刑部审查后认为，杨氏居丧改嫁，依律确应离异，但考虑到改嫁由其母主婚，且后夫又不知情，如判处离异，杨氏可能被迫三嫁，"未免辗转失节"。此外，判决杨氏从不知情的后夫家返回明知故犯的娘家，亦不合情理。对此，刑部提出，此前判例中，存在丈夫因贫卖妻，虽依律应离异，但仍酌情判归后夫的先例；因此，本案可仿照先例，判决杨氏与后夫的婚姻有效。

在清代婚姻案件中，"居丧嫁娶"是大量出现的案件类型，也是礼法与人情冲突的焦点。儒家传统重视丧礼，强调"亲丧而致哀"，故"凡父母之丧未满，女嫁夫，男娶妻，忘哀戚之心，不孝之大者也"[2]。由因夫为妇天，"夫丧未满而即再嫁，忘所天之恩，不义之甚者也"[3]。因此，从《唐律》到《大清律》，对于居丧嫁娶都予以严

---

[1] "Cases in Chinese Criminal Law," *The China Review*, Vol. X: 6 (July, 1882 to June, 1883), p. 361. 该案原题"居丧改嫁由母主婚酌免离异"，载《刑案汇览》卷七《户律·婚姻·居丧嫁娶》道光十一年说帖，上海鸿光书局光绪十九年印本。

[2] 沈之奇：《大清律辑注》，怀效锋、李俊点校，法律出版社2000年版，第261页。

[3] 同上。

惩，不仅当事人和主婚人要责以徒杖之刑，而且已成婚的婚姻也要归于无效，判决离异。但另一方面，丧娶在为法律严禁的同时，在清代民间的婚嫁实践中却普遍存在。据对各地方志的研究表明，较为密集的分布区包括直隶南部地区、苏南浙北地区、晋中南地区和四川盆地。丧娶盛行的原因，既有"贫穷"等传统经济因素，也有商业经济发展、人口流动等因素所导致的正统观念的沦丧。[1]

本案中，杨氏在夫丧期间改嫁，无疑触犯"居丧嫁娶"之律，地方官员也依律判决杨氏"离异归宗"，但刑部在审断此案时却考虑到两方面的问题：一是杨氏改嫁是由其母唐氏主婚，且后夫任统信并不知情，因此存在可以谅解的情节；二是如果杨氏离异归宗，其母势必将其三嫁，因而可能有损杨氏的名节。同时，参照之前存在的前夫因贫卖妻但酌情判归后夫的先例，刑部主张该案同样可以酌情免于离异，以保全杨氏的名节。对于此案，哲美森并无评论。但此后在讨论"婚姻效力的阻碍事由"时，哲美森曾明确写道："官员的寡妇如果拥有皇帝授予的诰命，不可再嫁。在父母、祖父母、其他尊亲属丧期内结婚者要受到惩罚，但已成立的婚姻依然有效。"[2] 哲美森的这一观点显然和本案的处理结果一致。

事实上，很多研究也指出，清代官员在处理丧娶案件时，往往充满矛盾。一方面，作为儒家礼教的维护者，他们理所当然地反对丧娶；但另一方面，在处理讼案过程中态度却较为灵活，更强调因时制宜，区别对待。同时，在官吏和幕友看来，忠恕之道、成人之美，是

---

[1] 参见王志强："清代的丧娶、收继及其法律实践"，《中国社会科学》2000年第6期；王志强：《清代国家法：多元差异与集权统一》，社会科学文献出版社2017年版，第66—101页。

[2] G. Jamison, *Chinese Family and Commercial Law*, Kelly and Walsh, Limited, 1921, p. 50.

宦途应守的准则，尤其是事关婚姻者。[1] 因此，在处理丧娶案件时，对应当依律断离之夫妇，往往保其名节，酌免离异。由于妇女"名节"同样为礼教所维护的重点，这种"变通"的做法在刑部看来"于曲顺人情之中仍不失维持立法之意"[2]。同时，这种"原情酌免"也不乏"合法性"依据。雍正八年（1730 年）制定的条例即称："男女亲属有律应离异之人，揆于法制似为太重。或于名分不甚有碍者，听原问各衙门临时斟酌。"[3] 因此，本案中刑部官员判决杨氏与任统信"酌免离异"，虽系"曲顺人情"，但亦具备"于律例并无不合"的合法性。

3. 嫁娶违律之妇于夫卑幼有犯一案

与"任统信案"相类似的，哲美森还翻译了另一个有关嫁娶违律婚姻效力的案件。但因为这个案件中并未说明当事人姓名，因此，哲美森未以姓名命名，而是给该案另拟一个新的名称"婚姻的效力——技术上不合规范但被视作有效的婚姻"[4]。从哲美森的命名来看，他对本案的关注焦点即在于婚姻"形式违法"与"实质有效"之间的矛盾与张力。

该案中，一名妇女被发现与丈夫前妻的儿子和其他卑幼亲属相

---

1 如汪辉祖所说："余昔佐幕，遇犯人有婚丧事，案非重大，必属主人曲为矜恤，一全其吉，一愍其凶。"转引自王志强："清代的丧娶、继娶及其法律实践"，《中国社会科学》2000 年第 6 期。

2 《刑案汇览》卷七《户律·婚姻·居丧嫁娶》道光十一年说帖，上海鸿光书局光绪十九年印本。

3 同上。

4 "Cases in Chinese Criminal Law," *The China Review*, Vol. X：6 (July, 1882 to June, 1883), p. 362. 本案原题为"嫁娶违律之妇于夫卑幼有犯"，载《刑案汇览》卷八《户律·婚姻·嫁娶违律主婚媒人罪》嘉庆二十年说帖，上海鸿光书局光绪十九年印本。

犯,但在审查时发现,该妇女的婚姻存在嫁娶违律的情形(案件中并未指出违律的情形),依据清律双方应当判处离异。在这种情况下,该妇女与丈夫亲属的相犯行为是否应当被视作亲属之间的相犯呢?对于这个问题,刑部的答复是,《大清律例》中"嫁娶违律主婚媒人罪"所附条例有明文规定:"嫁娶违律应行离异者,与其夫及夫之亲属有犯,如系先奸后娶,或私自苟合,或知情买休,虽有媒妁婚书,均依凡人科断。若止系同姓及尊卑良贱为婚,或居丧嫁娶,或有妻更娶,或将妻嫁卖娶者,果不知情,实系明媒正娶者,虽律应离异,有犯仍按服制定拟。"[1]

换言之,对于嫁娶违律的婚姻,即便律文规定应离异,但条例却规定,婚姻是否有效,仍应视情节而定:(1)情节较重者(如先奸后娶、私自苟合等),婚姻一律无效,判决离异,同时男女双方与对方亲属不构成任何亲属关系;(2)情节较轻者(如同姓为婚、尊卑为婚、居丧嫁娶等),则婚姻仍然可被视作有效,酌免离异,同时男女双方与对方亲属构成服制亲属关系。因此,在后一种情况中,婚姻仍然有效,如果妻子与丈夫前妻的儿子或其他卑幼亲属有犯,则应当按照服制亲属相犯的律条定罪量刑。同时,刑部在答复中还进一步解释,在这一条例中,"与夫之亲属有犯"中的"亲属",不仅包括尊亲属,也包括卑亲属;不仅妻子侵犯丈夫尊亲属要依律加重刑罚,而且侵犯丈夫卑亲属,也同样应当依律减轻刑罚。

在该案译文后所附的评论中,哲美森认为,"这个案件在很大程度上解除了律条中对婚姻设置的诸多禁止性规定"。换言之,虽然在律条中,同姓为婚、尊卑为婚、居丧嫁娶等行为均属违律无效,但该

---

[1] 《大清律例》(同治九年),"嫁娶违律主婚媒人罪",例4。

案所涉条例却在事实上废除了这些禁止性规定，使官员可依据情节赋予违律婚姻以合法效力。同时，哲美森强调："这是中国立法的特色：旧的法律依然保存完好，但当事人双方却免于惩罚性的后果。单纯修改旧律的做法，在中国并不受欢迎。"[1] 这里，哲美森敏锐地观察到清代中国立法体制的"特点"，即法律的"变通"与"恒常"。有如哲美森所述，一方面，"单纯修改旧律的做法"为中国传统立法模式所否定，从而呈现出法律在"形式"上的高度稳定性；但另一方面，清代法律往往又通过新的"条例""判例"，在"旧律保存完好"的情况下，事实上免除对当事人的处罚，从而实现法律实质内容上的改变。

在清代立法体制中，这种"以例辅律"的关系被清人概括为"律设大法，例顺人情"。一方面，律是国家的基本法，具有"历代相因"的延续性和"成而不易"的超稳定性。清律一经完成，即成定制，为有清一代后世君主奉行不改。律文的"一成不易"，是中国传统的"崇古""法祖"思想的集中体现，以律来体现"先王成宪"与"祖宗遗命"的至上权威。[2] 但另一方面，形势不断变化，社会"情伪无穷"，"一成不易"的律即使再完备也不可能完全适应千变万化的形势；因此，在律文之外，"准情而定"的例则具有"因时变通"的特点，根据巩固统治和维护秩序的需要"随时酌定"，以达到"刑罚世轻世重"的中罚目的。[3] 比如，前述任统信案和本案中都涉

---

1 "Cases in Chinese Criminal Law," *The China Review*, Vol. X：6（July, 1882 to June, 1883），p. 362.

2 参见苏亦工：《明清律典与条例》，中国政法大学出版社2000年版，第172—173页。

3 参见郑定："论清代对明朝条例的继承与发展"，《法学家》2000年第6期；苏亦工：《明清律典与条例》，中国政法大学出版社2000年版，第229—231页。

及对"居丧嫁娶"等违律婚姻予以宽宥的条例,正体现了以例辅律、以例的"变通"来弥补律之"稳定"的不足。

(三)形形色色的"强嫁孀妇"

在有关婚姻的案例翻译中,关于孀妇的再嫁一直是哲美森关注的焦点问题。前述任统信案即为典型的孀妇居丧再嫁的案例,除此之外,哲美森还尤其关注清代孀妇再嫁的一种特殊情形——"强嫁孀妇"问题。在七则案例中,"郭世那案"与"韦士荣案"都涉及强嫁孀妇的问题,并都由此牵扯出命案。回到历史语境中,强嫁孀妇问题也一直都是清代的婚姻立法与司法所关注的重要问题。

强嫁孀妇问题的立法,在清代较之前代有明显损益。在《唐律》和《明律》中,已有不得强迫守节妇女改嫁的规定,但妇女的祖父母、父母强嫁则于法无碍。这种例外显然在于维护父母对子女的绝对权威,符合"父为子天"的礼义,同时也符合父母关爱子女的亲爱之情。[1] 但到了清代,清政府对礼教的推崇日甚,对孀妇守节的节孝旌表制度也愈发隆重,相应地,对强嫁孀妇的处置也越来越严格;其中,突出的变化就是取消了祖父母、父母强嫁孀妇的权力。《大清律例》规定:"其夫丧服满,妻妾果愿守志,而女之祖父母、父母,及夫家之祖父母、父母强嫁之者,杖八十。"如果是其他亲属强嫁,则相应的处罚更重。这一规定赋予女性"以下犯上"、反抗父母尊长之命的自主权,这在清代法律中是极为罕见的规定。

---

[1] "女之父母为甚尊,其情为甚亲,恐其无依而愿为之有家,则强嫁者,亦亲爱之也。""新颁大明律例注释招拟折狱指南",载杨一凡主编:《历代珍稀司法文献》(第4册),社会科学文献出版社2012年版,第116页。

哲美森在《中国家庭法与商事法》中论及孀妇再嫁时，也明确强调了孀妇的自主权：

> 孀妇与未嫁女儿的区别就在于，未经孀妇本人同意，她不得被强迫再嫁。如果她同意的话，就由其亡夫的尊亲属主婚，并有权收取彩礼；如果亡夫的尊亲属已不存在，就由她自己的父母代替。然而，习惯和礼仪往往促使孀妇决绝再嫁，同时，如果孀妇能够继续为丈夫守节并继续照顾亡夫的家庭将会得到表彰。另一方面，为贪图钱财，或是为了拿回在前一次婚姻中付出的彩礼，孀妇亡夫的兄弟或叔伯可能采取强迫或欺骗的方式将其再嫁。因此，有很多法律条文都是针对这种做法的。[1]

这里，哲美森已经观察到，中国的婚姻法中，尽管强调父母等尊亲属的主婚权，但在孀妇再嫁的问题上，却格外注重孀妇本人的意志。只有当孀妇自愿再嫁时，才能由夫家或母家的尊亲属为其主婚再嫁；如果孀妇矢志守节，则此时对于妇女名节的考量压倒了尊长的教令权，包括父母在内的任何人都不得强迫其改嫁。同时，哲美森也注意到，在清代司法实践中，"贪图钱财"或获得"彩礼"等经济因素往往是导致强嫁孀妇的重要原因。尤其是孀妇的夫家，因为并不存在血缘关系，因此往往缺少对孀妇的关爱，而更多从经济角度去考量孀妇再嫁的价值。为了攫取原本属于守节孀妇的土地，或者为了获得可观的彩礼，孀妇亡夫的兄弟或叔伯尤其有动力强嫁孀妇，以致酿成冲

---

[1] G. Jamison, *Chinese Family and Commercial Law*, Kelly and Walsh, Limited, 1921, p. 55.

突甚至命案。[1]

1. 郭世那案

哲美森所译"郭世那案"[2] 即为此类案件的典型。该案中，郭世那是郭世楼的堂兄；郭世楼已去世很久，留下一个孀妇和幼子。此外，他还留下九亩田和一些房屋，归孀妇所有。他的幼子（也是唯一的孩子）去世后，孀妇在她母亲家庭的安排下与一个侄子（她兄弟的儿子）共同生活。由于郭世那缺钱，一直想霸占他堂兄留下的财产，因此与另一个亲戚一起拜访孀妇，并勒令她改嫁他人。孀妇哭泣不从，郭世那威胁说，"他将找一个买主强迫她改嫁"。郭世那走后，郭世楼妻哭着告诉侄子，她守节多年，如被逼嫁，不如速死。当夜，郭世楼妻自杀身亡。地方官员审断认为，缌麻尊长强抢卖卑幼妇女致死，依律应当处以绞监候；但郭世那以空言恐吓逼孀妇致其自尽，与实在的强抢嫁卖孀妇有别，因此减拟流刑。刑部虽对本案行为是否构成减轻情节提出疑问，但最终还是支持了对郭世那处以流刑的判决。

在对该案的评论中，哲美森首先指出，"某人威胁做某事，以至于被威胁者悲愤自尽"，此类案件是"中国刑法中经常遇到的一类案件"。在这种情况下，作出威胁的人"将为后果承担责任，尽管这里的威胁仅仅是一句空话或从未打算付诸实践"。因此，本案中郭世那虽然并未付诸行动，但因恐吓致堂弟遗孀自杀，同样要承担流刑的刑

---

  1 关于此类情形的分析，参见郭松义：《清代妇女的守节与再嫁》，《浙江社会科学》2001 年第 1 期。

  2 "Cases in Chinese Criminal Law," *The China Review*, Vol. X： 6 (July, 1882 to June, 1883), p. 364. 本案原题为"图产空言逼嫁大功弟妻自尽"，载《刑案汇览》卷九《户律·婚姻·强占良家妻女》嘉庆十七年说帖，上海鸿光书局光绪十九年印本。

罚。同时，哲美森也意在强调，在清代法律中，亲属强嫁孀妇是严重的犯罪行为；即便是对于尊亲属的命令，矢志守节的孀妇也具有反抗的权利。因此，这种对孀妇自由意志的保护，在事实上"构成了对家长的强大权力的一种制约"[1]。哲美森强调此问题，正是因为这一制度的"特殊性"：在清代家庭法中，在强大的家长权面前，子女在婚姻家庭事务上几乎没有任何发言权，更不用说违抗父母或尊长命令——孀妇再嫁的自愿权无疑构成了一个罕见的例外。

2. 韦士荣案

如果说"郭世那案"还属于夫家强嫁孀妇的常见案件的话，哲美森翻译的另一个强嫁案件——"韦士荣案"[2]，则属于更加复杂的情形。在该案中，韦士荣的奴仆韦阿亢（自愿"投身为奴"的奴仆，并无契约身价）的儿子早亡，家中有一儿媳韦氏守寡（但韦氏并未与韦阿亢同住，也并未投身服役），被韦士荣卖给韦阿奎做妾。但因为韦氏还在夫丧期内，同时韦阿奎也出外贸易未归，因此暂未接娶。韦阿亢后来也知晓此情形。但由于韦阿奎迟迟未归，韦阿亢将韦氏又另嫁卖给韦阿徒为妾。韦阿奎返回后，知道韦氏已被另嫁，于是向韦士荣索讨身价。韦士荣于是强抢了韦氏并送给韦阿奎成婚。韦阿徒又带上韦阿英等人上门抢人，遭到韦阿奎、韦士荣、韦阿义等人阻拦，导致双方发生械斗，韦阿英被刺伤身亡。

在该案审理过程中，地方官员首先考虑的问题是，韦士荣与韦阿亢的主仆关系是否成立。经审理查明，韦阿亢是自愿投身为奴，虽无

1　"Cases in Chinese Criminal Law," *The China Review*, Vol. X：6（July, 1882 to June, 1883），p. 365.

2　Ibid., p. 363. 本案原题为"大功尊长挟嫌抢卖卑幼之妾"，载《刑案汇览》卷九《户律·婚姻·强占良家妻女》道光九年说帖，上海鸿光书局光绪十九年印本。

契约身价，但有实际的主仆名分。因为韦士荣在最初将韦氏私自嫁卖给韦阿奎为妾时，曾向韦阿亢告知其事，因此，并不构成持枪抢夺奴婢妻女的情节。但当韦氏嫁给韦阿徒之后，韦士荣又强抢韦氏并将其夺回送给韦阿奎，确系主人强抢嫁卖奴仆妻女的行为。但对此类行为，律例中并无明文规定，因此，本案依照"比附"断案。经考察先例，曾有奴仆略卖家长之妻女的案件，比照"卑幼强抢期亲尊亲属嫁卖"之例审断。因此，本案中韦士荣作为主人强卖奴婢之媳与他人为妾，亦可比照"期功尊亲属图财强卖卑幼"之例科断，处以杖一百、流三千里的刑罚。

该案并非一起典型的强嫁孀妇的案件，而是主人与仆人分别强嫁孀妇后引发的斗殴命案。遗憾的是，《刑案汇览》中的记载并未告诉我们作为本案争议焦点的孀妇的最后归属，但哲美森推断，韦阿亢将韦氏已嫁卖给韦阿徒为妾，并且婚姻已成立，因此"韦阿徒拥有更大的权利"，韦氏应归属韦阿徒所有。本案的记载也未讨论对韦阿亢强嫁孀妇的处罚，而是重点考察了韦士荣强抢韦氏送与韦阿奎成婚的行为。在哲美森看来，这种关注的焦点折射出法律对主奴关系的看法，体现了法律对奴仆处理自身家庭事务的权利的保护：

  本案的主要焦点还是一个奴仆是否可以违抗主人意志对他的家庭行使权利的问题。对此，答案是肯定的。两个买家相互斗殴，而并未参与斗殴的主人却因此受重罚。因此，我们可以由此得出结论，奴隶是有权处置该孀妇嫁卖的正当权利人。[1]

---

[1] "Cases in Chinese Criminal Law," *The China Review*, Vol. X: 6 (July, 1882 to June, 1883), p. 364.

哲美森在本案的评论中还进一步讨论了主人与奴仆的法律关系。一方面，哲美森指出，在清代法律中，"主人可以对奴仆的错误行为实施任何程度的肉体惩罚，只要不造成死亡，就不需承担责任；即便是故意杀人，也比杀死其他自由民的处罚要轻得多"[1]。但另一方面，通过本案，哲美森也发现，清代法律对奴仆的权利同样有所保护。在本案中，作为主人的韦士荣只是因为强卖奴婢卑幼，就被处以流刑，可见"在法律上，奴婢并不被视作主人的牲畜；类似流刑的刑罚在现实中也的确可能起到惩罚主人和保护奴婢的作用"[2]。对于主人与奴婢的这种双向关系，哲美森解释说，主人与奴婢的关系，就类似于尊长与卑幼的关系；尊长有教令卑幼的权力，但法律也保护卑幼不受任意无理的侵犯。在本案中，韦士荣作为主人强卖奴婢之媳的行为被比附为"尊亲属强卖卑幼"，在哲美森看来就是这种类比关系的例证。

四、立嗣继承中的宗法与情感

在有关婚姻的七起案件之外，哲美森所译《刑案汇览》中的另外两个案件来自继承。之所以只有两个案件，并非哲美森不关心继承问题；相反，有如前述，哲美森在法学研究中，对于继承有格外的兴趣。比如，他在《中国评论》上发表的第一篇文章即是《中国的遗嘱》；此后，在日本所做演讲《收养的历史及其与现代遗嘱的关系》，

---

[1] "Cases in Chinese Criminal Law," *The China Review*, Vol. X: 6 (July, 1882 to June, 1883), p. 364.
[2] Ibid.

也是他发表的最长的一篇论文。但可惜的是，在《刑案汇览》中，"立嫡子违法"条目之下只收录了两则案例，哲美森已将两则案例均译为英文。从内容上看，这两则案例主要关系到"同姓不宗为嗣"和"立嗣告逐"的问题，以下分别讨论这两个问题。

（一）同姓不宗为嗣——立嗣的范围问题

立嗣继承是指无子或户绝的家庭过继家庭之外的人为子，以继承家产，充当家庭的身份性继承人，肩负宗祧继承的责任。立嗣是为了维护一个家庭或家族的宗祧继承不坠，这与古代中国人对维系宗祧绵绵不绝的类似宗教的感情有密切关系。在中国人的家族观念中，一个家庭如果没有男性的继承人，就意味着家庭祭祀的中断，也意味着祖先和自己的灵魂无法获得血食，从而导致极严重的后果。[1] 有如徐珂在《清稗类钞》中写道："我国重宗法，以无后为不孝之一。凡年至四五十而尚未有子者，辄引以为大忧，惧他日为若敖之鬼，他人亦为之鳃鳃虑，视灭国之痛尤过之，盖狭义灭种之惧也。"[2]

立嗣一旦开始，首先要考虑的是立嗣候选人的范围问题。在这个问题上，哲美森首先注意到，"第一个要注意的问题就是女性——以及所有从女性谱系主张权利的人——被完全排除在外"。换言之，中国古代的立嗣只能从父系的"同宗"中选择，而不可能考虑来自母系家庭的候选人。哲美森在这里解释了何谓"宗"与"同宗"的问题：

---

[1] 参见丁凌华：《五服制度与传统法律》，商务印书馆2013年版，第308—309页。
[2] 徐珂编撰：《清稗类钞》（五），中华书局1986年版，第2191页。

只有在宗（Kindred）之内的人才可能被选择，所有同宗的人都来自同一个祖先，拥有同一姓氏；也就是说，他们可以通过男性连续追溯他们的血统。如果从某个祖先开始计算，我们经过所有的后代分支，当碰到女性的名字时就停止，并剔除所有之后的人，剩下的就是"宗"。这种区分的起源是明显的，当我们考虑到女性在出嫁时离开父亲家庭，成为她丈夫家庭的一部分；她的孩子当然也冠以父亲的姓氏，并属于这宗的一部分，只有这样他们才能够继承。宗非常类似于罗马民法中的"宗亲"（Agnates），除了他们不包括对无血缘关系的陌生人的收养——这一做法在中国法中不被认可。[1]

作为西方学者，哲美森在开始阐释"宗"的概念时，很自然地选择了与罗马法中的"宗亲"相比较。回到西方传统来看，在罗马法、教会法、日耳曼法诸法源中，亲属关系的主流大多以自然血亲为标准，平等对待父系与母系。[2] 与中国比较类似的是帝制时代之前的罗马法。早期市民法中，严格区分宗亲与血亲。血亲接近现代亲属关系，是指包括父系与母系在内的所有拥有共同血缘关系的亲属。而宗亲是仅从男性祖先下溯的血缘关系，是将血亲中的出嫁女性及其后裔全部排除出去后剩余的部分。[3] 尽管血亲最终取代宗亲成为罗马家庭法的主要原则，但在早期罗马法中却严格贯彻宗亲主义，排除血亲的继承权。因此，哲美森在向西方读者解释"宗"的概念时，借用罗

---

[1] G. Jamison, *Chinese Family and Commercial Law*, Kelly and Walsh, Limited, 1921, p. 18.
[2] 参见金眉："中西古代亲属制度比较研究"，《南京大学学报》2010 年第 1 期。
[3] 参见周枏：《罗马法提要》，北京大学出版社 2008 年版，第 29 页。

马法中的"宗亲",应当说是一种恰当的类比。

当然,哲美森也敏锐地注意到中西方在对待"宗"上的差别——中国的"宗"奉行严格父系血缘中心主义,因此排斥对无父系血缘关系的陌生人的收养;而古罗马的宗亲以对共同父系祖先的祭祀为中心,过继只是为了维持圣火的不灭和祖先灵魂的安息,因此,只要是经过程序加入家族祭祀的人,即便没有血缘关系也可被收养。通过在新家圣火前的祭祀仪式,养子被圣火所接受,与新家族发生关系。同时,养子也将放弃原来家庭的祭祀,再也不能返回原先的家庭。相比之下,中国的立嗣虽然同样旨在维持祖先祭祀,但由于对"神不歆非类"[1] 的男系"血食"观念的强调,[2] 却尤其注重维持宗祧继承中男系血缘的纯正,排斥女系血亲祭祀与继承的可能性,更排斥无任何血缘关系的陌生人。

在辨析中西方"宗亲"观念异同的基础上,哲美森基本确立了中国立嗣继承的基本范围:以男系亲属为中心的宗亲系统,同时排除女系血亲和无血缘关系的外人。在此基础上,哲美森继续讨论了在宗亲范围内的立嗣原则:

当被继承人缺少继承人时,应当从所有兄弟的儿子(即侄子)中进行选择。选择侄子的原则是首先从亲兄弟的儿子中选择,然后再逐步过渡到关系较远的堂兄弟、从兄弟、再从兄弟、族兄弟的儿子。一个基本的原则是,嗣子与其所要填补的位置应当在家族谱系中处于同等地位(昭穆相当),即确保他相对于共

---

1 《左传·僖公十年》。
2 参见丁凌华:《五服制度与传统法律》,商务印书馆2013年版,第308—309页。

同祖先的地位在收养之前和收养之后没有变化。比如，假设需要被填补的位置是共同祖先的孙子，那么只有从其他孙子中进行选择；如果没有其他孙子，就上溯到共同的曾祖那里，从他的曾孙中去挑选。[1]

在这里，哲美森试图用西方人能够理解的语言解释中国立嗣继承中的"昭穆相当"原则。在哲美森看来，这个原则的关键在于保持亲属辈分关系的稳定，即嗣子"与其所要填补的位置应当在家族谱系中处于同等地位"[2]。昭穆相当的侄子之所以能够具有立嗣资格，在于他们相对共同的祖先而言，与"嗣父未能生出的儿子"具有相同的辈分，从而避免在日后的祭祀中出现伦序紊乱的情况，影响祭祀的纯洁性和有效性。因此，哲美森强调，在立嗣的前后，对于共同祖先而言，嗣子与他之前的辈分应当"没有任何变化"。比如，嗣子如从堂侄中选择，那么该嗣子在立嗣之前是其曾祖的曾孙；在立嗣之后，他依然是其曾祖的曾孙。只有这样，才能保证在以后的祭祀中能"祭其所祭"，防止"以孙祭祢"的乱祭的发生。

在解释了以上原则之后，哲美森也讨论了同宗之内无昭穆相当可立的情形："选择嗣子的顺序，首先是侄子，然后是堂侄，再是再从侄，最后是族侄。但如果这些辈分中的人都不存在，法律还允许在更远辈分的亲属中立嗣，甚至最终在同姓之人中立嗣。但除此之外，其他人都不能被允许，母系家族的亲属永远不能被考虑。"在这里，哲

1　G. Jamison, *Chinese Family and Commercial Law*, Kelly and Walsh, Limited, 1921, p. 19.

2　或者用滋贺秀三的话来说，维持嗣子"与嗣父未能生出的儿子属于同一世代"。[日]滋贺秀三：《中国家族法原理》，张建国、李力译，商务印书馆2013年版，第329页。

美森再次强调父系宗族观念在立嗣继承上的重要性。如果出现父系宗族内无适格选项的情形，可以将选择的范围扩大到五服宗亲之外，但前提是仍然必须"同姓"——强调"形式上"出自共同父系祖先。事实上，正如滋贺秀三指出的："单就同姓来说，在姓氏已经混同的后世，实质上难保是同祖而气脉一直相连，当然更不用说连昭穆也不能论了。"[1] 但即便如此，法律宁可容忍"绝户"，也必须维持这"表面上"的父系继承原则。

对此，哲美森翻译的《刑案汇览》中的"李四案"就是一个典型的案例。[2] 该案中，李四被指控杀人并被判处流刑。李四以自己是独子申请豁免刑罚，以供养年老的父母（存留养亲）。李四本人的父亲很早去世，后母亲改嫁，因此，他自幼被同姓不宗的李双怀的遗孀李刘氏收养，并且李刘氏的晚年需要养子的照料。但这里的问题是，这个收养关系是否合法，以及李四是否因此符合留养的资格。经查明，在已故的李双怀的同宗亲属中，没有昭穆相当可过继的亲属；并且，李四已经被收养长达40年，由此可见最初的收养是真诚的（in good faith）。因此，依据相关律例的规定，这一立嗣在法律上有效。既然立嗣成立，嗣子与亲生子享有同等地位，故也同样适用存留养亲的规定，准予留养。

哲美森对"李四案"的关注焦点有两个。首先，同姓不同宗的立嗣是否有效？对于第一个问题，《大清律例》中的规定是明确的："无子者许令同宗昭穆相当之侄承继，先尽同父周亲，次及大功小功缌麻。

---

[1] 或者用滋贺秀三的话来说，维持嗣子"与嗣父未能生出的儿子属于同一世代"。[日] 滋贺秀三：《中国家族法原理》，张建国、李力译，商务印书馆2013年版，第330页。

[2] See "Cases in Chinese Criminal Law," *The China Review*, Vol. X: 6（July, 1882 to June, 1883), p. 358. 本案原题为"收养同姓不宗为嗣"，载《刑案汇览》卷七《户律·婚姻·立嫡子违法》道光七年现审案说帖，上海鸿光书局光绪十九年印本。

如俱无,方许择其远房及同姓为嗣。"换言之,同姓不宗的立嗣是否有效,关键是在同宗之内是否有更适格的人选。由于本案中李双怀的同宗之内经查明"别无同宗支派可继",因此这一立嗣合法有效。其次,哲美森还关注了另一个问题,即嗣子是否适用留养存嗣的规定?在这里,考虑到西方读者对留养制度不熟悉,哲美森在翻译中特意概述了相关规定:"依据律例第18条,年满70岁的父母独子,如所犯之罪并非排除特赦的严重犯罪,则可以罚金赎刑,令其在家奉养父母。"[1] 在本案中,李刘氏已经71岁,且只有李四一个嗣子,因此被衡情判决准予留养。同时,本案也再次表明,只要立嗣合法有效,嗣子即取得与亲生嫡子完全同等的法律地位,包括对刑事特赦条例的适用。

(二) 规则与意志——立嗣中的情法冲突

在立嗣的范围之外,哲美森关注的另一个问题是立嗣继承中的规则与情感的冲突。依据清代立嗣规则,嗣子的选择必须依照亲疏次序选择,即所谓"择胞兄弟之子以为嗣,次则择从兄弟之子,复次则择再从兄弟之子。两者皆无,乃及于昭穆相当之族人"[2]。在清代术语中,符合法定次序的立嗣称为"应继"。但在事实上,又经常碰到此类问题:应继者并不为嗣父母所喜爱,而另择亲缘较疏但更中意之人为嗣,即所谓"爱继"。[3] 此"应继"与"爱继"的矛盾,自然成

---

[1] "Cases in Chinese Criminal Law," *The China Review*, Vol. X: 6 (July, 1882 to June, 1883), p. 358.

[2] 徐珂编撰:《清稗类钞》(五),中华书局1986年版,第2191页。

[3] 参见吕宽庆:《清代立嗣继承制度研究》,河南人民出版社2008年版,第89—90页。

为"法"与"情"冲突的焦点,也是立法与司法所关注的重点。

哲美森在讨论清代立嗣继承时同样强调了这一问题的重要性。在论述了立嗣的一般规则之后,哲美森指出,在规则之外,还存在对"意志"和"情感"的考量:

> 然而,上述规则不是绝对规则,这些习惯并不具有超越一切收养者意志的效力。但要确定收养人的意志在多大程度上能够超越法定的亲疏关系是一个困难的问题,我们无法找到精确的规则。一般来说,他不可以跳过整个辈分而选择一个更远的嗣子;但在同一辈分的成员之间,当亲疏关系相当时,收养者则有权决定选择谁。同时,这里存在两个例外。首先,双方在收养之前存在嫌隙;其次,收养后嗣子未能顺从嗣父母的意志。在后一种情况,如果告到官府,嗣子可以被正式告逐。在这两种情况下,法律不得不向自然情感妥协。[1]

在这里,哲美森讨论了嗣父母的"意志"可能发挥影响的几种方式。首先,在应继的同一辈分中,如果存在多个同等亲疏的候选人,可以由嗣父母按照"择贤择爱"的方式选取嗣子,以照顾嗣父母的意志和情感,也有利于新家庭的感情融洽。其次,即便是候选嗣子较其他人的亲缘关系都更近,也存在两种例外情况:一是收养之前双方就有嫌隙;二是收养后嗣子未能顺从嗣父母的意志。在这两种情况下,由于嗣子与嗣父母情感不合,有碍于和睦家庭的建构,因此法

---

[1] G. Jamison, *Chinese Family and Commercial Law*, Kelly and Walsh, Limited, 1921, p. 20.

律"不得不向自然情感妥协",优先考虑嗣父母的意志。尤其是在后一种情形中,如果嗣子违逆嗣父母,嗣父母可以向官府提出申请,将该嗣子正式告逐;此后,嗣父母可在昭穆相当者中"择立贤能及所亲爱者"[1] 为嗣。

从清代的司法实践看,地方官在遇到立嗣继承引起的诉讼争端时,也多从保护新家庭关系的角度出发,尊重嗣父母的意见和选择。用清人的话说,"心既不爱,虽亲难强。爱而立之,虽疏犹亲。盖既为父子,朝夕一室,恩情不洽,何以为家?是以子而不孝,虽亲生者可以逬出。可知无子立继,但使昭穆相当,应听本人自主"[2]。光绪时的官员董沛也曾从立嗣的目的论证:"父母之立继子,一则望其承业;一则望其承欢。若使所立非贤能,则其事不治,何能承业?所立非亲爱,则其情不洽,何以能承欢?"[3] 换言之,立嗣固然是为了避免祭祀的中断,但也有家业传承和奉养父母的考虑,如果过于严格地执行立嗣规则,选择不贤不孝之人立嗣,则从根本上违背了立嗣的初衷。因此,在不紊乱昭穆的情况下,更多地考虑父母的意志和情感,无疑为更近情理的选择,也更有利于立嗣目的的实现。

对此,哲美森所译"李龙见案"[4] 即集中反映了这两者的冲突。本案中,李会白是家道殷实的农家,娶有妻子李王氏,并另纳李氏为妾,但都一直没有生下子嗣。李会白年老后,将他的胞兄李能白的次

---

1 《大清律例·户律·户役》,"立嫡子违法"条,例3。
2 许文濬:《清末民初的县廨记录:塔景亭案牍》,俞江点校,北京大学出版社2007年版,卷四"周笃贵控周孝运案"。
3 董沛:"吴平赘语",转引自吕宽庆:《清代立嗣继承制度研究》,河南人民出版社2008年版,第92页。
4 "Cases in Chinese Criminal Law," *The China Review*, Vol. X; 6 (July, 1882 to June, 1883), p. 359. 本案原题为"同宗及已告逐之人均不准继",载《刑案汇览》卷七《户律·婚姻·立嫡子违法》乾隆三十九年通行本内案,上海鸿光书局光绪十九年印本。

子李玉振立为嗣子。但由于李玉振游手好闲、不务正业，李会白害怕他把家产败光，不愿其继承为嗣，因此向官府告逐李玉振，之后另外选择他的同姓朋友李自洁（同姓不同宗）第四子李嗣业为嗣子。由于李嗣业酷爱读书，深受李会白的喜爱，李会白让李嗣业和其妾李氏一起生活，并以母子相称。但这也引起了妻子李王氏的嫉妒。李会白去世后，李王氏向官府起诉剥夺李嗣业的继承权，理由是李会白和李自洁之间同姓不宗，因此立嗣违法；同时，她主张将李玉振（已去世）的儿子李龙见立为嗣孙，以继承家产。

有意思的是，案件的判决结果却是"双输"。判决认为，李嗣业和李龙见都不具备嗣子的资格，也无权继承财产。前者的理由是，李嗣业同姓不同宗，但李会白同宗之内并非无别支可立，因此该立嗣无效，判决将李嗣业照律归宗。后者的理由是，李龙见的父亲李玉振已被李会白当堂告逐，因此，无论李玉振还是李龙见，都无资格再被立为嗣子或嗣孙。随后，判决讨论了应当立何人为嗣的问题。经官府调查，除了李玉振之外，李会白的服内侄辈有三个健在，但三人都是独子，因此无法被过继。但另一个已故的侄子李师尹有一个儿子李元良，符合立嗣的条件。因此官府判决，以李师尹为嗣子，以李元良为嗣孙，并继承李会白的宗祧和全部家产，同时李王氏和李氏均由李元良赡养。

对于本案，哲美森重点关注了两方面的问题。首先，李会白告逐李玉振，体现了嗣父母的"意志"在立嗣过程中的影响。本案中李玉振并没有严重违逆李会白的事实，仅仅因为李会白对其不务正业的不满和日后败家的"疑虑"，官府就准许其告逐别立，可见法律对父母意志和利益的保护力度之大。同时，哲美森强调，"嗣子一旦被告逐，他和他的继承人都不得再继承任何财产"[1]；因此，李龙见也同样丧失以嗣孙继承的可能。其次，该案也并非一味偏袒"爱继"，而是同时坚持了同宗立嗣的正统性。本案中李嗣业虽为李会白所喜爱，但对于同姓不同宗的立嗣，律例明确规定，只有在同宗之内穷尽一切适格人选之后，同姓立嗣才是有效的。由于在李会白同宗之内，除李玉振外，仍有其他昭穆相当者，因此该立嗣仍为无效。由此可见，即便是"爱继"，同宗立嗣和昭穆相当仍具有不可挑战的优先性。

此外，哲美森还讨论了立嗣中的另一种特殊情况，即嗣孙的选择。对于这一问题，哲美森强调，尽管法律没有明确的规定，但从已公布的案例来看，这种做法无疑是被允许的："如果某人没有符合立嗣条件的侄子，因此收养了同姓不宗为嗣，但事后又发现有适格的侄孙存在，那么官府有权裁定将该侄孙立为嗣孙，作为真正的继承人。"[2] 李龙见案无疑正是此类情形的典型。本案中，官府主动介入立嗣纠纷，查明李会白服内侄辈中，除被告逐的李玉振外，健在的只有三位，因为都是独子而不符合立嗣条件。但官方并未就此认定同姓不宗的李嗣业为嗣，而是继续在可能的侄孙辈中寻找，最后确认已故的侄子李师尹的儿子李元良符合立嗣条件，因此直接判决李师尹为嗣子，以李元良为嗣孙，实际继承宗祧和财产。这一判决也再次体现了同宗立嗣的"规则"较之嗣父母"意志"的优先性——即便是在缺乏侄辈继承的情况下，适格的侄孙依然在顺位上优先于同姓不宗的继承人。

综上，与前述婚姻中的情法冲突一样，在哲美森对立嗣案件的讨

1　G. Jamison, *Chinese Family and Commercial Law*, Kelly and Walsh, Limited, 1921, p. 20.

2　Ibid., p. 24.

论中，同样充满了规则与人情的碰撞。一方面是对同宗立嗣、昭穆相当等宗法秩序的维护，强调男系血缘关系的稳定性；另一方面是对亲人之间的自然情感的让步与妥协，追求亲情的融洽与家庭的和睦。在这里，我们不得不承认，哲美森的确已经敏感地触及了中国传统家庭法的两个核心问题——血缘与情感。关于这个问题，我们将在对哲美森的比较法律史研究的追问中继续展开。

五、"活化石"？——重返比较法的视野

透过哲美森所译《刑案汇览》及其《中国家庭法与商事法》的文本，我们已重新审视了晚清时代西方人对于中国家庭法的观感与理解。但这里依然存在一个值得继续追问的问题——哲美森的翻译与研究的"原动力"究竟是什么？有如前述，哲美森翻译《刑案汇览》的原因是为撰写中国家庭法的专著做准备，那么，我们似乎还应进一步追问，推动哲美森去研究中国家庭法的"初心"又是什么呢？仅仅是对东方异域文明的好奇，还是有更深层的背景与追求？

（一）好古与比较：维多利亚时代的英国学术

问题的答案，实际上已经隐含在哲美森的智识背景之中。

我们已经注意到，在哲美森对中国婚姻、家庭与继承的分析中，始终存在一个若隐若现的比较对象——古罗马家庭法。无论是婚姻法中的父母意志，还是继承法中的同宗立嗣，哲美森都自觉或不自觉地

将中国家庭法与古罗马法相对照，并尤其关注两者的"同"与"不同"。显然，哲美森一个潜在的前提判断是，中国古代家庭法与古罗马家庭法之间存在相当大程度的"类似"；因此，中国家庭法可以成为西方人理解古罗马家庭法乃至西方古典家庭法的一种参照。更重要的是，这种曾经存在于西方社会的古典家庭法在19世纪已不复存在，而与之具有惊人相似性的中国家庭法却依然"鲜活"地存在着。用哲美森转引庄延龄的话来说，"通过中国法，我们回到了一个与化石人类共存并对话的活的历史之中"[1]。

回到19世纪的英国学术中，这种对于东方"活化石"的研究兴趣，恰恰来自这个时代的历史学、社会学与人类学研究的基本旨趣。对于西方而言，19世纪无疑是一个进步主义的乐观时代；工业革命的巨大成功使这个时代的西方人相信自己代表了人类历史的前进方向。因此，这个时代的学术也普遍转向对人类历史发展规律的追寻，尤其是对于人类家庭、社会与国家的早期起源的研究。梅因的《古代法》（1861年）[2]、巴霍芬（Johann Jakob Bachofen, 1815—1887）的《母权论》（1861年）[3]、古郎士（Numa Denis Fustel de Coulanges, 1830—1889）的《古代城市》（1864年）[4]、麦克伦南（John Ferguson McLennan, 1827—1881）的《原始社会》（1865年）[5]和摩尔根

---

[1] "Comparative Chinese Family Law," *The China Review*, Vol. VIII: 1（July, 1879 to June, 1880）, p. 69.

[2] 中译本参见［英］梅因：《古代法》，郭亮译，法律出版社2016年版。

[3] 中译本参见［瑞士］巴霍芬：《母权论：对古代世界母权制宗教性和法权性的探究》，孜子译，生活·读书·新知三联书店2018年版。

[4] 中译本参见［法］古郎士：《古代城市：希腊罗马宗教、法律及制度研究》，吴晓群译，上海人民出版社2012年版。

[5] John F. McLennan, *Primitive Marriage*, Adam and Charles Black, 1865.

(Lewis Henry Morgan，1818—1881）的《古代社会》(1877年）[1] 都是这个时代潮流之下涌现出的学术作品。[2] 由于这一时期考古证据的匮乏，对于古代家庭与社会的考察，不得不在很大程度上借助于比较历史人类学的方法进行，尤其是对于诸如东方的印度、美洲的印第安等较多保留古代习俗的"活化石"的研究。

一个直接的证据是，哲美森的著作中充斥着梅因的影响。在《中国家庭法与商事法》的导论中，当论述到家庭在中国社会的基础地位时，哲美森即曾引用了梅因在《古代法》中的论述，以强调"古代社会的单位是家族"，而非像"现代社会的单位是个人"。[3] 此后，在谈及中国家庭法与罗马法的相似性时，哲美森也强调："中国当代的家庭法与亨利·梅因爵士在所有印欧语系的原始社群中发现的法律体系都非常类似。最典型的形态就是《十二表法》之前的古代罗马法，其首要特征是家父权，或家父对所有家庭成员的无限权力。"[4] 在《收养的历史及其与现代遗嘱的关系》一文中，哲美森明确指出其研究方法来自梅因的"法律进化论"，并以这一理论来分析从收养继承到遗嘱继承的历史演变过程。尤其是对于罗马法中遗嘱继承产生演变史的分析，几乎完全是梅因在《古代法》中对遗嘱继承史研究的复述和翻版。[5]

1　中译本参见［美］摩尔根：《古代社会》，杨东莼等译，中央编译出版社2007年版。

2　关于维多利亚人类学家关于早期社会的研究综述，参见吴飞：《人伦的解体——形质论传统中的家国焦虑》，生活·读书·新知三联书店2017年版，第52—84页。

3　［英］梅因：《古代法》，郭亮译，法律出版社2016年版，第67页。

4　G. Jamison, *Chinese Family and Commercial Law*, Kelly and Walsh, Limited, 1921, p. 4.

5　See "The History of Adoption and Its Relation to Modern Wills," *The China Review*, Vol. XVIII: 3 (July, 1889 to June, 1890), pp. 137–146.

从哲美森所身处的时代和教育背景来看,梅因的这种影响也毋庸置疑。在19世纪下半叶,梅因无疑是那个时代的英国最耀眼的学术明星。1852年,律师会馆仿效牛津和剑桥进行改革,在罗马法与法理学、不动产法、衡平法、普通法和宪法等领域任命诵讲人,剑桥大学罗马法讲席教授梅因也被邀请担任诵讲人。正是在中殿律师会馆讲义的基础上,梅因才写成了《古代法》一书。[1] 换言之,《古代法》的要义即形成于在律师会馆的诵讲,这些知识也理所当然成为这个时代的会馆法律人的基本智识背景。而有如前述,哲美森进入律师会馆学习的时间正是1871年(《古代法》出版后的第十年),并在1880年取得中殿律师会馆的律师资格。尽管我们无法确证哲美森是否亲自参加过梅因的课程,但毫无疑问,梅因的法律进化论思想在那个时代早已渗透于会馆法学教育的核心内容之中。

在梅因的诸多影响中,最重要的还是他在《古代法》中对罗马父权制及其演变的分析。依据进化论的思想,梅因相信在古代所有印欧民族的早期历史中,父权制都是社会的基本特征,分享基本类似的制度与观念。在典型的父权制中,罗马家长权起初无所不包,对子女的人身和财产拥有绝对的支配权。但随着罗马对外征服的开始,家父越来越失去对家子的控制,家子在公法和私法领域的独立性不断增强。在这里,梅因将古代社会区分为"进步社会"与"停滞社会"两种,以罗马为源头的西方社会即为进步社会的代表:妻子、子女、奴隶不断从家长的人身束缚中解放出来,个人不断取代家族成为法律

---

[1] 参见"梅因小传",载〔英〕梅因:《古代法》,郭亮译,法律出版社2016年版,第4页。

基本单位。[1] 相比之下，以印度、中国为代表的东方社会则属于典型的"停滞社会"，父权制的法律制度长期稳定，被完整地保留至近代社会，也因此成为观测和理解古代父权制的"活化石"。

（二）超越印欧语族：哲美森所见的"同"与"异"

不仅是继承，哲美森的贡献还在于他对东方法研究的拓展。

有如前述，梅因虽然注重对东西方社会的比较，但他的研究对象只限于印欧语族，即所谓雅利安人群体。自18世纪语言学界发现梵语同希腊语、拉丁语、日耳曼语有共同点后，即用"印欧人"来统称使用这些语言的民族。这一发现也使得19世纪的比较历史学成为可能；两个相隔万里的世界，竟有共同的"血脉"。[2] 梅因对东西方社会的比较正是建立在这一"语族"的发现上。《古代法》本身就是一份对雅利安各支系——尤其是罗马人、英国人、爱尔兰人、斯拉夫人、印度人——的古代法律的比较研究。[3] 在对东方的研究中，梅因尤其注重印度的村庄共同体的习惯，试图将"印度的习惯法和看起来曾经是西方世界的习惯法联系起来"[4]；通过对印度现存习惯的研

---

[1] 参见"梅因小传"，载［英］梅因：《古代法》，郭亮译，法律出版社2016年版，第79—90页。

[2] 关于印欧人语言学对梅因的比较历史人类学的影响，参见［英］梅因：《东西方乡村社会》，刘莉译，苗文龙校，知识产权出版社2016年版，"译者序"，第7—9页。以印欧语族为基础的东西方比较，另一个典型例证是［法］古郎士：《古代城市：希腊罗马宗教、法律及制度研究》，吴晓群译，上海人民出版社2012年版。

[3] 参见［英］梅因：《古代法》，沈景一译，商务印书馆2011年版，亚伦所作导言，第12页。

[4] ［英］梅因：《东西方乡村社会》，刘莉译，知识产权出版社2016年版，"译者序"，第76页。

究来重新理解西方制度的起源。

相比之下，梅因的研究很少涉及中国。这一方面当然是由于梅因长期在印度任职，从未来过中国；但另一方面，可能还是考虑到中国并不属于印欧语系，因此在"血缘"上欠缺比较的基础。但这种欠缺，也在客观上为哲美森等汉学家提供了学术增长的空间。1840年后进入中国的西方人很快发现，尽管中国并非印欧语族的一支，但在祖先崇拜与父权制方面，却与印欧语族有着惊人的相似。正如哲美森所描述的，中国古代的家族观念与罗马、印度法律中的"家庭"分享共同的起源与特征。在中国与罗马，家族的形成都共同来自对祖先灵魂的恐惧与崇拜，"如果祭祀不能正确地执行，死去祖先的灵魂就无法得到满足，灾难就会降临到生者之上"[1]。同样，家族最重要的职能就是祭祀，而能够主持祭祀的人自然成为家族的"家长"，并对所有家庭成员的人身和财产拥有绝对的支配权。

但同时，哲美森的贡献又不仅仅是"求同"，还在于两者的"辨异"。在对比中国与古罗马的家庭法之后，哲美森"发现"了中国家庭法有别于印欧语族的两方面的独特特征——较之罗马法，中国家庭法更强调"血缘"与"情感"的纽带。

首先，中国家庭法具有更强的"血缘性"。与古代中国相似，古罗马和其他印欧语族中的家庭同样以男性血脉为中心。罗马法中的"宗亲"与中国人的"宗"的观念类似，都由所有通过男性血脉可追溯到共同祖先的人共同构成。但与中国不同的是，在立嗣继承的问题上，罗马法却承认对男性血缘之外的"外人"的收养，比如母系血

---

[1] G. Jamison, *Chinese Family and Commercial Law*, Kelly and Walsh, Limited, 1921, p. 3.

亲或没有血缘关系的其他人。"外人"一旦被收养后，就被拟制为具有男性血缘的继承人，而不再考虑其真实的血缘关系。而在中国的传统立嗣中，却严格排斥母系血亲和其他外姓人；即便在同宗之内没有适格的候选人，也至多只能扩展到同宗之外的同姓之人。因此，较之罗马等印欧语族的男性宗族传统，中国的家庭法更强调血缘的"纯正性"，具有明显的"强血缘性"的特征。

回到中国的思想传统中，这种"强血缘性"与上古中国的"血食"观念有密切关系。[1] 与古代西方观念一致，中国古人相信，灵魂不灭，"鬼犹求食"[2]，因此需要子孙以祭祀来供养。但与西方不同的是，中国人尤其强调"杀牲以取血""以血滴于地而祭之"[3] 的"血食"。"祭者尚血腥，故曰血食也。"[4] 在中国古人观念中，血渗于地可招致鬼魂，而牲血又隐含血缘之意，因此可以引导与祭者有血缘关系的鬼魂来享用祭物。[5] 同时，又由于"神不歆非类，民不祀非族"[6] 的观念，这种具备"血食"功能的血缘关系也只能来自"同族同类"的父系子孙，否则鬼魂无法享用。即便以母系子孙或其他外姓立嗣，因其所祭"血食"无法为祖先享用，也与绝嗣无异。[7] 正是基于这样一种父系血统的"血食"观念，中国家庭法自始即排斥

1　参见丁凌华：《五服制度与传统法律》，商务印书馆2013年版，第308—309页。
2　吕思勉：《中国社会史》，上海古籍出版社2007年版，第263页。
3　《周礼·春官·大宗伯》。
4　《汉书·高帝纪》。
5　相比之下，古代印欧民族祭祀，祭品多为点心、水果、牛奶、葡萄酒；尽管也存在牺牲，但却并非必需的祭品。即便祭献牺牲，也是将牺牲的肉全部焚烧，并不强调"血滴于地"的血缘意涵。参见［法］古郎士：《古代城市：希腊罗马宗教、法律及制度研究》，吴晓群译，上海人民出版社2012年版，第43—44页。
6　《左传·僖公十年》。
7　例如，春秋时莒国灭亡鄫国后，曾以鄫子的外孙嗣位；在当时的人看来，这无异于"自灭其嗣"。参见吕思勉：《中国社会史》，上海古籍出版社2007年版，第263页。

"立外姓为嗣"的做法,将立嗣范围严格控制在男系宗族之内。

其次,较之罗马法,中国家庭法更注重"情感"的角色。哲美森观察到,中国与罗马同样强调"家父权"(Partia Potestas),但又有明显区别。罗马法的"家父权"是一种完全的所有权(dominium),儿子的服从是从这种所有权中引申出来的义务。而"中国法的视角却恰恰相反","它首先强调儿子的服从义务,然后从中引申出父亲要求儿子服从的权力"。[1] 在中国不存在类似罗马"家父权"的术语,用以描述父亲和儿子关系的词语是"孝"。"孝"是一种服从,但又不是一般的服从,而是强调"孝敬"(filial piety),即一种"恭敬的顺从"。同时,这种"孝"的关系被认为是父子之间自然形成的一种感情,不仅存在于父子之间,而且延伸到家族内的所有尊亲属,甚至延伸到兄长。[2] 而在罗马法中,家父权仅限于家长一人,家族之内除了家长之外,其他亲属之间不存在服从的义务,更无孝敬的情感。

从中西比较的视野进入,对于"情感"的强调,也无疑构成中国思想传统的特质。与西方思想中强调理性对感性的支配不同,中国传统"礼义"的根本却在于内在的"人情",以普通人的人际感情为"本体";[3] 或者说,以血缘关系自然生发的人的"情感"作为价值的合理性依据。[4] 在这种情感中,又以"亲子情",也即"孝"的感情为基础;以"孝"为基础,由亲至疏,再扩展至"仁民爱物"。同时,原始儒学强调,"孝"的核心,并非单纯对父母命令的服从,而是发自内心的"孝敬"的情感。相比之下,罗马法中的"家"更类似于一个

---

[1] G. Jamison, *Chinese Family and Commercial Law*, Kelly and Walsh, Limited, 1921, p. 5.
[2] Ibid.
[3] 参见李泽厚:《哲学纲要》,中华书局2015年版,第62页。
[4] 参见葛兆光:《中国思想史》(第1卷),复旦大学出版社2001年版,第33页。

理性化的政治组织，家子对家父的服从也类似于臣民对统治者所颁布法律的服从，而较少牵涉情感的内容——至少这种服从不以情感作为理论基础。中国的"孝"不仅及于父子，而且及于所有尊卑亲属之间，这同样也来自由于父系家族聚居而产生的日常伦理情感。[1]

事实上，哲美森在前述婚姻继承案例中发现的诸多"情"与"法"的冲突，也同样可以从这种对"情感"关系的重视中获得解释。尽管传统律例中的规范，大多是魏晋以来"引礼入律"的结果，但由于秦汉之后的礼制大量吸收法家精神和统治者意志，包含了大量僵守教条、名实不符的繁文缛节，导致这些律例所维护的"礼教"与先秦原典儒学所倡导的合乎人情之"礼"相去甚远。[2] 另一方面，原典儒学的"礼因人之情而为之"的精神又通过古代经典得以流传，始终存在于士大夫阶层的精神信仰之中，并成为古代士人在解释法律和适用法律时自觉或不自觉的实际准则。正如前述对违律婚姻的"酌免离异"和立嗣过程中对父母"择贤择爱"的妥协，都在不同程度上体现了受原典儒学影响的士人对于"礼"所应顺的"人情"的尊重与维护，以实现"于曲顺人情之中仍不失维持立法之意"的目的。[3]

（三）殖民者的偏见与不足

以上讨论表明，哲美森对于中国家庭法的关注并非纯粹的"好奇心"，而是来自19世纪欧洲学术界热衷于东方"活化石"的学术

---

[1] 关于中国传统伦理中的"父慈子孝"的社会科学分析，参见苏力：《大国宪制：历史中国的制度构成》，北京大学出版社2017年版，第56—59页。

[2] 参见苏亦工：《天下归仁：儒家文化与法》，人民出版社2015年版，第90页。

[3] 参见祝庆祺等编：《刑案汇览》，北京古籍出版社2004年版，第251页。

思潮。这种学术热点的形成，当然与欧洲列强对外殖民扩张的现实需求有关，但也源自西方人对于自身历史的关切。印欧语族的发现，使得西方学者意识到对印度、美洲等异域文明的研究，有助于复原西方文明的原初形态，为西方人理解自身"前史"提供生动的"活化石"。正是在这一思想引导下，哲美森等汉学家也全身心投入对中国的研究之中，并将其视作印欧语族之外有待发掘的新的"活化石"。

这一"活化石"情结，无疑激发了西方人对东方的研究热情，也带来了不乏洞见的研究成果。但这种"意缔牢结"的思维定式，也可能构成一种"证实性偏见"（Confirmation Bias），导致此类研究在有意无意之中成为印证西方社会进步性的"脚注"。在这一问题上，尤其是在比较法律传统的研究上，影响最大的莫过于梅因有关"停滞社会"与"进步社会"的论述。在梅因看来，在"停滞社会"中，法律观念和其他社会观念没能分离，法律无法根据社会需求的改变而改变；而在"进步社会"中，法律却总能跟上社会的进步。在人类社会中，"进步社会"十分少见，只有在西欧社会中才能找到；而"停滞社会"却很常见，印度、中国等非西方社会都是其典型代表。对于家庭法而言，西欧社会的家长权不断衰落，个人逐渐取代家庭成为社会基本单位；而东方社会却始终停留于家长权强大的传统社会之中。

有如前述，哲美森的研究也深受梅因"停滞社会"理论的影响。在哲美森看来，与罗马法很早就摆脱家父权的束缚不同，中国家庭法"除了对自然亲情的微小让步外，这些古老规则在两千多年时间里几乎不曾改变"[1]。对于这种长期"停滞"，哲美森尝试提出三点原因：

---

[1] G. Jamison, *Chinese Family and Commercial Law*, Kelly and Walsh, Limited, 1921, p. 6.

首先，罗马是外向型文明，始终处于和希腊人、腓尼基人的交流中，从而形成了万民法和自然法，传统法因之得以改造；而中国长期与异质文明隔绝，无视和轻视外来法律。其次，罗马城邦很早就形成了公共的祭祀和宗教，冲破了家族的血缘纽带；而中国始终不存在国家性的教会，以血缘为基础的家族组织始终构成社会基础。最后，罗马很早就形成职业化法律人阶层，通过法学发展不断改造传统法；而中国古代缺少职业化法律人，唯一拥有专业法律知识的师爷，只关注判决的形式合法，而无意于法律规则的改进。[1]

无论是梅因还是哲美森，他们对于中国法的"停滞性"及其成因的分析无疑都是深刻的。但这种"停滞说"也并非无可置疑。事实上，很多学者已指出，将西方家庭史视作一种从集体性形式向个性化形式转变的"单线"进化，其实质不过是另一种版本的"辉格史"。从"身份到契约"的进步公式，不乏格言式的穿透力，但也可能忽视真实世界的复杂，遮蔽了传统社会中的"契约"与现代社会中的"身份"。同时，这种"进化论"还隐含了一种"欧洲中心论"：只要这样的转型被认为在某一地区发生，这一地区就被认为具备某种蕴含"历史必然性"的先决条件。在梅因和哲美森的预设中，"只有欧洲，尤其是西欧（抑或只有英国？），才具备导致转型的先决条件"[2]。尽管哲美森的中西比较始终聚焦在古罗马，但在这种比较的背后，依然隐藏着新时代"罗马帝国"——英帝国的影子。无论是外向型文明、宗教因素还是职业法律人，这些原因都适用于解释罗马

---

[1] See G. Jamison, *Chinese Family and Commercial Law*, Kelly and Walsh, Limited, 1921, pp. 6-8.

[2] ［英］杰克·古迪：《西方中的东方》，沈毅译，浙江大学出版社2012年版，第184页。

的"进步",同样也适用于英国。

更重要的是,这种"进步"与"停滞"的标签,同样自觉或不自觉地服从于这个时代的殖民征服。19世纪中叶,英国工业革命完成,英帝国的殖民扩张也日益达到顶峰。但同时,这一时期在印度、牙买加、新西兰等地连续出现的叛乱,也促使英国思想家开始反思帝国的殖民政策,并更深入理解殖民地社会。梅因在19世纪60年代前往印度的任职与《东西方乡村社会》的写作,都服务于这一时期的潜在理论需求。对于印度村社共同体的探讨,旨在回答英国入侵所带来的传统社会基础的瓦解,在何种程度上构成对英帝国稳定的挑战,以及如何应对这种挑战。[1] 同样,深受梅因的影响,作为领事官员的哲美森,之所以深入研究中国的家庭法,也与扩大英国在华殖民利益的内在需求有着不可分割的联系。与印度的村社共同体一样,中国的家庭也同样是"停滞"的,与英国的"进步社会"存在巨大差异,只有在深入理解的基础上才可能在推进殖民统治的过程中维护英国利益的最大化。

因此,我们对于哲美森的家庭法研究,在看到其中的学术投入与洞见的同时,也不得不警惕其中隐含的殖民者的"欧洲中心论"视角。尽管继承梅因的思想,哲美森已经基本放弃了传统的"文明位阶"论,对于"停滞"的身份社会同样给予了相当程度的尊重,但

---

[1] 梅因对印度村社共同体的研究表明,印度社会是"停滞型社会"的典型,完整保留了印欧人社会的传统形态,代表了欧洲"活生生的"过去;但英帝国的入侵,强行给印度社会带来了"从身份到契约"的变迁,并且导致这一过程被戏剧性地加速了。印度村社共同体的活力和习俗基础,随着现代法律权利、绝对财产权、契约自由等观念的引入而迅速瓦解。这种瓦解进程的加速对帝国的稳定造成了重大影响。参见何俊毅:"梅因与自由帝国主义的终结",《读书》2016年第3期;[英]梅因:《东西方乡村社会》,刘莉译,苗文龙校,知识产权出版社2016年版。

依然没有完全摆脱将欧洲"进步社会"视作更高级选项的窠臼。这种潜在的"中心论",不仅服务于自身优越性和殖民统治正当性的论证,而且可能遮蔽了对于中国传统家庭法中所具有的合理价值的关注。事实上,许多研究已经表明,梅因所描述的以个人取代家庭的契约本位社会,也并非人类最完美的选择;即便将其视作一种进步,也只是一种"进行时",而非"完成时"。个人本位的契约社会,固然存在注重个人权利、个性与自由的优势,但也可能带来追逐自利、情感淡漠的弊端。尤其是在家庭法领域,个体化与契约化的婚姻关系已经从根本上挑战了婚姻家庭存在的正当性,导致了家庭法的"总体性危机"。[1]

相反,在中国传统家庭法中,尽管存在种种不合理的礼教束缚,但就其理论根基和价值取向而言,这种注重人伦与情感的法律文化仍具有相当的合理性,并蕴含对现代法律不乏教益的启示。[2] 比如,在前述中西比较中,哲美森就曾指出中国家庭法对情感的注重,在孝道伦理中强调情感上的敬慕,而非单纯的服从。但可惜的是,哲美森只是简单地将其视作中国家庭观念与罗马相区别的特征,却未能进一步讨论这种区别的原因与价值。而正如许多研究已经指出的,如果回到家庭法的当代危机中来看,这种对孝道情感的注重,恰恰构成了传统中国家庭法中最具生命力的积极价值。这种亲属关系的构建,不依赖个体间的理性与算计,而是依靠对亲子自然生物感情的提升,以及由此带来的道德情感和义务责任,[3] 因此有可能在很大程度上弥补现代

1　参见赵晓力:"中国家庭资本主义化的号角",《文化纵横》2011年2月号。
2　参见苏亦工:《天下归仁:儒家文化与法》,人民出版社2015年版,第90—95页。
3　参见李泽厚:《哲学纲要》,中华书局2015年版,第40—43页。

家庭法中情感基础破碎的不足。

此外，哲美森在讨论继承问题时涉及的中国传统家庭法中的家产制，也同样可能构成现代家庭财产制的基础。有如前述，哲美森曾指出，与罗马法不同，中国不存在一种个人"所有权"性质的家父权，[1] 家庭财产为家庭全体成员所共有。[2] 但由于"进步社会"历史观的影响，哲美森还是将家族本位视作一种"停滞"，强调西方社会伴随着家庭解体，已经"进化"到更个体化的财产制与继承制。从历史上看，较之个人财产制，传统的家产制或许不利于个人自由与权利的维护，但却可能在家庭养老、教育、成员扶助等功能上具有明显优势。事实上，这种传统的家产制也在一定程度上为现代中国家庭法中的夫妻财产制所继承，并且应当在未来的家庭法中继续发挥作用。[3] 中国传统家庭法中蕴含的伦理人假定，同样应当成为现代家庭法作为团体法的前提性基础，承载夫妻命运共同体的伦理期许。[4]

以上的讨论并非对哲美森的苛责。作为那个时代的汉学家，哲美森对于中国家庭法的熟悉程度远超同时代甚至后来的西方人，并且始终保持了相当大程度的尊重和理解。但即便如此，我们也不能因此就忽视哲美森可能的视野局限与不足，尤其应当注意到其中所隐藏的由

---

[1] See G. Jamison, *Chinese Family and Commercial Law*, Kelly and Walsh, Limited, 1921, p. 5.

[2] 中国古代的家庭财产制被称为"家产制"。在这种家产制中，家产为家长和家庭成员共同所有，家长只是家产的管理人，不具有像古罗马家父那样绝对处分财产的个人财产权。参见俞江："论分家习惯与家的整体性——对滋贺秀三《中国家族法原理》的批评"，《政法论坛》2006年第1期。

[3] 关于中国现代家庭法中的家产制和个人财产制，参见赵晓力："中国家庭资本主义化的号角"，《文化纵横》2011年2月号。

[4] 参见赵玉："司法视阈下的夫妻财产制的价值转向"，《中国法学》2016年第1期。

于自身视角局限所可能带来的有意或无意的"偏见"。这种偏见可能来自19世纪西方比较社会学研究的理论局限,也同时来自殖民者的优越视角和利益考量。只有在对于哲美森的"洞见"与"偏见"都有同样全面的理解之后,我们才可能真实地重构西方人对中国法的最初认知图景,也才可能借助"他者"的视角重新理解我们自身的法律与传统。

第三章
他曾这样译注《大清律例》
——《中国评论》所载哲美森译作述评

一、引　言

《大清律例》作为传统中国律典的最终承载体及仅有的两部被收录于《四库全书》的律典之一，在近代中西法律交流的进程中，尤其在中英鸦片战争前夕获得了西方学界的广泛关注，小斯当东于1810年将之移译出版后，《爱丁堡评论》、《折衷评论》（Eclectic Review）、《每月评论》（Monthly Review）、《学衡》（Critical Review）、《不列颠批评》（British Critic）等皆或作书讯，或佐以长篇评论。[1] 不惟如此，其在西欧的后续影响还表现在多种转译自英译本的版本问世，法文、意大利文版本在1812年内相继在巴黎与米兰出版；其后，西班牙文版本分别于1862年、1884年在哈瓦那和马德里出版，1876

---

[1] 参见［英］乔治·托马斯·斯当东：《小斯当东回忆录》，屈文生译，上海人民出版社2015年版，第45—49页。

主题篇　105

年及 1924 年又有两种特点各异的法文版本问世。[1] 如此种种，皆可谓《大清律例》英译的后续"效应"。

实际上，这一"效应"的延续性远较一般想象来得长久。1994 年钟威廉（William C. Jones）所译之《大清律例》，便是在推倒小斯当东译作的基础上的重译，在他看来，"唯一的英文译本因其肆意洒脱显得并不精准，基本是无甚益处，布莱斯神父（Father Boulais）的法语版本则因另外的原因即不加暗示地省略了文本的大部内容同样糟糕，菲拉斯特上尉（Lieutenant Philastre）的法语版本虽堪称一流，但其并未涵盖全部中文文本且试图使用法国法律术语对其进行诠释"[2]。值得一提的是，近年来，法国学者巩涛（Jérome Bourgon）主持的法国国家科学研究项目"法律视野下的中国地域"（Legalizing Space in China）网站（http://lsc.chineselegalculture.org）创设，收录了数量可观的以清代法律史料为主的相关文献，也当然地将前述小斯当东及钟威廉的译本囊括在内；此外，他们还通过组织三至五人的翻译工作坊，来研读《大清律例》的部分重要条目，最终将讨论内容的电子版上传至项目网站，[3] 可谓新时代下数字化研读《大清律例》的时兴模式。

1　1876 年的菲拉斯特（P. L. F. Philastre）法文译本的优点在于不仅翻译准确，而且内容完全，它既包括 The Annamite Code 的全部 398 条律文及其大部分附例，也包括关于律文的注释，可惜译本传世极少；而 1924 年布莱斯（Le P. Gui Boulais，又译为鲍来思）译本的优点在于翻译质量较高，因为他把译成法文的每一条律和例的中文原文都录在页下，以资参照，但他的译本中，各种注文均被省略，同时也删去了大量的例。尽管如此，与小斯当东及菲拉斯特译本相比，布莱斯译本仍然是最优秀的。参见［美］D. 布迪、C. 莫里斯：《中华帝国的法律》，朱勇译，江苏人民出版社 1995 年版，第 67—68 页；苏亦工："另一重视角——近代以来英美对中国法律文化传统的研究"，《环球法律评论》2003 年春季号。

2　The Great Qing Code, trans. by William C. Jones, Clarendon Press, 1994, p. v.

3　参见王志强："法国的中国法律史研究"，载《中国古代法律文献研究》（第 8 辑），社会科学文献出版社 2014 年版，第 503 页。

此外，意大利特里亚斯特大学历史学教授阿巴蒂斯塔也考虑到1812年意大利文版《大清律例》存世仅8套而决定将该校图书馆藏版本进行数字化重印，并佐以意、中两国学者就此专题的数篇评论性文章汇集成册，先期数字化成 PDF 版及电子书，以推动意大利的比较法研究的发展。这一项目的附带性成果即由学者所论评论性文章，业已以《清代中国的法律、司法与法典化：欧洲与中国的视角》（*Law, Justice and Codification in Qing China: European and Chinese Perspectives. Essays in History and Comparative Law*）为题结集出版。在阿巴蒂斯塔教授长达135页的卷首长文中[1]，他对18世纪西方对中国法的认识、小斯当东对《大清律例》的翻译及其后续对西方的影响、英译本的反馈及意大利文和法文版本的特色、内容及接受与影响等都做了极为详细的说明，确也可称作对《大清律例》翻译史的研究。

尽管学界对《大清律例》西译的关注并不鲜见，且在现代语境下具有超越时代的延续性，但值得注意的是，《大清律例》的翻译史中尚有一段为学界同仁所普遍忽视，却对完整审视译介史的历史脉络有着重要意义的译事过往，尤值得有志学者探究与体味。本章即以哲美森所译并连篇刊载于《中国评论》这一"19世纪西方世界第一份真正的汉学期刊"[2] 上的《大清律例》（以"Lü-Li, or General Code of Laws of the Chinese Empire"定名）为研究内容，把握该译事的叙述梗概及叙事旨趣，以及其在19世纪后期中西法律交流或碰撞背景

1　See Guido Abbattista, "Chinese Law and Justice: George Thomas Staunton (1781-1859) and the European Discourses on China in the Eighteenth and Nineteenth Centuries," in Guido Abbattista (ed.), *Law, Justice and Codification in Qing China: European and Chinese Perspectives. Essays in History and Comparative Law*, Edizioni Università di Trieste, 2017, pp. 1–135.

2　王国强：《〈中国评论〉（1872—1901）与西方汉学》，上海书店出版社2010年版，第263—264页。

下所凸显的一些时代特点，以期填充《大清律例》近代英译史上的一段经历，进一步丰富对《大清律例》翻译史的理解与认知。

二、哲美森及其所译《大清律例》篇章概览

哲美森，1843年2月5日生于苏格兰的班夫郡（Banffshire），1864年于阿伯丁大学（University of Aberdeen）获得硕士学位，同年被学校推荐入职中国领事馆，接受两年的中文教育。[1] 其后，哲美森被派至上海、台湾、福州等处任秘书等职。之后，本着成为律师的信念，1871年11月17日哲美森返回英国进入内殿律师会馆学习，未及两年（1873年6月20日）又转入中殿律师会馆。[2] 1873年年底，他携妻子返回中国以一等秘书被擢升为翻译官，并被派往芝罘。1877年11月他又被提拔为驻福州罗星塔（Pagoda Island）副领事，在此期间他开始翻译《大清律例》部分篇章并连载于《中国评论》上，一直持续至其短暂回英国参加中殿律师会馆考试（1880年6月6日），[3] 后任职驻九江领事。至1891年，他被任命为驻沪领事，并同时担任英国驻华法院的助理法官；1897年他晋升为驻沪总领事，且一直担任助理法官直至1898年年末。1899年4月哲美森因为身体原因选择提前退休之后，转任英福公司的负责人。1916年8月21日，

1　See Douglas Clark, *Gunboat Justice: British and American Law Courts in China and Japan（1842-1943）*, Vol. 1, Earnshaw Books Ltd, 2015, pp. 86-87.

2　See Joseph Foster, *Men-At-The-Bar: A Biographical Hand-List of the Members of the Various Inns of Court, Including Her Majesty's Judges*, Reeves and Turner, 1885, p. 240.

3　See "George Jamieson: China Consular Service," http://www.takaoclub.com/britishconsuls/george_jamieson.htm, 2018-12-01.

哲美森被中国联合会（China Association）推荐任命为东方学院（School of Oriental Studies）的董事。[1] 此后，他潜心于以多年前所翻译的《大清律例》部分篇章及会审公廨的诸多案例为基础开展《中国家庭法与商事法》的撰写工作，直至1920年12月30日逝世于伦敦翁斯洛（Onslow）广场的居所。[2]

在哲美森77年的人生岁月中，逾半数时光停落在中国，或者从事着与中国关联的事务。除却外交政务、财政事宜之外，他以法律职业者的素养将目光驻足于彼时的中国法的传统根基，将关注的焦点停留在彼时中国司法现状问题，并将此种观察与体悟以研读、翻译、诠释以及评说《大清律例》部分篇章的形式予以具化，这些译作初刊载于《中国评论》这一19世纪晚期中西文化交流史上的主导性媒介之上，在对西方读者进一步了解中国传统法律规范产生既定影响之后，也同样为哲美森构筑传统中国的家庭法与商事法的研究提供了必备的资料准备。

哲美森所译《大清律例》部分篇章，采用的中文底本是1864年开始修订、1870年修订完成的最新版本，[3] 这一版本是《大清律例》的最后版本，其时"例文"已达顶峰的1892条，[4] 以之作为翻译底本无疑是基于版本新及完整性的考量。

---

[1] See "Ex-Shanghai Consul for Oriental Schools," *The China Press*, August 23, 1916, p. 11.

[2] See "A Great China Expert," *The North-China Daily News*（1864-1951）, February 28, 1921, p. 12.

[3] See "Translations from the Lü-Li, or General Code of Laws," *The China Review*, Vol. VIII：1（July, 1879 to June, 1880）, p. 2.

[4] 参见 "清史稿·刑法一"，载《历代刑法志》，群众出版社1988年版，第567页；Zheng Qin & Guangyuan Zhou, "Pursuing Perfection：Formation of the Qing Code," *Modern China*, Vol. 21：3（Jul., 1995）, p. 340.

就所翻译条文的类属来看，除却1篇《兵律·关津》所涉《大清律例》第225条"私出外境及违禁下海"[1] 这一与"航行、移民及海关法"相关的条文及后附45条例文之外，其余6篇皆附属《户律》的相关内容，分别涉及：

（一）第78条"立嫡子违法"（附例7条，其中与1740年《大清律例》版本相比，第6和第7条例的顺序做了调整），第87条"别籍异财"（附例1条），第88条"卑幼私擅用财"（附例2条）；[2]

（二）第75条"脱漏户口"（附例2条），第76条"人户以籍为定"（附例26条）；[3]

（三）第77条"私创庵院及私度僧道"（附例6条），第80条"赋役不均"（附例5条），第83条"禁革主保里长"（附例1条），第84条"逃避差役"（附例3条），第89条"收养孤老"（附例6条）；[4]

（四）第90条"欺隐田粮"（附例5条），第91条"检踏灾伤田粮"（附例15条）；[5]

（五）第93条"盗卖田宅"（附例10条），第95条"典买田宅"（附例11条）；[6]

---

[1] "Translations from the Lü-Li, or General Code of Laws," *The China Review*, Vol. VIII: 1 (July, 1879 to June, 1880), pp. 1–18. 条标的回译，以《大清律例》原本为准，参见《大清律例》，田涛、郑秦点校，法律出版社1998年版。以下皆同，特此说明。

[2] See "Translations from the Lü-Li, or General Code of Laws of the Chinese Empire," *The China Review*, Vol. VIII: 4 (July, 1879 to June, 1880), pp. 193–205.

[3] See "Translations from the Lü-Li, or General Code of Laws of the Chinese Empire," *The China Review*, Vol. VIII: 5 (July, 1879 to June, 1880), pp. 259–276.

[4] See "Translations from the Lü-Li, or General Code of Laws of the Chinese Empire," *The China Review*, Vol. VIII: 6 (July, 1879 to June, 1880), pp. 357–363.

[5] See "Translations from the Lü-Li, or General Code of Laws of the Chinese Empire," *The China Review*, Vol. IX: 3 (July, 1880 to June, 1881), pp. 129–136.

[6] See "Translations from the Lü-Li, or General Code of Laws of the Chinese Empire," *The China Review*, Vol. IX: 6 (July, 1880 to June, 1881), pp. 343–350.

（六）第101条"男女婚姻"（附例4条），第102条"典雇妻女"（附例1条），第103条"妻妾失序"，第105条"居丧嫁娶"，第106条"父母囚禁嫁娶"，第107条"同姓为婚"，第108条"尊卑为婚"（附例2条），第109条"娶亲属妻妾"（附例2条），第112条"强占良家妻女"（附例7条），第113条"娶乐人为妻妾"，第114条"僧道娶妻"，第116条"出妻"（附例2条），第117条"嫁娶违律主婚媒人罪"（附例5条）。[1]

可以发现，哲美森所译条文较为集中，主要涉及《户律》中的《户役》《田宅》及《婚姻》这三部分。与剩余未译出的《户律》其他篇章，如《仓库》《课程》《钱债》《市廛》相较，显然前者系与民法关涉程度较高的传统领域，更值得也更易于受到关注。

从翻译篇章所呈现出的逻辑结构来看，也能够发现其中饱含着译者基于律典条文"体系化"的考量。需要指出的是，笔者所谓"体系化"特指的是篇章内部的逻辑性考虑，意即每篇之中所摘录或者全录条文的选择及编排是在自然逻辑基础上的以关注主题为线索的主动性选辑，以及依循主线而展开的文字铺陈。我们通过对前文所列数律例翻译篇章便可窥见此种"择取式"翻译背后的体系主线，具体如下：

前文所及篇（一）包含"立嫡子违法"（第78条）、"别籍异财"（第87条）、"卑幼私擅用财"（第88条），此三条在《大清律例》的法条编排上虽然并不紧密相连，但其中都体现了以"宗"为本的家庭对从身份到财产的诸多禁锢及其可能导致的不良后果，故哲美森将

1　See "Translations from the Lü-Li, or General Code of Laws of the Chinese Empire," *The China Review*, Vol. X：2（July, 1881 to June, 1882），pp. 77-99.

之放在一起系统翻译，并定名为"遗产与继承"，以便给读者带来清晰的脉络。

篇（二）所收录"脱漏户口"（第75条）、"人户以籍为定"（第76条）则是由其所关注的国家治理模式中的基本单位"甲—保/里"为切入点，明确以"籍"作为"户"在面向国家时的一种表现形式，在此意义上法律规定"家庭中的每一位成员都必须注册入籍"，且"每一个家庭的籍都必须是固定的及确定的"，[1] 其目的仍在于确定赋役，故而哲美森将本篇定名为"注册与赋税"。在此基础上，篇（三）的"私创庵院及私度僧道"（第77条）、"赋役不均"（第80条）、"禁革主保里长"（第83条）、"逃避差役"（第84条）、"收养孤老"（第89条）诸条皆是此种类别的具体释明及应用。

篇（四）所及，因前两篇对土地占有制度（land tenure）的相关问题[2]已有涉及，故而此部分以之作为重点详加析明，并以"土地占有制度及赋税"作为标题，将"欺隐田粮"（第90条）、"检踏灾伤田粮"（第91条）等由户籍脱漏所可能引致国家征税层面的减损问题合理囊括在内。在此处的注释中，哲美森指出，前篇所述篇章基本上涉及土地税征收的三种状况之一，即"基于个人义务的不确定份额的具体表现"，而此部分涉及的第二种情况"固定的年度土地税的支出"对应的便是第90、91条的规定。其中第90条表述了每一占有人均需就其配额基于其土地的放置或归属问题所应承担的责任；第91条则讨论了一般规则的例外情况，即因干旱、水灾等自然原因所致土地减产的情况。

---

    1 "Translations from the Lü-Li, or General Code of Laws of the Chinese Empire," *The China Review*, Vol. VIII: 5（July, 1879 to June, 1880），p. 261.

    2 Ibid., p. 262.

此种情况下，土地占有人有权获得税收的延缓或豁免。[1]

篇（五）所及，仍是前述所涉田宅相关律文，但其关注重心主要集中于田宅转让所带来的国家与个人之间的权属变化。其中涉及"典买田宅"一篇，哲美森指出，小斯当东的译本将之译作"抵押法"（Law of Mortgages），这显然并非精当的描述，它更可能应被归为"让与法"（Law of Transfer），以规范土地"出让"模式，[2] 这也就涉及前篇所及土地税征收的第三种状况，即"涉及土地出让的费用的支出"[3]。

篇（六）是对《大清律例》卷十《户律·婚姻》篇近乎全景式的翻译收录，除却第104、110、111、115条之外，其余条文皆收纳其中。在首个注释中，哲美森对翻译的原因作了一定的说明，他指出，尽管婚姻法部分已经由庄延龄及穆麟德极为全面地应用于《中国评论》（The China Review, Vol. VIII, No. 2）以及以《中国家庭法》（The Family Law of the Chinese）为题的小册子[4]之中，然而，这一主题如果缺乏"确切的原文"（ipsissima verba），则不足以称其为完整。[5] 基于此种目的，他在基本遵循篇章顺序的结构下对此内容予以全面的翻译与解释，并在译文后辅以近11页的注释，就"家族姓氏起源"及"同姓

---

[1] See "Translations from the Lü-Li, or General Code of Laws of the Chinese Empire," The China Review, Vol. IX: 3 (July, 1880 to June, 1881), p. 129.

[2] See "Translations from the Lü-Li, or General Code of Laws of the Chinese Empire," The China Review, Vol. IX: 6 (July, 1880 to June, 1881), p. 346.

[3] "Translations from the Lü-Li, or General Code of Laws of the Chinese Empire," The China Review, Vol. IX: 3 (July, 1880 to June, 1881), p. 129.

[4] 尽管这一小册子最终于1896年由别发洋行出版，但最初穆麟德于1878年将此发表于《皇家亚洲文会北华支会会刊》第13卷（1878, pp. 9-145）上。See Paul Georg von Möllendorff, The Family Law of the Chinese, Kelly & Walsh, Ltd., 1896, p. 1.

[5] See "Translations from the Lü-Li, or General Code of Laws of the Chinese Empire," The China Review, Vol. X: 2 (July, 1881 to June, 1882), p. 77.

不婚规则的起源"[1] 作了极为详尽的说明；此外，还附图一张（Table of Consanguinity），对由己身出发的血缘关系脉络作了极为形象的描绘，以便对该篇中涉及宗室婚姻的问题作出更为直观的说明。

故而，从以上篇章的主旨即可看到，哲美森的篇章择取与翻译并非严格遵循律例文的编排体系，而是基于一种从家庭出发的理念，即从家庭财产继承起步，到家庭的界定及家庭所需要面向国家承担的赋税义务，最终到家庭结构的构建。其中凸显了以"户"为基本单元的体制在面对家庭财产、赋税以及婚姻时的面相，其最终所要表达的是传统中国以家庭为中心的基本理念。就此而言，可以说，哲美森所译篇章凸显了以家庭为中心的"体系化"构建。

总体而言，尽管哲美森所译律例篇章有限，涉及范围也仅以中国家庭法作为重心或关注焦点，但其译注注重体系化的构建，着力于基本条文意义的澄清及相关法律制度或司法程序的析明，这些特色的显现无疑对西人正确理解与精准把握中国传统律典的基本内容具有一定的作用。

三、创造性的翻译理念："例"的译制

众所周知，自乾隆五年（1740年）起，《大清律例》"律文"定型为436条之后不再发生变化，十一年（1746年）起，又确定例文每五年一修，进而成为定制。"每届修例，除删去奏准删除之旧例

---

1 "Translations from the Lü-Li, or General Code of Laws of the Chinese Empire," *The China Review*, Vol. X: 2 (July, 1881 to June, 1882), pp. 89-99.

外，只是将修并或新纂之例依次编入，附于律后。"[1] 但涉及律例之间的关系时，乾隆四十四年（1779年）部议明确规定"既有定例，则用例不用律"，这成为一种确定的制度，并构成清中后期法律"例优先于律"的一种特色。[2] 所以从这一意义上讲，"例文"在具体司法实践中占据较为重要的位置。然而，观诸留存于世的《大清律例》英译文本，不论是小斯当东于19世纪初所译版本，抑或钟威廉于20世纪90年代重译的版本，都选择舍弃"例"的翻译，试想之下，其中固然包含着或因例文不定而难以将之完整收录，或为保持律文的系统性使其逻辑结构不至于为例文所打断，或因篇幅所限而无法完整呈现等诸种考虑，但这一做法无疑对于西人了解中国传统律典的真实状态造成有失精准、确切的弊端。故而，哲美森所进行的"创造性"的尝试——将"律""例"两种形式不做排除式的整体翻译，至少与前作相比更能够合理与全面地展示律典的面貌。尽管从篇幅来讲，哲美森所译律文仅26条，与律文全文436条相较，不足十分之一；所译例文168条，与例文全文1892条相较，同样不足十分之一，实在难称全面，但这至少显示西人已经开始注意到《大清律例》中例文的重要价值。

哲美森不无遗憾地点明，小斯当东所翻译的《大清律例》，只是翻译了其中"律"的部分（在其附录中夹杂着一些"例"），未翻译这至为关键的"例"。有鉴于此，他尝试将焦点聚集于例的翻译。他

---

[1] 瞿同祖："清律的继承和变化"，《历史研究》1980年第4期。
[2] 关于清代律例关系，学界尝有不同观点，苏亦工认为"律"为清代基本大法，在各类法规中居于主导地位。何勤华指出，清代律例的适用存在着极为复杂的情势，而不能作出简单的判定，但不能武断地认为律文不重要，而是因为乾隆五年以后，由于律文不再修改，当其无法满足社会需要的时候，则不得不用例来对律文规定的盲点进行救济。参见苏亦工："清代律例的地位及其相互关系"（上、下），《中国法学》1988年第5、6期；何勤华："清代法律渊源考"，《中国社会科学》2001年第2期。

指出:"因此大可不必赘述,作为(《大清律例》)体量的四分之三的意义存在的例,同样占据着非常重要的位置。的确,与律相比,例与之关系如同英格兰最近半个世纪以来的制定法(legislation)与早期诺曼国王们的敕令(charters)一样。"[1] 就笔者的理解而言,哲美森此处所试图表达的含义在于:其一,突出与律相比,例同样具有重要意义;其二,英国19世纪以来的立法(制定法)所集中制定的是某一类事务的一般性规则,有别于12—13世纪早期诺曼国王们通过颁布敕令来建构恒久性与奠基性原则。两者的比较类似于例和律的关系,即19世纪以来的制定法类似于"例",而12—13世纪早期诺曼国王们的敕令便类似于"律",它们皆属制定法范畴,但其所关涉主旨有所殊异。[2]

这一对"例"进行关注与译制的思路,对于来华外人更为全面与准确地理解何为中国法及其如何运作无疑是有助益的。很难说不是依循哲美森的思考路径,1899年阿拉巴德于伦敦出版的《中国刑法评注》的序言部分也曾对此作出过说明,他认为:"自小斯当东以来近百年,并没有关于中国法的篇章得以发表。而且,他卓绝的劳动成果也已经与时代需求格格不入,尽管律典的部分内容依然存在,多半隐匿在杂志之中,但缺乏完整的细节性的观点呈现,甚至还是含混不清的。"[3] 在此书中,他极为重视对《刑案汇览》《驳案新编》等成

---

1 "Translations from the Lü-Li, or General Code of Laws," *The China Review*, Vol. VIII: 1 (July, 1879 to June, 1880), p. 2.
2 此段的理解,笔者请教了鲁楠、康宁、姚远、刘涛等诸位师友,对他们谨致谢忱!此外,笔者参考了学界关于英国制定法历史情况的研究成果,参见高鸿钧、程汉大主编:《英美法原论》(上),北京大学出版社2013年版,第92—101页。
3 Ernest Alabaster, *Notes and Commentaries on Chinese Criminal Law and Cognate Topic*, Luzac & Co., 1899, p. v.

案的参引,以用于解释刑罚制度及司法机构、刑法原则等相关术语,同时也强调对"例"的引用。在他看来,如果缺乏对于例文的翻译,仅仅对律作以翻译的话,则不过让我们看到"250年前法律的模样,而非现在的状态"[1]。基于此种认识和观念,他将律、例、成案与《六部则例》等熔于一炉,全景式地展现中国传统法律的完整面貌。

值得一提的是,关于律例之间的区别,阿拉巴德同样作了极为详细的说明,指出律乃万世不易之基础法,而例作为特别法规旨在补充基本法典,存在不断增加及十年一版的趋势,并以案例作以例证。"查,律乃一成不易,例则随时变通,故有律本轻而例加重者,亦有律本重而例改轻者。即,如窃盗临时拒捕及杀伤人,按律均应不分首从,问拟斩侯;而例内则将杀人伤人为首。为首、为从及伤之或金刀或手足他物之处,分别等差科断。"[2] 此外,他还将之与英国"早期普通法与国王法令"(old Common and Statute Law of England)之间的关系作以类比,指出它们之间存在一定的亲和性(affinity),但又非完全对应。因为历朝历代的律保持着与先前律典大体的一致性,且是成文化法典;以及例尽管实际上增补或废止律文,但却被认为是次要的且以细则(bye-laws)样式被收录于律典之中。[3] 可见,此处阿拉巴德同样依托自己的英国法知识背景对清代的律例关系作出了解释性说明,指出尽管外在表现形式存在着差别,但中英都存在两种法律渊源同在且互相发挥作用的现象,此种解释很难不让人忆起哲美森的论断,他们二人的共同之处无疑都在于充分肯定"例"在法律体系中的不可或缺性。

1　Ernest Alabaster, *Notes and Commentaries on Chinese Criminal Law and Cognate Topic*, Luzac & Co., 1899, p. xlii.
2　Ibid., pp. xliii-xlv.
3　Ibid., p. xlvii.

主题篇　117

四、复合性的题材考量：时局使然与兴趣所指

如果说，小斯当东翻译《大清律例》是时局使然，一方面对于并不满足于传教士饱含个人印记的回忆录中的东方图景，意欲较为理性与全面地洞见东方，一窥文明体系普照之外的"天朝上国"堂奥的西方政治家、普通民众来说，都是一次不错的尝试；另一方面也使得彼时《大清律例》的翻译兼具政治及外交功能，"小斯当东翻译《大清律例》时值英方抱有与中国建立外交、贸易关系强烈愿望之际，英方需要了解中国的法律环境，故希望此书的翻译至少能为东印度公司在华开展的贸易提供法律服务，也能为日后更大规模的英中贸易做准备"[1]。

那么，与之相比，哲美森所译《大清律例》则可能是兼具时局性与兴趣性的集合体。

《中国评论》创刊之时，已近19世纪80年代，此时西方人对中国法尤其是司法的理解，早已经历"野蛮论"的时期，即便是后续较为流行的"区别论"，[2] 也逐渐失去了存续的空间。这一点，恰好

---

[1] 屈文生："近代中英关系史上的小斯当东——《小斯当东回忆录》译后余语"，《北京行政学院学报》2015年第2期。

[2] 如果说19世纪前学者论调主要集中在证明"中国法律野蛮"上，19世纪后则更为关注中国法律的实际执行效果，或对于外国人的具体执行效果。这一观点成为西方论者抨击中国法律存在弊端的另一借口，它既能避免"野蛮论"在立论上匮乏与不能自圆其说，又极为便利西方在华人士以此规避中国法律的束缚。曾任香港总督的德庇时在其1836年出版的《中国人：中华帝国及其居民概论》一书中也称："就犯罪处罚原则而言，中国与我们近乎一致，都秉承宁使罪犯脱网也不置无辜死罪的原则。但对于外国人，其做法却大相径庭……清政府假装依法对外国人审判，但据以往经验可知，上述'三复奏'等司法保障却仅仅适用于当地人，而并不沿用至外国人。" John Francis Davis, *The Chinese: A General Description of the Empire of China and Its Inhabitants*, Vol. 1, Charles Knight & Co., 1836, pp. 418−419.

可以从《印中搜闻》到《中国丛报》再到《中国评论》此三种西文刊物的关注重点及主题基调的时代转换中窥见。故而，纵观整个《中国评论》，其虽明确将"法学"作为征稿主题之一，关涉中国法的内容丰富、全面，但刑事司法所占篇幅并非多数，且也少有关于中国刑罚残酷、中国罪犯处决以及非法刑讯等司法不良效应的描述，反倒是官制、民事法及商法等居于上风。哲美森所译《大清律例》着重于对《户律》的翻译正可谓此种风潮的自然后果，当然它也从客观上促成了此种风潮的持续升温。

细究起来，这种由刑事司法向民商事法律的关注风向的转变，最主要是时局催生的后果。彼时的中西关系因不平等条约的次第签署、治外法权的不断深化、清廷对融入国际法家庭的不断尝试[1]等变得稍显缓和，而如何进一步了解中国传统法律的基本构造或者维系侨民利益、寻求法律变革，成为彼时关切的重点。

时局使然还体现在，尽管这一关注风向已经开始形成，但并不意味着对于旧有关切对象的完全摒弃，在哲美森所译首篇《兵律·关津》"私出外境及违禁下海"中，这一观念仍在显现。他指出，该条系航行、移民及海关法，同时也涉及与鸦片相关的立法。这些条文皆被归类为《兵律》。也正因为如此，它主要用于处理违法穿越边界即"关""津"或"口"的犯罪类型。[2] 可想而知，这一条文受到关切，多半是因为作为来华外人的哲美森对于闭关锁国的清廷的法律规定有着兴趣，也期望看到其中法律是如何限制或约束其国民私出国境的。

---

[1] 参见李洋："晚清对近代国际法的尝试与偏离——基于蒲安臣、李鸿章使团的考察"，《南京大学法律评论》2015 年秋季卷。

[2] See "Translations from the Lü-Li, or General Code of Laws," *The China Review*, Vol. VIII: 1（July, 1879 to June, 1880）, p. 2.

此外，本条的例文中还涉及 1835 年至 1840 年间颁布的关于严厉限制鸦片的法律规定，其在中外条约中不断失去作用，尤其是在 1870 年的附例中，几乎改变了咸丰与同治统治时期所存在的法律规定。在此之前，这一领域的法律在 1859 年即咸丰九年时予以颁布，也是基于《天津条约》的规定而作出的修改。该法着力打击罂粟种植者及鸦片制造商。[1] 不惟如此，彼时西方国家也纷纷就鸦片制造与销售作出限制性规定，美国国会也曾制定过专门性的法案，1887 年 2 月 23 日通过法案以惩处在华美国人的鸦片交易。[2] 在结束此篇例文的翻译后，他还将 1859 年鸦片法的相关内容作以披露，可以发现其中不乏禁止外国人销售鸦片的规定，甚至有对于违法者处以斩首等极刑的规定。[3] 我们也就不难理解，此条规定为何会引起哲美森的兴趣，以至于如此突兀地出现在哲美森的翻译列表中，究其原因，显然是基于实用主义的目的，也是基于时局的考虑与把握。

这里提及的翻译《户律》相关内容乃哲美森的兴趣使然，不仅仅是由于其早期即对民事法兴致盎然——早在 1876 年他便在《中国评论》上发表《中国的遗嘱》一文，对于传统中国继承法之中的遗嘱问题作以解答，指出中国继承法中并不存在如西方一般的遗嘱，这主要是由于财产权由家庭而非个人控制，当然他也承认父亲在不违背

---

[1] See "Translations from the Lü-Li, or General Code of Laws," *The China Review*, Vol. VIII: 1 (July, 1879 to June, 1880), pp. 15–16.

[2] See An act to provide for the execution of the provisions of article two of the treaty concluded between the United States of American and the Emperor of China on the 17th day of November, 1880, and proclaimed by the President of the United States on the 15th day of October, 1881, *Statutes of the United States of American Passed at the First Session of the Forty-ninth Congress, 1885–1886, and Recent Treaties And Executive Proclamations*, Washington: Government Printing Office, 1886, pp. 409–410.

[3] See "Translations from the Lü-Li, or General Code of Laws," *The China Review*, Vol. VIII: 1 (July, 1879 to June, 1880), p. 17.

法定原则的情况下拥有一定范围内的分配权；[1] 其后他又在该刊上发表《中国婚姻的效力》一文，就中国婚姻订立及其有效性问题作以说明；[2] 之后他又曾于东京英吉利法律学校发表题名为《收养的历史及其与现代遗嘱的关系》（后被收录至《中国评论》第18卷）的长篇演讲，对东西方国家之间关于收养继承制度的历史演进作以解释性说明，指出东方收养制度在历史长河中保持稳定，而古罗马的收养继承却渐而被自由的遗嘱继承所取代，展示了东西方制度的根本性差异及其原因；[3] 而且也是由于其在临终前出版的《中国家庭法与商事法》的前言部分谈道："多年以前，我曾开始系统地翻译《大清律例》对罪犯科以刑罚处罚的那些条款，然而这些行为在西方司法体系中被归类为民事行为。这些翻译刊载于《中国评论》，我希望能够有机会以《中国民法入门》的名称重刊于著作。"[4]

一个潜在的原因在于，对"缺失的民法"的追寻使得哲美森对于仅有的被列入《大清律例》的与民法相关的《户律》产生了浓厚的兴趣。可以说，帝制时代的中国没有单独的"民法"（civil law）概念，《大清律例》很不适合用来解决西方法律中所称的"民事案件"（civil matters）。[5] "中国的法律注重于刑法，表现在比如对于民事行为的处理要么不作任何规定（例如契约行为），要么以刑法加以调整

1　See "Chinese Wills," *The China Review*, Vol. IV: 6 (July, 1875 to June, 1876), pp. 399–400.
2　See "Validity of Chinese Marriages," *The China Review*, Vol. V: 3 (July, 1876 to June, 1877), pp. 204–205.
3　See "The History of Adoption and Its Relation to Modern Wills," *The China Review*, Vol. XVIII: 3 (July, 1889 to June, 1890), pp. 137–146.
4　G. Jamison, *Chinese Family and Commercial Law*, Kelly and Walsh, Limited, 1921, p. i.
5　参见巩涛："失礼的对话：清代的法律和习惯并未融汇成民法"，邓建鹏译，《北大法律评论》2009年第10卷第1辑。

(例如对于财产权、继承、婚姻)。"这一点显然已经成为西方学界主流的观点。[1] 哲美森同样具备此种观点,他指出,事实上有别于刑事案件的民法概念在中国的立法体系中是完全缺失的,"每一种不法行为,不论是盗窃钱包,还是欠债不还,最终都会被归类为一种犯罪,并被处以刑罚"[2]。基于此种理念,他在翻译《大清律例》中的《户律》篇章之后,又系统性地翻译了《刑案汇览》中九个涉及婚姻、继承及收养的案例,并以《中国刑法的案例》为题载于《中国评论》之上,试图从判例集中找寻民法的存在。毋庸置疑,民法在中国传统法律体系中的重要地位,使得哲美森对于民法在律例中的条文以及判例集中的存在产生浓厚兴趣,促使其聚焦于此。这一主题的重要性不言而喻,以至于他在相对来说较为匮乏的法律条文的基础上以增添长长的注释的形式对之加以说明。

五、诠释性的翻译特色:注释的功能

依照所翻译的内容以及个人旨趣的选择而添加注释似乎是移译的惯例,但在翻译律典中加入近乎译文等同体量的注释则并不常见。小斯当东的译作也仅在前言部分佐以简要说明,文中注释并不多见。但在哲美森的译作中,翻译与诠释相得益彰,诠释以文前概述及文中注释相结合的方式,使得读者在对所译文本整体内容有所了解的同时,

---

    1 参见[美]D.布迪、C.莫里斯:《中华帝国的法律》,朱勇译,江苏人民出版社1995年版,第2页。
    2 G. Jamison, *Chinese Family and Commercial Law*, Kelly and Walsh, Limited, 1921, "Preface", p. i.

亦能对条文中涉及的较为关键的法律术语或司法程序有所把握。他不止一次地说明,"注释将有助于普通读者从干巴巴的翻译中解脱出来而真正体会中国人的生活模式"[1]。事实显示,他所采用的词义与理念结合的方式对条文的注解无疑对于试图真正理解传统中国法律的读者助益不少。

  这些注释,有对刑罚及司法程序具体细节的描述性说明,如在对第 225 条律文的翻译时涉及死刑的问题,哲美森便不厌其烦地对死刑的两种类型即"斩绞立决"与"斩绞监候"作出解释性说明,而在解释监候时自然就关联到"斩监候秋审"制度,故而将这一制度实践情况及最终所致情实、缓决、可矜与留养——道明,其中也自然有关于"九卿"的详细描述;[2] 又如对于"五刑"的层级说明,以显现定罪量刑的多层次考量。[3]

  也有出于对其他相关条文或相近规定的提示,如在翻译第 76 条律文的附例时,便涉及关于"典买田宅之律"的对照性规定;或对条文存在意义的标明,如在第 76 条"人户以籍为定"的例文中涉及户籍时,他提及,此处及其后条款涉及满洲旗人,这与"奴婢殴家长"条有着一定的关联但又不尽相同。[4] 以及,更常见的是以注释的形式对例文具体内容的修订情况作以说明,包括此例何时修入律典,其与之前相较变化之处何在等具体信息。

---

 1 "Translations from the Lü-Li, or General Code of Laws of the Chinese Empire," *The China Review*, Vol. VIII: 4 (July, 1879 to June, 1880), p. 194.
 2 See "Translations from the Lü-Li, or General Code of Laws," *The China Review*, Vol. VIII: 1 (July, 1879 to June, 1880), p. 3.
 3 Ibid., p. 15.
 4 See "Translations from the Lü-Li, or General Code of Laws of the Chinese Empire," *The China Review*, Vol. VIII: 5 (July, 1879 to June, 1880), p. 270.

应予以关注的是,注释的呈现在很多情况下能够体现出哲美森在法律词语的用法、法律体系的创制等诸多方面的努力。如通过对"户"这个概念极为细致、耐心的诠释,哲美森指出:"户这一术语,更倾向于描述家庭、家族及人口。"[1] 在众多事务之中,赋税是唯一由户部控制的事项,它记录关于个人的社会服务、所有权及土地转让、抵押、婚姻、货币、国内税、债务,此外还包括信托、市场、经纪人等各类人群事务的注册及准入。此一部分尽管在整部法典中只占一隅之地,但其涵盖了整个民事法律的范畴。也正因为"户"是传统中国社会中不可或缺的重要单位,所以户部便成为规范普通人日常生活事宜的职能部门。

在对于赋税问题的解释中,他通过长篇幅的注释试图去阐明赋税的基本状况,并对其中涉及的红契、白契、典等问题做了阐发。他指出,为达到有效的所有权让与,首要的便是税契,这一契据中规定价值的3%以获取政府责任,且购买人及抵押权人必须进一步看到其姓名登记在当地土地名录中,以便进一步收取年度土地赋税并对抗这一土地上其他权利人的权利伸张。评论称,忽视前者即不缴纳3%的费用,其罪尚轻,因仅影响官府利益;而后者则处罚较重,因其影响到人民的基本权益。此外,在很多场合仍有大量白契存在,它们不具备官府的红印,以有效的所有权为流通手段,就土地而言,其最终议价的结果是卖家将继续支付赋税。这便带来一个问题,即地方习惯在何种程度上可以维护此种非正式交易活动。[2] 典,一般被译作抵押

---

1 "Translations from the Lü-Li, or General Code of Laws of the Chinese Empire," *The China Review*, Vol. VIII: 4 (July, 1879 to June, 1880), p. 193.

2 See "Translations from the Lü-Li, or General Code of Laws of the Chinese Empire," *The China Review*, Vol. IX: 6 (July, 1880 to June, 1881), p. 346.

（mortgage），但更像是"出售"而非我们称之为"抵押"的交易形式。其与无条件买卖的唯一区别在于抵押权人拥有以原价回赎的权利。只要他保持占有状态，他便具有作为原始土地所有人的全部权利及义务。[1]

基于翻译准确性的充分考虑，哲美森试图在体系化的律典篇章翻译中力求观点析明、词语准确分明，并通过注释的形式将既往翻译中的问题作以集中说明。如涉及婚姻问题时，他敏锐地指出小斯当东的译文可能对第108条及109条的规定存在一定程度的误读。[2] 经过比照两篇译文，可以发现，小斯当东将第108条译作"Marriage between Persons Related by Marriage"，并没有译出"尊卑为婚"条文的核心内容，即亲属等级关系，[3] 其首句"All marriages between persons who through another marriage are already related to each other in any of the four degrees"也很难与"凡外姻有服尊属卑幼，共为婚姻"联系在一起；同样，第109条译作"Marriage with Relations by Blood, or with the Widows of Such Relations"，其首句"Whoever marries a female relation beyond the fourth degree"，[4] 在某种程度上也与"凡娶同宗无服之亲"条文内容有些出入。而哲美森所译第108条首句便指出"有血缘关系

---

[1] See "Translations from the Lü-Li, or General Code of Laws of the Chinese Empire," *The China Review*, Vol. IX: 6 (July, 1880 to June, 1881), pp. 346-349.

[2] See "Translations from the Lü-Li, or General Code of Laws of the Chinese Empire," *The China Review*, Vol. X: 2 (July, 1881 to June, 1882), p. 82.

[3] 值得一提的是，钟威廉的版本在翻译此条时较为恰当地以"Marriage between superior and inferior relatives"来对之做了翻译，并以external (female) line来表达"外姻"的含义。See *The Great Qing Code*, trans. by William C. Jones, Clarendon Press, 1994, p. 128.

[4] Sir George Thomas Staunton, *Ta Tsing Leu Lee; Being the Fundamental Laws and a Selection from the Supplementary Statutes of the Penal Code of China*, T. Cadell and W. Davies, 1810, p. 115. 关于小斯当东该译本与中文《大清律例》各条的对照，可详见《中英对照大清律例》，冉诗洋、肖红、熊德米校注，中国文联出版社2016年版。

的人不得与长辈或晚辈通婚"（Persons related by consanguinity cannot intermarry with the generation above or below），可以说，较为恰当地表达了本条的核心内容；第109条则译为"不在服丧范围内的父系同族之间的婚姻，及与同族之寡妇通婚者"（Marriage between agnates though not within the degrees of mourning, and marriage with the widow of an agnate…）。[1]

前文的描述可见，小斯当东译本没有解决或者详细说明同宗与外姻的区别，而这恰恰是理解传统中国亲属关系的不可或缺的重要指导；同时，小斯当东试图以罗马法上的亲等关系来与中国传统亲属关系作以比对，有时候效果并不明显，如用四亲等来对应五服的边界——缌麻亲，可能就存在无法严密对应的问题。故而，此处哲美森以注释的方式对"同宗血缘关系"作出解释，指出："（a）本宗（Agnate）意味着拥有同一姓氏的人不可通婚；（b）近亲（Cognate）不可与长辈或晚辈通婚，但可以与非本宗的同辈通婚。"[2]

六、交互性的文本解读：比较法上的观照

在小斯当东《大清律例》英译本的扉页，西塞罗（Marcus Tullius Cicero）的名言历历在目——"民众群体的心思、精神、思考及决定均存在于法律中"（Mens, et animus, et consilium, et sententia civitatis, posita est in legibus）。其中便蕴含着小斯当东试图以法律的翻译与认

1　"Translations from the Lü-Li, or General Code of Laws of the Chinese Empire," *The China Review*, Vol. X: 2 (July, 1881 to June, 1882), pp. 82–83.
2　Ibid., p. 83.

知来了解中国人的心性、心智以及社会生活与精神生活的目的。

哲美森所曾经历的律师会馆的英国法教育,使其在面对这一注定将面向西方群体的中文素材时,不免以英国法中的词汇、术语与其进行对照,尤其是在对律例内容进行研读及阐释时,时常以所掌握的普通法知识来做比照,也往往在字里行间将所受教的古罗马法相关制度和原则浸染其中,作为分析中国传统法的参考对象。尤其是梅因的经典名著《古代法》时常成为哲美森在翻译《大清律例》时自觉或不自觉的参考文本。这自然与梅因乃彼时光彩夺目的学术名人,曾被邀请担任律师会馆的罗马法课程的诵讲人有着莫大的关联,而且,梅因的《古代法》一书也正是在律师会馆讲义的基础之上整理而成的。[1] 哲美森自1871年入律师会馆学习,潜移默化之中受梅因罗马法思想的影响,自然无可置疑。也正因为《中国评论》潜在的受众群体仍是欧美人士,将东方法典的体例、结构乃至具体条文的意义以西方人能够理解的方式表达,显然具有实用价值,更易于为西方学者所理解与把握。

就字词的翻译方面,哲美森在译制甲、保、里时,自然地借鉴了英格兰早期的十户联保制及由此产生的十户区、百户区等相关内容。先是借用古英语单词"tithing"来对十户区加以说明,[2] 以十户联保制或百户区的首领(head-borough)来翻译"保长",以十户联保组组长或十户长(tithing-man)来翻译十个家庭或较小的社团组织的首领。[3] 以某种组织结构来说,找到英国十户区、百户区与

---

[1] 参见"梅因小传",载〔英〕梅因:《古代法》,郭亮译,法律出版社2016年版,第4页。

[2] See "Translations from the Lü-Li, or General Code of Laws of the Chinese Empire," *The China Review*, Vol. VIII: 5 (July, 1879 to June, 1880), p. 259.

[3] Ibid., p. 269.

中国的甲、保之间的配对关系具有一定的意义；但他也指出，这一类比显然无法走得更远。因为在日耳曼（Teutonic）时期，百户区发展成为司法法院并受首领方伯（alderman）的掌控，以有权参与司法工作，但在中国其角色却未发生改变，仍承担监控及监视的治安职能。[1]

就体系的把握来说，哲美森在对中国传统社会的基本单元——"户"进行理解与解释时，便引用梅因《古代法》中的经典论断："（古代法律）不论在任何方面都明显地表示着，原始时代的社会并不像现在所设想的，是一个个人的集合，在事实上，并且根据组成它的人们的看法，它是一个许多家族的集合体。"[2] 在此意义上，他在对中国传统家庭法律关系进行细致考察后发现，其在某些程度上与古罗马的家庭法体系有些相似。他指出，在分家前，家庭作为不可分割的整体，共同拥有一切。父亲是名义上的拥有者，但其子嗣拥有可期的份额，这一份额不会消失。家庭每一位成员都将其所得投入一项共同基金，所有人都没有权力将之划分或从中撤回，直至基于一致同意而解散或因首领死亡而自然消灭。所以财产的分割是一项极为重要的事务。这一点与罗马法上的"脱离父权"（Emancipatio）有着一定的相似。子嗣具备完全行为能力成为"自权人"（sui juris）后，其所拥有的权利即刻变现。[3] 在提及遗产继承问题时，他引用"父债子还"

1　See "Translations from the Lü-Li, or General Code of Laws of the Chinese Empire," *The China Review*, Vol. VIII: 5 (July, 1879 to June, 1880), p. 260.

2　"Translations from the Lü-Li, or General Code of Laws of the Chinese Empire," *The China Review*, Vol. VIII: 4 (July, 1879 to June, 1880), p. 193. 其中文版，可参见［英］梅因：《古代法》，沈景一译，商务印书馆2011年版，第83页。

3　See "Translations from the Lü-Li, or General Code of Laws of the Chinese Empire," *The China Review*, Vol. VIII: 4 (July, 1879 to June, 1880), p. 201.

这一中国社会最为普遍的应用，指出这一观念意味着家族继承人的继承权是一种不可分割的完整继承权，亦即罗马法上的"概括的权利"（universitas juris）——将权利与义务一并承受。继承人必须选择全然接受或者放弃。[1]

当然，严格意义上讲，罗马法与中国法存在着较多殊异。在哲美森的另一作品中，他系统性地对此作了详细阐明，认为中国家庭法更具血源性，注重"宗"的重要性，尤其是对于男性血缘之外的"外人"而言；以及，中国家庭法更具伦理性。就家父权而言，罗马法更倾向于将之视作一种完全的"所有权"，家庭成员的服从义务由此得源；而"中国法的视角却恰恰相反……它首先强调儿子的服从义务，然后从中引申出父亲要求儿子服从的权力"[2]。然而此种服从乃建立在"孝"的基础之上，强调"恭敬的顺从"，这一关系不仅仅存续于父子之间，更延伸至家族内所有尊亲属甚至兄长等范围之内。[3] 这显然与罗马法中仅家长一人享有此种权力的情形存在较大差异。

此外，就土地占有制度方面，哲美森同样有着自己的理解，而此种理解也可以发现比较的影子。"普天之下，莫非王土；率土之滨，莫非王臣"，这出自《诗经》中的著名篇章，表达的意思是所有土地归属于主权者。尽管密迪乐（Thomas T. Meadows, 1815—1868）对于

---

[1] See "Translations from the Lü-Li, or General Code of Laws of the Chinese Empire," *The China Review*, Vol. VIII: 4（July, 1879 to June, 1880）, p. 204. 梅因在《古代法》中谈及"概括的权利"，指的是各种权利和义务的集合，是由于在同一时候属于同一个人这种唯一情况而结合起来的。它好比是某一个特定的个人的法律外衣。在此意义上，梅因将概括继承认定为一种概括的权利。参见［英］梅因：《古代法》，沈景一译，商务印书馆 2011 年版，第 117—118 页。

[2] G. Jamison, *Chinese Family and Commercial Law*, Kelly and Walsh, Limited, 1921, p. 5.

[3] Ibid.

这一论断所表现的绝对所有权感到极为惊讶,并认为这体现了"十足的独裁化",但哲美森认为其并未领会这一问题的真谛。而中国也非独特存在。印度直至最近,或可以说目前为止世界大多达到了发展的某些特定阶段,土地都不能被恰当地视作一种财产权而存在,它们不能像普通商品一样自由交换与让与。在经过了游牧民族进入农耕时期之后,尤其是国家所有权成为主流之后,由一人独占拥有变成一种特权而不仅仅是一项权利,依靠此种特权国家征收税收或租金。长期持有加上劳务的付出及不断增长的价值,使得这一特权摇身一变成为自然权利,权利人不仅具有这一土地的对抗权,而且可以指定其他人在其后拥有该权利,换句话说,通过转让以获取价值。依照此种思路,将有两种观点浮现,即国家作为最高土地所有者,以及占有人作为特别土地所有者。时代趋势使后者成为主流,而前者逐渐归于消灭。在此阶段,将土地描述为国家或国王所拥有,或者为私人所拥有成为一个难题。基于土地持有及转让或多或少会受到干预,将作出非此即彼的选择。而中国即处于此种困境之中,从理论上而言,所有土地皆归属于皇帝,但实际上私人可以买卖、典或依照其意愿分割土地。而官方干预也时有发生,如1878年当福州罗星塔岛(Pagoda Anchorage)的一个村落被焚毁后,官方即张贴告示禁止重建房屋,并指出这些土地将被官府征用,甚至并不支付起码的补偿。[1]

在此处,哲美森意在通过梳理财产权的发展史以便呈现中国土地占有方面的复杂性,指出国家征收税收及私人买卖土地的缘由,在陈述时却不免将其他国家作以对照,体现了比较法的关怀。

---

[1] See "Translations from the Lü-Li, or General Code of Laws of the Chinese Empire," *The China Review*, Vol. VIII: 5 (July, 1879 to June, 1880), pp. 262–263.

事实上，这种比较的观念长期为其所沿用，其于 1892 年撰写并由李提摩太（Timothy Richard, 1845—1919）转译成中文的《华英谳案定章考》[1] 一文便将清朝与英国的司法审判制度相对照，尽管是出于条约及条约后续的某些目的，但此种比较的写作方式使其成为可能是迄今所能见到的第一篇详细比较研究中国与英国司法审判制度异同的论著。没过几年，阿拉巴德也紧随其后，在其著述的附录中收录了一篇以比较作为基调的法律体系研究论文——《一项中国与其他法律体系尤其是罗马法的类比研究》，就法典编纂、体系架构、诉讼程序等部分作以对比性研究，[2] 可见这一研究方法渐次流传。

一言以蔽之，大致彼时的来华外人多憧憬着也尽力使自己向法律专家的方向发展，这与普通人会不可避免地涉身于司法之中自然不无关系，也与其以文明先行者自恃肩负近代国际法的法治文明开化使命有着关联。在 19 世纪中西法律文化交流呈现几何式增长的突出时段，这种诉求也恰逢其时地伴随中外条约双方对彼此的殷切需求而以从事法律翻译、创办期刊以及出版法律著述的形式予以表达。有如，小斯当东在华追求财富之余，对中英外交的殷切期待，[3] 以完成《大清律例》翻译工作进而获取其在中英外交乃至政治博弈之间的重要角色；又如，马礼逊以其编著《五车韵府》，以更强烈的政治实用目的了解中国法律，为东印度公司及后来的英国政府提供重要参考意见，并在生命的最后岁月还曾提及"要好好地掌握中国的法律，使自己成为

---

[1] 参见王健编：《西法东渐——外国人与中国法的近代变革》，中国政法大学出版社 2001 年版，第 335—341 页。

[2] See Ernest Alabaster, *Notes and Commentaries on Chinese Criminal Law and Cognate Topic*, Luzac & Co., 1899, pp. 613-617.

[3] 参见游博清、黄一农："天朝与远人——小斯当东与中英关系（1793—1840）"，《"中央研究院"近代史研究所集刊》第 69 期（台北，2010 年），第 9 页。

一名合格的中国法学家"[1]；再如，曾任美国驻沪总领事的佑尼干（Thomas R. Jernigan, 1847—1920）长期在华进行外交、法律实践，并完成《中国法律与商业》（*China in Law and Commerce*），对中国法律观念的起源与形成作以详尽描述；[2] 更有，《印中搜闻》《中国丛报》《中国评论》等报刊对中国法律乃至中国文化的关注与反馈。[3]

本章是以涉足英国在华外交、商事及司法等诸多领域的哲美森为样本，聚焦在其从事法律翻译活动的一段经历，尽管这一翻译是局部的，所涉条文不多，内容也难称丰富，但该译作所显露出的全盘考虑律例的翻译、着眼于民商事部分的译制、以极为丰富的注释以及比较法的观照加深对所译律例的理解等诸多方面，使得哲美森所译《大清律例》成为19世纪晚期中西法律文化交流史上不容忽视的一个片段。与其所依托的载体《中国评论》一并，成为西方关注中国法律由刑事向民商事转向的一则例证。就哲美森本人所受关注而言，其所译《大清律例》不论是翻译素材抑或重视例文的理念，皆为阿拉巴德写作《中国刑法评注》这一影响深广的作品提供了切实的指导，这一点前文已经述及；其所著《中国家庭法与商事法》也为20世纪60年代美国学者论中国法律传统的力作《中华帝国的法律》所关注，并多有参引，同样也成为比较法领域广受关注的《美国学者论中国法律传统》及《法律东方主义：中国、美国与现代法》的主要参考

---

[1] 屈文生："早期中文法律词语的英译研究——以马礼逊《五车韵府》为考察对象"，《历史研究》2010年第5期。

[2] See T. R. Jernigan, *China in Law and Commerce*, The Macmillan Company, 1905.

[3] 相关研究可参见吴义雄："《印中搜闻》与19世纪前期的中西文化交流"，《中山大学学报（社会科学版）》2010年第2期；李秀清："《中国丛报》中的清代诉讼及其引起的思考"，《南京大学法律评论》2011年春季卷；王健强："《中国评论》（1872—1901）与西方汉学"，上海书店出版社2010年版；等等。

文献。

  翻译作为文化、文明交流的一种直观渠道，对于中西方之间的理解与交流无疑是有助益的。但值得注意的是，基于其所处的政治与外交地位，哲美森以法律翻译为媒介手段，不论是所译内容的取舍抑或是译制中所采取的比较方法，都不应仅仅被定位为一种纯粹的学术活动。尽管在职业的法律背景以及对法律的持续性关切下，哲美森的译作或著作的质量有目共睹，但其作品所显露出的某些基于时局的把握以及基于实用主义的考量，都使得其译作中所呈现的几分执着与洞见隐约带有一丝刻意与偏见。

第四章
19世纪晚期西方人眼中的中国司法
——基于《中国评论》的分析

自18世纪下半叶中西直接交集不断及所引发的纠纷增多以后，西方人关注中国的主要兴趣点之一即是司法。这记载于林林总总的文献资料中，概而言之，可列出以下数类："休斯女士号案""特拉诺瓦案"等著名案件引发的争论[1]，马戛尔尼使团、阿美士德使团等成员的回忆录，小斯当东英译《大清律例》及其引发的评论，图文夹杂、简洁形象的如梅森（George H. Mason）的《中国刑罚》等书，不计其数的来华商人、传教士和使节的游记、著述，及他们所创办的以中国事务为主的外文报刊，等等。其中，仅19世纪的此类英文期刊中，影响较大的就有《印中搜闻》《中国丛报》及《中国评论》等，它们都不乏介绍和评价中国司法的信息和文章。本章先概述《中国评论》所刊载的中国司法的内容、特点，进而进行纵向比较，旨在从一个侧

---

[1] 关于这两起案件及所引起的法律争论，分别参见陈利："法律、帝国与近代中西关系的历史学：1784年'休斯女士号'冲突的个案分析"，邓建鹏、宋思妮译，《北大法律评论》2011年第12卷第2辑；李秀清："中美早期法律冲突的历史考察——以1821年'特拉诺瓦案'为中心"，《中外法学》2010年第3期。

面揭示19世纪西方人的中国司法观之变化，分析这些变化的缘由。

一、《中国评论》所载中国司法之概览

《中国评论》第11卷第3期的末页，首次刊载有"To Contributors"，明确刊物欢迎33类主题的来稿。其中，法学（Jurisprudence）也是单列主题之一。笔者在通览各卷之后发现，按现在理解属于33类主题之一"法学"的内容十分丰富，既有专文，也有简要的释疑和报道。

自然，其所刊的也少不了司法。在摘译中国法律典籍时的评论中，及在有关犯罪和刑罚等领域的文章中，均可看到涉及司法的内容。而署名"Lex"的题为《中国法律的运行》一文，是专门针对中国司法的评论。此外，还有两篇以广东监狱为主题的文章，及其他零星报道。归纳来看，大致有下列内容和观点：

一是与西方国家相比，中国法的运行有自己的特色。该观点认为，中国并没有类似于英国的陪审团，中国政府建构于家庭模式之上，包括实施法律在内的所有权力都源自皇帝，但科举制的创设为实施法律选拔了官员，大部分司法权都掌握在他们之手。在此机制下，可以说，皇帝只是宪法意义上的统治者，不可避免地要受制于法律与习俗的约束，不再可能成为纯粹的暴君。除了科举制，对于法律实施影响较大的另一制度即是宗法制，士绅们也在其中扮演了不可忽视的角色。

二是掌握实施法律大部分权力的地方官是全能型的官员。在中国，地方官在大多数案件中行使司法管辖权，他们被称作"父母

官",不仅审判案件,管辖区域内的治安、征收赋税,还负责科举考试。对于下级他们是主心骨,而在其上级看来他们又可以提供各种服务。不过,正如科举舞弊案时有发生一样,地方官审案时的不公及其与士绅们相互勾结敲诈勒索等现象也存在。

三是关注中国刑事诉讼程序的各个阶段,包括起诉、逮捕、监押或保释、审判、上诉及科以刑罚等,并对其中一些规定和习俗有特别的关注和评论。包括:诉状由讼师起草;呈递的诉状及其他文件首先由最低官阶的地保接收;刑案发生后若罪犯逃逸,当地官员要承担责任,若是重案,地方官通常还要提供悬赏金以抓捕罪犯;审讯时采取的是有罪推定原则,被告人若坚称自己无罪就会遭到拷问,合法的刑讯逼供不被追责;允许上诉,上级官员推翻下级判决的并不少见,他们主要是为了金钱和权位,而并非为了追求案件真相和实现正义;中国的刑罚在西方人的脑海中早已留下极端严苛的印象,但与其他国家一样,中国现在较过去也已有所改进。

四是作为司法重要组成部分的监狱,颇受《中国评论》编作者的关注。主要针对广东监狱,有两篇几乎同名的文章:一篇是传教士嘉约翰医生的《广东的监狱》,介绍广东番禺和南海的大监、羁所和差馆的状况,涉及监狱管理、监狱大小、内部设施、关押犯人的数量、犯人待遇等,作者既揭露了监狱所存在的严重问题,同时又提醒,在教化"异教徒中国人"并以此显示西方人优越的文明和道德之前,不能忘记约一百年前的欧洲监狱也曾同样残酷和腐败,甚至更甚,并举出相关文献以资佐证。作者还指出,正是因为基督教影响的深入,英国及欧陆等国的监狱才逐渐消除欺凌囚犯等恶行,若要推动中国监狱的改革,则需要依靠外交、商业、教育、期刊和科技书籍等来自基督教国家的外部压力和影响。

另一篇《广东监狱》没有作者具名，看似是实地调查广东监狱后的考察报告。主要揭露大监、普通监狱及各处看守所的狱卒和警察欺诈、虐待囚犯的记录，详述他们惯用的敲诈手段，包括剥夺囚犯的钱物、接受他们及其亲友贿赂的具体数目、虐待或唆使狱霸虐待不服从的新囚犯、克扣囚犯的食物和津贴、开设赌台诱使囚犯赌博并从中牟利、欺凌霸占年轻女囚犯等等。他们还采取种种措施，防止和恐吓囚犯将狱中所遭之虐待告知前来视察的地方官或者泄露给亲友。作者最后恳请广东官员必须就监狱里的残暴案件进行调查，公开腐败行径，以行纠正和改革。

二、从《中国评论》看19世纪晚期西方人的中国司法观之变化

我们皆知，迟至18世纪下半叶，主要因受欧陆耶稣会传教士总体上肯定中国开明君主制和行之有效政治结构的论述的影响，包括法律在内的中国文化曾受到亚洲近邻乃至遥远欧洲国家的欣赏和推崇，不少欧洲人肯定中国拥有较优越的文化，并乐意借鉴。18世纪末以后，中西之间各类纠纷不断增多，西方人对中国法的评判发生转向，他们对于包括司法在内的中国文化的抨击也增多，否定观点逐渐形成潮流。

在《中国评论》之前，流布较广、影响较大的同类期刊主要是《印中搜闻》和《中国丛报》。《印中搜闻》是来华传教士创办的最早的英文季刊，由马礼逊和米怜创办于马六甲，前后存续五年，总三

主题篇　137

卷。承继其衣钵的《中国丛报》，创办人是美国第一个来华传教士裨治文，可称是外国人在中国境内创办的第一份成熟的英文期刊。两者都刊载有关中国司法的文章和报道。如果说，我们在被认为"有偏爱中国人倾向"的小斯当东英译《大清律例》（1810年）的"译者序"中，尚能看到译者尽管贬抑华夏传统文明[1]，但对中国法律仍有审慎肯定的话，那么在其后不久创刊的《印中搜闻》中，视角和评判则发生了明显的方向性转变，我们代之而看到的几乎全是负面的，具体表现在：死刑多并且执行方式残酷，滥用刑讯，司法腐败，奸杀时发。自此至两次鸦片战争期间，这种否定的趋势日渐加剧。在《中国丛报》编作者笔下，中国诉讼法律的条款不少，但实践中它们却屡遭违反，且无民诉与刑诉之分；容许匿名控告，甚至引诱百姓告发；刑讯逼供屡禁不绝；地方审判不力，且难求最后的"正义"；刑罚残酷，尤其是死刑多、执行方式野蛮；监狱总体状况堪忧；等等。[2]《中国丛报》有关中国司法的这些观点，即印证了这种趋势，也正是该时期中国已沦为西方人眼中野蛮、半开化的"他者"的一个注解。

《中国评论》关于中国司法的前述内容和观点，反映出这一话题仍受西方人的关注。但是，与《印中搜闻》尤其是《中国丛报》相比，这种关注已有了明显变化。

首先，对于中国刑事司法的关注度降低。《印中搜闻》涉及中国法的文章虽然分散，但就其内容看，几乎全是刑事法，特别是刑事司

---

[1] 学者滕超认为，小斯当东翻译《大清律例》的策略与技巧之一，即是贬抑华夏传统文明。详见滕超：《权力博弈中的晚清法律翻译》，中国社会科学出版社2014年版，第四章"开启序幕：英译《大清律例》"。

[2] 详见李秀清："《中国丛报》中的清代诉讼及其引起的思考"，《南京大学法律评论》2011年春季号。

法，主要是描述死刑的执行方法及周围民众的反应，审理和审讯过程中官员的所作所为。《中国丛报》虽然并未将"法律"作为其30类主题之一，但所载关于中国法律的文章及报道也不少，大致可分为中国的立法、法律的实施、刑法、诉讼、监狱、土地制度等，其中涉及诉讼的最为庞杂，包括刑事诉讼的程序、证据、庭审、审判官、监狱管理，介绍土地等民事法律的最为简单。[1] 而《中国评论》将"法学"作为单列的征稿主题之一，有关中国法律的内容丰富、涉及面也广，几乎涵盖了我们现在观念中的各部门法，但在其中，刑事司法所占的篇幅却不多，涉及犯罪与刑罚的很少，相对地，官制、民事法及商法等方面居多，而且，《大清律例》被摘译的主要是《户律》，摘译《刑案汇览》时主要关注的也是收养、继承、婚姻等案例。

其次，广泛、公开斩绞死刑犯乃至凌迟处死等在《印中搜闻》和《中国丛报》中屡见不鲜的报道和描述，在《中国评论》中已是少见。在《印中搜闻》第1卷第1期，即刊有署名"Amicus"的马礼逊于1817年3月9日撰写的《中国罪犯的处决》[2] 一文，死刑多、处决方式残酷，不仅体现了刑罚的野蛮而且也表明了"异教国家"——中国的落后，是该文的主旨，它奠定了其后相关报道和文章的基调。而且，它还对《中国丛报》产生了直接的影响，其中一些处决罪犯及相关报道、文章就被其转载，只是与《印中搜闻》相比，《中国丛报》在刑法和刑事司法方面的内容更加详实，评论也更为系统，因此，也更令人有"落后野蛮""血腥残忍"之感。而在

---

[1] 详见李秀清："《中国丛报》与中西法律文化交流史研究"，《中国政法大学学报》2010年第4期。

[2] "Execution of Criminals in China," *The Indo-Chinese Gleaner*, Vol. I: 1（May, 1817）, pp. 18-19.

《中国评论》中,则几乎看不到以"decapitation"(斩首)、"public executions"(公开处决)等为主题词的专门报道,前已提及的费伊女士所撰的《论国事犯的处决》可能是唯一的一篇题目中含有"execution"的文章,它侧重于审判和处决犯叛逆罪、叛乱罪者的具体程序的细节介绍。

再次,对于非法刑讯的报道骤减。非法刑讯屡禁不绝、滥用拷问乃至拷问至死,是浏览《印中搜闻》和《中国丛报》的读者对于中国司法必然会产生的印象。但在《中国评论》中,专门报道官员非法刑讯的已显零星,[1] 标题中使用"torture"这一英文单词的似乎只有前期刊载的四则简讯。其中,《中英监狱的刑讯》[2] 却恰恰是针对前述嘉约翰的《广东的监狱》一文的评论,认为悬吊狱囚等恶行并不是中国独有,在中世纪欧洲的宗教裁判所,甚至在英国开明君主伊丽莎白一世时期其实也都存在。该文文末所附简要按语显示出编者也赞同作者的这种观点,不过同时他也提醒作者得浏览嘉约翰的全文,因为其中已有类似的反思。另外两则,一则是着重刑讯必须合法,"自非照例刑讯不可"[3],另一则是侧重报道皇帝下令禁止滥用非刑。[4] 剩下的一则,名为《家虐》[5],则与此无关,它描写的是香港、广东一带所存在的父母为制止孩子哭闹而向其口中吹灌滚烫烟火的习俗。

---

    1   See "Official Barbarities," *The China Review*, Vol. XIII: 3 (July, 1884 to June, 1885), p. 224.

    2   "Torture in British and Chinese Prisons," *The China Review*, Vol. IV: 3 (July, 1875 to June, 1876), pp. 203-204.

    3   "Torture in China," *The China Review*, Vol. XI: 4 (July, 1882 to June, 1883), p. 260.

    4   See "The Use of Torture," *The China Review*, Vol. XII: 2 (July, 1883 to June, 1884), p. 136.

    5   "Domestic Torture," *The China Review*, Vol. V: 3 (July, 1876 to June, 1877), p. 338.

最后，地方官审判不力、失职渎职等方面的报道也很少。

综上，相比于《印中搜闻》《中国丛报》，《中国评论》涉及中国刑事司法的内容和观点有了明显不同，已经不再是此前那种对于中国的司法腐败、滥用刑讯、死刑野蛮残酷等赤裸裸的揭露和抨击，而代之以既有抨击同时又肯定其历史进步的评述，这或许可用作者 Lex 在《中国法律的运行》中的一句话来概括："很显然，研究中国法的运行所得出的结果是，既不能过于赞誉，也不可一味指责。它描绘出来的是两幅图景，一幅明亮，一幅灰暗。一定意义上说，两者皆为真实，因为所有事实均有明暗两面，若仅看到其中一面，将都是错误的。"[1]

三、变化之主要缘由

之所以会发生这些变化，原因是多方面的，也较复杂。除了此时期中国已开始考虑引入包括法律在内的西方观念和制度，着手进行内部整顿和改革，并已引起西方人的积极关注之外，下列背景和因素当不可被忽视。

一方面，得将此置于 19 世纪下半叶中西关系的大背景中去考虑。自 18 世纪末起，中西直接交集增多，随之也促发各类纠纷，外交的、贸易的、司法的，方方面面都有。至 19 世纪中期，纠纷升级为战争，结束战争的方式是清廷与西方列强签订一系列条约，割了地，赔了款，五口通商了，西人在华犯罪清廷也管不了了。"天朝上国"面对西方列强，没有了制度和文明的自信，更别说曾经的自诩和自傲了。

---

1 "The Administration of Chinese Law," *The China Review*, Vol. II: 4 (July, 1873 to June, 1874), p. 243.

19世纪60年代起，清廷开始正视中西力量的差异和体制的迥异，从器物到制度的引入势在必行，也已成共识。19世纪下半叶清廷对于西方国家态度发生根本性转变的最重要标志，恐怕非该时期先后主动委派美国退职驻华公使蒲安臣（Anson Burlingame, 1820—1870）出洋交涉修约事宜、一代重臣李鸿章开启"联络西洋，牵制东洋"的垂暮之访[1]莫属。若将此与1793年因礼仪纠纷，乾隆皇帝拒而不接见马戛尔尼使团，以及1816年同样因礼仪分歧再加上朝廷官员沟通不实，嘉庆皇帝下令连夜驱逐阿美士德使团出京相对照，百年间清廷的态度变化及其背后蕴含的实力较量的剧变，着实令人唏嘘。当清朝对于西方态度发生了这样大的变化，以巨大代价换来了中西关系暂时的表面上的缓和，而且英美等国依据不平等条约都已实实在在地获得治外法权之际，如此前《印中搜闻》《中国丛报》对于中国司法的那种赤裸裸的揭露、抨击和否定的必要性就大大降低了。当然，在其即将停刊前夕，庚子事变标志着暂时缓和的中西关系再度发生裂变。

另一方面，《中国评论》的创办地——香港特殊的地缘和文化环境，也是重要因素。

《印中搜闻》创办于马六甲，稿源却依赖广州，久居于此的马礼逊既是创办人也是主要撰稿人。《中国丛报》创办于广州，在其存续的二十年间，其主要的办刊所在地也定于此，而且先后主持刊物的裨治文、卫三畏及其他主要撰稿人多数都生活于广州。19世纪前期，广州是西方人能够较长时间逗留并得以实地了解中国的最重要据点，它既扮演了促进早期中西文化交流重镇的角色，同时也为心怀拯救落

---

[1] 详见李洋："晚清对近代国际法的尝试与偏离——基于蒲安臣、李鸿章使团的考察"，《南京大学法律评论》2015年秋季号。

后异教国家信念的传教士、肩负使本国在华利益最大化使命的外交官,及为追求贸易利益却常遭受种种交易约束的外国散商提供了猎奇窥探的实景和撰文抨击的第一手素材。相信无论是马礼逊还是裨治文、卫三畏或其他生活于广州的作者,都不会不去位于广州城南门附近的刑场这一常在清朝半官方喉舌《京报》报道执行死刑案必然会提及以及西文资料描述中国执行公开斩绞决死囚的主要发生地实地一睹为快。[1] 这在一定程度上会左右编作者选稿、撰稿时的视角和心态,促使他们进行揭露和抨击。

19世纪下半叶,中西文化的交流重心从广州分移,一个是中国最大的条约口岸——上海,另一是香港。香港在第一次鸦片战争之后沦为英国的殖民地,并逐渐成为大英帝国在东方的重要商业站点和主要海上贸易中心,加上其独特的地理位置,成为各方人士往来内地和其他国家不可替代的城市。[2] 有意研习西方语言或其他知识的中国人,常先至香港逗留,然后再出洋学习,传教士和冒险家也常将香港作为来华的第一个落脚地,在此先学习中国语言和熟悉中国风土人情,而普通的香港人、港府英籍官员在生活和工作中,都更有机会亲身接触和了解不同的文化和习俗。各类学校相继建立,近代教育勃

---

[1] 当时外国人通常所居住的商馆,离刑场不到两千米,这也为他们目睹执行死刑的过程提供了便利。参见[美]雅克·当斯:《黄金圈住地——广州的美国商人群体与美国对华政策的形成,1784—1844》,周湘、江滢河译,广东人民出版社2015年版,第65—66页。

[2] 纪实摄影的先驱、英国人约翰·汤姆逊(John Thomson, 1837—1921),曾在1867年至1872年间游历中国,所到的第一站即香港,他称香港"或许可以被看做是东方文明一个新纪元的诞生地"。这当然是基于作为英国人的立场和视角的赞誉。但其关于香港人口增长、道德有所进步、犯罪得到抑制、各类学校设立等方面的记录,仍然可以作为了解《中国评论》创刊前夕香港社会状况的参考资料。参见[英]约翰·汤姆逊:《中国与中国人影像:约翰·汤姆逊记录的晚清帝国(增订版)》,徐家宁译,广西师范大学出版社2015年版,第11、25、33页。

兴,多种报刊创办,各种语言书籍问世,[1] 它们都是传播文化、促进中西交流的重要载体。

在《中国评论》之前,香港早就创办过多种英文报刊,包括《香港公报》(*Hong Kong Gazette*,1841 年创刊)、《中国之友与香港公报》(*Friend of China and Hong Kong Gazette*,1842 年创刊)、《香港记录报》(*Hong Kong Register*,1843 年创刊)、《德臣报》(*China Mail*,1845 年创刊)、《香港政府宪报》(*Hong Kong Government Gazette*,1853 年创刊)、《孖剌报》(*Daily Press*,1857 年创刊)等。[2] 此外,还有一些中文报刊,其中,香港的第一份中文报刊即是由传教士麦都思(W. H. Medhurst,1796—1857)于 1853 年创办的《遐迩贯珍》,它影响最大,在时下的相关研究中仍备受关注。

1872 年《中国评论》创刊时,起点较高,不仅在于此时香港已经有了将报刊作为传播和交流文化重要载体的氛围和传统,而且它是在创办人丹尼斯此前创刊的《中日释疑》四年内受到读者广泛欢迎但因故突然停刊的情形下,鉴于渴望了解中国等东方国家知识的西方读者不断增多而重起炉灶创办的。所以,《中国评论》在形式和内容上都较此前相关期刊更胜一筹,表现为刊期连续稳定、栏目相对固定、文字错漏较少、报道力求中立客观、评论尽量避免偏激浅薄。不可否认,这应该也是《中国评论》所见之中国司法,较之《印中搜闻》《中国丛报》发生变化,不再一味抨击和否定,不再停留于关注中国社会的外在问题,而是努力对中国思想和文化进行严肃而认真研

---

[1] 据档案记载,晚清时期在港府登记的已出版书籍,所用作编印的语言就达 13 种之多。参见霍启昌:《香港与近代中国》,商务印书馆 1993 年版,第 52 页。

[2] 参见刘存宽:"香港与中西文化交流(1841—1911)",港澳与近代中国学术研讨会论文集,"国史馆"印行,2000 年。

究的重要因素。

最后，或许最不应被忽视的，是《中国评论》编作者队伍的众多及稿源的多元，以及其所体现出来的开放性。进入 19 世纪，西方汉学早已走过了"游记汉学"，正见证从传教士汉学到专业汉学的转变。这种转变包括研究范围的扩大、理论和方法的改变和提升，前提当然是从事汉学研究主体的变化，即从传教士为主到众多其他专业人士的参与。作为 19 世纪影响较大的英文汉学刊物，《印中搜闻》《中国丛报》及《中国评论》的编作者队伍的变化正好印证了这一点。

《印中搜闻》编作者主要是创刊人马礼逊和米怜，他们都是传教士。《中国丛报》的创刊人裨治文是传教士，后来继之主持该刊的卫三畏来到中国以后也皈依了基督教；在该刊后期，作者队伍逐渐扩大，在传教士之外，有外交官、商人、旅行家等，不过，这无法与《中国评论》编作者队伍相比。就《中国评论》的编者而言，创刊人丹尼斯是领事官和记者，接替他的欧德理原是传教士，应该正是在任该刊主编期间离开教会转而任职于香港政府，另两位担任过主编的是霍近拿和波乃耶，前者是香港中央书院校长，后者长期任职于香港的最高法院，他们都是一身多职，也均是学者，是汉学家。[1] 再就其作者队伍看，庞大可观，有署名的就达四百余人，有外交官、海关职员、在港府从业者、商人、记者等，当然，传教士也仍占相当比例，但他们不再是大多数。编作者队伍众多和身份多元，及其多数具有较好的教育背景，既体现了刊物的开放性，也一定程度上保证了文章的

---

[1] 纵向地看，这些汉学家的水平较 19 世纪上半叶有提高，但严格而言仍乏善可陈。1884 年，辜鸿铭在《字林西报》上发表了专门针对《中国评论》作者汉学水平的评论文章，毫不吝啬地加以讽刺和抨击。参见辜鸿铭：《中国人的精神》，李晨曦译，上海三联书店 2010 年版，第 89—101 页。

学术性和观点的多样性，同时，也少了些宗教性、多了些世俗性，专业性也增强。刊物的这种风格，不仅体现在其所刊的关于中国司法的文章和报道上，同时也体现在其他领域中。

综上，18世纪末19世纪初，随着中西纠纷和冲突的不断增多，中国司法是西方人颇感兴趣的议题。在此前数世纪间，欧美在社会权力关系、组织方式和法律观念等方面均发生了变化。司法领域也进行了诸如刑罚对象从人的肉体转向人的精神、刑罚技术从刑场转向监狱、刑罚目的从对犯罪行为的同害报复转向对罪犯的改造等改革。也正是在此时期，欧美国家不断向外殖民扩张，尽管彼此之间充满了竞争，但当面对被迫不断卷入他们所主导的世界体系之中的中国，想夺取权益并与中国发生直接冲突时，他们则可谓一个整体的"西方"，态度高度一致，视中国为政治专制、民族劣等的"他者"，是可以获取利润的源泉和蔑视的对象。启蒙时代欧洲改革者对中国的乌托邦想象，在此时的传教士、旅行家、外交官甚至思想家的眼中和笔下早化为了泡影。

在1872年创刊、1901年停刊的《中国评论》中，中国法律的实施、审判权的归属、刑事诉讼的各个阶段及监狱状况等，仍受到关注和讨论。但与同一世纪早期的《印中搜闻》、前中叶的《中国丛报》相比，其视角和观点发生了变化：对于中国刑事司法的关注度降低，广泛、公开地处决死刑犯及凌迟处死的信息已是鲜见，对于非法刑讯的报道骤减，地方官审判不力、失职渎职等方面的描述很少。也就是说，在《中国评论》中，对于中国司法不再如此前两个刊物那样一味揭露和抨击，代之的是既有抨击同时又肯定历史进步的评述。究其变化的原因，除了19世纪下半叶中国已着手引入西方制度进行改革外,中西关系暂时缓和、刊物所在地特殊的地缘和文化环境,还有编作者队伍众多且其中非传教士比例提高、来稿多元及办刊的开放性,都是重要因素。

不过,在《中国评论》中,主要来自欧美的编作者虽力求客观,努力对包括司法在内的中国法律进行严肃的学术探讨,但细心的读者还是能感受到他们的俯视视角和傲视心态。当庚子事变于1900年夏天在北京达至混乱的高潮后,远在香港的《中国评论》就转载了来自同年9月8日《德臣报》的一则评论,它不仅强调英国人继续传教的坚定不移的决心,而且明确指出,如果传教士"持续受到不公正对待,或者频繁遭谋杀,这个国家(即大英帝国)将不得不干预。而且,像大英帝国或美国人民这样的充满自豪之民族的国民自尊心,将永远不会容忍它自己的臣民遭受杀害却没有人发出声音来反对这些行径,他们将对谋杀者实施正义"[1]。可以想见,假如庚子事变持续更长时间,而《中国评论》又不如此快地停刊的话,其对于中国司法肯定将是另一番的描述和评价,重新回归《印中搜闻》《中国丛报》那样的一概否定和抨击也不是完全不可能的。毕竟,他们的西方中心主义、民族优越论和基督教文明的优越感是根深蒂固的。

不可否认的是,自中西有密切交集以来,对于中国而言,"西方人""西法"都是实实在在的存在,是中国人评判自身的文明和法律的一面躲也躲不掉的镜子。不同时期西方人对于包括司法在内的中国法的看法和观点,反过来又左右着中国人对于法律的自我认知。清末确立的"整顿中法、仿行西法各条"的变法路径和宗旨,一定意义

---

[1] "The Missionary Question in China," *The China Review*, Vol. XXV (1900-1901), pp. 48-49.

上就是始自18世纪末19世纪初西方人负面评判中国法的结果。而19世纪下半叶《中国评论》所体现的西方人评判中国法的部分转向，是否对于民国初期法律肇建时竭力主张既要承续中国法律传统又要移植西方经验的一代立法者有过影响，同时，20世纪后来各个阶段乃至中国当下的法律变化和改革，与各个时期外国人看待中国法的态度和观点是否也有剪不断理还乱的联系，等等诸项，都有待总结，也值得深入的思考和探讨。

第五章
"文明论"视野下的晚清中国及其对外关系
——以《中国评论》为考察对象

一、引　言

"文明"(civilization)是理解近代世界秩序之形成的一个关键线索。这一词汇早在 18 世纪中期就已在法语和英语世界中先后出现,并成为 19 世纪西方知识界观察东西方世界各文化的一个重要工具。它体现了启蒙运动以来的欧洲人对世俗的、进步的人类自我发展的信仰,也最贴切地呈现出了 19 世纪的时代精神。[1] 这一概念也渗透进

---

[1] 对"文明"概念的历史梳理,参见 [德] 诺贝特·埃里亚斯:《文明的进程:文明的社会起源和心理起源的研究(第一卷:西方国家世俗上层行为的变化)》,王佩莉译,生活·读书·新知三联书店 1998 年版,第 61—98 页;[英] 雷蒙·威廉斯:《关键词:文化与社会的词汇》,刘建基译,生活·读书·新知三联书店 2005 年版,第 46—50 页;Gerrit W. Gong, *The Standard of "Civilization" in International Society*, Clarendon Press, 1984, pp. 45-53; Brett Bowden, "The Ideal of Civilisation: Its Origin and Socio-Political Character," 7 (1) *Critical Review of International Social and Political Philosophy* (2004), p. 25; Barry Buzan, "The 'Standard of Civilisation' as an English School Concept," 42 (3) *Millennium: Journal of International Studies* (2014), p. 576。

哲学、历史学、社会学、人类学、法学等各学科，成为这些学科对不同的族群、文化和社会进行观察和区分的一个核心标准。

在以上诸学科中，将"文明论"予以逻辑上最为清晰展现的，是国际法学。在当时（尤其是在19世纪下半叶）的国际法学中，该概念成为国际法学家对其所观察到的东西方各类政治体的一个核心分类标准：各个国家或地区往往被归属到"文明"（civilized）、"半文明"（half-civilized）或"野蛮"（barbarian）和"未开化"（savage）这三个范畴中的一种，并被赋予国际法上不同等级的地位和权利，很显然，欧美"文明"国家享有的是完整主权，包括中国在内的"半文明"或"野蛮"国家一般只能享有减等主权，"未开化"地区则基本不享有国际法上的主权。[1] 一般而言，19世纪国际法学中的中国，处于该序列中的"半文明"或"野蛮"的位阶，因此其主权虽不至于被彻底否定，但却必须承受领事裁判权、协定关税、片面最惠国待遇等国际法上的不利后果。

与此相比，其他学科和领域对于"文明论"及其视野下的中国国际地位和对外关系的描述，未必像国际法学阐释得那般清晰。与笔者之前对国际法史所做的研究不同，本章将关注19世纪西方汉学对这个问题的看法，其核心材料则是一份英文汉学刊物——《中国评论》。笔者之所以关注西方汉学——更严格说来是西方的"侨居地汉学"——有关"文明"问题以及附带的中外关系史问题的讨论，一方面，汉学家相比于国际法学家普遍更为熟悉清季中国的情况，他们

---

[1] 参见赖骏楠：《国际法与晚清中国：文本、事件与政治》，上海人民出版社2015年版，第27—42页。另见刘禾："国际法的思想谱系：从文野之分到全球统治"，载刘禾主编：《世界秩序与文明等级：全球史研究的新路径》，生活·读书·新知三联书店2016年版。

在考虑中国的"文明"性质和程度及其国际地位,以及中外关系史上某些重大问题时,可能会有某些更为细致、独到的看法,从而与身处欧美学术中心的国际法学家的抽象思辨有所区别;另一方面,许多汉学家往往居住在中国,他们在生活和事业上的利益,常常与他们有关中国"文明"程度、国际地位和中西外交事件的解决方案的讨论紧密相连,这种讨论或许能呈现出更丰富的历史场景性乃至生动性。因此,研究《中国评论》这一19世纪"侨居地汉学"之重要平台对于清季中国之国际地位和对外关系的表述,或许将有助于我们对中外关系史上某些重大事件以及中国在19世纪国际舞台上的角色和命运,达至某种更为身临其境甚至更为深刻的理解。

本章系对《中国评论》所刊载的有关晚清中国之"文明"程度、国际地位及对外关系之内容的初步整理和研究。虽然《中国评论》主要是以"纯汉学"——因此也就更侧重于纯人文学科——期刊的面目呈现在世人面前,所以并不特别倡导有关政治、外交和法律问题的讨论,[1] 但笔者在浏览完全部各卷《中国评论》后,发现仍有不少论文、释疑和书评涉及这方面的内容。其讨论的具体主题,几乎覆盖了当时中外关系史中的全部重大议题,如中国在"文明"(civilization)发展序列中的定位、清政府在对外交往中体现出的建立在华夷秩序观

---

[1] 例如,曾经有读者就当时中国对欧美国际法知识的掌握程度、是否接受国际法等问题,以致信《中国评论》的方式提出咨询,参见"Chinese Knowledge of International Law," *The China Review*, Vol. II: 5 (July, 1873 to June, 1874), p. 322; "The Chinese Penal Code, & c," *The China Review*, Vol. IV: 2 (July, 1875 to June, 1876), p. 137。但在随后各期中,似未见到对这几个问题的回应。又如,在《中国评论》第8卷第2期中,有作者就一部倡导在中国设立国际法庭(international court)——统一行使列强在华领事裁判权的审判机构——的学术作品撰写了书评。在该书评起始部分,作者就承认:"《中国评论》并非一个能够公开讨论政治问题的地方……"参见"An International Court for China," *The China Review*, Vol. VIII: 2 (July, 1879 to June, 1880), pp. 126-127。

基础上的优越感、"文明化"(civilizing)中国的种种可能策略、国际法与晚清中国、基督教与中西关系,以及对 19 世纪中外关系史上历次重大事件的回应。此类讨论在《中国评论》中的出现,或许是由于"侨居地汉学"作者群中的大部分都居住在中国,所以不得不直接面对且思考与其生活和事业直接相关的各种中国政治、外交与法律问题,而且也不得不对该刊最重要读者群之一——对汉学感兴趣的在华西人——所关注的中国现实问题作出回应。

二、"古代文明"及其局限

(一)"古代文明"之优点

《中国评论》的作者大多承认中国文化具有一定程度的"文明"属性,亦即承认中国是一个"古代文明"(ancient civilization)。[1] 具体而言,中国的"文明"属性体现在法律、政治、伦理和教育等诸多维度上。首先,就法律而言,《中国评论》的作者群多承认中国法具有诸多"文明"属性,而这尤其体现在皇权运行相对受到法律和习惯的限制以及清律对绝大部分臣民秉持一视同仁的态度这两个现象上。在一篇作者署名为拉丁文"Lex"(即"法律"之意)的、

---

[1] 例见 "An Introduction to a Retrospect of Forty Years of Foreign Intercourse with China, and a Review of Her Relations with Japan," *The China Review*, Vol. IV: 4 (July, 1875 to June, 1876), pp. 233, 241; C. F. Preston, "Constitutional Law of the Chinese Empire," *The China Review*, Vol. VI: 1 (July, 1877 to June, 1878), pp. 13-14。

讨论中国法律之运行的论文（1874年）中，作者在开篇即指出，中国法"配得上文明的要求，并且远离一种野蛮和未开化的状态"[1]。而中国法之所以是"文明"的，是因为中国的皇权行使并非恣意和专断的，而是受到文官制度的限制。因此，中国皇帝是一种"宪法性权力"（constitutional power），"他完全不是一名专制者，而是服从于他无权忽视的诸多法律和习惯"[2]。一名长期在华的美国商人奈益（N. Gye）也在1874年主张，中国至少体现出三个"文明"现象，而其中之一正是"对于个人作为人的权利及其在法律面前之平等的承认"[3]。

其次，就中国政治而言，《中国评论》多从家父长制（patriarchalism）[4] 这个维度来进行观察，并认为维系中国政治体制的这种家父长制精神具有一定的合理性。例如，前文提及的笔名为"Lex"的论文就指出中国法律的根本原则是"有关父母和子女之关系的理念。这种下级对上级的尊重情感被认为是神圣的"。而这种家父长制是"最古老的政府形式（form of government）"，"它不仅是最原初和最具历史性的政府形式，而且这些原则在今天也仍然是每一块土地上的社会基石"[5]。同样地，奈益也认为，由于有助于社会的

1　"The Administration of Chinese Law," *The China Review*, Vol. II: 4 (July, 1873 to June, 1874), pp. 230-244.

2　Ibid.

3　"An Introduction to a Retrospect of Forty Years of Foreign Intercourse with China, and a Review of Her Relations with Japan," *The China Review*, Vol. IV: 4 (July, 1875 to June, 1876), pp. 233, 236.

4　关于家父长制的概念和理论，参见［德］马克斯·韦伯：《支配社会学》，康乐、简惠美译，广西师范大学出版社2004年版，第89—193页。

5　"The Administration of Chinese Law," *The China Review*, Vol. II: 4 (July, 1873 to June, 1874), p. 230.

安宁和稳定,孝顺原则"或许可被视为中国政体中最值得赞美的特征"。[1]

再次,中国的伦理,尤其是其中的孝顺原则及和平主义精神,也受到《中国评论》部分作者的认可。在这方面作出最多称赞的,仍是奈益。他对历史上某个中国皇帝在南京修建瓷塔(疑为南京大报恩寺琉璃塔)以纪念自己母亲的行为大加赞赏,并以赞赏的口吻记述了两个有关孝子代替犯罪父母接受体罚惩处的事例。[2] 中国统治者在对外交往中不轻易使用武力这一事实,也得到奈益的肯定和赞扬:"我们必须承认,中国不轻易诉诸战争这一事实,表明了高度的文明(high civilization)。"[3] 黩武主义的缺乏,同样被奈益视作中国最明显的三个"文明"现象之一。

最后,中国对于教育和文化事业的重视,也得到奈益的肯定。他所列出的中国三个最重要"文明"现象中的第一个,正是教育的普及,亦即"教育在人口中的广泛传播——虽然是将妇女排除在外;而且这个共同体中专门投身学问的人数比例,要远大于任何其他国家"[4]。

(二) 中日之比较

值得一提的是,奈益在其作品中,尚且对当时都在面临改革的晚清中国与明治日本做了一番对比,并对中国方面作出了更为肯定的评

---

[1] "An Introduction to a Retrospect of Forty Years of Foreign Intercourse with China, and a Review of Her Relations with Japan," *The China Review*, Vol. IV: 3 (July, 1875 to June, 1876), pp. 191, 195-196.
[2] Ibid., pp. 233, 236-237.
[3] Ibid., pp. 233, 236.
[4] Ibid.

价。连载于1875年至1876年间《中国评论》上的《对华交往四十年回顾简介，以及对中日关系的评论》一文，实际上是奈益于1874年12月在广州一次演讲的全文。而举办这场演讲的机缘，正是当时中日两国就日本向台湾出兵、征讨杀害琉球渔民的台湾居民这一举动导致了紧张的外交纠纷。[1] 一方面是已经宣誓要全方位实施"文明开化"的日本，一方面则是在自强运动中牛刀小试的"同治中兴"后的中国，这两股力量在各自权力的边缘地带——台湾——的碰撞，自然引起了包括"侨居地汉学"在内的西方观察者的兴趣。因此，正是在这篇演讲词中，我们见到了《中国评论》对中日两国各自"文明"的属性和程度以及他们各自实现西方近代"文明"的潜力所做的一次最完整比较。

奈益主要是对中日两国的政体及其后果进行了比较观察。在他的眼中，两国政体的第一个差别，在于中国的政体在名义上是家父长式的专制，但实际上却留有大量的民主和平等的空间；而日本则长期处于等级森严的封建制下，各等级人群都富有绝对服从的精神。对于中国，他说道："中国的家父长式政体，尽管在理论上是专制的，但实际上却在其行政中承认某些完全是民主性质的要素；同时所有人在法律面前的平等也是政府的一个根本原则。"[2] 对于日本，他的意见则是："另一方面，滋养于封建制中且屈服于一种奇特种姓制度的日本

---

[1] See "An Introduction to a Retrospect of Forty Years of Foreign Intercourse with China, and a Review of Her Relations with Japan," *The China Review*, Vol. IV: 4 (July, 1875 to June, 1876), pp. 233, 236. 关于征台事件，参见王芸生编著：《六十年来中国与日本》（第1卷），生活·读书·新知三联书店1979年版，第62—113页。

[2] "An Introduction to a Retrospect of Forty Years of Foreign Intercourse with China, and a Review of Her Relations with Japan," *The China Review*, Vol. IV: 3 (July, 1875 to June, 1876), pp. 191-199.

人,更像是一种更加消极地顺从其统治者的人民。"[1]

这第一个差别带来的结果,似乎是日本更易走向模仿西方的改革,而中国面临的阻力则更大。正是日本人的服从精神,使得其统治者的改革意愿能得到较好的贯彻;而中国在政治实践中的民主空间,却使得中国民众宁可相信自己祖先所传授下来的制度,也不愿接受皇帝所强加的外国理念:"因此,如今存在着一种对比:一方面是一位绝对主义统治者的意志将改革施加给一群看上去同样具有改革意愿的人民;另一方面则是另一位统治者不得不去避免发动变革,他的人民身处古代法典的道德束缚之中。"

然而,奈益在1874年实际上并不相信这种潜在结果。对他而言,日本在明治维新进程中所体现的过度进取和狂热,对改革未必是件好事:"强行施加的温室系统甚至对于健全的原生植物都不算是健康的;而一次性输入太多的外来植物,可能会耗尽土壤的同化力量。"相反,从根本原则上说,"中国人相比日本人,应该更为适合去处理与这类变革相伴随的危险"。

奈益所主张的中日两国政体的第二个差别,是中国相对而言能容忍更多的个人自由,而日本则完全不具备此种条件。奈益对中国的说法是:

> (中国人)在许多个世纪里都享受着这种程度的人身和个体的自由(personal, individual freedom),而这种自由只是在过去两

---

[1] "An Introduction to a Retrospect of Forty Years of Foreign Intercourse with China, and a Review of Her Relations with Japan," *The China Review*, Vol. IV: 3 (July, 1875 to June, 1876), pp. 191-199.

三个世纪里才被授予欧洲人民。他们的统治者避免去干预他们的社会习惯和规则，而且甚至在政治事务中也避免一种瞎管和专横的态度，而只是纯粹防备着针对王朝本身的颠覆企图——甚至相比起今日某些欧洲国家中的人民，中国人民都在实际上更为自我依赖。因此，我们可以说，他们处于一种宪法生活之中，而这种生活是由习惯和先例所支撑的；正是这些习惯和先例，构成了秩序和大众权威（popular authority）的诸要素，而他们的军事征服者对此保持默许。[1]

相比之下，日本则是一个"刚刚从封建制度中解放出来的孩子"，一个"机灵但又天真的年轻人"。所以其前景并不值得被过于信任："我们竟被要求去相信，通过从封建主义——笼罩在如同中世纪般的黑暗中——的沉重铠甲中一跃而出，他就能够跳进当今文明的溢光灯影之下！"[2] 日本所应当做的，与其说是自上而下式的强力变革，毋宁说是授予并宽容人民的自由：

> 因此，日本的统治者尚未学到宪制政府的第一课，亦即避免或至少减轻他们爱管闲事的权力行使方式，给予人民自由意志的空间，以便他们能够自愿地并最终充满收益地采用这类西方惯例；这种采用只能是渐进的，这也正好适应于他们面向欧美更高级文明的渐进式的进步——这是唯一可靠的进步。[3]

---

[1] "An Introduction to a Retrospect of Forty Years of Foreign Intercourse with China, and a Review of Her Relations with Japan," *The China Review*, Vol. IV: 3 (July, 1875 to June, 1876), pp. 191-199.

[2] Ibid.

[3] Ibid.

(三)"古代文明"之缺点

尽管作为一个"古代文明"的中国"文明"得到了《中国评论》诸方面的肯定,尽管在与日本的偶尔对比之下中国呈现出更高的"文明"程度和潜力,但《中国评论》的作者也没忘记对该"文明"的诸多缺陷提出批评。

在前述署名为"Lex"的有关中国法律运行的那篇文章中,尽管作者对支撑中国法律的家父长制政治原则本身表示肯定,但又对这一原则的现实适用情况表示批评。在他看来,中国古代圣贤的有关家父长制的学说,远没有在现实中得到真正实现。对于君主而言,"(皇帝所声称的作为臣民之)父母的名义",非但没有表现为对臣民的关爱,而"只是成为任意和暴君政府的一个借口";对于民众而言,他们"被迫去屈服并服务于君主,却没能成为养育和温柔关怀的对象"。中国民众甚至被称为"小虫"(little worms)或"蚁民"(ant people)。"在中国人的请愿书中,这些自我贬抑的词汇为习惯所要求,而且得到官员的允许,这些词汇——唉!——极为真实地体现出那些掌权人物对大众的评估!"[1]

奈益则是在其演讲的结束时刻,对中西"文明"在更为根本的"思考模式"(modes of thought)上的差异进行了比较。根本差异在于是否承认"可完善性原则"(the principle of perfectibility)。在他眼中,满足于古代圣贤智慧的中国人并不承认该原则:

---

[1] "The Administration of Chinese Law," *The China Review*, Vol. II: 4 (July, 1873 to June, 1874), pp. 230, 233.

> 他们（中国人）满足于他们的古人智慧的库藏；他们给自己灵魂敷上令人舒服的虚情假意，亦即道德和知识训练的标准，作为一个人民的他们自己的至善（summun bonum），已经在很早以前就实现了；他们还认为，对教条和形式主义的外在遵守，以及对经典的效仿性的熟练掌握，就足以令这个种族的德性和智慧保持永恒。[1]

而西方的优势正在于对"可完善性原则"和进步观念的承认：

> 然而，与之相反的是，我们却认识到了如下真理：种族的福利和救赎都在于以持续的热情来不断地奋斗。无论是在国家间，还是在个人间，这种进步都是生活的标志。如果没有进步，那么就是退步；衰朽意味着必将灭亡。人类奋进的目标正是可完善性；每一个向上奋斗的脚步，都是踏在通向天堂之阶梯的更高一阶。[2]

最终，这两篇作品都将最高"文明"归属于欧美基督教世界。Lex 主张，"当今"中国人所犯的一个"巨大的错误"，就在于对自己的文化和道义过度自豪，而没有意识到"整个基督教世界在这件事情上要远为高级而且远超他们"。[3] 同样地，奈益也主张近代"文明"

---

[1] "An Introduction to a Retrospect of Forty Years of Foreign Intercourse with China, and a Review of Her Relations with Japan," *The China Review*, Vol. IV: 4 (July, 1875 to June, 1876), pp. 233, 241.

[2] Ibid.

[3] "The Administration of Chinese Law," *The China Review*, Vol. II: 4 (July, 1873 to June, 1874), pp. 230, 234.

与基督教的本质关联:"最高文明是基督教的成就,且与其不可分离。"[1]

(四)被束缚的有机体

在界定中国在人类发展史中的位阶时,《中国评论》在大多数时候使用的都是"文明"这套语言。不过,随着时间的推移,《中国评论》的作者开始使用一套更精确、更"科学"的术语,来对中国进行更具学术意味的界定。这套术语来自斯宾塞开创的社会有机体和社会达尔文主义学说。在《中国评论》中,最全面使用这套术语的作品,是具有外交官与汉学家双重身份的倭讷(E. T. C. Werner)发表于 1893 年的《中国在社会学中的地位》(China's Place in Sociology)一文。

倭讷在文中开门见山地指出中国在"文明"进展上的相对"停滞"及其原因。在他看来,在"中华帝国的历史和版图"与"它在文明方面的相对较小的进展"之间,存在着一个"巨大的反差"。而这种反差的产生原因则在于,在中国的"进化"过程中,"它舍弃了自己内部的生命能量(life-heat),同时又没有从外部资源中摄取足够的能量,以使其维持可塑性,而这种可塑性对于进一步的发展是必须的"。因此,中国就"进入一种僵硬状态,只有通过僵硬的手段才能令其重获自由"。这种状态叫作"东方阶段"(Oriental Stage),而属

---

[1] "An Introduction to a Retrospect of Forty Years of Foreign Intercourse with China, and a Review of Her Relations with Japan," *The China Review*, Vol. IV: 4 (July, 1875 to June, 1876), pp. 233, 241.

于这种状态的诸社会,则被称为"第一秩序的社会聚集"(social aggregates of the first order)。[1]

紧接着是倭讷对"第一秩序的社会聚集"的描绘。"进化"意味着由同质状态向异质状态的发展。但有时候会发生"受阻碍的进化"(arrested evolution),亦即无法彻底发展至异质性的状态。"第一秩序的社会聚集"意味着此种社会在"进化"的很早阶段就受到阻碍,因此在各方面都缺少异质性。在这种社会中,政治权力和宗教权力尚未分离,而且是被结合于同一个人身;尽管这种社会拥有不少城市,但在城市中却不存在更先进城市中的"公民社会组织"(civic social organization);血缘团体而非利益团体才是连接个人的纽带;对于个人而言,不存在任何真正自由的空间;人的前途不是由自身功绩决定,而是由身份决定的;创新受到严格的法律禁止。简而言之,"'习俗的沉积物'令所有事务都变得僵硬且不可撼动"。与此相对的,则是那些"永远进步"的社会。这类社会能够维持"足够的机动性、变化性、适应性",从而能"摆脱僵硬和绝望的状态"。所有进展至此的社会,都拥有"正确剂量的判断力",以便"既确保其中个人成员的协调行动,又不会摧毁个人差异化发展的趋势"。

所有"第一秩序的社会聚集"的命运都不容乐观。在倭讷看来,"进入这种状态的社会通常都停留在该状态之中,直至社会解体"。从历史上看,亚述、古埃及等"第一秩序的社会聚集"都消失了。那么,同属于这一阶段的中国,将会面临何种命运?倭讷设问道:"会不会有该算账的那一天,届时中国将被要求给出她的成就账本,

---

[1] See "China's Place in Sociology," *The China Review*, Vol. XX: 5 (1892 to 1893), pp. 305-306.

并受到仔细权衡，然而被发现她做得不够？西方国家是否会过来寻找果实，然后没有发现任何果实，于是就发布可怕的法令：'把它砍下：为什么要让它拖累土地呢？'"[1]

然而，在倭讷的笔下，中国由于其巨大的人口数量，却有可能走出受阻碍的状态。与其他"第一秩序的社会聚集"相比，中国最明显的优势就是人口："在其巨大的人口数量中，存在着它的力量和它的救赎。"[2] 倭讷随后提出了另一套社会进化的术语：人类社会的发展要经历军事阶段、半军事-半工业阶段和工业阶段。[3] 利用这套概念，他指出中国处于半军事-半工业阶段，而且仍有希望"进化"至纯工业阶段。而这一希望所在，并非中国政府，而是它的人民："尽管存在着其政府性质所造就的（不良的）方面，在这个国家的宪法中，有着更多的类似于工业政权下的人民的特性，而更少拥有类似于军事政权下的人民的特性。"[4]

随后，倭讷指明了"仍处于低级秩序中"的中国"文明"需要而且有望加强的几个方面。在教育方面，他期待中国人"狭隘"和"僵硬"的学习课程能够得到改革，并期待能够输入西方学术，例如"政治经济学"。在道德层面，中国人更需要从作为"道德文明"之典范的英国人身上多加学习，从而在信守承诺等方面获得巨大进步。他认为，只要在这些方面付出努力，中国的前景便值得乐观展望："从最低秩序的聚集出发，中国仍有可能上升至最高秩序的一个例

1　"China's Place in Sociology," *The China Review*, Vol. XX: 5（1892 to 1893）, pp. 305-306.
2　Ibid., pp. 305, 307.
3　Ibid.
4　Ibid.

子。小小的酵母届时将撑起整个面团。"[1]

三、"文明化"与改革

（一）停滞帝国的傲慢与先进帝国的愤怒

《中国评论》的创刊号及其第2期（1872年7月至9月）连载了一篇时任英国驻华公使的威妥玛在6年前——其时威氏担任英国驻华公使馆参赞——上呈清朝总理衙门的备忘录。威氏此份文件原本以中文撰写（中文名即《新议略论》），《中国评论》发表的则是署名为沃德豪斯（H. E. Wodehouse）者提供的英文译文。该文件以强硬的措辞要求中国立刻实施改革，并对中国在对外交往中的傲慢态度提出严厉的批评。

在谈到鸦片战争以来的中西关系时，威妥玛区分了这种关系的表面和实质。在表面上，就外国使节与恭亲王及总理衙门各官员之间的人际关系而言，"前者有充分理由去满意于他们所受到的无微不至的礼遇"。然而，在实质上，"中国人与外国人的国际关系的一般特征，无论是在北京还是外地"，都绝对谈不上是如此惬意。[2] 实际的情况是，中国政府和官员仍然幻想着能够不和洋人打任何交道："……希

---

[1] "China's Place in Sociology," *The China Review*, Vol. XX: 5 (1892 to 1893), pp. 305-306.
[2] "Mr. Wade on China (Concluded)," *The China Review*, Vol. I: 2 (July, 1872 to June, 1873), pp. 118, 120.

望与外国人没有任何关系，希望将他们全部赶出这个国家，这种古老的欲望仍占据主导地位；在地方各省中，这种想法都是如此普遍，几乎所有的官员，如果他们不是公开表达出这种情绪的话，那么也至少在胸膛中暗暗地培养着这种情绪，正如来到中国的每一个陌生人所体会到的那样。"[1] 威妥玛甚至将中西交往中的一切纠纷都归咎于中方："对过去三十年间外国与中国之间产生的全部分歧的仔细检查都表明，它们的原因都在于如下事实：中国狂妄自大，不愿退让。"

因此，中国必须立刻改变其对外交往方式。为了敦促中国作出改变，威妥玛的言辞接近恫吓："中国必须当心了，在全世界，在各个时代，任何国家如果不情愿进入与其邻居的伙伴关系中，都会引诱后者联合起来去入侵她，并迫使她服从，在历史记载中，没有任何国家能够侥幸逃脱这种被强制服从的命运。"[2]

对中国在外交关系中的排外、傲慢和优越感的抱怨，在《中国评论》随后各期中依旧不断出现。在一篇发表于1876年的讨论奈益一部有关鸦片战争之作品的书评中，作者赞同奈益对鸦片战争起因的看法，亦即，这场战争的根本原因并非鸦片走私："鸦片贸易纯粹只是为一个仇恨和鄙视所有外国人——朝贡者除外——的政府提供了一个借口，这个政府还憎恶所有的对外贸易，除非这种贸易纯粹是中国产品的出口贸易和白银的进口贸易。"[3] 因此，鸦片战争的真实原因，并非中国的政治家试图向邪恶的鸦片走私行为宣战，而仅仅是这些人

---

[1] "Mr. Wade on China (Concluded)," The China Review, Vol. I: 2 (July, 1872 to June, 1873), pp. 118, 120.

[2] Ibid., pp. 118, 122.

[3] "The Opium Question and the Northern Campaigns," The China Review, Vol. V: 1 (July, 1876 to June, 1877), pp. 61-62.

排外情绪的大爆发:"我们相信,首要的中国政治家在过去和现在都仇恨鸦片,是因为它是一种外国进口商品。当恭亲王说出'把你们的传教士、你们的鸦片和你们自己都全部带走'这句话时,他说出的大概是整个中国——不论是政府还是人民——的心声。"[1]

值得一提的,还有欧美观察者对中外关系中外交礼仪方面的"明察秋毫"。1873年6月,在各国驻华使节的一致敦促下,清廷安排了一次各国使节呈递国书并觐见已成年的同治皇帝的仪式。[2] 在清政府本身看来,此次觐见仪式,是将各国视为"敌国"(即平等之国)而非属国,各国使节对同治帝的致敬方式,亦非传统的三跪九叩,而是代之以五鞠躬。[3] 因此,该事件在中外关系史上的正面意义,理应获得肯定。

然而,《中国评论》对此次觐见的描述和评论却充满抱怨。在一篇详细统计和描述明清两朝历次西方使节觐见中国皇帝的文章(1874年,作者未署名)中,作者最后提及的正是1873年的这次觐见。作者注意到,此次觐见的地点竟然只是一个大亭子(即紫光阁),而这个大亭子实际上是接见清朝外藩首领的地点,"台湾野蛮人的酋长就是在这里被接见,要是他访问北京的话"。所以,"我们的使节被看成是文明地位太低了,从而不能在合适的皇室正殿这个神圣地带受到接见"(着重号为笔者所加)。[4] 作者还认为恭亲王在觐见仪式中故意

---

[1] "The Opium Question and the Northern Campaigns," *The China Review*, Vol. V: 1 (July, 1876 to June, 1877), pp. 61, 63.

[2] 参见〔美〕马士:《中华帝国对外关系史》(第2卷),张汇文等译,上海书店出版社2006年版,第281—285页。

[3] 参见田涛:《国际法输入与晚清中国》,济南出版社2001年版,第250—251页。

[4] "Audiences Granted by the Emperors of China to Western Envoys," *The China Review*, Vol. III: 2 (July, 1874 to June, 1875), pp. 67, 82.

拖延时间:"如同所有领事官所一定知道的,这是在中国官员中流行的怠慢其拜访者的一种常见方式。"[1] 鉴于整个觐见过程所遭受的种种羞辱,作者主张不觐见毋宁说是个更好的方案:"……如果我们的公使们满足于在一个大亭子里受接见——而且这个大亭子是被用来接待半野蛮部落的——而不讲究应当在合适的宫殿里面受接见,那么他们受到蔑视也就不足为奇了……跟一次如此丢脸的觐见相比,还不如干脆不要觐见。"[2]

在中西外交使节的中文称谓问题上,《中国评论》作者群中的考据家也表现出"字斟句酌"的精神。在第 20 卷第 6 期(1890年)"释疑"部分的一段讨论中,作者主张,中国将外国驻华使节称为"公使"的做法是不恰当的,因为中国政府从来没有把自己派往他国的使节称为"公使"。中国人用在自己的驻外使节上的称谓是"星使",而且这个词已经有了千余年的历史。中国人偶尔还使用"天使"二字,而"这个词当然在其原意中意味着上级国家下派往下级王国的使节"。作者主张,如果中国人试图在官方层面使用这个词汇,那么"我们必须对此表示反对,理由则是它带有国家间不对等关系的假设"。如果这种假设被中国方面否定了,那么"欧洲小国,甚至任何大国,都应有权在官方层面用它来指称他们自己的使节"[3]。

---

[1] "Audiences Granted by the Emperors of China to Western Envoys," *The China Review*, Vol. III: 2 (July, 1874 to June, 1875), pp. 67, 83.
[2] Ibid.
[3] "The Terms Kung-shi and Tien-shi," *The China Review*, Vol. XVIII: 6 (July, 1889 to June, 1890), p. 379.

（二）国内法与国际法

有鉴于作为"古代文明"之经典案例的中国距离欧美近代"文明"尚有较大距离，有鉴于"文明"程度更低的中国在与程度更高的欧美国家交往时却展现出自大姿态，《中国评论》的作者们不约而同地思索着将中国予以"文明化"的种种方案。"文明化"的要求体现在诸多方面，如国内基础设施建设、刑法的改革，以及在对外交往中改变以往的傲慢态度，并接受建立在平等主权国家体系基础之上的欧美近代国际法。

前文已提及，威妥玛以极为严厉的措辞要求中国立刻实施改革。针对当时中国各地此起彼伏的叛乱，威氏眼中的当务之急，则是利用西方技术完善中国国内的各种基础设施："……如果所有省份都能建设铁路，开通电报，挖掘矿务和煤炭的矿井，训练好她的军队并给军舰配置合格人员，确立贷款机制以满足这个国家的各种需求，并建立起自然科学和医学方面的教育设施——所有国家都会乐于见到中国真心诚意地采用这些创新，而且她从中获得的利益将会是巨大的。"[1] 只有采纳这些建议，中国才可能用自己的力量减少内部叛乱，并回到安宁状态，才可能"将空洞的仓库变成丰盈的宝藏，并最终能够确保自己得到她最迫切想要的东西：独立和自治"[2]。

对中国国内法律制度的改良，尤其是刑法和刑事诉讼制度的改良，偶尔也被提上议程。1880 年，京师同文馆以聚珍版形式刊印了

1　"Mr. Wade on China（Concluded），" *The China Review*, Vol. I：2（July, 1872 to June, 1873）, pp. 118-119.
2　Ibid.

该馆法国教习毕利干所译《法国民法典》（中译本名称即《法国律例》）。[1]《中国评论》也关注到此作品。在其于1882年登载的一篇书评中，书评作者认为，该法典中译本的出版，意味着中国官方在法律思想上的重大变革：

> 如果更仔细地观察中国政府的此次行为，我们能确信的是，读者会同意我们的如下说法，亦即他们发布一个欧洲国家法典的译本，标志着他们思想上的革命、他们精神态度的独特变革（这种变革发生于高级官员的圈子中），以及过去若干年中实现的进步。对我们来说，这些官员现在似乎已开始发现，他们迄今为止使用的建立在他们自己孤立的经历上但的确在处理与中国接壤的外部野蛮人的关系上获得成功的政策，在有着军队支持的欧洲大使们进入外交领域之际，就完全不适用了。所以，我们能够说，此次出版能够表明自大政策——该政策给中国带来了如此多的失误和羞辱——现在已经被放弃了么？从王文韶给这部作品所写导论的主旨来看（顺带要说的是，该导论是一篇非常优雅的中式散文），我们可以猜测这的确是事实。[2]

因此，书评作者进一步期待，观念上的革命能够带来现实法律制度中的变革，尤其是刑法典的人道主义改良，从而就能"使大量人民免于对他们自己的官员和对他们自己的法律的不幸恐惧"。在他看

---

[1] 参见王健：《沟通两个世界的法律意义——晚清西方法的输入与法律新词初探》，中国政法大学出版社2001年版，第187—217页。

[2] "Codes Francais, translated into Chinese, by A. Billequin. Tung Wen College, Peking: 1882," The China Review, Vol. X: 6 (July, 1881 to June, 1882), pp. 420-423.

来,《大清律例》"不论对好人还是坏人都是一种恐怖";"它是不断发生的痛苦和忧虑的根源,而且我们可以想象的是,它扼杀了中国人民向着更高级文明的更自由发展的健康自发行动"。

从西方人自身角度来看,他们最迫切期待中国实现的改革,或许是在其与西方国家的交往中放弃长期秉持的华夷秩序观和朝贡-册封模式,并接受建立在主权国家平等交往之基础上的近代国际法体系。《中国评论》的作者在这方面如此迫切,以至于评论毕利干所译《法国民法典》的那位作者竟然期待,这部国内法性质的法典,能够在中国"导向一种对国际义务的更宽宏大量的解释"[1]。

对国际法的接受,必须首先做到依照近代外交法来展开对外实践,而这方面最根本的制度是双向常驻使节制度。在前文已多次引用的威妥玛那篇备忘录中,威氏极力敦促中国尽快向西方国家派出常驻使节（列强已于第二次鸦片战争后陆续向北京派遣常驻使节）。[2] 威氏强调,任何国家如果不实行双边常驻使节制度,就实际上自外于"国际家庭"(family of nations)。中国若加入这一双边外交体系,将给自身带来双重益处。一方面,双向使节制度能够令中国与邦交国之间关系"迅速化为友谊";另一方面,在与邦交国发生纠纷时,双向使节制度也有助于迅速化解问题,并且在矛盾暂时难以化解时,"如果她（指中国）证明自己是有理一方,其他国家将挺身而出,替其伸张正义,而且会向无理一方释放信号,从而协助中国"[3]。

---

[1] "Codes Francais, translated into Chinese, by A. Billequin. Tung Wen College, Peking: 1882," *The China Review*, Vol. X: 6 (July, 1881 to June, 1882), pp. 420–423.

[2] "Mr. Wade on China," *The China Review*, Vol. I: 1 (July, 1872 to June, 1873), pp. 38–44.

[3] "Mr. Wade on China (Concluded)," *The China Review*, Vol. I: 2 (July, 1872 to June, 1873), pp. 118–119.

对国际法的接受，还包括对近代战争法一系列规则的了解和遵循。1883年，美国在华传教士、时任京师同文馆总教习的丁韪良（W. A. P. Martin），完成了对国际法研究院（Institut de Droit International）组织编纂的《陆战法手册》（Les lois de la guerre sur terre）的中文编译本的翻译。该译作名为《陆地战例新选》，由总理衙门刊印。[1]《中国评论》在当年即关注到此事。在一篇有关此译作的书评中，书评作者称赞该作品译笔清晰，以至于"任何有着普通教育的中国军官都不可能看不懂它们（指战争法规则）"。在作者看来，总理衙门出版这部战争法作品的举动，可能意味着两件事情："要么是总理衙门中有部分成员的确希望缓解战争的恐怖，要么是通过将战争行为牢牢控制在文明战争的法律界限之内，他们将不会给其敌手以提出过分要求的可乘之机，也不会给中立的友国提供任何干预的理由。"[2]

值得一提的，还有第12卷第4期（1884年）一篇对丁韪良论文《古代中国的国际法痕迹》（Traces of International Law in Ancient China，又名《中国古世公法略论》）的评论。该文（以及丁韪良论文本身）呈现出一种奇妙的"历史"与"价值"——借用列文森的术语——的结合。书评作者指出："众所周知，过去的经历和惯例，牢牢地束缚着中国文人和政客的心智……我们可以说，他们的行动模式早已被过去的先例所规定好了。"而丁韪良的论文，则意图证明在中国古代——尤其是东周诸侯国体系之中——也存在过类似于近代欧

---

[1] 参见林学忠：《从万国公法到公法外交：晚清国际法的传入、诠释与应用》，上海古籍出版社2009年版，第114页。

[2] "陆地战例新选，光绪癸未孟夏，总理衙门印 Manual of the Laws of War and Land prepared by the European Institute of International Law," The China Review, Vol. XI: 6 (July, 1882 to June, 1883), pp. 396–397.

美国际法的国与国之间交往规则。因此，书评作者展望道："如果这些是古代中国各朝在和平与战争中承认的原则的话……那么以下想法就不会是乌托邦了，即基督教的国际法典有朝一日会成为地球上所有国家间和平与正义的纽带。"[1]

四、结　语

本章是对19世纪"侨居地汉学"的一个重要交流平台——《中国评论》杂志——的考察。本章考察的核心内容是《中国评论》中有关中国的（不论是理论还是实践中的）国际地位和中外关系史中各重大议题的讨论。本章的初步考察表明，当《中国评论》的作者考察中国应当在国际社会或国际法上获得何种地位这一问题时，他们与19世纪的"时代精神"一样，本能性地诉诸"文明/野蛮"这套语言体系（在后期则是使用更具"社会科学"意味但呈现出类似逻辑的社会有机体和社会达尔文主义语言），来为中国在"文明"阶梯和国际权利等级制中指定位置。一般而言，《中国评论》的作者倾向于将中国界定为一种"古代文明"，亦即承认其具有部分的"文明"特质，但其"文明"等级又明显低于西方基督教"文明"。也正因此，原本被视为"文明"级别更低的中国在当时的中西交往中却呈现出传统的朝贡-册封体制中宗主国所自然带有的高傲态度这一事实，无疑令自负于自身"文明"成就的《中国评论》的观察者们感到不

---

[1] "Chinese Recorder Vol. XIV. No. 5 and 6 Vol. XV. No. 1. Presbyterian Mission Press. Shanghai 1883-1884," *The China Review*, Vol. XII：4（July, 1883 to June, 1884）, pp. 367-368.

快。此外，与19世纪国际法学中类似的"文明"体系相比，以《中国评论》为代表的"侨居地汉学"的"文明"体系或"文明"标准，要更为鲜明地坚持基督教作为最高"文明"的实质构成部分。

本章的考察还表明，面对中国在"文明"发展方面的现状，《中国评论》的作者们热衷于参与到应当如何对中国予以改革、予以"文明化"这一问题的探讨之中。也只有当中国改革成与西方各国"文明"水平接近之时，中国才有可能在理论和实践中获得与西方同等的国际地位。《中国评论》的作者所列举的改革方案是全方位的，包括利用西方技术完善基础设施，适当地改革法律（尤其是刑法），接受建立在国家主权平等原则这一基础上的近代欧美国际法体系。

与笔者本人曾经研究过的19世纪国际法学对于中国国际地位的界定和中外关系的思考相比，[1] 以《中国评论》为代表的"侨居地汉学"对于类似主题的讨论，呈现出如下几个重要特色：首先，与其作者群的传教士背景相关的是，基督教成为《中国评论》所主张的"文明"标准的关键部分（而国际法学家则并未对此刻意强调）；其次，即使对中国政府的所作所为失去信心，但《中国评论》的作者一般而言对于中国普通民众走向"文明"的前景充满期待；最后，部分作者所具有的殖民地政府官员或驻华外交官的身份，使得其在思考中西关系问题时，时而呈现出一种貌似冷峻估算国家利益的倾向。对于《中国评论》中这一系列言论和观点的反思和批判，自然是今后研究者需要完成的一项任务。

不过，从中外关系史的角度而言，更值得进一步思考的问题，或

---

[1] 参见赖骏楠：《国际法与晚清中国：文本、事件与政治》，上海人民出版社2015年版，第18—65、165—170页。

许是这些话语与现实政治间的具体关联问题:《中国评论》中的这些言论,是如何在中西历次交涉中历史性地形成并逐渐自我完善成一个体系的?这些言论又是如何流传到英美帝国的中心,并对其主流言论界、宗教界和政治界构成了何种影响,又是否以及如何具体性地影响了各帝国在历次外交事件中的判断和行动?这些言论是否可能流传进中国知识分子圈,并影响其自身对于中国"文明"属性和国际地位的判断,乃至对这些知识精英本人置身其中的中西交往构成影响?

无论如何,如同本章这样的单纯对报章材料的罗列和整理,是无法达至对以上问题的解答的。而要解答这些问题,或许需要一种融合中外关系史、国际法史、思想史乃至新文化史诸进路的交汇式研究。唯有如此,19世纪的中国与世界,才能以更清晰的姿态呈现于世人面前;未来的中国与世界,才能尽力避免彼此间的误解与怨恨。

第六章
理雅各眼中的中国及其中国观

理雅各是 19 世纪著名的传教士、汉学家。他在评价中国时表现出的"矛盾"态度，一直都是学界众说纷纭的论题。在传教士眼中，理雅各对孔子评价过高，且常常不遗余力地维护中国，以至于招致同侪蜂拥而至的攻击；[1] 但在中国读者眼中，他对儒教有颇多尖锐批评，[2] 在指陈帝制中国的弊病时，亦不吝言辞。不少学者都关注到了这一现象。美国学者吉瑞德（Norman J. Girardot）认为，理雅各对中国的批评，有时"明显矛盾""令人费解"。譬如，理雅各在晚年修订《中国经典》时，较前一版显著地提高了对孔子的评价，却在正文中大量保留了批判孔子学说的言论，对于如何理解理氏"矛盾的修订策略"，"没有一个明确可靠的方法"。[3] 段怀清也同样指出，理

---

[1] See *Records of the General Conference of the Protestant Missionaries of China Held at Shanghai*, *May 10-24, 1877*, American Presbyterian Mission Press, 1878.

[2] See P. Kranz, *Some of Professor J. Legge's Criticisms on Confucianism*, American Presbyterian Mission Press, 1898.

[3] 参见［美］吉瑞德：《朝觐东方：理雅各评传》，段怀清、周俐玲译，广西师范大学出版社 2011 年版，第 369—375 页。

雅各针对中国的言论,有时"看上去彼此矛盾"[1]。一些学者由此认为,理雅各对中国及其传统持一种"批判性改革"的态度,[2] 然而,这种论断并不能准确地解释理雅各言论中的诸多龃龉。那么,理雅各究竟有哪些批判或支持中国的言论?这些看似矛盾的态度和观点是怎样形成的?理雅各对中国的真实态度究竟如何?本章试图通过分析一些具有代表性的文献,主要包括理雅各发表在《中国评论》上的《帝国的儒学:康熙十六条圣谕》《香港殖民地》等论文,理氏编著的双语教材《智环启蒙塾课初步》,及其译著《中国经典》的学术导读部分,拟对理雅各的中国观进行更为细致的解读和探究,以期初步回答上述问题。

一、理雅各其人其著

1815 年 12 月 20 日,理雅各出生于苏格兰阿伯丁郡(Aberdeen)汉特利镇(Huntly)的一个富商家庭。他自幼受到良好的教育——1831 年,入阿伯丁国王学院(King's College, Aberdeen),习拉丁语、数学、自然哲学和伦理哲学等课程;1835 年,从国王学院毕业;1837 年,入伦敦海伯里神学院(Highbury Theological College),攻读神学。

理雅各走上传教道路并非偶然。他的故乡汉特利是 18 世纪英国

---

[1] 段怀清认为,理雅各为中国进步迟缓而"感到焦虑",但却因此而对中国"产生了敬意",这一言论"看上去彼此矛盾"。参见段怀清:"向中国告别:理雅各的华北之行",载《历史学家茶座》(第 8 辑),山东人民出版社 2007 年版,第 46 页。

[2] 参见费乐仁:"王韬与理雅各对新儒家忧患意识的回应",尹凯荣译,载林启彦、黄文江主编:《王韬与近代世界》,香港教育图书公司 2000 年版,第 120 页。

传教活动特别活跃的地方。他的哥哥乔治（George）是公理宗的牧师，常常四处布道演讲。理雅各的父母与传教意识很强的非国教派牧师柯维（George Cowie）过从甚密，家庭的氛围使他很早就对国外传播福音产生兴趣。伦敦会传教士米怜一家也对理雅各有很大影响。米怜同样出生在阿伯丁郡，并在柯维教会领洗。相传，米怜曾在寄给理雅各父亲的书信中，夹带了一些泛黄的中国书册，正是这些古奥的书册，使理雅各对中国产生了兴趣。

1838年，理雅各加入伦敦会，随后被分配到马六甲华语区宣教。这里不但是米怜建立布道站和奉献一生的地方，也是理雅各的中文老师基德（Samuel Kidd）曾经以传教士身份服务过的地方。1839年，理雅各与米怜之子美魏茶（William C. Milne）一同乘船出发前往马六甲。

相比早期来华传教士米怜的境遇，理雅各无疑要幸运得多。1813年米怜抵达中国时，清政府的禁教政策仍相当严厉，米怜无法以传教士的身份在广州合法居留，遂转道澳门，不久后又被信奉天主教的澳门葡萄牙当局驱离，最终只得辗转以马六甲作为传教据点，终其一生，都未能实现在中国的领土上传教的心愿。[1] 而理雅各于1840年抵达马六甲，同年便爆发了鸦片战争。随后，中英之间签定《南京条约》，清政府将香港割让给英国，并开放贸易港口。理雅各并没有经历漫长的等待，便迎来了中国"门户洞开"的时代。

1843年，理雅各将英华书院迁至香港。当时的香港治安混乱，医疗卫生水平低下，但对于来华传教士而言，"实现伟大使命"的崭

---

[1] 参见苏精：《中国，开门！——马礼逊及相关人物研究》，基督教中国宗教文化研究社2005年版，第129—144页。

新舞台正徐徐展开。此后,在香港居住的数十年间,理雅各致力于传教和教学事务。他几乎每天都会花几个小时,挨家挨户地与中国人交谈,"有时是漫无边际的闲聊,有时则会专门针对某一个话题深入交谈"。他曾半开玩笑地说:"到1867年时,整个维多利亚港的村落,除了妓院之外,没有一户是我没有到过的,没有一家人不把我当作朋友看待。"[1]

而作为一个传教士,理雅各更多的志趣却在学术上。理雅各最初认识中国的动力,大抵源自一种"知己知彼"的策略。他坚信,只有"研究中国古代圣贤的思想领域",才"能够胜任传教士这个工作"。[2] 而"四书五经"在理雅各的眼中,便是中国古代圣贤最重要的思想资源。但是,随着研究的不断推进,理雅各早年所接受的严格学术训练和他笃志好学的个性,逐渐使他产生了在学术上和哲学上更深入了解中国的意愿,于是,他开始了系统英译中国经典的工作。1861年到1872年,理雅各翻译的五卷本《中国经典》在香港陆续出版。五卷体例大致相同,每卷卷首均附有相当篇幅的学术绪论。《中国经典》成为理雅各未来学者生涯的重要积淀,也是他一生中最重要的译作。

此外,理雅各还留下了大量有学术含金量的作品。伟烈亚力(Alexander Wylie)的《1867年以前来华基督教传教士列传及著作目录》中收录了理雅各的主要中英文著作26种。[3] 除去其中占绝大多

---

1 "The Colony of Hong Kong," *The China Review*, Vol. I: 3 (July, 1872 to June, 1873), p. 169.

2 Helen Edith Legge, *James Legge: Missionary and Scholar*, The Religious Tract Society, 1905, p. 29.

3 See Alexander Wylie, *Memorials of Protestant Missionaries to the Chinese: Giving a List of Their Publications and Obituary*, American Presbyterian Mission Press, 1867, pp. 117-122.

数的纯宣教著作和语言类工具书外,在这一时期理雅各的著作(编著)中,影响力仅次于《中国经典》的,大概要数1856年在香港初版的《智环启蒙塾课初步》。该书乃理雅各为英华书院教学所编译,一经出版便大受欢迎。据粗略统计,至1895年,该书至少改订再版四次,并多次重印。该书还同时传入明治维新前的日本,是江户末期、明治初期在日本被广泛阅读的汉译西书之一,对包括福泽谕吉在内的许多明治时期思想家、启蒙家都产生了重大影响。[1]

理雅各在1867年以后亦撰写了数量可观的论著,其中多数与中国经典和基督教义相关。如《中国人的鬼神观》(1852年)、《中华之土——伦敦会成立69周年的讲话》(1859年)、《儒教与基督教的对比》(1877年)、《孔子的生平与教义》(1878年)、《孟子的生平与著作》(1878年)、《中国的宗教:儒教、道教与基督教的对比》(1880年)、《基督教与儒教关于人生教义的对比》(1883年)、《基督教在中国:景教、罗马天主教与新教》(1888年)等等。

自19世纪70年代起,理雅各为《中国评论》《皇家亚洲文会北华支会会刊》等刊物撰稿,其中不少是他在香港和在牛津大学任教期间的讲座文稿。文章的题材,除广泛涉及他所熟悉的中国经典、中国古代思想家、历史人物外,还有不少是对中国政治、法律制度的评述,如《帝国的儒学:康熙十六条圣谕》(Imperial Confucianism, or the Sixteen Maxims of the Kang-hsi Period)、《香港殖民地》(The Colony of Hong Kong)、《对道格拉斯〈中国社会〉之述评》(Review of R. K. Douglas's *Society in China*)等。虽然与同时期许多作者相比,

---

[1] 参见沈国威:《近代中日词汇交流研究:汉字新词的创制、容受与共享》,中华书局2010年版,第460—461页。

理雅各并不算高产，但他的文章生动、谨严而富有学术性，多次被《北华捷报》等报刊转载或评论。[1]

理雅各于1873年返回英国，三年后即被任命为牛津大学首任汉学教授，此后一直在牛津从事汉学研究工作，直到1897年病逝。在晚年，理雅各曾对《中国经典》进行了一次饶有深意的修订。在《中国经典》的序言部分，他修正了早年对孔子过于苛刻的评价，同时保留了正文中对儒学和中国问题的多数严厉批评，此举为后世学人留下了难解的谜题。

理雅各以传教士的身份来华，却因学者的身份被载入史册。"传教士"和"学者"这两种截然不同的身份贯穿了他的一生。而系统浏览理雅各的论著后，我们便会发现，正如他的身份一样，对中国看似矛盾的评价，也贯穿了他的著述。那么，理雅各对中国的总体评价和定位究竟如何？他对中国究竟有哪些针砭或赞誉的言论？

二、"教化未全"的中国

要考察理雅各对中国的评价和中国在世界体系中的定位，就不能不提及他编写的《智环启蒙塾课初步》（以下简称《智环启蒙》）[2]。

该书系根据英国人查尔斯·贝克（Charles Baker, 1803—1874）的 *Graduated Reading: Comprising a Circle of Knowledge in 200 Lessons* 为

---

[1] See "Dr. Legge's Farewell at the Hong Kong City Hall," *The North-China Daily News*, March 26th, 1873.

[2] 关于《智环启蒙》的基本情况，参见沈国威、[日]内田庆市编著：《近代启蒙の足跡——東西文化交流と言語接触：『智環启蒙塾課初步』の研究》，关西大学出版部2002年版。

底本改写而成的。理雅各在《智环启蒙》的序言中曾提到,他在阅读了贝克的书后,感到在之前所有接触过的教科书中,唯有这本"最符合他的意图"。于是,他依据中国青年的实际情况,将其改编为一本中英双语教材。[1] 由于理雅各在编撰过程中,"改写的范围几乎涉及所有的课文"[2],因此,《智环启蒙》虽然是一本编著,但我们仍可以认为,该书所呈现的内容代表了理雅各本人的观点,也是他希望借该书传达给读者的。

《智环启蒙》共 200 课,门类广泛,如同一部小型"百科全书"。其内容不仅涉及简单的自然科学知识,而且对英国的政治制度、世界主要国家概况等,亦有扼要的介绍。欲考察理雅各对中国的态度,该书中最值得关注者,一是有关"文明等级论"的观点,另一是对"不列颠国"国政的简要记述。

所谓"文明等级论",是指从 19 世纪初开始,风行于英、美、法等国的一种关于人类文明发展模式的学说。这种学说将世界各地不同国家和民族的发展道路划分为包含不同等级的发展模式,并且通过等级的划分建立起一套适合殖民统治的系统知识和思想秩序。[3]

为行文之便,现将《智环启蒙》论中国与欧洲文明等级的段落征引如下:

---

[1] See "Preface," in James Legge, *Graduated Reading; Comprising a Circle of Knowledge [Zhihuan qimeng shuke chubu]*, London Missionary Society's Press, 1856, p. 1a.

[2] 沈国威:"香港英华书院的出版物在上海和日本——以《遐迩贯珍》《智环启蒙》为中心",载香港城市大学中国文化中心、出版博物馆编:《出版文化的新世界:香港与上海》,上海人民出版社 2011 年版,第 214 页。

[3] 参见郭双林:"从近代编译看西学东渐——一项以地理教科书为中心的考察",载刘禾主编:《世界秩序与文明等级》,生活·读书·新知三联书店 2016 年版,第 240 页。

第一百五十六课　国之被教化而未全者论（Half-Civilized Nations）[1]

有等邦国之民，于格物致知，已有所获，于教化政治，已有所行，但仅得其偏而未得其全者。如阿非利加数国，亚西亚之印度、日本、波斯、土耳其等国皆然。如此之邦，其人耕田，颇识工艺，有法有书，惟于有用之艺，多所未达，而习俗亦有惨酷者。

第一百五十七课　国之被教化而颇全者论（Civilized Nations）[2]

西班牙、葡萄牙、以大里、俄罗斯、波兰数国，可称被教化而颇全者。其中士子谙熟技艺文学，惟民尚多愚蒙，自此以外，欧罗巴之别邦，及亚墨利加之合众国，其民为天下至明达者。

乍看之下，引文似乎并未提及中国。通过比较《智环启蒙》的英文文本与贝克的原著，我们会发现，贝克原著将中国列入"Half-Civilized Nations"，而理雅各编写时，虽然将中国从列举的名单中删

---

[1] James Legge, *Graduated Reading; Comprising a Circle of Knowledge [Zhihuan qimeng shuke chubu]*, London Missionary Society's Press, 1856, p. 40a。"Half-Civilized Nations" 亦译为"半开化国家"或"半文明国家"。英文为："The people of some countries are partly civilized. Such are found in Africa, in Hindostan, in Japan, in Persia, in Turkey, and other countries of Asia. They cultivate the soil, and know a few arts. They have laws and some books, but they are mostly ignorant of the useful arts. Many of their customs are barbarous."

[2] James Legge, *Graduated Reading; Comprising a Circle of Knowledge [Zhihuan qimeng shuke chubu]*, London Missionary Society's Press, 1856, p. 40b。"Civilized Nations" 亦译为"文明国家"。英文为："The nations of Spain, Portugal, Italy, Russia, and Poland, may be called civilized. The arts and sciences are known among the learned, but most of the people are very ignorant. The other nations of Europe, and the people of the United States of America, are the most enlightened in the earth."

除，但加上了"and other countries of Asia"字样。[1] 可见，理氏本意显然是把中国计入"国之被教化而未全者"之内。而增删之举，大概是理氏恐触发国人怨谤而对原著进行的"技术处理"。

"国之被教化而颇全者"，则包括欧洲多数国家和美国。比上述两个等级更低的，尚有"国之野劣者"（Savage Nations）和"国之野游者"（Barbarous Nations）两种。在当时，各文明等级的名称尚未形成统一的中文译名，但很明显，这是一个典型的四级制文明等级论模式。[2] "国之被教化而未全者"和"国之被教化而颇全者"，实际上对应的就是后来人们习见的"半文明国"和"文明国"。

那么，在理雅各看来，中国这个"半文明国"相较于"文明国"，其"文明程度"的差距究竟体现在哪些方面？

乍看上列引文，表述似颇笼统，然而细加对比，还是可以大致总结出两种较重要的差别：其一，是否掌握了"有用之艺"（useful arts）或"技艺文学"（arts and sciences），即科学技术的发展水平如何；其二，是否存在"惨酷"（barbarous）的"习俗"。[3] 通过浏览理雅各的一些文章，可以发现，他对上述"半文明"特征在中国的表

---

[1] See Charles Baker, *Graduated Reading; Comprising a Circle of Knowledge*, "The Systematic Bible Teacher" Depository, n. d., p. 156.

[2] 参见郭双林："从近代编译看西学东渐——一项以地理教科书为中心的考察"，载刘禾主编：《世界秩序与文明等级》，生活·读书·新知三联书店2016年版，第242—243页。

[3] 费乐仁曾对这一标准的科学性提出疑问。他指出，既然文明国"尚多愚蒙"，那么，如果这些愚蒙的人是"野蛮"的，是否会造成该国的文明程度减等？另外，文明国的"科学和技艺"，何以并不包括中国的科学和印度的技艺？笔者认为，"文明阶段论"并非源自客观的归纳方法，而是一种"以论带史"式的学说，因而或多或少地存在逻辑上的瑕疵。因非本章所关注的重点，兹不赘述。See Lauren F. Pfister, *Striving for "The Whole Duty of Man"—James Legge and the Scottish Protestant Encounter with China*, Volume II, Peter Lang, 2004, p. 51.

现，早已或多或少地有所论述。

理雅各笔下的"半文明国"，掌握了一定程度的"工艺"，但于科学技术领域并无建树。理氏认为，早期的中国人虽掌握了"一点知识文化"（elements of intellectual culture），却仅用于因应农事，[1] 缺乏更深入的研究。他在以"康熙《圣谕十六条》"为主题的讲座中，也曾提及这一点。在讲述"隆学校以端士习"一条时，他指出，虽然中国人"对学问的高度尊重"值得钦佩，但科举制度的弊端其实很明显。其中最主要的就是，学生需要掌握的科目范围有限——乡试的科目仅限于文学，所有的自然科学及相关主题都被排斥在外。[2] 士人知识结构的狭隘，也成为近代中国在科学技术领域远远落后于西方国家的重要原因。

同样地，为中国法律所默许的"血亲复仇"，在理雅各眼中即属于"惨酷习俗"之列。在翻译《中国经典》时，理雅各便注意到这一现象，并引用《礼记》中的记载来说明中国人的"同态复仇"（lex talionis）。[3] 理雅各将血亲复仇视为一种"野蛮的公正原则"（principle of wild justice），认为中国的法律从未将其完全纳入控制。[4] 他曾引用德庇时爵士（Sir John Davis）在其著作《中国人：中华帝国及其居民概论》（*The Chinese: A General Description of the Empire of*

1　See James Legge, *The Chinese Classics: With a Translation, Critical and Exegetical Notes, Prolegomena, and Copious Indexes*, Vol. 3, SMC Publishing Inc., 1991, p. 192.

2　See "Imperial Confucianism," *The China Review*, Vol. VI: 4 (July, 1877 to June, 1878), p. 231.

3　《礼记·檀弓上》载："子夏问于孔子曰：'居父母之仇如之何？'夫子曰：'寝苫枕干，不仕，弗与共天下也。遇诸市朝，不反兵而斗。'曰：'请问居昆弟之仇如之何？'曰：'仕弗与共国，衔君命而使，虽遇之不斗。'曰：'请问居从父昆弟之仇如之何？'曰：'不为魁，主人能，则执兵而陪其后。'"

4　"Imperial Confucianism," *The China Review*, Vol. VI: 6 (July, 1877 to June, 1878), p. 372.

China and Its Inhabitants）中的观点，称其为"令人反感的儒家原则之一"——该原则的效力，"直到今天仍然显著"，复仇之于中国人，"是一种良善"。理雅各认为，中国人虽然性格懦弱，常常心甘情愿服从政府的管理，希望过和平的生活，但他们却不愿将"追讨流人血之罪"（语出《旧约·诗篇》）的权力托付给政府。尤其当公权力疲软之时，个人和宗族便将法律握在自己手中，于是，"整个国家都处在世仇和冲突之中"[1]。

而在众多"惨酷习俗"中，又以中国女人的"缠足"陋习最常为西人所诟病；由此衍生出的妇女社会地位等问题，也常被西方国家用以衡量中国的"文明程度"。[2] "缠足"的现象几乎在所有19世纪来华传教士描写中国人的作品中，都有不同程度的提及，理雅各也不例外。他在《智环启蒙》"女仔玩耍"一课中写道："西国妇女无裹足之例，故少年女子，比之中国，走动便捷，更好玩耍。"[3] 态度尚显得比较温和；但在"圣谕"讲座中，理雅各则毫不留情面地批评了这种现象。他说："区分满人和汉人的方法就是看女人的脚——满人并无裹小脚的习惯。这种用绷带包扎女童的脚以致畸形的行为，是

1　James Legge, *The Chinese Classics: With a Translation, Critical and Exegetical Notes, Prolegomena, and Copious Indexes*, Vol. 1, SMC Publishing Inc., 1991, p. 111.

2　譬如，美国人威廉·C. 伍德布里奇（William C. Woodbridge）在《地理学入门》（*Rudiments of Geography*）一书中描述"蒙昧"和"半文明"状态："野蛮人和蒙昧人……像对待奴隶一样强迫他们的女性从事劳动"，而在半文明状态下，"他们仍然像对待奴隶一样对待他们的女性"。参见 William C. Woodbridge, *Rudiments of Geography*, Oliver D. Cooke & Sons, fifth edition, 1825, pp. 48–50，转引自刘禾主编：《世界秩序与文明等级》，生活·读书·新知三联书店2016年版，第246页；另参见宋少鹏："'西洋镜'里的中国女性"，载刘禾主编：《世界秩序与文明等级》，生活·读书·新知三联书店2016年版，第295—301页。

3　James Legge, *Graduated Reading; Comprising a Circle of Knowledge [Zhihuan qimeng shuke chubu]*, London Missionary Society's Press, 1856, p. 11b.

愚蠢且野蛮的。"[1]

理雅各还注意到，在儒家的经典中，女性的作用常常得不到彰显。如在"圣谕"的"训子弟以禁非为"条中，通篇叙述教育子弟的方法，却从未提到对女儿的规训，也没有强调母亲的影响。[2] 但是，在家庭教育中，母亲的作用显然至关重要。理雅各引用了为中国人所熟知的"孟母三迁"和"孟母断织"的故事，来论证即便是伟大的思想家，其成长也离不开母亲的训育。在《中国经典·诗经》一卷的绪论中，理雅各指出，这些优美的篇章，处处充斥着男尊女卑的思想。[3] 他认为，在中国，"女性的智慧和坚毅被低估了"[4]，"女性在孔子经典著作中的缺位，不但说明了孔子对女性的重要性认识不足，也成为他学说的一个重大缺陷"[5]。更不用说中国还广泛存在着一夫多妻制（ploygamy）。理雅各断言："只要一夫多妻制还存在，中国便不可能得到西方世界的尊重。"[6] 这些现象，无不彰显出中国在"文明程度"上的短缺。

而与中国相比，英国则是"天下至明达者"。其"政令法度，乃由

1　"Imperial Confucianism," *The China Review*, Vol. VI: 6 (July, 1877 to June, 1878), p. 364.

2　See "Imperial Confucianism," *The China Review*, Vol. VI: 5 (July, 1877 to June, 1878), p. 308.

3　如《小雅·斯干》："乃生男子，载寝之床。载衣之裳，载弄之璋。其泣喤喤，朱芾斯皇，室家君王。乃生女子，载寝之地。载衣之裼，载弄之瓦。无非无仪，唯酒食是议，无父母诒罹。"再如《诗经·瞻卬》："哲夫成城，哲妇倾城。懿厥哲妇，为枭为鸱。妇有长舌，维厉之阶。乱匪降自天，生自妇人。匪教匪诲，时维妇寺。"

4　James Legge, *The Chinese Classics: With a Translation, Critical and Exegetical Notes, Prolegomena, and Copious Indexes*, Vol. 4, SMC Publishing Inc., 1991, p. 138.

5　"Imperial Confucianism," *The China Review*, Vol. VI: 5 (July, 1877 to June, 1878), p. 308.

6　James Legge, *The Chinese Classics: With a Translation, Critical and Exegetical Notes, Prolegomena, and Copious Indexes*, Vol. 4, SMC Publishing Inc., 1991, p. 140.

国会二院所创定";"酌定律例,必经国君批准,然后颁行"。[1] 相较于专制的中国,其优越性自不待言。在英国,"犯国法者",亦须处以监禁(imprisonment)、流徙(transportation)、死刑(death)等不同程度的刑罚,唯极少使用在中国常见的、残酷的身体刑。除此之外,英国在司法制度方面,还有"陪审听讼"等"良法"(excellent institution),以保证审司判案的公正性。[2] 从这些对英国国政的简单介绍中,我们都不难看出,作者的字里行间流露着对母国"法良意美"的骄傲之情。

总之,若仅通过《智环启蒙》,那么读者所了解到的中国,在"文明程度"上远远不及以英国为代表的欧西诸国。而这一差距具体体现在:中国在科学技术领域并无大的建树,而且存在诸如血亲复仇、妇女裹足等诸多"惨酷习俗";而相比起来,英国则是政治修明、法纪整饬的"文明国家"。姑且不论文明程度划分标准的科学性,这种对中国的定位,的确代表了彼时包括理雅各在内的相当一部分西人对中国的看法。那么,在理雅各眼中,中国与"文明国家"的差距,究竟又是如何造成的?

三、阻碍中国发展的因素

理雅各在牛津大学的就职演讲中,曾对于中国早期的文明程度有过论断。他认为,从远古时代开始,中国就已经有了"高度发达的

---

[1] James Legge, *Graduated Reading; Comprising a Circle of Knowledge [Zhihuan qimeng shuke chubu]*, London Missionary Society's Press, 1856, p. 37a.

[2] Ibid., p. 37b.

文明"[1]。那么,既然在理雅各眼中,古代中国文明程度极高,为何近代中国竟沦落为"半文明"状态?为何近代以来西方快速发展,而中国却相对"停滞不前"甚至"倒退"?

种族主义的文明发展观是当时流行的一种理论。这种观点一般认为,由于雅利安人在种族上优于其他人种,因此文明程度较高。但是,在理雅各看来,这种理论显然无法解释为何早期的中国人拥有高度文明。对此,他评论道:"种族辩护现在似乎总是站在雅利安人一边,不过如果这场辩论2500年前已经被发动了的话,那么它将会选择与雅利安人作对。"[2] 既然"种族差异"并不能解释为何近代中国在"文明程度"上落后于欧洲国家,那么中国衰落的原因究竟何在?理雅各在香港三十年的见闻,以及他翻译、阐释中国经典的过程,实际上也是他寻找答案的历程。在《中国经典》的长篇绪论及相关论文中,理雅各从几个方面揭示了在中国传统思想和制度中阻碍社会发展的因素。

(一)"固步自封"的圣人

在译著《中国经典》的学术绪论部分,理雅各曾对受到儒家思想浸淫的中国表露过坚定的批评态度。理雅各认为,孔子的学说仅适于他所生活的时代,而如今时移世易,孔子的学说不能随之发展,于是面临着被淘汰的命运。

---

1 [英]理雅各:"牛津大学设立汉语教席的就职演讲",沈建青、李敏辞译,《国际汉学》2015年第3期。
2 [美]吉瑞德:《朝觐东方:理雅各评传》,段怀清、周俐玲译,广西师范大学出版社2011年版,第176页。

在理雅各看来，孔子的学说只能规范"原始、简单的社会状况"——他的理论"对于家庭之家长、宗族之族长，甚或小国之君主"，都是良好的指引，但如果试图在广土众民的大国推行，[1] 便无法避免失败的结局。孔子关于社会关系和人人各司其职的教诲，已"失去了力量"；他对古圣贤的颂词，"如同萤火之于炽日"，无法传递光和热。西周末年礼崩乐坏的局面，已经在很大程度上证明了孔子的学说并不能阻止王朝的衰退和国家的分裂。

而孔子的理论与现实最格格不入之处在于，对于中国如何与其他主权国家交往的问题，孔子根本就"毫无准备""一无所知"。理雅各说，在孔子所处的时代，"中国"对他来说意味着"中心之国"（The Middle Kingdom）、"诸夏"（The Multitude of Great States）、"天下"（All under Heaven），中国之外尽皆"蛮夷之地"（Rude and Barbarous Tribes）。因此，在中国古代经典中，在孔子的学说中，都没有关于主权国家的知识。[2] "亚圣"孟子有着与孔子同样的理论缺陷，孟子的言论亦只合于他身处的时代，不能放之四海而皆准。对于中国以外国家的情况，孟子"知道得和孔子一样少"。可是，孟子留下的箴言和傲慢的观念，迄今还为中国的统治者和人民所信奉，他们不愿在外国人面前放弃这种优越感。[3]

这种根深蒂固的优越感，致使中国人缺乏"谦逊"的美德。理雅各曾举过一个例子：在一次由广州至天津的旅途中，他邂逅了一群中国举子。这些人将理雅各看成是"受到儒家思想熏陶的几近开化

1　James Legge, *The Chinese Classics: With a Translation, Critical and Exegetical Notes, Prolegomena, and Copious Indexes*, Vol. 1, SMC Publishing Inc., 1991, pp. 106-107.

2　Ibid., p. 107.

3　James Legge, *The Chinese Classics: With a Translation, Critical and Exegetical Notes, Prolegomena, and Copious Indexes*, Vol. 2, SMC Publishing Inc., 1991, pp. 75-76.

的'外邦蛮夷'（a foreign barbarian）"。几个小时中，理雅各都在与他们争论孔子的功绩，他还试着让这些中国士子了解一些欧洲大学的情况。理雅各感慨道，这些中国举子"能够乘坐蒸汽轮船去北方，已然是一种创新，但是，实践中他们还需要更多这样的尝试"[1]。而对于中国人的态度，理雅各则评论说：

> 我不打算指责中国政府和人民对孔子所持的睥睨外人的轻蔑和傲慢态度，我感到痛惜的是，孔子没有给他的后人留下检验这种精神的发展历程的任何原则。他对社会和政府的简单看法，对于一个远离其他人类的民族来说，是足够了，尽管他的实践学说比起成为道、佛的附庸要好些，但他们也只能在自我封闭的状态下维持生存。[2]

这种"自我封闭"状态的形成，与中国所处的地理位置不无关联。理雅各认为，中国地处亚洲大陆的末端，邻国中"没有比她更强的国家，文明程度也都不及中国"，这或许是中国能存续如此之久，且长期未逢敌手，因而能够在文化方面始终保持优越感的缘故。[3] 他引用了孟子的名言，"吾闻用夏变夷者，未闻变于夷者也"，

---

[1] "Imperial Confucianism," *The China Review*, Vol. VI: 4 (July, 1877 to June, 1878), p. 230.

[2] James Legge, *The Chinese Classics: With a Translation, Critical and Exegetical Notes, Prolegomena, and Copious Indexes*, Vol. 1, SMC Publishing Inc., 1991, p. 108. 译文同时参考了［英］约·罗伯茨编著：《十九世纪西方人眼中的中国》，蒋重跃、刘林海译，中华书局2006年版，第39页。

[3] James Legge, *The Chinese Classics: With a Translation, Critical and Exegetical Notes, Prolegomena, and Copious Indexes*, Vol. 3, SMC Publishing Inc., 1991, p. 200.

"吾闻出于幽谷迁于乔木者，未闻下乔木而入于幽谷者"，[1] 证明即便中国一次又一次地被游牧部落的后代所征服，最终还是用更强大的文化征服了这些入侵者，"让他们变得比中国人还要像中国人"。蒙古和鞑靼都没能打破这种"恭维般的危险诅咒"，因为他们只在武力上征服了中国，一旦其入主中原，为了获得统治的合法性，"他们仍然会向圣贤致以礼赞"[2]。因此，自秦朝的建立者废除封建制，实行中央集权，此后中国的王朝便"再无革命性的变化，仅代之以统治者的更迭"[3]；中国虽然朝代鼎革，但是孔子和他的追随者们"却总是试图回到三代"。结果，"中国不断开疆拓土，却在思想上毫无进益，她的政治体量形同巨人，但心智却停留在孩提时期"[4]。

与此同时，资本主义在近代欧美兴起。地理大发现后，西方各国在政治、经济、文化方面日益扩张的诉求，恰好与清朝自我封闭的政策"狭路相逢"。广州的一口通商制度、限制外国人活动的规章、严禁基督教传教活动的措施，都使西方各国对清政府的不满逐渐积蓄。而此时，中国人尚没有意识到，他们已经与世界产生了新的联结。

起初，西方国家"请求进入中国，并要求获得与中国平等的待

1　《孟子·滕文公上》。

2　James Legge, *The Chinese Classics: With a Translation, Critical and Exegetical Notes, Prolegomena, and Copious Indexes*, Vol. 2, SMC Publishing Inc., 1991, p. 76.

3　James Legge, *The Chinese Classics: With a Translation, Critical and Exegetical Notes, Prolegomena, and Copious Indexes*, Vol. 3, SMC Publishing Inc., 1991, pp. 199-200.

4　James Legge, *The Chinese Classics: With a Translation, Critical and Exegetical Notes, Prolegomena, and Copious Indexes*, Vol. 1, SMC Publishing Inc., 1991, pp. 106-107。类似的表述见于 James Legge, "Two Heroes of Chinese History," *The China Review*, Vol. I: 6 (July, 1872 to June, 1873), pp. 380-381。在这篇讲稿中，理雅各说道："我渴望在他们身上看到真正虔诚的信仰，希望他们适当提升女性的社会地位，希望他们身上有骑士般的热忱。但是很悲哀，这三点都与中国的历史进程无缘……我认为今天的中国，尽管在政治上已与桓、文时代不同，但是道德和社会状态，仍然保持着当时的样子。"

遇";中国则"仍然徒劳无益地仰仗着'中心之国'的传统,声称自己有权获得各国的礼赞"。[1] 理雅各这样形容当时的情形:

> 只要来自欧洲和世界各国的商人,情愿以"乞求者"的姿态向中国争取贸易特权,中国政府就会将他们视同古老的野蛮部落,自说自话地按照"宽容对待"的原则,施舍给对方一些好处;而当他们的政府介入,要求与中国平等磋商时,中国人便仰仗传统和偏见,认为这是非常过分且有必要强烈愤慨的事情。[2]

当不满积蓄到一定程度时,西方诸国便开始尝试冲击中国的政策,叩击中国紧闭的国门。这一次他们如愿以偿了——他们"重创了中国,并摧毁了她的防线"[3],中国的巨大声望也随之"在几艘战舰和几千士兵的面前烟消云散"[4] 了。打开中国的大门,是包括理雅各在内的新教传教士的一致心愿。第一次鸦片战争行将结束时,听说英国的全权特使正在与中国的钦差大臣准备媾和谈判,理雅各难掩兴奋的心情。他说:"我把这一消息翻译成中文,粘贴在墙上,使人们兴奋不已。他们中的多数人对于自由贸易感到高兴。中国的开放,对于欧洲商业和贸易是多么重要啊!这一条约的签订,将为这场大戏开

---

[1] James Legge, *The Chinese Classics: With a Translation, Critical and Exegetical Notes, Prolegomena, and Copious Indexes*, Vol. 3, SMC Publishing Inc., 1991, p. 200.

[2] James Legge, *The Chinese Classics: With a Translation, Critical and Exegetical Notes, Prolegomena, and Copious Indexes*, Vol. 1, SMC Publishing Inc., 1991, pp. 107-108.

[3] James Legge, *The Chinese Classics: With a Translation, Critical and Exegetical Notes, Prolegomena, and Copious Indexes*, Vol. 2, SMC Publishing Inc., 1991, p. 76.

[4] James Legge, *The Chinese Classics: With a Translation, Critical and Exegetical Notes, Prolegomena, and Copious Indexes*, Vol. 3, SMC Publishing Inc., 1991, p. 200.

启新的一幕。"[1]

在《中国经典》的绪论中，理雅各则写下了总结性的一笔：

> 在过去的四十年里，中国都被视为世界上较先进的国家（more advanced nations），现在她的地位已经完全改变了：她与其他国家以平等身份签订了条约。不过，我并不认为中国的官员和人民们已经正视这一事实，即中国只不过是世界上的许多独立国家之一，皇帝所统治的"天下"，并非普天之下的全部土地，而是一块特定的疆土——她在地球上，有明确的界限，可以在地图上指示出来。可如果他们不承认这一点，不信守其签订的条约，最终这个帝国将面临空前的灾难。他们的命运已经到了危急时刻，孔子的经籍不足以指引他们脱离险境。[2]

（二）颟顸的专制政府

更令理雅各失望的，是清廷的腐朽和无能。清政府已届危急存亡之秋，本当知耻后勇，可是，理雅各却感到，北京"在政府精神方面一点改变的征兆都没有"。从表面上看，仅仅是在西方列强的推动下，中国才发生一点"事情的普遍进步"；可是事实上，满族统治者

---

[1] Helen Edith Legge, *James Legge: Missionary and Scholar*, The Religious Tract Society, 1905, p. 24.

[2] James Legge, *The Chinese Classics: With a Translation, Critical and Exegetical Notes, Prolegomena, and Copious Indexes*, Vol. 5, SMC Publishing Inc., 1991, p. 52.

的"政府精神要比三十年前还落后"。[1]

理雅各在论著中,也常常抨击专制政府的弊端。譬如他认为,在专制制度之下,无论是民众还是官员,都更容易出现道德上的瑕疵。根据他的观察,"有充足的证据表明,虚假的指控和诬告在中国都很常见";无论在香港海峡殖民地的法院,还是上海的会审公廨,"有相当比例的案件都属于这一类"。理雅各认为,虽然断言"中国人都是骗子"的观点未免太一概而论,但是,他自己也承认,"坦诚"是基督徒才普遍拥有的品质,[2] 谎言在中国人中间要常见得多。而其原因正在于,"相比起自由宪制的国家,专制政治下的国民更容易沾染这些恶习"[3]。

在理雅各眼中,专制政治下的政府则是一幅税收不力、官员自肥的景象。他感到,虽然清代中国的税收要比英国低得多,但私人的财产通常得不到良好的保障,而英国却恰好相反。[4] 中国的政府不厌其烦地强调税收的重要性,暴露了用传统行政手段管理庞大帝国的力不从心。整个清代,中国都为"严重的财政弊害"所苦,而在理雅各身处的时代,甚至"比康雍时期还要严重"——政府付给各级行政官的薪水严重不足,在中国的省一级(其中有些省的人数甚至超过英国)行政长官的工资,在名义上是固定的,实际则需要更高额

---

[1] [美]吉瑞德:《朝觐东方:理雅各评传》,段怀清、周俐玲译,广西师范大学出版社 2011 年版,第 89 页。

[2] See "Two Heroes of Chinese History," *The China Review*, Vol. I: 6 (July, 1872 to June, 1873), p. 371.

[3] "Imperial Confucianism," *The China Review*, Vol. VI: 5 (July, 1877 to June, 1878), p. 308.

[4] See "Imperial Confucianism," *The China Review*, Vol. VI: 6 (July, 1877 to June, 1878), pp. 366–367.

的"养廉银"(anti-extortion allowance)来补充。而当国家的税收入不敷出时,"大批民众便会穷困潦倒,政府为腐败大开方便之门"[1]。关于政府官员薪俸低微导致贪贿横行的现象,西人的著作中有不同程度的阐述。如《中国丛报》上刊登的一篇来稿就颇具代表性。其中写道,在中国"按照法律的规定,这些政府雇员的收入处于较低微的水平,因此他们常常不能依靠这些收入维持生计,其结果自然是求助于贿赂、贪污、勒索和财政上的诈欺"[2]。而理雅各则更进了一步,他一针见血地指出这些弊病的源头——中国的"这种家长式的、自给自足的专制主义理论(despotism),在我看来,已经几乎没用了"[3]。

理雅各眼中的中国,由于观念、制度的落后,加上清政府的不思进取,最终造成了"文明程度"倒退的恶果。那么,中国究竟是沉疴难起、药石罔效,还是生机尚存、回天有术?中国的未来又是一幅怎样的图景?

四、中国的未来

尽管理雅各身处的中国积弊丛生,但他并不希望中国崩解或陷入无休止的乱局,甚至他还对中国抱有乐观的冀望。他认为,只要中国

---

[1] "Imperial Confucianism," *The China Review*, Vol. VI: 6 (July, 1877 to June, 1878), pp. 367-368.

[2] B. W. Keeton, *The Development of Extraterritoriality in China*, Vol. 1, Longmans Green and Co., 1928, p. 99. 转引自苏亦工:"另一重视角——近代以来英美对中国法律文化传统的研究",《环球法律评论》2003年春季号。

[3] "Imperial Confucianism," *The China Review*, Vol. VI: 6 (July, 1877 to June, 1878), p. 368.

锐意进取，假以时日便可以重振旗鼓。

在理雅各看来，帝制中国存在着很多弊病，当然需要改革，这种改革恰恰是可行的——中国蕴藏着丰富的资源，"广袤的煤、铁及其他金属矿藏"有待开发：在英国，大约"有12 000英里的煤矿"，但是"据说在中国，迄今探明的煤矿总量竟有40万平方英里之巨"；大多数中国人都向往和平，愿意为自己的夙愿勤劳耕耘。因此，只要中国愿意正视与西方国家的新关系，与西方积极交往，向西方学习，很快就能恢复往日的荣光；只要中国在英明果敢的统治者治下，"便能创造出比古史记载中'语焉不详的繁荣'更辉煌的现实"[1]。

在理雅各之前，著名传教士如郭实腊、裨治文等，都曾撰文评价中国的局势。虽然几个人所处时代不同，性格亦有差异，但他们对中国局势的判断，还是颇具代表性地反映出他们对中国的不同态度。在行为和立场上都表现得相当极端的郭实腊，笔下的中国是一副极端疲敝的面貌。他形容中国"正在昏睡之中，没有精神活力，也没有改善事物现状的愿望"。郭实腊笔下的清政府，则是一个不能抵挡"汹涌波涛"的"微不足道的软弱政权"（a paltry and weak government）。[2] 以"温和"著称的裨治文，评判中国时常常力求"客观""公允"[3]，但是，这并不妨碍他对于清朝帝制的抨击及对其衰败乃至灭亡预言的坚持。他对中国虽抱有一定的期待，但更倾向于认为中国"政制举步

---

[1] "Imperial Confucianism," *The China Review*, Vol. VI: 6 (July, 1877 to June, 1878), p. 368.

[2] Charles Gutzlaff, *A Sketch of Chinese History*, John P. Haven, 1834, p. 47.

[3] 李秀清：《中法西绎：〈中国丛报〉与十九世纪西方人的中国法律观》，上海三联书店2015年版，第68页。

维艰,机体病入膏肓,秩序紊乱不堪","已经进入老朽时期"。[1]

那么,理雅各与郭实腊、裨治文的区别在哪里?理雅各的信心究竟从何而来?诚然,传教士的不同态度与他们所处时代的诉求不同有关。郭实腊、裨治文作为早期来华传教士,他们的传教事业筚路蓝缕,进入中国的道路充满障碍。他们通过与清朝官员的交道,得以一窥老大帝国外强中干的面目;他们早已不耐清政府各种苛刻的制度性限制,心心念念要打开中国的大门。因此他们将清王朝描绘得腐朽已极,期待通过武力,实现进入中国传教的心愿。而理雅各对清政府却并无深刻的怨怼。第一次鸦片战争以来,中国在战场上一败再败,政府威信大丧、弱点暴露,清政府对待传教士已不复之前的强硬态度;《天津条约》后,传教士更是大量进入中国。理雅各在马六甲并没有等待太久,便踏上香港的土地。与此同时,同光期间清政府一系列亡羊补牢的举措,虽然未能挽狂澜于既倒,但仍使理雅各看到了清政府自我警奋的余晖,这一切都使他怀有希望。

而理雅各与其他传教士最大的一点不同在于,若论学养,论了解中国文化的深度和广度,他无疑是传教士中的佼佼者。通过日复一日研读中国古代经典文献,理雅各越来越了解中国文化,也逐渐感受到中华文明有一种不同于西方文明的强大生命力。这使他相信,中华文明中蕴含了自我维系和自我革新的力量。

作为参照系,他举了日本的例子。日本与西方接触迟于中国二十年,而购置机器、兵船,仿造枪炮、铁路,派人往西洋留学,均较中

---

[1] "The Peking Gazettes: Condition of the Reigning Dynasty... Death of the Rev. D. Abeel," *The Chinese Repository*, Vol. XVI: 1, January, 1847, pp. 50–52. 转引自李秀清:《中法西绎:〈中国丛报〉与十九世纪西方人的中国法律观》,上海三联书店2015年版,第68页。

国为早。¹ 明治维新后，日本经过二十多年的发展，取得了公认的收效，废除了不平等条约，收回主权，国力渐趋强盛。然而，理雅各认为，从表面上看，日本在结束了"自我封闭"状态之后，国家快速发展，城市洁净、市政有序，但他却在游览东京时"感到这个地方的浅薄"，他也"不认为这是一座伟大的城市"。² 这种判断看似不近人情，却非毫无理由。理雅各在题为《香港殖民地》的讲座中，对这种貌似不合情理的判断作出了解释。他说：

> 每当我想起中国已经开放，想起日本正以更强的意愿和更快的步伐追求进步，再一对比中国1839年和1872年的状况，我却几乎看不到什么差异。我们有时会怀疑中国是否真的在前进，但是，她真的在前进；我有时对中国进步如此之缓慢而感到苦恼，希望她能像她的邻居那样快些进步。但结果，这种迟缓反而增加了我对这个国家和人民的尊敬。这个国家一定会有一个伟大的未来。……她是一棵虬曲的橡树，已经生长了四千年；她是不会像日本这棵小树那样，轻易屈从于我们的。³

早在翻译中国古代典籍以前，理雅各就认识到，"四千年前，中国人便在这里繁衍生息，某些方面甚至更发达的亚述、波斯、古希腊、古罗马，以及更多的近代国家，他们建立又衰落了，而四亿人口

1　参见郭廷以：《近代中国史纲》，格致出版社2012年版，第147页。
2　[美]吉瑞德：《朝觐东方：理雅各评传》，段怀清、周俐玲译，广西师范大学出版社2011年版，第89—90页。
3　"The Colony of Hong Kong," *The China Review*, Vol. I: 3 (July, 1872 to June, 1873), pp. 174-175.

的中国却一直存续着"。尽管中华文明与西方文明不同，但显然，中华文明中蕴含着某种"最伟大的道德力量之准则"[1]。而探寻支撑这个超稳定国家的"道德力量之准则"，是他翻译中国经典的一个重要动机。在理雅各看来，中国的发展虽然缓慢，却是"自我驱动"式的，而这种动力，很大程度上就来源于理雅各孜孜以求的"道德力量之准则"。正是这种准则，支持着这个超稳定国家的发展；也恰恰是这种准则，促成了中国"自我驱动"式的进步，这种底蕴和潜力是日本所不具备的。他看到了这种文化稳定国家的潜力，也深知中国的改变并非一日之功；他理解这种缓慢的变化，并且认为这种变化充满希望。

在对华政策方面，相较于诉诸武力而言，理雅各更崇尚和平，主张中英两国应发展健康的贸易，增进文化交流。他对早年英国对华政策中的急功近利之处，曾有颇多反思。通过比较英国对日和对华的不同政策，理雅各为中国遭受的不公疾呼：

> 我们对日本所做的一切，都使她爱戴我们；而我们对中国所做的一切，都使她憎恨我们。今天我并不想对鸦片贸易发表看法，我只是想说，如果我们像对中国进行鸦片贸易那样对待日本，日本和外国的关系就会如同中国和我们的今天。如果有人说，我这种言论是不爱国，我只能说他不了解我。感谢上帝，美国在我们之前打开了日本的国门……我还打算说一些有关苦力贸易的事，尽管英国政府"幸运地"尚没有因为它的罪恶而遭受

---

[1] Helen Edith Legge, *James Legge: Missionary and Scholar*, The Religious Tract Society, 1905, p. 28.

指控。这是西方基督教的另一件可耻的行径,很幸运,它也没有波及日本——由此形成了与中国的另一个巨大差异,也影响了这两国人民心目中如何看待外国人。[1]

理雅各一贯在公开场合反对英国的鸦片贸易政策,为此,他曾加入"反鸦片贸易协会"(Society for the Suppression of the Opium Trade)。他把鸦片、苦力贸易等中英早期交流中英国政府的不义之举,视作"基督教国家的可耻行径",认为这些行为不但妨碍了两国的友好交往,也阻断了两国的正常贸易。理雅各在游历中国时,看见罂粟花开遍野,不由在家书中感慨道:"一想到我们不仅把鸦片强加于中国,而且还引得中国人自己种植鸦片,我就感到难过。我们在这方面的方针和政策,将会遭到沉重的报应。"[2] 他同情中国人在战乱中遭受的苦难,主张要靠基督教来疗愈中国人的创痛。[3] 因此,尽管战争带来了他渴望的"中国与基督教文明国家间的新关系",也带来了中国社会的显著变革,他亦欣然接受了战争为传教事业带来的便利,但是,他不主张发动新一轮的战争,并且冷静地倡言"不论英国还是中国,都不能自鸣得意地回顾这场战争"[4]。

一个鲜明的对比是同为汉学家的德籍传教士欧德理。欧氏在预测中国的未来时,曾得出与理雅各相似的判断:他亦认为中国只是暂时

1　"The Colony of Hong Kong," *The China Review*, Vol. I: 3 (July, 1872 to June, 1873), p. 175.

2　Helen Edith Legge, *James Legge: Missionary and Scholar*, The Religious Tract Society, 1905, p. 195.

3　See James Legge, *The Land of Sinim: A Sermon Preached in the Tabernacle, Moorfields, at the Sixty-Fifth Anniversary of the London Missionary Society*, John Snow, 1859, pp. 31-32.

4　"Imperial Confucianism," *The China Review*, Vol. VI: 6 (July, 1877 to June, 1878), p. 371.

的"停滞",而非"老朽"或是"衰败";只要假以时日,中华文明便会释放出巨大的能量。然而对此,欧德理却给出了截然相反的对策——他认为不能放任中国强大,为了维护欧洲国家的在华利益,对中国实施军事占领是必要的。[1]

两人对华态度的不同,很可能跟英德两国的发展阶段有关,也受到两国对外政策的影响。因为理雅各并不讳言,发展健康的对华关系是出于对英国在中国政治和商业利益的考量。但是,两人截然不同的策略仍然足以反映他们立场的差异。战争之于欧德理,可能意味着对中国的控制或蚕食;而战争对于理雅各之意义,并不在裂地赔款,而是使中国人认识到,过往中国的对外政策和看待世界的陈旧观念必须有所革新。理雅各在牛津大学就职演说中的一段话,大约比较接近他的真实心态:"一个中国人对我说:'此乃爬满蚕虫的桑树上的第一片叶子,你们会从这片叶子开始蚕食整个中国。'我回答说,'英国无意如此,也不愿如此。不过割让那一小块土地或许能让你们相信:你们政府的那种排外政策和依昔而傲的态度必须终结'。"[2]

理雅各也在他的论著中展望了香港乃至中国的未来。他乐观地预测,一旦恢复了正常的海外贸易,香港的前景将一片光明。他说道:

> 当我穿越到未来,我看到了从九龙到广州的铁路,我看到了从汉口到广州的干线,支线与西部大省相连,东到浙江和福建。我看到这座岛成为整个欧洲天然的出口;通过太平洋线路,中国

---

[1] See "Problems of the Far East, By the Hon. George N. Curzon, M. P. Japan-Corea-China, London: Longmans, Green & Co., 1894," *The China Review*, Vol. XXI: 5 (1894 to 1895), pp. 352-354.

[2] [英]理雅各:"牛津大学设立汉语教席的就职演讲",沈建青、李敏辞译,《国际汉学》2015年第3期。

一半的矿产资源和各种产品销往美国；我看到它成为人们的幸福家园，人口是现在的三倍多，外国人和中国人共同生活，相互欣赏；我看到港口烟囱林立，看不到一只白色的帆船，鸦片是过去的幻影；贫穷的移民得到中国和其他政府的批准和保护，商人正直而富有进取心，无论从北京到河南，还是西部最远的四川到广阔的东海，人们总会欣然说起居民们的善良宽容和纯粹。[1]

他认为，两次鸦片战争之后的中国，"已经朝着更好的、更趋近于西方文明的方向发展"[2]——"中国政府正在从睡梦中醒来，挣脱长年的枷锁，自我警奋、结束闭关自守状态"[3]。虽然受国内国际形势所迫，中国的精力还主要放在军备的提升方面，但并不能因此谴责中国。相比踟蹰不前的中国，理雅各更乐见为了彰显这一意图而努力尝试的中国。[4]而一旦摆脱狭隘观念的束缚，步入正确的发展道路，中国的复苏便指日可待。

综上所述，理雅各对中国的评价看似矛盾，实则并无抵牾。传教士和学者的双重身份，决定了他的中国观。一方面，英国人的优越心态和宣教的需要，使其对"异教国家"的观察不可避免地带有"文明等级"的滤镜，他坚信只有通过与西方国家交往，向西方文明学

---

1 "The Colony of Hong Kong," *The China Review*, Vol. I: 3 (July, 1872 to June, 1873), p. 176.

2 James Legge, "Notices of Books," *Journal of the Royal Asiatic Society*, Vol. 26, Issue 4, 1894, p. 864.

3 ［英］理雅各: "牛津大学设立汉语教席的就职演讲"，沈建青、李敏辞译，《国际汉学》2015 年第 3 期。

4 See "The Colony of Hong Kong," *The China Review*, Vol. I: 3 (July, 1872 to June, 1873), pp. 174-175.

习，中国才能步上正轨；但是另一方面，良好的出身和学养，又使他的言论中处处透露出学者的严谨客观，所以他始终以理智平和的眼光看待中英关系，并对中国的前途抱有乐观的预计。这种复杂的心态一直持续到他的晚年，最终在修订版的《中国经典》中形成了一个奇特的反差。

  对于中国，理雅各是冷静的观察者，更是热忱的亲历者。长期生活在中国的经历，使他对这个国家充满了感情。理雅各崇敬孔子，对中华文明亦怀有敬意，他也能清晰地认识到儒学中存在阻碍帝制中国发展的因素，并对此秉笔直言；理雅各看到中国社会进步的迟缓，并为此深感忧虑，他也相信中华文明蕴含着革新的潜能，并认同这种迟缓表象下"自我驱动"式的发展。因此，相较于其他同时期的传教士和汉学家，理雅各对中国的态度，无疑又蕴含了更多"同情的理解"和"温情的关怀"。

第七章
来华传教士中国法律观的"变"与"常"
——以理雅各《圣谕广训》译介为中心

一、《圣谕广训》的历史地位及其译介

《圣谕广训》乃清代二百余年历史中,"朝野最熟知之书"[1]。其中,"圣谕"指的是康熙皇帝于康熙九年(1670年)发布的训谕。全文共十六条,每条由句式相仿的七个字组成。内容如下:

1. 敦孝悌以重人伦　　2. 笃宗族以昭雍睦
3. 和乡党以息争讼　　4. 重农桑以足衣食
5. 尚节俭以惜财用　　6. 隆学校以端士习
7. 黜异端以崇正学　　8. 讲法律以儆愚顽
9. 明礼让以厚风俗　　10. 务本业以定民志

---

[1] 王尔敏:"清廷《圣谕广训》之颁行及民间之宣讲拾遗",载周振鹤撰集,顾美华点校:《圣谕广训:集解与研究》,上海书店出版社2006年版,第633页。

11. 训子弟以禁非为　　12. 息诬告以全善良
13. 诫匿逃以免株连　　14. 完钱粮以省催科
15. 联保甲以弭盗贼　　16. 解仇忿以重身命

"圣谕"涵盖社会生活的方方面面，旨在驯育百姓，以臻长治久安。

"广训"则是指雍正皇帝于雍正二年（1724年）颁布的对十六条圣谕的阐释，通篇用简洁的文言写成，总计万字有余，亦称"万言谕"。

简而言之，《圣谕广训》乃"康熙手创十六条目，经雍正广解义蕴，两代用心，发展而成"。

清朝皇帝颁行《圣谕广训》，目的既在于"弘敷教化"，遂要求每月初一、十五，由地方官员与军队将领，分别向百姓与士兵讲解该文。为便于"乡曲愚民"理解繁难的文言，地方官员还撰写了白话、图文、歌诀等种类繁多、花样迭出的圣谕诠释著作，其中以雍正年间担任陕西盐运分司的王又朴撰写的《圣谕广训衍》最为著名。"释谕"和"讲谕"的活动在清代风行一时。[1]

对于传统中国学者来说，《圣谕广训》难免浅近乏味；然而，对传教士和汉学家而言，该书却是一种重要文献。其原因不外二端：一方面，西人可以借此了解中国民众的心态；另一方面，该文献又可作为研究中国话的材料或学习中国话的教本。

---

[1] 关于《圣谕广训》的基本情况，参见周振鹤："圣谕、《圣谕广训》及其相关的文化现象"；王尔敏："清廷《圣谕广训》之颁行及民间之宣讲拾遗"，载周振鹤撰集，顾美华点校：《圣谕广训：集解与研究》，上海书店出版社2006年版，第581—583、633—649页。

在19世纪初，米怜便将《圣谕广训衍》译成英文出版。[1] 该译本在西方广泛传播，并受到高度的赞誉。之后，小斯当东也翻译了《圣谕十六条》和《圣谕广训》的前九篇，于1822年出版。[2] 1859年，威妥玛在其编纂的汉语教材《寻津录》中，翻译了《圣谕广训衍》的第一条。[3] 鲍康宁（Frederick W. Baller）则以《圣谕广训直解》的白话部分作为底本，将十六条悉数英译，于1892年在上海出版。[4] 此外，卫三畏、德庇时等人在著作中，均对其有过介绍或征引。[5]

除此之外，尚有著名传教士、汉学家理雅各在1877年5月至11月间，以《帝国的儒学：康熙十六条圣谕》为题在牛津大学的演讲。理雅各虽然没有翻译《圣谕广训》的文本，但其演讲的价值亦不可忽视。19世纪晚期，来华西人在香港创办的英文汉学刊物《中国评论》分四期刊登了这份珍贵的演讲稿。[6]

1　See William Milne, *The Sacred Edict; Containing Sixteen Maxims of the Emperor Kang-He, Amplified by His Son, the Emperor Yoong-Ching; Together with a Paraphrase on the Whole, by a Mandarin*, Black, Kingsbury, Parbury, and Allen, 1817.

2　See George Thomas Staunton, *Miscellaneous Notices Relating to China, and Our Commercial Intercourse with That Country, Including a Few Translations from the Chinese Language*, John Murray, 1822.

3　See Thomas Francis Wade, *The Hsin Ching Lu, or Book of Experiments: Being the First of a Series of Contributions to the Study of Chinese*, Hong Kong, 1859.

4　See F. W. Baller, *The Sacred Edict: With a Translation of the Colloquial Rendering, Notes and Vocabulary*, American Presbyterian Mission Press, 1892.

5　See John Francis Davis, *The Chinese: A General Description of the Empire of China and Its Inhabitants*, Harper & Brothers, 1864; S. Wells Williams, *The Middle Kingdom: A Survey of the Geography, Government, Education, Social Life, Arts, Religion, etc. of the Chinese Empire and Its Inhabitants, with a New Map of the Empire*, Wiley, 1871.

6　See "Imperial Confucianism," *The China Review*, Vol. VI: 3（July, 1877 to June, 1878）, pp. 147-158; Vol. VI: 4, pp. 223-235; Vol. VI: 5, pp. 299-310; Vol. VI: 6, pp. 363-374.

当代学界对于西人译介圣谕的关注，多集中于历史学领域。周振鹤为《圣谕广训：集解与研究》撰写的长篇综述《圣谕、〈圣谕广训〉及其相关的文化现象》，及王尔敏《清廷〈圣谕广训〉之颁行及民间之宣讲拾遗》，最早关注到西人对《圣谕十六条》的译介和效仿，其学术意义毋庸置疑。而近年来问世的论文，如《万岁爷意思说——试论十九世纪来华新教传教士对〈圣谕广训〉的出版和认识》《〈圣谕广训〉和儒耶真理话语的碰撞》《西方传教士眼中的〈圣谕广训〉》等，皆各有创见。

而反观法学界，尤其是法律史学界，将《圣谕广训》作为涉及法律知识的书籍或宣教材料引用者有一些，[1] 但就此做专门研究的成果却是阙如。事实上，该文献颇具法学研究价值。从《圣谕十六条》的文本，便显见不少与法律直接关联的条文。具体而言，在十六条谕文中，第八条"讲法律以儆愚顽"，是直接关乎法律的部分；第三条"和乡党以息争讼"和第十二条"息诬告以全善良"，包含了防止讼争的意图；第十三条"诫匿逃以免株连"，专门针对八旗逃人案件；第十五条"联保甲以弭盗贼"，与预防窃盗和社会治安相关；第十六条"解仇忿以重身命"，旨在防止复仇行为影响正常的社会秩序。以上各条，基本涵盖了清代法律与社会生活相关的主要内容。

此外，在清代诠释《圣谕广训》的著作中，还有不少将圣谕和律例合编的版本，如《上谕合律直解》《圣谕十六条附律易解》《圣谕便讲附律》《广训附律例成案》等等。[2] 圣谕看似是劝导性质的条

1　比如，徐忠明："明清国家的法律宣传：路径与意图"，《法制与社会发展》2010年第1期；张仁善："传统'息讼'宣教的现代性启迪"，《河南财经政法大学学报》2015年第5期。

2　参见周振鹤撰集，顾美华点校：《圣谕广训：集解与研究》，上海书店出版社2006年版，第621—623页。

文,其实谕文背后亦暗藏罚则。因此,在考察19世纪西方人眼中的中国法律时,除参考以往研究中大量援引的西人游记、报告和论文之外,西人对《圣谕广训》这类文献的译介和评述,亦是难得的素材。

而在上述《圣谕广训》的英文译本中,译者除了篇幅有限的前言和注释外,少有个人观点的阐发。相较于前述译介《圣谕广训》的著作,理雅各在题为《帝国的儒学:康熙十六条圣谕》的演讲中,对中国在道德、社会、政治方面进行了较为系统的阐述。[1] 作为19世纪来华传教士、汉学家的代表,理雅各对《圣谕广训》的阐释不仅仅停留于语言文字的层面,也并不囿于宗教视角下对中国的批判,而是将该文献视为解读整个中国政治和社会生活的重要文本逐条剖析。[2] 他宣称:"《圣谕广训》除了作为一种行为准则外,我们也能在其短小的篇幅中,找到中国皇帝宣称的治国之道。"[3] 因而,理雅各不但对该文献的理解远比早期来华传教士更为成熟和透彻,而且还分享了许多亲身经历和观感,值得深入研讨。更为难得的是,他一改惜墨如金的风格,对中国法律发表了不少耐人寻味的评议。

现有研究成果对理雅各《圣谕广训》译介的利用,亦仅停留在征引和简单分析的层面上。比如,姚达兑、廖振旺等学人在分析《圣谕广训》时,曾对该文献略作引述;段怀清曾有专文对该文献进

---

[1] See "Imperial Confucianism," *The China Review*, Vol. VI: 3 (July, 1877 to June, 1878), p. 151.

[2] 理雅各的讲解除以《圣谕广训》为底本外,主要征引了王又朴的《圣谕广训衍》,并参酌康熙年间安徽繁昌县知县梁延年所著《圣谕像解》中列举的一些事例。他在释文时,也广泛参考了米怜的全译本、威妥玛对圣谕第一条的翻译,以及卫三畏的《中国总论》中的部分阐述。讲述时依照次序对十六条圣谕逐一作了解读。

[3] "Imperial Confucianism," *The China Review*, Vol. VI: 3 (July, 1877 to June, 1878), p. 149.

行初步的解读，但释文部分相对简略，且叙述中尚有不甚准确之处。[1] 且上述论文无一例外地未对理雅各评述中国法律政治的内容给予足够的关注，且忽略了大量的细节。因此，本章将基于研读该文献，以分析理雅各是怎样借《圣谕广训》来阐释中国法律的；作为同时期的新教传教士中最谙熟中国典籍者，他究竟又是如何评价中国法律的；以及与此相关的，以理雅各为代表的来华西人的中国法律观，较以往有何异同。

二、"瑕瑜互见"的《大清律例》

理雅各深知，若想了解一国的政治状况，莫如从法律入手。因此，在"讲法律以儆愚顽"一条的开篇，他便引用吉本（Edward Gibbon，1737—1794）的话——"一个国家的历史，以法律这个部分最具教育的功能"——来说明法律的重要性。[2]

---

[1] 如作者称"威妥玛在《寻津录》第二部分中将康熙十六条原文、雍正演绎本和王又朴的诠释本汇总一处翻译，并配有许多观察报告和解释"，"理雅各的译本可以说是第三个完整的英文译本"。但事实上，威妥玛只将圣谕的第一条"汇总一处翻译"，对"康熙十六条"只有简述，并无翻译。理雅各的原文中也明确指出了威妥玛翻译的是"the first maxim"，并非完整的英文译本。再如，段文称小斯当东"曾经将'大清律'翻译发表在《爱丁堡评论》上，并附有一些补充注释"，实则不然。《爱丁堡评论》刊登的并非译文，而是针对《大清律例》译本的一则书评，该文系匿名发表，据学者考证，为杰弗里（Francis Jeffrey，1773—1850）所作，却被作者张冠李戴给小斯当东了。参见段怀清："理雅各与满清皇家儒学——理雅各对《圣谕广训》的解读"，《九州学林》2006年春季号，后该文收入《〈中国评论〉与晚清中英文学交流》一书（广东人民出版社2006年版，第127—148页）。理雅各原文，见"Imperial Confucianism," The China Review, Vol. VI: 3（July, 1877 to June, 1878），p. 149。

[2] See "Imperial Confucianism," The China Review, Vol. VI: 5（July, 1877 to June, 1878），p. 301.

考察一国的法律，往往要从研究制定法开始。在介绍清代中国的成文法时，理雅各指出，中国不但有自己的民刑法典，且其风格鲜明，与其他东方国家的法律汇编形成显著的对比。[1] 在中国早期的历史文献中，就可以找到统治者从事立法活动，使民众通晓法律的记载。[2] 自公元前3世纪，中国由封建国家成为专制国家后，每一个帝业稳固的朝代，都会在前朝律典的基础上进行必要的损益，从而刊布自己的律法。

理雅各所亲历的清代，于公元1644年建立了全国性的政权，顺治帝"在其统治的第三年，颁布了第一部法典"。这部法典的前言中提道："皇帝即位后不久，便组织了一大批懂法律的官员，命令他们对明朝刑法典进行修订，在新法典中吸纳类似的部分，力求全面和公平。当制定好的法律最终呈递给皇帝后，皇帝亲自再三详览了这部法典，将其交给若干大臣修订。"该法颁行后，官方每五年都会发布一个新版本。当理雅各撰写这篇讲稿时，这部《大清律例》距它第一次刊布已历经230年。

在论及《大清律例》的特点时，理雅各引用了广为法律史研究者所征引的著名书评。这篇文章是为小斯当东的英译《大清律例》而作，刊载于1810年第三季度的《爱丁堡评论》：

> 到目前为止，这部法典的最伟大之处是其高度的条理性、清晰性和逻辑一贯性——行文简洁，像商业用语，各种条款直截了

---

[1] See "Imperial Confucianism," *The China Review*, Vol. VI: 3 (July, 1877 to June, 1878), p. 157.

[2] See "Imperial Confucianism," *The China Review*, Vol. VI: 5 (July, 1877 to June, 1878), p. 299.

当，语言通俗易懂而有分寸，大多数其他亚洲国家法典的冗长、迷信的谵语、前后不一、大量荒谬的推论、喋喋不休的玄词迷句绝不存在于中国法典，甚至没有其他专制国家的阿谀奉承、夸大其辞、堆砌华丽的辞藻和令人厌恶的自吹自擂，有的只是一系列平直、简明而又概念明确的法律条文，颇为实用，又不乏欧洲优秀法律的味道，即便不是总能合乎我们在这个国家利益扩展的要求，整个来讲，也比大多数国家的法律更能令我们满意。从《阿维斯陀注释》或《往事书》的狂怒到中国法典的理性化和商业化，我们似乎从黑暗走向光明——从昏聩胡言变为理解上的进步：尽管这些法律冗长繁琐之处颇多，我们还没有看到过任何一部欧洲法典的内容那么丰富，逻辑性那么强，那么简洁明快，不死守教条，没有想当然的推论。[1]

小斯当东的《大清律例》译本，曾一度在西方世界产生很大影响，并以它的平直简明、概念明确、逻辑性强、内容丰富等特点收获了不少嘉许。书评的作者毫不吝惜地对《大清律例》表达了赞誉，对于这些正面评价，理雅各均表示肯定。书评作者亦指出该法的巨大缺陷，如对反对政府的犯罪处罚比较残酷，不加区别且频繁地使用肉刑，审问时对两造经常采用刑讯，等等，[2] 理雅各也承认《大清律例》确有这些不足。

理雅各对这部法律的批评主要集中于，该法典过分强调儒家道德

---

[1] 译文参考了［英］约·罗伯茨编著：《十九世纪西方人眼中的中国》，蒋重跃、刘林海译，中华书局2006年版，第23—24页；李秀清：《中法西绎：〈中国丛报〉与十九世纪西方人的中国法律观》，上海三联书店2015年版，第136—137页。

[2] See "Imperial Confucianism," *The China Review*, Vol. VI: 5 (July, 1877 to June, 1878), p. 301.

准则尤其是"孝悌"观念,导致法律缺乏公正性。在阐释圣谕之初,理雅各便敏锐地指出,"孝悌"是儒家思想体系中的"诚之首而大者"[1],乃一切社会关系之"本"。"孝悌"实则关乎"忠君"。清代中国的构建,从个人到家庭,进而到宗族、社会,最终及于国家;皇帝采用家长式的治国方略,扮演着"民之父母"的角色。[2] 雍正曾在《圣谕广训》中这样解释"家国同构"的逻辑:"能为孝子,然后能为悌弟。能为孝子、悌弟,然后在山野为徇良之民,在行间为忠勇之士";所谓"居处不庄非孝,事君不忠非孝,莅官不敬非孝,朋友不信非孝,战阵无勇非孝"。[3] 孝悌观念既然至关重要,其在法律理念和立法中自然也有淋漓尽致的体现。

一些熟悉中国的西方人都注意到了这一现象。如英国外交官、汉学家德庇时在《中国人:中华帝国及其居民概论》一书中即指出,中国的政治制度建立在"家长制"的基础之上,因此,在中国人的礼仪和刑法典中,常常将奉养父母和侍候君主相提并论,冒犯父母与冒犯皇帝会受到相似的惩罚。[4]

理雅各认为,在《大清律例》中,"孝道"被抬高到夸张的地位。"孝悌"观念在法律中的极端运用主要有两种表现:一是对于尊卑长幼次序不同者"同罪异罚";二是"血亲复仇"(blood-revenge)在法律中普遍得到认可。

1　语出《马太福音》(22:38)。See "Imperial Confucianism," *The China Review*, Vol. VI: 4 (July, 1877 to June, 1878), p. 223.

2　See "Imperial Confucianism," *The China Review*, Vol. VI: 3 (July, 1877 to June, 1878), p. 147.

3　Ibid., pp. 153-154. 语出《大戴礼记·曾子大孝》,回译根据《圣谕广训》"敦孝悌以重人伦"条。

4　See John Francis Davis, *The Chinese: A General Description of the Empire of China and Its Inhabitants*, Vol. 1, Charles Knight, pp. 201-203.

有关"同罪异罚"的问题,理雅各指出,清代的法律赋予了家长和主人对卑幼的支配权,卑幼必须唯尊长之命是从。当父母杀害子女、祖父母杀害孙子女,或是主人杀害奴婢时,加害者仅仅被科以"杖六十,徒一年"的刑罚;[1] 而众所周知,卑幼杀害尊长,却要被处以极刑。这些规定都严重损害了法典的公正性。

在谈及"血亲复仇"时,理雅各认为,虽然圣谕倡导人们息事宁人、"无讼是求",但血亲复仇却不在此限。比如,王又朴在圣谕诠释著作《圣谕广训衍》中便明言:"世上只有父母、兄弟之仇是要报的,其余斗殴口角不过为一时之气";"我见世上人偏是父母、兄弟的大仇倒还有不报的,多是为财利、口角上倒不顾性命的去争"。其对居父母、兄弟之仇者的复仇行为明确表示了认可。

在翻译《中国经典》时,理雅各便注意到这一现象,并引用《礼记》中的记载来说明中国人的"同态复仇"现象——所谓父母之仇"弗与共天下也,遇诸市朝,不反兵而斗";"父之仇弗与共戴天"。[2] "同态复仇"的原则就体现在这些文字当中。理雅各发现,虽然孔子的经典中也有过"以德报怨,则宽身之仁也;以怨报德,则刑戮之民也"[3] 这种看似主张宽大为怀的言论,但是,所谓"以德报怨"(recompensing injury with kindness),仅是就小怨而言;严重的罪过,譬如"君父之仇",这个原则便不再适用,而代之以"以眼还

1　See "Imperial Confucianism," *The China Review*, Vol. VI: 5 (July, 1877 to June, 1878), p. 301.《大清律例》规定,如奴婢无罪而(家长)殴杀或故杀者,"杖六十,徒一年";子、孙无违犯教令之罪,而祖父母、父母故杀者,"杖六十,徒一年"。参见《大清律例》,田涛、郑秦点校,法律出版社 1999 年版,第 457、463 页。

2　《礼记·檀弓上》《礼记·曲礼上》。See James Legge, *The Chinese Classics: With a Translation, Critical and Exegetical Notes, Prolegomena, and Copious Indexes*, Vol. 1, SMC Publishing Inc., 1991, pp. 110-111.

3　《礼记·表记》。

眼"式的报复。对血亲复仇的默许，在法律中亦有明文。如《大清律例》"父祖被殴"条载："若祖父母、父母为人所杀，而子孙擅杀行凶人者，杖六十。其即时杀死者，勿论。"[1]

理雅各将血亲复仇视为一种"野蛮的公正"原则，抱怨中国的法律从来没能将其完全纳入控制。[2] 他曾引用德庇时著作中的观点，称其为"令人反感的儒家原则之一"——该原则的效力，"直到今天仍然显著"；复仇之于中国人，"是一种良善"。理雅各认为，中国人虽然性格懦弱，常常心甘情愿服从政府的管理，希望过和平的生活，但他们却不愿将"追讨流人血之罪"（语出《旧约·诗篇》）的权力托付给政府。尤其当公权力疲软之时，个人和宗族便将法律握在自己手中，于是，"整个国家都处在世仇和冲突之中"[3]。

总而言之，理雅各对《大清律例》既有肯定，又有批评。他赞同这一时期的西方人对该法的正面评价，但对《大清律例》的弊病，亦秉笔直言。正如他所说，"正是所有这些优点和缺点，构成了这部法律"[4]。

三、"言胜于行"的法律实践

如果说清代的立法尚属差强人意，那么在理雅各眼中，清代的法律实践则显得不尽如人意。其中一个最大的问题就是，立法者的一些

---

1 《大清律例》，田涛、郑秦点校，法律出版社1999年版，第468页。
2 "Imperial Confucianism," *The China Review*, Vol. VI: 6 (July, 1877 to June, 1878), p. 372.
3 James Legge, *The Chinese Classics: With a Translation, Critical and Exegetical Notes, Prolegomena, and Copious Indexes*, Vol. 1, SMC Publishing Inc., 1991, p. 111.
4 "Imperial Confucianism," *The China Review*, Vol. VI: 5 (July, 1877 to June, 1878), p. 301.

良好理念和制度，或是在实定法中公然遭到悖逆，或是成为具文，在司法中并没有得到践行。

理雅各选取的一个具有代表性的事例是，中国的法律文献中很早就出现了"慎刑"的理念，但实践却常常与这一理念相背离。在讲稿中，理雅各首先如数家珍地撷取了《尚书》中对统治者从事法律活动的记载："象以典刑，流宥五刑，鞭作官刑，扑作教刑，金作赎刑，眚灾肆赦，怙终贼刑，钦哉，钦哉，惟刑之恤哉。"[1] 这是中国古代典籍中有关法律的重要述录。这段文献表明，中国很早便已产生了"恤刑"的观念，量刑时也开始考虑故意、过失等主观因素。紧接着，他又摘录了《尚书》中另一则相关文献，内容有关舜与司法官皋陶的对话。舜称赞皋陶，因其在工作中表现出的才智和能力，使得臣民不再违犯法律。对此，皋陶作出了经典的回答："帝德罔愆，临下以简，御众以宽；罚弗及嗣，赏延于世。宥过无大，刑故无小；罪疑惟轻，功疑惟重；与其杀不辜，宁失不经；好生之德，洽于民心，兹用不犯于有司。"[2] 用现在的话来说，犯罪者应当受罚，但他的罪行不应祸及子孙和他周围的人们。量刑时，应考虑到所有减轻处罚的情节，指控时要采取无罪推定的原则，宁可放纵有罪的人，不可错罚无辜的人。总而言之，要用矜悯之道来统御刑罚。

理雅各认为，所有好的刑事立法，都应遵循上述"慎刑"的原则，因为这一原则无疑将有助于制定完备的法律。但对于《尚书》中的记载，理雅各却有些将信将疑，他感到这有点"好得令人难以

---

[1] "Imperial Confucianism," *The China Review*, Vol. Ⅵ：5（July, 1877 to June, 1878），pp. 299-300. 回译依据《尚书·尧典》。

[2] "Imperial Confucianism," *The China Review*, Vol. Ⅵ：5（July, 1877 to June, 1878），p. 300. 回译依据《尚书·大禹谟》。

置信"（too good to be true）。在理雅各看来，中国的立法者有这样的理想，诚然是好的，而且观诸中国历代法典，这一理念对他们的立法活动确有影响，可是，"这个理想却始终没有完全实现"。

为此，理雅各举例证明，上述"罪人不孥"的记载仅仅停留在文字上，实践中的做法则多少有些事与愿违。他指出，根据清代法律的规定，"当一个人犯罪时，他的家人、或者是有亲缘关系的人便将受到连累，有时甚至牵涉到更广的范围"[1]。

以家族、血缘关系为纽带的集体性惩罚，在中国的法律中不胜枚举，亦饱受西方作者的诟病。如德庇时也曾观察到，在中国，无论是叛国罪（treason）的主犯还是从犯，一律要被处以极重的刑罚，他们无辜的亲属也不能幸免于难。[2]

除家族、血缘关系之外，古代中国的连带责任，还表现在以地域关系为纽带的公共权力组织方式上。在分析以地域为纽带的集体性惩罚时，理雅各选取了清初的"逃人法"为例。在"诫匿逃以免株连"一条中，理雅各首先回顾了"逃人法"制定的背景。清朝建立政权后，八旗兵被派往各省，在重要城市驻防。清帝认为"八旗甲兵，国家根本"，加之政权建立初期，立国未稳，四海未定，汉人不满外族统治，逃人乃清廷非常在意的问题。为防止逃匿，顺治帝于顺治五年（1648年）颁布法令，惩治八旗户下逃人，对"窝主"刑罚尤重："窝逃者问拟大辟，并籍其家，邻佑十家等皆徙边远。"[3] 到康熙十五

---

[1] "Imperial Confucianism," *The China Review*, Vol. Ⅵ：5（July, 1877 to June, 1878），p. 301.

[2] See John Francis Davis, *The Chinese: A General Description of the Empire of China and Its Inhabitants*, Vol. 1, Charles Knight, p. 243.

[3] "Imperial Confucianism," *The China Review*, Vol. Ⅵ：6（July, 1877 to June, 1878），p. 364. 回译依据《圣谕广训》"诫匿逃以免株连"条。

主题篇　215

年（1676年），虽将此重典略作宽缓，改为"窝逃之正犯流徙尚阳堡，两邻十家长罪止杖徒"，但邻佑仍难免受累之虞。

明恩溥（A. H. Smith）在《中国人的气质》一书中就曾经论及这一现象："西洋人……近邻之人，虽所住者为何人，均不留意于其心。其中至都会之住民，更有迁家至一年，尚不知邻家人之姓名者甚多。然于支那，则不然。若近邻之有犯罪者，己亦与之连罪，恰如英法，知有企为叛逆，而不告官府者然。至此时，苟曰：予不知其有犯罪之举，而警吏则必不听，而曰：汝在近邻，安有不知之理？如此一言之下，即定以为有罪。"[1] 理雅各认为，虽然处在清政府的立场上，为防止轻纵犯罪，我们无法过分指责法律的严厉；然而，这些法律却违反了上文所提到的"在四千年前的文献中"规定的良好原则。[2]

在理雅各眼中，帝制中国的司法中存在的"名实难副"的现象还不止于此。从"息诬告以全善良"一条中，我们可以看出，统治者为禁止诉讼中的诬告恶习，采取了各种预防和劝诫措施；《大清律例》中亦规定了"凡诬告人笞罪者加所诬罪二等；流徒杖罪不论已决配、未决配，加所诬罪三等"之类的处罚。[3] 但是现实中，司法机构显然并不能有效控制诬告现象。理雅各断言，专制政治下的国民更容易沾染"诬告"之类的恶习："有充足的证据表明，虚假的指控和诬告在中国都很常见"，无论在香港海峡殖民地的法院，还是上海的会审公廨，有相当比例的案件都属于这一类。其原因正在于，"相比

1　[美]明恩溥：《中国人的气质》，佚名译，黄兴涛校注，中华书局2006年版，第176—177页。

2　See "Imperial Confucianism," *The China Review*, Vol. VI: 6 (July, 1877 to June, 1878), p. 364.

3　"Imperial Confucianism," *The China Review*, Vol. VI: 5 (July, 1877 to June, 1878), p. 310. 参见《大清律例》，田涛、郑秦点校，法律出版社1999年版，第481页。

起自由宪制的国家,专制政治下的国民更容易沾染这些恶习";"专制国家的法院,更容易出现诬告的现象"。[1]

此外,虽然清代中国在形式上有相对系统和明确的成文法典,但是在实践中,法律的宽严程度却常常随着中国的政治环境而发生波动。当一个朝代步入君权稳固的时期,法律的实施就会由严厉趋于宽缓,反之亦然。譬如康熙时期,清政权对于帝国的控制较为稳固,统治者便适当放松了之前严苛的法律。法律实施的宽严也和统治者的性情有关。在理雅各眼中,康熙皇帝是一位宽仁的君主,在位期间曾数次实行大赦;[2] 而雍正皇帝"开明的程度和接受新知识的能力",都"远逊于其父"。[3] 虽然理雅各对这两位中国皇帝评价的高低,可能与他们对待基督教的宽严程度不无关系,[4] 但是我们仍然可以感受到,帝制中国的法律实践给理雅各留下了因"人"因"时"而异、不确定性较强的印象。

四、"息讼"和"畏法"的中国人

理雅各看到,清代的政府并不倡导人们投身诉讼。在《圣谕十六条》中,无论是"明礼让""和乡党"还是"息诬告",无不昭

---

[1] "Imperial Confucianism," *The China Review*, Vol. VI: 5（July, 1877 to June, 1878）, p. 308.

[2] See "Imperial Confucianism," *The China Review*, Vol. VI: 6（July, 1877 to June, 1878）, p. 364.

[3] "Imperial Confucianism," *The China Review*, Vol. VI: 3（July, 1877 to June, 1878）, p. 148.

[4] 康熙对待基督教相对宽容,雍正即位之后,则废止了康熙于1692年发布的允许基督教活动的法令,并将传教士驱逐出各省。See John Francis Davis, *The Chinese: A General Description of the Empire of China and Its Inhabitants*, Vol. 1, Charles Knight, 1836, p. 32.

示出这种倾向。诉讼被视为对和平秩序的违反，是一种不得已而为的事务。王又朴在《圣谕广训衍》中，就委婉表达了对诉讼者的规劝："世上不拘什么事都做得，第一不好的是告状，果然受了极大的冤枉……只得告在官府手里，求伸一伸理，所以有告、有诉，这个事原是没奈何做的。"[1] 因此不光要减少诉讼，还要格外预防诉讼的发生，所谓"息争讼于未萌""息讼贵绝其端"[2] 说的就是这个道理。因此，在民众守法的层面，一切都是围绕着防止争讼来进行的。

为减少讼争，统治者首先采取了向百姓讲读法律的策略，所谓"讲法律以儆愚顽"。按《说文解字》，"儆"者，戒也。从这个"儆"字便可清晰地窥见官方对法律效果的期待。法律的讲读古来有之，虽然去古已远，无从稽考，但理雅各仍然在文献中找到了相关的记载：

> 古时有位舜帝，制定了法律，并将其悬挂在人人可见的地方，使其在民间流传。因此，我们才能够获知这些公元前12世纪的周朝法律。在那之前，几乎没有什么关于中国法律的详细记录，而这些法律则提供给我们很多当时的信息。根据当时的记录，司寇的职责是，在每年第一个月的某一天[3]，他需将当天讲解的概要下发给各地方，并将法律悬于各地都城的特定城门之上，其下附以对违法行为必要的描述。另一法令规定，帝国在所

---

1 "Imperial Confucianism," *The China Review*, Vol. VI: 5 (July, 1877 to June, 1878), p. 309. 回译依据《圣谕广训衍》"息诬告以全善良"条。

2 原文为"men must guard against the small beginning from which disputes often take their rise"，回译依据《圣谕广训》"和乡党以息争讼"条。

3 应为每月初一。

有行政区域内，都应该在特定时间将百姓聚集起来，解释法律给他们听。[1]

直到清代，宣讲法律的活动仍然时有进行。雍正二年（1724年）的上谕中就对地方官提出了将法律"遍加晓谕"的要求。对此，雍正皇帝的解释是"民知法之不可犯、律之无可宽，畏惧猛醒，遂能够'迁善而远过'。"[2] 雍正帝认为，百姓违法是因为"愚贱乡民不知法律"，所以，欲使百姓守法，必先令其知法。"畏惧猛醒"，亦有吓阻的意味。

在统治者眼中，民众起初都是不愿涉讼的。因此，一旦发生诉讼，一定是某一类人"挑起和操纵"的。圣谕的阐释者对这一类人非常愤慨，将其斥为"光棍"（bare sticks）。理雅各解释道，这个名称在英文里约等于"骗子"（blacklegs）和"讼棍"（pettifoggers）。因此，在中国，无论官方还是民间，都对以诉讼为生计的人抱有轻蔑敌视的态度。理雅各引述了《圣谕广训衍》中描绘讼师所作所为的文字：

……不务本分的人要学做光棍，相与衙门中几个人学着做两句半明半暗的状子，学着说几句瞒心昧己的话，要在乡党中出个头，挑拨人家打官司，他在中间赚钱用、骗酒吃，动不动就说"人争一口气"，又说道"输钱不输气"，这些愚人被他哄信了，引到深水里也不晓得后悔。……这等人王法在所必诛，天理一定

1　"Imperial Confucianism," *The China Review*, Vol. VI: 5（July, 1877 to June, 1878），p. 300.
2　《世宗圣训》卷二四《慎刑》。

不容,恶满祸盈,自然有那恶报的,你们只看一看,但凡地方上光棍,那一个有下梢呵?[1]

一种是做光棍的,学写几句状子,挑拨人家打官司,他若主文做干证,丧尽了良心,赚得钱来只图眼前,到了恶满的时节,自己受罪、子孙折磨,这是为盗为娼的材料了。[2]

圣谕阐释者眼中的讼师,都是鼓唇弄舌的刁民,就像"禽舍中的狐狸、鱼塘中的水獭"[3] 一样狡诈。要达到减少讼争的目的,对这些惯于挑唆是非者,自然要采取压制的策略。理雅各将中国与英国做了一个比较,结论是,中国没有西方国家那样的出庭律师和诉状律师,也没有其他法律从业人士。但地方官却被要求知悉法律,而且法律还是乡试的应试科目之一。因此,在中国并不存在所谓"法律职业者",有的只是为法律所禁止的讼师和兼理司法的行政官。对此,理雅各指出,中国的司法应该有所变革。他认为,一个训练有素的法律职业群体和辩护律师阶层,将会在全国范围内促进和谐、防止争讼,同时也可以增加道德和审慎思考的分量。[4] 如果中国的皇帝及其后代能够像"基督教文明国家"(christianly civilized countries)那样

---

[1] "Imperial Confucianism," *The China Review*, Vol. VI: 3 (July, 1877 to June, 1878), p. 158.
[2] "Imperial Confucianism," *The China Review*, Vol. VI: 5 (July, 1877 to June, 1878), p. 305. 回译依据王又朴《圣谕广训衍》"务本业以定民志"条。
[3] "Imperial Confucianism," *The China Review*, Vol. VI: 5 (July, 1877 to June, 1878), p. 309.
[4] See "Imperial Confucianism," *The China Review*, Vol. VI: 3 (July, 1877 to June, 1878), p. 158.

"废除刑讯，给法律职业者以显赫地位"[1]，并"建立起训练有素的法律职业群体和辩护律师阶层"，便可以在全国范围内"促进和谐、防止争讼，使案件不致落入讼棍的把持中"[2]，这样一来，圣谕的理念才能够发扬。

理雅各还提到了中国人的性格。在他看来，中国的多数民众都向往和平，愿意为自己的夙愿勤劳耕耘，对清官能吏常怀感念。这种性格使中国人"特别服从权威"。这种民族性格加上法律儆戒，使中国人习惯于小心翼翼地避免触碰法律。

有的西方人因此将中国人视为守法的民族。譬如明恩溥就认为中国人"尊敬法律"，并谓："支那人以天然与教育二者相合而成重国法之人民也。"[3] 理雅各的观点却恰恰相反，他并不认为中国人安分守己就是"守法"的表现。从理雅各描述中国人的字里行间，我们感受到，他眼中的中国人对法律的服从，似乎更像是对强权和惩罚的畏惧，而不是对规则和理念的认可和尊崇。理雅各由此作出了一个深刻精准的判断："如果说英国人是'守法'的国民（law-abiding people），那么中国人便是'畏法'的国民（law-fearing people）。"[4] 这个观点贯穿了理雅各对中国法律的认识，也是他对中国法律的一个总结。

有趣的是，为了更好地阐释这一观点，理雅各分享了一个观察——他怀疑清政府通过出版发行刑罚主题图画来宣传法律，以达到

1　"Imperial Confucianism," *The China Review*, Vol. Ⅵ：5（July, 1877 to June, 1878）, p. 310.

2　"Imperial Confucianism," *The China Review*, Vol. Ⅵ：3（July, 1877 to June, 1878）, p. 158.

3　[美]明恩溥：《中国人的气质》，佚名译，黄兴涛校注，中华书局2006年版，第184页。

4　"Imperial Confucianism," *The China Review*, Vol. Ⅵ：6（July, 1877 to June, 1878）, p. 370.

使人民守法的目的。在理雅各身处的时代，有一种描绘中国刑罚场景的通草画（rice paper）在西方广为流传，其中有不少是令人惊怖的酷刑。理雅各猜测，中国人创作和广泛发行这种类型的作品，是因为官方希望凭借这种带有恫吓性质的宣传，儆戒民众不要触犯法律。理雅各把这些与鲜花、水果、蝴蝶、农桑场景的画书一起出售的刑罚主题画片比喻成"杜莎夫人蜡像馆的恐怖屋"（the Chamber of Horrors in Madame Tussaud's Exhibition of Waxwork）。他认为，旅行者们会把它带回家，是因为它"怪诞、鲜艳夺目又骇人听闻"；但是很少有人想过，这些画片被创作并被鼓励流通，很可能正是因为官方希望借助于它的传播，来达到"儆愚顽"的目的。[1]

但是，近年来的研究显示，这种绘在通草纸上的图画，实际上是一种"外销画"，其性质或许更接近今天的"旅游纪念品"。其中残酷的行刑场景，也有不少是画师为迎合西人视觉趣味而刻意夸张者。这种作品的受众，显然并非中国平民，而是外国顾客。[2]

而同样是在讨论刑罚主题的画片，德庇时则展现出其作为外交官相较于书斋学者的专业性。他说："当时在广州可以买到一种粗制滥造的画，内容是佛教地狱中对下地狱者的惩罚。人们把它跟真实的刑罚相混淆，荒谬地称图画中的内容为'中国的刑罚'。事实上，在《大清律例》的第一部分，对所有的刑罚都有严谨的释义。即使是刑讯逼供，也受到严格的限制。虽然根据历史记载，在有实定法以前，确实曾有

---

[1] See "Imperial Confucianism," *The China Review*, Vol. VI: 5 (July, 1877 to June, 1878), p. 302.

[2] 详细的论证，参见张世明："拆穿西洋镜：外国人对于清代法律形象的建构"，载杨念群主编：《新史学》（第5卷），中华书局2011年版，第46—101页。

暴君发明法外酷刑,但这几乎是所有国家所共有的现象。"[1] 显然,对于刑罚主题外销画这种事物,德庇时的认识要更加接近真实。

诸如此类的问题,还包括理雅各论述中一些细小的概念性失误。如他算错了"和乡党以息争讼"中"乡"和"党"的规模,[2] 还将唐高宗说成是"唐朝的第一个皇帝"。[3] 如果说这些错误更像是理雅各仓促行文中的不察,那么他对刑罚主题通草画发行和流通渠道的猜测,则暴露了对这一领域的陌生。

这个事例一方面表明,即使是理雅各这样熟读中国典籍亦在中国长期生活的西方学者,在论及中国的实际情况时,固然有深入和精辟的一面,但也不乏揣想与隔膜,甚至不乏误读;另外一方面,我们也不难从中看出理雅各对中国法律"以暴制暴"的整体印象。

五、结　语

基于理雅各从立法、司法、守法角度对中国法律略显琐碎的介绍和分析,大致可以勾勒出一个晚清来华传教士、汉学家的中国法律观。简单归纳起来就是,中国的法律有优点也有缺点,但总的来说,

---

[1] John Francis Davis, *The Chinese: A General Description of the Empire of China and Its Inhabitants*, Vol. 1, Charles Knight, p. 238.

[2] 古时"五族为党,五州为乡"。其中,100 家为一族,500 家为一党,2500 家为一州,12 500 家为一乡。理雅各错误理解了"乡"和"党"的规模,认为"其中一个(乡)包含 2500 个家庭,另一个(党)仅有其五分之一"。See "Imperial Confucianism," *The China Review*, Vol. VI: 3 (July, 1877 to June, 1878), p. 156.

[3] 理雅各引用梁延年《圣谕像解》中张公艺"重一忍字"故事,其中提道"麟德中,高宗封泰山,幸其宅",文中理雅各用"唐代的第一个皇帝"(the first Emperor of the Tang dynasty)指代高宗。See "Imperial Confucianism," *The China Review*, Vol. VI: 3 (July, 1877 to June, 1878), p. 155.

与"基督教文明国家"仍存在一定的差距。

从理雅各的论述可以看出,他对中国法的评判虽然也涉及刑事法血腥野蛮的一面,但其研究旨趣更多是在法律思想、法律文化、法律传播等方面;他在探讨中国问题时,常常有意识地征引文献典籍;尤为重要的是,与很多早期来华传教士不同,理雅各对中国并无成见。他时常不遗余力地维护中国,[1] 甚至一度因为对儒学的评价过高,而受到众多传教士的攻讦。[2] 但是,在前文中,他却数次提到中国应该"改革",并明确表示中国应以"基督教文明国家"作为效仿对象。在理雅各所著教材《智环启蒙》中,他曾以英国为例,描绘了一幅"基督教文明国家"的法律图景:其"政令法度,乃由国会二院所创定","酌定律例,必经国君批准,然后颁行";司法制度方面,则有"陪审听讼"等"良法",以保证审理判案的公正性。[3] 相较于专制的中国,其优越性自不待言。

我们当然不能否认彼时在制度和国力上,中英两国间存在差距。然而,理雅各的传教士身份和宣教诉求,还是使其对"异教国家"的观察不可避免地带有"文明优越"的滤镜。另外,理雅各在阐述以"基督教文明国家"为师时,或许也选择性地忽略了母国法律的

---

[1] 此处仅举二例。一是理雅各提到中国人的"勤勉和节俭举世闻名,正是这个特质,使得加利福尼亚的中国移民遭到其他族群的嫉视,也使他们常常遭受不当的毁谤和暴力侵犯"。"Imperial Confucianism," *The China Review*, Vol. VI: 4 (July, 1877 to June, 1878), p. 228. 另一是驳斥"一些看问题比较肤浅的人,把中国视作一个形式主义和仪式主义的国度,有许多伪君子,外强中干,荒谬虚荣"。理雅各认为,注重礼节和规矩,乃中国人的一种"馈赠"。"Imperial Confucianism," *The China Review*, Vol. VI: 5 (July, 1877 to June, 1878), p. 303.

[2] See *Records of the General Conference of the Protestant Missionaries of China Held at Shanghai, May 10–24, 1877*, American Presbyterian Mission Press, 1878.

[3] See James Legge, *Graduated Reading; Comprising a Circle of Knowledge [Zhihuan qimeng shuke chubu]*, London Missionary Society's Press, 1856, pp. 37a–37b.

缺陷——英国法一度以血腥著称，其苛酷程度，即便与传教士眼中的中国法相比，也不遑多让，这种局面直到19世纪30年代才得到显著改善。[1] 但由于当时的西方传教士和学者，或多或少地存在预设立场，所以即便是谙熟中国典籍，秉持较为科学的研究方法，事实上也无法得出全然客观的结论。虽然以理雅各为代表的19世纪中叶以后来华的西方人开始尊重和肯定中国的优长，但是他们几乎都以西方为更高级文明，并主张中国向西方学习。即便这一时期西方对中国法律的态度发生有限的转向，但"西方中心主义""文明优越论"并无实质性的改变。

理雅各对《圣谕广训》的解说，既相对客观地描摹了清代中国法律的样貌，也暴露了评价标准自身的缺陷；既体现了19世纪中后期来华传教士中国法律观之"变"，也延续了前一时期传教士对华态度之"常"。这种"变"一则表现为评述中国时的立场更趋于理性、客观，一则表现在研究方法上更加重视中国文献典籍；但这种"常"则反映出在华传教士评价中西方文化时一以贯之的双重标准。

随着18世纪"强大而文明的帝国"的祛魅，西方人看待中国的态度便悄然发生转向。此后，在西方对中国的评价中，这种"文明优越"与"有限肯定"的态度一直暗中消长。然而，直至今日，我们似乎仍未彻底摆脱"西方中心论"的语境，而西方对于中国的误读，亦具有其延续性。这一现象同样值得我们今天的学者引为鉴戒。

1　如英国法一度被称为"血腥法典"（bloody code），该法典曾长期规定，对那些偷盗1至2只绵羊或羊羔，或者偷窃超过12便士以上财物之人，处以不可减刑的死刑。参见陈利："现代国际法被质疑的两大起源神话：普遍主义和平等主权在中西关系史上的演变"，载陈煜译：《传统中国的法律逻辑和司法推理——海外学者中国法论著选译》，中国政法大学出版社2016年版，第308—309页。

第八章
外交官与汉学家眼中的中国法律
——以翟理斯为视角

翟理斯也是《中国评论》的作者之一。他一生勤于著述,汉学研究显名于世,他人对其的关注及研究亦是离不开其汉学成就。[1]

---

[1] 对翟理斯的已有关注和研究,可分为以下数类:一是翟理斯去世后,对他的回忆、讣告等一些纪念性文章,如代表性的有 Charles Aylmer, "The Memoirs of H. A. Giles," *East Asian History*, Numbers13/14, June/December 1997(合刊,出版于 1999 年 3 月,第1—94 页),该回忆录是按时间顺序对翟理斯的生平事迹等做了较详细的回忆。二是从翻译学、文化传播角度对翟理斯的译著进行分析,对其在诗、散文、小说、字典等文本的翻译、文化传播、语言文学进行的研究甚多,无法在此一一枚举,但大致可分为,对他作为中外文化交流及国际汉学家的其中一员进行的阐述,比如何寅和许光华主编的《国外汉学史》(上海外语教育出版社 2002 年版)、李岫和秦林芳主编的《二十世纪中外文学交流史》(河北教育出版社 2001 年版)此类,就是将翟理斯放在中外文化交流或国际汉学家这一群体中进行的个体叙述,自然所涉篇幅较少;或者是专门对翟理斯的译作及论著进行的研究,如王丽娜的《英国汉学家翟理思与中国文学》(载朱东润等主编的《中华文史论丛》第 1 辑,上海古籍出版社 1986 年版),郑振铎的《评 Giles 的中国文学史》(载《郑振铎古典文学论文集》,上海古籍出版社 1984 年版), John Minford and Tong Man, "Whose Strange Stories? P'u Sung-ling(1640-1715), Herbert Giles(1845-1935), and the Liao-chai chih-yi," *East Asia History*, Numbers 17/18, June/December 1999(合刊,出版于 2000 年 2 月,第 1—48 页),此类研究颇多,也相对更深入。三是对翟理斯作为英国驻华外交人员兼任租界会审公廨陪审官的研究,具有代表性的无疑是日本学者本野英一的论文《翟理斯与黄承乙:会审公廨里的中英冲突(1884—1885)》(Motono Eiichi, "H. A. Giles versus Huang Chengyi: Sino-British Conflict over the Mixed Court, 1884-85," *East Asian History*, Vol. 12, 1996, pp. 135-157)。此外,近年来一些硕博士学位论 [转下页]

他本人也曾说过，自 1867 年起自己有"两大抱负"：一是"帮助人们更容易、正确地掌握汉语（包括书面语和口语）"，二是"激发人们对中国文学、历史、宗教、艺术、哲学、习惯和风俗的更广泛、深刻的兴趣"。[1] 可以说，他的确实现了自己的抱负。无论是翟理斯自身的成就还是他人视野里的翟理斯，都与汉学紧密相关。汉学包罗万象，从翟理斯所翻译和撰写的汉学著作中皆能看出，他涉猎颇广，从汉字到《三字经》，从《聊斋志异》到《洗冤集录》。而且，他作为一名英国驻华外交人员参与到近代中国的历史进程之中。他的人生中与法律有关联的莫过于其在《中国评论》中发表的译作《洗冤集录》（部分），以及作为陪审官身份在上海租界会审公廨审理相关案件。因此，本章在稍述其人生履历后，即以这两段相关经历为主线，探讨作为外交官和汉学家的翟理斯是如何看待中国文化、法律与社会秩序，并将"好斗"个性展现在其汉学研究、外交陪审事务之中的。

一、翟理斯的人生三阶段

翟理斯的人生大致分为以下三个阶段：第一阶段是 1845 年至 1867 年，这是翟理斯出生、学习的阶段；第二阶段是 1867 年至 1893

[接上页] 文也以翟理斯及其翻译作品为研究对象，其中具有代表性的当是王绍祥的《西方汉学界的"公敌"——英国汉学家翟理斯（1845—1935）研究》（福建师范大学博士学位论文，2004 年）。

1　H. A. Giles, *Autobibliographical*, *etc.*, Add. Ms. 8964 (1), Cambridge University Library, p. 173. 转引自王绍祥的《西方汉学界的"公敌"——英国汉学家翟理斯（1845—1935）研究》（福建师范大学博士学位论文，2004 年）。该《翟理斯自传》现藏于剑桥大学图书馆手稿部，记录了翟理斯在 1863—1924 年间的著译活动。

年,这是翟理斯的外交生涯阶段,其在中国工作、生活了二十多年,与中国、汉学等结下不解之缘;第三阶段是 1893 年至 1935 年,在这一阶段翟理斯归国后作为汉学家的身份担任大学教职,直至去世。翟理斯的人生不可谓不精彩,尤其是以汉学大家著称于世。虽说纸面上的人生难以完全描述出鲜活的真实人生,但亦可勉而述之。这也将有助于我们理解其个人性格、汉学特色及其关于中国文化和法律的观点、视野和旨趣。

(一) 人生初期

1845 年 12 月 18 日,翟理斯出生于英国牛津北帕雷德(North Parade, Oxford),是牧师约翰·艾伦·贾尔斯(John Allen Giles)的第四个儿子。贾尔斯牧师是一位久负盛名的作家,著作等身。翟理斯自然深受家庭熏陶,接受古典教育,这为其后来能成为一代汉学家奠定了坚实基础。

1854 年翟理斯原本进入牛津的基督文法学系就读,但因父亲违反教规被判入狱,并支付高额费用,导致家庭陷入困顿,翟理斯也因此退学在家。后来父亲在坎贝尔大法官及众多朋友的四处奔走和努力下,最终获得特赦。1855 年新家得到安顿,翟理斯在父亲努力下进入查特豪斯(Charterhouse)公学,四年后毕业。翟理斯并没有按父亲的最初期望进入牛津大学学习,而是准备印度行政参事会(Indian Civil Service)的考试。但突如其来的生病却让他准备充分的考试以失败告终。1867 年 1 月,翟理斯由英国外交大臣提名,参加英国外交部中国司(The Chinese Department)的考试,在十五名考生中名列第三，2月被任命为通译生，开始了其人生的一个新阶段。

（二）外交生涯

1867年3月20日，通过了英国外交部选拔考试的翟理斯启程前往陌生的国度——中国，对于19世纪大多数英国人来说，当时的中国是一个非常恐怖的地方。翟理斯远涉重洋来华，最初成为英国驻华使馆的一名翻译生。之后曾历任驻天津、宁波、汉口、广州、汕头、厦门、福州、上海、淡水等地领事馆的翻译、助理领事、代领事、副领事、领事等职。

翟理斯从1867年踏进中国土地到1893年回到英国，历时26年。可见，翟理斯的中青年重要时期都是在中国度过的，他的一生成就也与汉学分不开。翟理斯在中国的这一时期是近代中国相对比较平和期，太平天国运动和鸦片战争皆已结束，中日战争和戊戌变法尚未开始。翟理斯这一时期在华担任外交官，大致经历如下：

1867年2月2日，通过了考试的翟理斯正式加入英国外交部，被任命为英国驻华使馆通译生。5月，开始在北京学习汉语。1868年4月被派往天津领事馆任助理。1869年4月派驻台湾，11月18日被任命为三等助理领事。1870年11月，从英国休假回来任天津领馆助理。1872年7月，任天津代理领事，12月任二等助理领事。后历任天津、宁波、汉口、广东等地领事馆翻译。1876年5月任汕头代领事，8月升为一等助理领事。1878年调任广州的英国领事馆副领事，4月前往厦门代领事，直至1881年3月。1883年至1885年调任上海担任英国驻华副领事。1885年11月调任为淡水领事，1891年4月调任宁波领事。1893年10月10日因身体原因辞职回到英国，自此告退外交界。在担任助理领事、代领事和副领事期间，翟理斯广泛涉猎中文读物，出版汉语相关著作。从1874年开始为《中国评论》撰稿，虽然所发表的文章并不多，但或与该刊编辑发生争执，或与其他汉学家展开辩论，或受到其他传教士攻击，从中仍然可见翟理斯的汉学功底及其独特个性，后文将对此再做阐述。

翟理斯作为外交官的经历中，有两件事是影响至深的：一是在厦门代理领事去职后深受当时中国人爱戴而收到一顶红伞；二是在上海担任会审公廨陪审官时与中方官员的争执冲突。前者是其外交官生涯中引以自豪的一笔，而后者则作为"会审公堂风波"（Mixed Court Scandal）载入其生平事迹，在当时的媒体报道和后来的研究中也一再被提及。这在后文中也将专门加以阐述。

（三）汉学大家

1893年翟理斯因身体原因退休，从中国回到英国。虽然外交事务结束了，但翟理斯开始了奠定其人生地位的生活。他先后编撰出版了《古今姓氏族谱》（A Chinese Biographical Dictionary），由此获得"儒莲奖"（Prix Stanislas Julien），及《古今诗选》（Chinese Poetry in English Verse），由此引发对中诗英译应该韵译还是散译之讨论。此外，翟理斯不时地在一些集会上发表有关中国的演讲，或与一些汉学家争论他们作品在翻译、解释中存在的错误等。[1]

---

[1] 参见王绍祥："西方汉学家的'公敌'——英国汉学家翟理斯（1845—1935）研究"，福建师范大学博士学位论文，2004年，第89—90页。

1897年是翟理斯重要的一年，5月翟理斯受邀前往剑桥大学整理该校首任汉学教授威妥玛捐赠的私人藏书。威妥玛自1883年卸任英国驻华公使回国后，随身带回了大量在中国收藏的汉籍，1886年将它们捐赠给了母校剑桥大学，但书籍一直未做整理。翟理斯因此受邀予以整理。1898年，剑桥大学出版社出版了《剑桥大学图书馆威妥玛文库汉、满文书目录》。正因为这批汉籍的存在，自1895年威妥玛去世后剑桥大学汉学教授出现了空缺，而汉学教授一职也就显得有必要继续存在。翟理斯提出申请，1897年12月3日以全票当选为剑桥大学第二任汉学教授。虽然剑桥大学给他开的薪资不高，甚至可以说是很低，只与他刚进入英国驻华公使馆当通译生的薪资200英镑一样，但在35年的剑桥大学执教生涯中，翟理斯醉心于汉学，为剑桥大学汉学发展做出巨大贡献，成为西方汉学界鼎鼎大名的人物，"曾被誉为英国汉学三大星座之一"。

　　作为汉学大家，翟理斯对世界汉学发展起了非常大的作用，其地位不可撼动。但因本章重点不在讨论翟理斯的汉学成就，故仅简略叙之。翟理斯一生著作等身，出版和发表的论著达六十余种，可分为以下几类：一是辞书工具类，代表性作品《华英字典》（*A Chinese-English Dictionary*），被认为是其一生最大成就，是20世纪上半叶最流行的汉英词典之一，确立的威妥玛-翟理斯式拼音方案在国际上曾一度成为通用拼音方案。词典编纂前后花了近二十年，1891年由上海别发洋行出版第一卷，至1912年第七卷出版。翟理斯也因此书于1911年第二次获得了"儒莲奖"。二是译作类，将中国著作翻译成英文，如有代表性的是1873年将《洗冤集录》在清道光二十三年（1843年）童濂所刊的衍生本《补注洗冤录集证》进行全文翻译，这是衍生本的第一个英译本；1878 年的《聊斋志异》等。还有一些编纂类书籍，如《古今诗选》、《中国神话故事》（*Chinese Fairy Tales*）等，不一一枚举。三是个人研究和杂论类，包括出版有关中国及中国人、事务及文化的论著，撰写杂论以及发表与其他汉学家论争的文章，等等。

当然，翟理斯的汉学研究并不是自回国前往剑桥大学任职才体现的，他的汉语水平及汉学研究能力早自其在英国驻华领事馆任职时就已日渐显现。如 1872 年出版汉语教材《汉言无师自明》（*Chinese without a Teacher*），应算是个开始。1873 年出版了第一部译著《两首古诗》（*Two Chinese Poems*），即《三字经》与《千字文》的英译本，同年还出版了《语学举隅：官话习语口语辞典》（*A Dictionary of Colloquial Idioms in the Mandarin Dialect*）。这些著作皆属上述所分类别，第一、二类论著体现了翟理斯的汉学水平，而第三类论著则更鲜明地体现了翟理斯汉学的研究特点及其个性，而这在翟理斯为《中国评论》撰稿发表的文章中即可一窥。

二、《中国评论》中的翟理斯：《洗冤录》译本及杂论

《中国评论》的作者有四百余人，主要是欧美来华的传教士、外交官、公务人员、商人、记者等，其中以英国人最多。而翟理斯即是其中的一位，虽然他在《中国评论》上发表的文章不算很多，但因其在国际汉学家中的地位及独特的个性、视角，故仍不可忽视，值得探讨。

(一)《洗冤集录》《洗冤录》版本之辨

1874 年，翟理斯开始为《中国评论》撰稿。第一篇是发表在《中国评论》第 3 卷第 1 期至第 3 期的《洗冤录》英译文，题为"The Hsi Yuan Lu, or Instructions to Coroners"（《洗冤录或验尸官指南》）[1]，这是《洗冤集录》衍生本的第一个英译本。

在讨论翟理斯译本之前，应先述《洗冤集录》及其版本问题。《洗冤集录》是中国南宋时期宋慈所作，被公认为世界上第一部法医学著作。它又名《宋提刑洗冤集录》。《洗冤集录》版本甚多，有原版本和衍生本之分，流传极广，版本也显得较为混乱。《洗冤集录》初刊于宋理宗淳祐丁未（1247 年），由宋慈于湖南宪治自刻，他时任湖南提点刑狱使。但初刻本早已不传，目前可见的最早版本是元刊本，藏于北京大学图书馆善本书室，书五卷，53 篇，序 1 篇。卷首有元《圣朝颁降新例》，题为《宋提刑洗冤集录》。陆心源的《仪顾堂题跋》卷六《影宋本提刑洗冤集录》，则云"宋提刑洗冤录，五卷，影宋钞本"，宋刊影印本。另有文渊阁藏书本，《文渊阁书目》载"洗冤录，一部一册"，但已不存；永乐大典本，《四库全书总目提要》载"洗冤录，二卷，永乐大典本，宋，宋慈撰名曰洗冤集录"；明刊本，《善本书室藏书志》载"沉冤录，五卷，明刊本，自条令至验状说凡五十三条，序文已佚"。此外，还有多种史志或私人

1　H. A. Giles, "The Hsi Yuan Lu, or Instructions to Coroners [Translated from the Chinese]," *The China Review*, Vol. III: 1（July, 1874 to June, 1875）, pp. 30-38; Vol. III: 2, pp. 92-99; Vol. III: 3, pp. 159-172.

藏书书目中记录《洗冤集录》版本，不赘述。[1]

　　大致说来，《洗冤集录》比较常见的版本是元刻本或明刻本，共五卷，53条，宋慈原本名为《洗冤集录》，但后来记录其时已有"洗冤录""沉冤录"之说，明代王肯堂有《洗冤录笺释》传世。到有清一代，对《洗冤集录》的研究、增补更是层出不穷，如沈家本所言："近来《洗冤录辨正》《续辑》《汇编》《集证》《集注》《集说》《附记》《附考》《摭遗》诸书，其名难偻指数。"[2]《洗冤集录》衍生本繁杂，卷数、条目皆已与原生本不同，不可不辨，且翟理斯所采版本即为其中之一。

　　清代康熙三十三年（1694年），刑部律例馆在宋慈《洗冤集录》基础上，参考古书数十种，颁布官修《律例馆校正洗冤录》四卷。后来不断有官员对此进行增补考订，如王又槐对《洗冤录》的增辑，李观澜对《洗冤录》的补辑，阮其新在王肯堂《洗冤录笺释》、王又槐《洗冤录集证》基础上整理出版《洗冤录集证补注》，瞿中溶对《洗冤录》的辨正，等等。[3] 翟理斯见到的版本即是清道光二十三年（1843年）童濂所刊的《补注洗冤录集证》。这是童濂采诸多版本，详加校订而成，且删除原本后附《宝鉴编》及《石香祕禄》"杂以歌诀，词多俚俗，无资考证"之篇，将叶玉屏《作吏要言》、朱性斋所做阐述及自己的见解十二则附刻于后，重付刊印。道光二十四年（1844年）《重刊补注洗冤录集证》刊印，五卷，附《检骨图格》一卷、《宝鉴编》一卷、《急救方》一卷及《石香祕禄》一卷，这一版

1　参见黄玉环："《洗冤集录》版本考"，《贵阳中医学院学报》2005年第2期。
2　沈家本：《历代刑法考》，中华书局1985年版，第2215页。
3　参见闫晓君："清代的司法检验"，《中国刑事法杂志》2005年第5期。

本由王又槐增辑、李观澜补辑、阮其新补注、王又梧校订、张锡藩重订，为后世较为流通之版。

《洗冤集录》在 14 世纪后传入朝鲜、日本、越南等国，18 世纪后先后被译成多国文字传播。但翟理斯所选择的是衍生本，而非原刊本，这自然是因他所接触到的版本所致。翟理斯第一次听说《洗冤录》是 1873 年任职于宁波领事馆时，遂对此产生浓厚兴趣，以上述童濂的《补注洗冤录集证》为文本进行翻译。1874 年翟理斯将译稿投到《中国评论》，分三次连载，但因编辑校对问题双方发生不愉快，翟理斯向《中国评论》主编丹尼斯提出抗议，要求自行校对，但被拒，遂停止就此投稿。因此，1874 年《中国评论》刊登的仅为他原译稿的一半。

（二）翟理斯的《洗冤录》译本

翟理斯对《洗冤集录》的译稿，虽然未能在《中国评论》刊登完全，但在 1924 年其译文全稿被英国皇家医学会（Royal Society of Medicine）收入该会论文集——《皇家医学会论文集》第 17 卷"医学史"专章（Section of the History of Medicine），[1] 而且这个译本被誉为"最具影响，最具权威"的英译本。[2]

翟理斯不是第一个翻译《洗冤集录》的西方人。早在 1780 年，就有了《洗冤集录》法文节译本，刊于《中国历史、科学、艺术杂

---

[1] See H. A. Giles, The "*Hsi Yüan Lu*" or "*Instructions to Coroners*", John Bale, Sons & Danielsson Ltd, 1924, pp. 59–107.

[2] 参见林金水主编：《福建对外文化交流史》，福建教育出版社 1997 年版，第 368 页。

志》，1884 年有了另一个法译本。1910 年后，有不同语言文字版的《洗冤集录》出版。1981 年，美国教授布莱恩·麦克奈特（Brain E. Mcknight）依据元刊五卷本《洗冤集录》（岱南阁本）翻译出版，这是继翟理斯后的第二个英译本。它们也是《洗冤集录》及其衍生本现存的两个完整的英译本。[1] 因为依据的版本不同，两个译者又相距百年，他们的个性及语言风格又不同，两个英译版本差异较大。

翟理斯翻译《洗冤录》，是基于对中国文化的兴趣，同时也是由于目睹《洗冤录》在清代检验中的重要实践作用，而不是对法医学有研究继而产生兴趣所致。如上所述，翟理斯发表在《中国评论》上的《洗冤录》译文仅两卷，分三次刊登在第 3 卷，第 1、2 期刊登《洗冤录》的第一卷，第 3 期刊登《洗冤录》的第二卷。现仅以第一卷译本为例，简要分析翟理斯对《洗冤录》的翻译特点。

表 2 《洗冤录》第一卷目录中英文对照表

目录	Table of Contents	卷数、条目顺序等与宋慈五卷本《洗冤集录》不同
卷一 检验总论	Chapter 1 General Remarks on Inquests	
验伤及保辜总论	General Remarks on Wounds and the Death Limit	
尸格 尸图	(1) Printed Form for Wounds (2) Human Skeleton	

---

[1] 参见邱玏："《补注洗冤录集证》第一个英译本简评"，《中国中西医结合杂志》2011 年第 4 期。另值得一提的是，麦克奈特的英译本书名是 The Washing Away of Wrongs，而翟理斯在《中国评论》发表的译文就加了题注，将《洗冤录》直译为 Record of the Washing Away of Wrongs。

(续表)

目录	Table of Contents	卷数、条目顺序等与宋慈五卷本《洗冤集录》不同
验尸 附未埋 已攒	Examination of the Corpse before Burial; Examination of the Corpse after Burial	
洗罨	Preparing Corpse for Examination	正文的标题是"Washing and Preparing the Body",这比目录标题翻译更准确
初检 覆检	(1) The First Inquest (2) Further Inquest	正文的标题将目录标题中的"Inquest"改成"Examination",较为准确
辨四时 尸变	Decomposition of Body at Different Seasons	
辨伤真伪	Real and Counterfeit Wounds	
验妇女尸 附胎孕 孩尸	Examination of Female Corpses	
白僵	Dried up Corpses	
已烂死	Examination of Decomposed Corpses	
验骨	Human Bones	
检骨 辨生前死后	(1) Examination of Bones (2) Whether Injured before or after Death	
论沿身骨脉	On the Bones and Veins of the Human Body	
滴血	The Blood-Dropping Test (for Kindred)	
检地	Examination of Ground	

翟理斯的翻译基本没有注释，只在个别地方加注。如检验总论："事莫重于人命，罪莫大于死刑。杀人者抵，法固无恕。施刑失当，心则难安。故<u>成招定狱</u>，<u>全凭尸伤</u>，检验为真，伤真招服，一死一抵，俾知法者畏法，民鲜过犯，保全生命必多。倘检验不真，死者之冤未雪，生者之冤又成，因一命而杀两命数命，仇报相循，惨何底止。"翟理斯将"成招定狱，全凭尸伤"翻译为"the validity of a <u>confession</u> and the sentence passed are made to depend on a satisfactory examination of the wounds"，他对"confession"进行加注，认为制度设置目的在于避免有钱的犯罪人寻找替罪羊。

翟理斯的翻译也相对自由，有学者认为其翻译态度比较随意，[1]而且原著的"《校正本洗冤录》的尸论、论沿身骨脉、注释，以及王又槐、阮其新等的附记、附考、补注、顶批等均被删除"[2]，甚至将其认为不雅的一些段落译成了拉丁文或者干脆删除。对此，麦克奈特教授也有过评论，认为如此操作令人遗憾。这也许与翟理斯强调翻译文本的纯洁性有关。类似的处理方式在翻译《聊斋志异》时有较多体现，如删减《聊斋志异》原著中关于男女性及同性恋的一些不雅描写，使原本粗俗不堪的语言也变得清新优美可读。波乃耶在《中国评论》上发表文章，对翟理斯的《中国文学史》评论甚高，认为他的译文使汉籍更"英语化"了，以美和内涵取代粗俗的译法，译文的优雅、鲜活取代了原文的枯燥和黯然。[3] 翟理斯这一风格有其个性及时代特点，他本着向欧洲人介绍和传播中国文化的出发点翻译各

---

[1] 参见邱玏："《补注洗冤录集证》第一个英译本简评"，《中国中西医结合杂志》2011年第4期。

[2] 贾静涛：《中国古代法医学史》，群众出版社1984年版，第217页。

[3] See "Dr. Giles's History of Chinese Literature," *The China Review*, Vol. XXV: 4 (1900-1901), pp. 207-210.

类中国作品,而且对中国人、中国文化有着友好的一面,如他在《聊斋志异》英译本序中坦言,西方人眼中的中国形象已遭到别有用心的扭曲,该译本就是要纠正西方的错误。这样一种态度自然在他的翻译作品中得到体现。

如果说翟理斯翻译的《洗冤集录》与中国法律文化相关的话,那么他发表在《中国评论》上的其他文章则与法律无甚关系,而更侧重于传统文化的哲学和文学。同样地,这些文章不仅可以看出翟理斯的汉学水平,更可以窥测其个性。如 1881 年翟理斯在《中国评论》上发表《中文〈新约〉》(The New Testament in Chinese) 一文,受到传教士的攻击。1886 年 7 月翟理斯在《中国评论》第 16 卷发表《老子遗集:重译》(The Remains of Lao Tzǔ. Re-Translated)[1],文中指出《道德经》是完全"伪造"的。此言引发了他与理雅各等汉学家的辩论,可以说是一言激起千层浪,欧洲几乎所有对早期道家有一些兴趣的汉学家都卷入这场争论,一直延续到 20 世纪,而《中国评论》也刊登了巴尔福(Frederic H. Balfour)、理雅各的文章进行了回应或辩论。[2]

三、作为会审公廨陪审官的翟理斯

在翟理斯一生中,从事与法律相关职务的莫过于在上海公共租界

---

[1] "The Remains of Lao Tzǔ. Re-Translated," *The China Review*, Vol. XIV: 5 (July, 1885 to June, 1886), pp. 231-280.

[2] See Frederic H. Balfour, "Giles' Remains of Lao Tsz," *The China Review*, Vol. XV: 2 (July, 1886 to June, 1887), p. 132; James Legge, "A Critical Notice of 'The Remains of Lao Tsze, Retranslated' by Mr. Herbert A. Giles," *The China Review*, Vol. XVI: 5 (July, 1887 to June, 1888), pp. 195-214.

会审公廨里任陪审官，他任职时间不长，从光绪十年（1884 年）至光绪十一年（1885 年），但因任职期间与当时中方谳员（Magistrate）黄承乙发生冲突，[1] 一度成为当时媒体的热点。关于这一场"会审公堂风波"，翟理斯在自传中曾提起相关材料收在其故居的"靠窗书桌的右手边第三个抽屉"，但很遗憾的是后人并未能找到。不过从搜寻的其他资料来看，对他所审理的案件及相关历史事件进行分析，也许能一窥其性格处事及法律观。

会审公廨是由中外双方协议，于租界内设立由中外审判官会审的专司特定范围内案件的司法机构，当时先后曾有上海公共租界会审公廨、法租界会审公廨、汉口洋务公所和厦门鼓浪屿会审公堂等类似性质的司法机构。上海公共租界会审公廨成立最早，发展最完备，也最典型。公共租界会审公廨的设立是领事裁判权在华的确立、上海的社会发展情势及租界内外国人的利益追求等原因所致。

翟理斯 1884 年担任公共租界会审公廨外籍陪审官时，中方谳员是黄承乙接任，前任是被当时外国人所称道的陈福勋。根据 1869 年生效的《上海洋泾浜设官会审章程》规定，会审公廨谳员应为"同知"，官居四品，但实际上很少是此品级的官员。[2] 而黄承乙仅为六品，有说黄曾任苏州城守卫，[3] 也有称黄曾是一介茶商，[4] 也许由此被认为能力很欠缺。翟理斯就认为黄承乙是上海道台邵友濂的姑表兄

---

[1] See Motono Eiichi, "H. A. Giles versus Huang Chengyi: Sino-British Conflict over the Mixed Court, 1884–85," *East Asian History*, No. 12（Dec. 1996）, pp. 135–157.

[2] 会审公廨中方谳员职衔往往等同于知县，而且多为候补知县，甚至是知县佐吏审判。

[3] See Motono Eiichi, "H. A. Giles versus Huang Chengyi: Sino-British Conflict over the Mixed Court, 1884–85," *East Asian History*, No. 12（Dec. 1996）, p. 138.

[4] See "The New Mixed Court Magistrate," *The North-China Herald*, Nov. 14, 1883.

弟,陈福勋的请辞即为上海道台所逼。[1] 可以说,两人合作之初就埋下了不和的种子。

中方谳员的官衔低,难以及时有效地惩罚租界内的罪犯,而黄承乙的较低出身,对会审公廨审判程序和法律不熟悉,更促使外籍陪审官对其处事表示相当不满。比如,贾礼士(W. R. Carles)在1883年会审公廨报告中就说:"换了一位新委员之后,由于经常要向他解释,而且随着案件数量的增多,所以,以往只需要一个小时或一个半小时就可以结束的审判,现在需要一个早晨的时间才能结束。"但同时他也承认黄承乙是一个"勤奋的人,他很乐意尽快解决问题,伸张正义"。[2] 与其前任谳员陈福勋深得外国人赞赏相比,黄承乙就显得比较糟糕。尤其是在与性格比较强硬的翟理斯合作期间,两人争执不断,如《申报》曾言:"翟君以西人而信西人之言,意有所偏则语多执拗,情有所遏则全易嚣陵。"[3] 自1883年至1884年夏秋间,每逢周一、三、五,翟理斯会审之日,两人"辄至不欢而散"。1884年秋冬之后,黄承乙在与翟理斯发生矛盾后告之正领事及道台,在屡经劝解后,会审中西官和颜悦色,无争执情事。但后来两人又因"限期料理"和洋药局巡丁等案件发生争执,甚至在洋药局巡丁案中,两人"揎臂大闹,信口谩骂",两不相让,从言语争执升级到"全武行"。

翟理斯与黄承乙共事一年多,审理的案件不在少数,这里仅举数

---

1 See Motono Eiichi, "H. A. Giles versus Huang Chengyi: Sino-British Conflict over the Mixed Court, 1884–85," *East Asian History*, No. 12 (Dec. 1996), p. 138.

2 "Report on the Mixed Court for 1883," in Area Studies Series: *British Parliamentary Papers: China*, Vol. 14, Irish University Press, 1971, p. 612. 转引自王绍祥:"西方汉学界的'公敌'——英国汉学家翟理斯(1845—1935)研究",福建师范大学博士学位论文,2004年,第68页。

3 "论大闹公堂",《申报》1885年5月31日。

案，或较具典型性，或双方争议较大者，予以分析。

按翟理斯写给总领事许士（Sir Patrick J. Hughes）的报告，他与黄承乙的争执源于两起案件："David Sassoon Sons & Co. v. Chen Yintang and Fan Desheng Case"（老沙逊洋行诉陈荫堂和范德盛案）与"Posang Case"（宝星案）。

"老沙逊洋行诉陈荫堂和范德盛案"是一起英国商行和他的买办及担保人之间的民事债务案件。陈荫堂原是老沙逊洋行的一名买办，1883年年末陈荫堂破产，负债12 603.38两，为追回欠款，老沙逊洋行将陈荫堂及其担保人范德盛诉至会审公廨。1884年4月21日至26日本案受审。第一天审理时，范德盛派了一个姓王的代他出庭，翟理斯抗议，以"掩盖了被告的真实身份"为由，说服黄承乙将该案延迟至25日开庭审理。被告承认欠债金额数，但又称其本人在1868年至1873年任买办期间曾在原告公司投了12 500两，原告曾承诺在其退休时返回这些投资。另外，范德盛指出，两债相抵后未付清部分用尚未付的工资来抵。26日庭审，范德盛又提出与陈荫堂签订的保单有问题，内有"向保人理涉"一语，"理涉"是指发生债务纠纷，保人将出面帮助偿还债务，但不表示应由保人还债。会审公廨判决驳斥了被告的诉求，被告提出的以退休时返回12 500两银子抵债一说，因缺乏证据而不予支持，至于未付工资，陈荫堂应向英国驻华法院（当时称为"大英按察使司衙门"）起诉。至于保单上的"理涉"，公廨认为"向保人理涉"等同于"为保人理涉"，范德盛应以其资产抵债。[1] 该判决的堂谕是黄承

　　1　关于该案，具体可参见 Motono Eiichi, "H. A. Giles versus Huang Chengyi：Sino-British Conflict over the Mixed Court, 1884—85," *East Asian History*, No. 12 (Dec. 1996), pp. 144-145。另外，需要说明的是，保单影印件上是"向保人理涉"，而不是作者文中的"尚保人理涉"。

乙在翟理斯压力之下作出的。

另一起"宝星案"[1]发生在1884年5月27日,即怡和洋行(Jardine, Matheson & Co.)所属宝星(Posang)号轮船触礁行李失窃案。27日凌晨3时12分,宝星号在宁波叶子山附近触礁,买办林幹卿因忙于安排所有乘客坐救生船逃生,无暇顾及船上的乘客行李。乘客中有长江水师江南瓜州镇标三江营千总吴正发及其护卫刘裕和,他们行李中有一封寄给扬州江都县的密函,及两个放有三千两银子和一封致芜湖道台信的大箱子。此前林幹卿曾向吴正发和刘裕和保证,他们的财物在船只获救后肯定会万无一失,但事后这些财物其实并没得到保障。原告诉称,乘客上了救生船后,林幹卿伙同船上水手,打开乘客行李,撬开箱子,偷走了贵重物品。吴正发和刘裕和携带的箱子虽然被追回,但一千两银子和其他一些小物品却不见了。29日,吴正发向长江水师江南瓜州镇标三江营发电报,同时向会审公廨谳员黄承乙提交事故报告,要求审理此案,并请求上海道台邵友濂致函英国领事,要求怡和洋行赔偿。其他乘客也联名向怡和洋行提出索赔。6月13日、16日、23日,案件三次在会审公廨庭审,但第三次原告全部缺席,工部局巡捕无法拿出被告人抢劫的真实证据,无法作出判决。另外,6月19日至20日,海事法庭审理宝星号撞船事件,宝星号船长及其船员们作出了与吴正发等不一致的陈述,海事法庭作出船长和船员行为得当,指挥有序,无证据表明船员参与抢劫的判决。

在此情况下,翟理斯建议黄承乙放了管押在会审公廨的嫌疑犯。但黄承乙相信吴正发的陈述,拒不放人。6月27日公廨第四次审理

---

[1] Motono Eiichi, "H. A. Giles versus Huang Chengyi: Sino-British Conflict over the Mixed Court, 1884-85," *East Asian History*, No. 12 (Dec. 1996), pp. 147-151.

此案，因庭上吴正发与其他人陈述发生矛盾，其证词丧失可信性。而翟理斯相信船长和船员们，再一次提议将他们释放。但黄承乙拒绝了这一提议，而是准备将这些嫌疑犯提交上海县衙审断。翟理斯和黄承乙的矛盾加剧，而且在没有得到会审公廨同意的情况下，他径自命令工部局巡捕房将他们释放了。黄承乙大怒，立即将此事禀报两江总督和总理衙门，要求工部局巡捕将林幹卿及船员重新捉拿归案，押往上海县衙审理。美国总领事许士以无证据证明为由，拒绝了中国官方的要求。

上述两起案件让翟理斯为黄承乙和道台所厌恶，而且更不幸的是，总领事许士对翟理斯也失去了信任，而翟理斯却并未意识到这一点。[1] 其实，在这两起案件之间，1884 年 5 月 21 日还发生了一起"巡丁 Chu K'un 被控勒索案"[2]，引起翟理斯及租界内外国居民对公廨及谳员黄承乙的激烈批评。被告 Chu K'un（中文名不知）是会审公廨招募的巡丁，被控于 5 月 17、18 日非法逮捕了三名妓女，并向妓院勒索 150 两银子。按照程序，至会审公廨审理。从一开始，黄承乙就阻止此案的听审，首先反对翟理斯命令被告下跪，理由是被告是他自己的仆人，翟理斯驳斥这一说法，认为被告是因行为不端被诉至公廨受审，理应下跪；继而黄承乙要求逮捕被告的巡捕也应下跪，翟理斯对黄承乙解释说，在公廨，巡捕作为起诉人（prosecutor），是从来没有规定要下跪的。讯断结果的确是被告以三名妓女为要挟，讹诈 150 两银子，所诉为事实。但黄承乙仍坚持认为被告无罪，宣称巡捕房无权逮捕公廨巡丁。翟理斯一再督促黄承乙应惩罚被告，但黄承乙

1　See Motono Eiichi, "H. A. Giles versus Huang Chengyi: Sino-British Conflict over the Mixed Court, 1884-85," *East Asian History*, No. 12 (Dec. 1996), p. 151.
2　"Mixed Court," *The North-China Herald*, May 23, 1884.

拒绝执行，反而谴责巡捕明知被告是公廨雇员，却隐瞒不向巡捕房及时报告，应受到惩罚，最后释放了被告。翟理斯拒绝在诉状上画押盖印，并附字条说明原因。

翟理斯与黄承乙的矛盾日渐变深。1884 年 7 月 14 日发生一起"拖欠房租案"，一名居住于租界内的华民拖欠洋商韦斯托尔（Westall）房租费 1600 两，双方合同写明，如果拖欠房租十天，房东有权收回房产。黄承乙与翟理斯意见不合。黄承乙坚持韦斯托尔应降低租金，翟理斯则强硬要求黄承乙应判决被告在七天内付清租金，同时建议韦斯托尔一旦收到租金即应降低房租。黄承乙不愿轻易作出让步，四天后，向翟理斯提出建议，判决将未偿还债务 1600 两降到他所能接受的数量，但翟理斯拒绝这一判决，而黄承乙也不想让步，于是，翟理斯就威胁，如果黄承乙不改变裁决，自己将不再出庭。最后，因意见分歧，判决一再拖延，直到债主不耐等待，接受了应偿付金额的 50%而了结此案。[1]

继上述案件后，1884 年 9 月又有两起案件，双方再次发生争执。如"陈万标和林桂生被控帮助销赃案"[2]，大英火轮船公司（P. & O.）所属的泰晤士号船上的鸦片遭偷窃，陈万标和林桂生被指控帮助销赃。根据军需官和该船五名官员提供的证词，陈万标和林桂生在与该船英国电工交易时被当场抓获，电工被判入狱 3 个月。翟理斯认为，陈万标和林桂生二人也应判入狱 3 个月，但黄承乙认为，这两人在不知鸦片是被偷的情况下交易，应为无罪。翟理斯坚持己见，双方发生激烈争执，黄承乙勉强答应判此两人入狱 3 个月，但对于犯人是

1　See Motono Eiichi, "H. A. Giles versus Huang Chengyi: Sino-British Conflict over the Mixed Court, 1884-85," *East Asian History*, No. 12 (Dec. 1996), p. 141.

2　Ibid., p. 152.

应关入工部局巡捕房监狱还是会审公廨监狱,不置可否,并对翟理斯作出的判决拒绝记录在案。后来又是经过许士的干预,案件才了结。

又如"劳船长(M. C. Law)诉李毛弄案"[1], M. C. Law 是鸦片船高丽号(Corea)的船长,他发现少了 11 个鸦片饼,李毛弄承认手中有 4 个偷来的鸦片饼。黄承乙据此判处李毛弄入狱 1 个月,而翟理斯认为判刑过轻,但黄承乙坚持,并以陈万标和林桂生案件为例,说这两人偷了 10 个鸦片球,入狱 3 个月,现在李毛弄偷窃 4 个鸦片饼,入狱 1 个月很恰当。翟理斯无奈,却命令巡捕将李毛弄关押到工部局巡捕房监狱。此举让黄承乙大为恼火,决定不再与翟理斯合作审案。[2] 而翟理斯更是不屑与黄承乙继续合作,情绪激动。

许士不断调解,一方面警告翟理斯不应过于干预,即使有不同意见也应通过领事向上海道台汇报,另一方面也向上海道台建议换人代替黄承乙。

翟理斯担任陪审官的第二年,双方仍有争执。1885 年 4 月 11 日《申报》记录了一起"限期料理案",英商兆丰洋行行东控华商吴蟾清租地造房,立有合同,载明地租按期照付,但逾期不付,只能诉至会审公廨,请求以房屋抵偿租金。审理时,吴声称,租兆丰洋行地基造屋是实,只因市面不佳,房租日跌,空闲者多,致欠地租,洋行行东欲以房屋抵地租,惟是房已耗万余金,如此断偿,自己将吃亏太甚。翟理斯认为,公廨应发谕单,按照当时双方租地合同的约定,将房屋断归兆丰所有,但黄承乙不准,认为兆丰洋行来控告,理应限吴

---

[1] Motono Eiichi, "H. A. Giles versus Huang Chengyi: Sino-British Conflict over the Mixed Court, 1884—85," *East Asian History*, No. 12 (Dec. 1996), p. 152.

[2] 此两案转引自王绍祥:"西方汉学界的'公敌'——英国汉学家翟理斯(1845—1935)研究",福建师范大学博士学位论文,2004 年,第 80 页。

在七日内自行调解，如有耽延，再照所议办理。

翟理斯与黄承乙之间因案件审理不断起纷争，双方关系终于到了无法弥补的地步，1885年5月的"洋药局巡丁案"让两个审判官大打出手，最终以双方先后退出会审公廨而告终，翟理斯因此调离上海。1885年5月26日，工部局巡捕正在租界一小巷巡逻时，发现有三个中国人在闲逛，盘问之下，他们声称是会审公廨巡丁，正在查案。但巡捕发现，其中有一个叫陈阿四的，两年前曾被捕入狱，他们身上有偷来的巡丁证件，还有巡丁制服。巡捕认为，此三人图谋不轨，遂予以逮捕，并控至会审公廨。经过堂审，因没有足够证据，黄承乙和翟理斯决定先释放他们，不过，翟理斯还是提议得先警告一下，然后再释放。黄承乙听后大怒，并用手中钢笔打了翟理斯一下，翟理斯反身将黄承乙打倒在地，黄承乙继而打了翟理斯一拳，将翟理斯轰出公廨。从口头争执到挥拳相向，双方关系彻底破裂。

而作为会审公廨中外审判官大打出手，无疑在外交界和清朝政府那里引起了轩然大波，中外双方开始协商调停，从6月份许士向邵道台提出抗议到同年11月13日翟理斯最终调离上海到淡水任代领事，这一风波才尘埃落定。

在上述几起案件里，翟理斯与黄承乙均发生程度不一的争执。其中比较突出的是两类案件，一是会审公廨自行招募的巡丁问题，二是民商事纠纷案件。前者涉及的是会审公廨管辖权，后者则是中外双方对民商事习惯和法律理解的差异。细析之下可以发现，双方发生争执的原因是多层面的，会审公廨所处租界的特殊境况及中外双方的利益地位，会审公廨审判机构性质及中外法律观念的差异，黄承乙与翟理斯各自的性格、能力，等等，都是加剧双方争执的因素。[1] 虽然会审公廨机构的存在并不意味着外籍陪审官与中方谳员一定会矛盾尖锐、冲突不断，但不同的审判官却有可能在租界中外关系的复杂纠葛中矛盾频仍，甚而出乎世人意料地大打出手。

就拿偏见来说，翟理斯曾在其撰写的最后一份陪审官报告中，对黄承乙任职的会审公廨做了如下描述："在黄的领导下，会审公廨的性质完全变了……黄招募了大批巡丁，维护英国人权益就变得越来越困难。他们往往报告说欠债者'已逃逸''地址不明''重病在床'，而这些'缺席''病危'者可能就在租界里闲逛。他们让犯人出钱就可'关押'在家生活奢侈，甚而出行自由。对此，黄完全知情，甚至从中分得一杯羹。"[2] 而以上所言的案件中，翟理斯与黄承乙屡次发生冲突，其原因固然是翟理斯好与人争的性格，如《申报》上有文章认为翟理斯在裁判中偏信"西人之言，意有所偏则语多执拗，情有所遏则全易嚣陵，并坐堂皇，固非故意与太守相难也"[3]，把中外审判官之间的争执归于翟理斯本性使然，可见翟理斯的火爆脾气在当时人眼里非偶尔如此。但也有中西文化，包括法律制度、文化之间的差异，如上述涉及"买办"的案件里，有关买办的法律地位界定问题，决定买办是否应承担担保人责任，这与中国传统法律对"中介""保人"缺乏相应法律规范相关。

1　关于上海租界的会审公廨理案机制所存在问题的详尽分析，参见蔡晓荣：《晚清华洋商事纠纷研究》，中华书局2013年版，第三章第二节"上海租界会审公廨华洋商事讼案理案模式"。

2　Motono Eiichi, "H. A. Giles versus Huang Chengyi: Sino-British Conflict over the Mixed Court, 1884-85," *East Asian History*, No. 12 (Dec. 1996), p. 138.

3　《申报》1885年5月31日。

从以上分析可以看出，翟理斯在中国度过二十多年，对中国文化的研究既广且深，回国后仍以汉学为人生目标，可谓扎根于中国文化。从性格上言，翟理斯被认为狂放不羁、生性好斗，或者个性直率、敢言好辩。一言概之：翟理斯是一个比较好争之人。他和威妥玛、理雅各和韦利（Authur Waley）等汉学家皆有论战，树敌较多，甚而被认为是"西方汉学家的公敌"。1879年9月翟理斯在厦门出版《论卫三畏博士的〈汉英拼音字典〉的某些翻译及误译》一书，直接指出卫三畏此书存在三百多个错漏，批评其注音法，并因此引起争论。其在任职上海公共租界会审公廨陪审官期间，也与中方谳员发生激烈争执，引发中外双方的协商及双方审判官员的先后离职，这在会审公廨审判史上实属少见。对翟理斯与中国法律发生关联的这些人生片段的研究，折射出了19世纪外交官与汉学家眼中的中国法律的一个侧影。对翟理斯的研究目前仍集中在他的汉学成就以及翻译作品的语言特色等方面，其在《中国评论》上发表的文章仍在前述范围之内。或许以后随着资料的挖掘，尤其是他所言的放在自己右手边抽屉里的有关"会审公堂风波"资料的再现，对其与法律密切相关的这段人生履历将会有更为客观的评述，对其视野下的中国文化与法律也必将会有更为深入的解读。

第九章
叙事·话语·观念
——论19世纪西人笔下的杀女婴问题

"19世纪西方人的中国法律观"是最近十年间笔者最感兴趣并颇费思量的领域,积攒的一些思考已部分见之于文字。但包含"19世纪""西方人"等词汇的这一话题,注定是宽泛的、开放的,甚至是容易引人误解的,似乎19世纪整整一百年是前后没有变化的,所有西方人看待中国法的观点是相同的,而我们皆知,这个世纪是中西关系跌宕起伏的时期,欧美各国彼此也充满竞争和冲突。因此,对于这一领域的研究,宏观勾勒与微观细描必须结合,唯有如此,才可能深入其中并有所贡献。本章拟以欧美人笔下的中国杀女婴为切入点,主要基于19世纪三份重要且一脉相承的英文汉学期刊,即《印中搜闻》《中国丛报》和《中国评论》上的文章和报道,及其他来华西人的主要日志、游记、论著,就此时期西方人关于中国的风俗、法律乃至民族性等观念做进一步的思考。

一、来华西人记述中国杀女婴之汇览

诚然，西方人涉及中国杀女婴问题的论述并非始于19世纪，在此之前，自中西有直接交集以来，来华耶稣会传教士就早有描述，也受到一些欧洲启蒙思想家的关注，只不过，在欧洲称颂中国政治制度和思想文化热潮的光芒之下，对此却少有抨击。[1] 18世纪末19世纪初，西方人对于中国总体上开始由褒扬转为贬抑，其中，他们诟病中国存在的严重社会问题就是妇女地位低下，直接针对的是缠足、一夫多妻制，还有杀女婴。

就此最后一项，《印中搜闻》《中国丛报》及《中国评论》都不乏文章和报道。

《印中搜闻》涉及此方面的主要是两篇文章：一篇题名即为《中国的杀婴》[2]。它极容易引起读者的关注，不仅是因为其整整四个页面的篇幅在以一两段内容的简要报道为主的刊物中比较显眼，而且还因为其编排也非同寻常，既为首篇，又排在该期第一个栏目"大事记"（Journal of Occurrences）之前，相当于现在一般刊物中的"特稿"。细读此文，可以推测出，它是为了反驳阿美士德使团成员克拉

---

[1] 比如，18世纪欧洲思想家中对中国较感兴趣者休谟（David Hume，1711—1776），在其《论古代国家的人口稠密》（On the Populousness of Ancient Nations）一文中讨论中国溺婴对于人口增减的影响时，固然表露出中国的溺婴是陋俗的观点，但总体而言，他对中国没有什么特别评论，而只将此作为论证的依据摆出，因此给人以他只是喜好炫耀自己中国知识丰富之感。参见张国刚、吴莉苇：《启蒙时代欧洲的中国观：一个历史的巡礼与反思》，上海古籍出版社2006年版，第344—345页。

[2] "Infanticide in China," *The Indo-Chinese Gleaner*, Vol. II: 11（January, 1820），pp. 225–228.

主题篇　251

克·阿裨尔（Clarke Abel，1780—1826）日志中怀疑、否认中国存在杀女婴现象的观点。[1]

另一篇则是包含于分五期连载的《中国人的迷信和习俗》一文中。[2] 正文前有署名"P. P. T."者致编辑的信，从中我们了解到，它是源自某个皈依了罗马天主教的中国教徒所撰，内含约380条违背基督徒行为准则之中国习俗的抄本。该文提供者摘译了其中30多项罪孽（sin），相当于中国教徒的30多项"不准"，包括：烧纸钱上供，春节张贴"春""福""寿"字，结婚之日张贴"囍"字和向出嫁离开娘家时的新娘身上撒米，洞房之夜点红蜡烛，赛龙舟或在宗教礼拜日去看龙舟赛，相信喜鹊和乌鸦的叫声分别象征幸与不幸，等等，几乎涉及当时中国人日常生活习惯的方方面面。其中一项罪孽就是杀婴。

《中国丛报》与《印中搜闻》有传承衣钵的关系，在其存续的二十年间，各卷摘引或重刊《印中搜闻》文章者，并非鲜见。上文提到的《中国人的迷信和习俗》即为一例。除此之外，《中国丛报》所

---

[1] 阿美士德使团随团医官克拉克·阿裨尔的日志初版于1818年，作者以观察者和研究者的视角，记录在中国的所见所闻，涉及内容广泛。针对"人们都指责所有的中国人不人道，这种指责的根据是普遍认为中国人溺婴成性……"，作者列举旅途经历，不仅清楚地表明自己的观点——"根据我们的经历，所有的证据，甚至连仅仅证明其存在的证据都根本没有，使我无法相信它的存在"，而且反而还记载了中国许多父母疼爱孩子的事例。参见［英］克拉克·阿裨尔：《中国旅行记（1816—1817年）——阿美士德使团医官笔下的清代中国》，刘海岩译，刘天路校，上海古籍出版社2012年版，第220—221页。

[2] "Divination in China," *The Indo-Chinese Gleaner*, Vol. II: 12 (April, 1820), pp. 318-320; "Superstitions and Customs of the Chinese," *The Indo-Chinese Gleaner*, Vol. II: 13 (July, 1820), pp. 359-360; Vol. III: 16 (April, 1821), pp. 59-61; Vol. III: 17 (July, 1821), pp. 133-136; Vol. III: 18 (October, 1821), pp. 189-195. 此文后被《中国丛报》转载，页眉标为"中国人的迷信"（Superstitions among the Chinese），参见 "Prohibitions Addressed to Chinese Converts of the Romish Faith. Translated by P. P. Thoms, with Notes Illustrating the Customs of the Country. From the Indo-Chinese Gleaner," *The Chinese Repository*, Vol. XX: 7 (February, 1851), pp. 85-94。

刊与杀婴有关的还有十数则，较《印中搜闻》丰富：

在游历广州、厦门、福州、上海等地的简讯或长篇游记中提及。[1]

在相关书评中涉及的，包括：《先生们的日志》[2] 中对于郭实腊（Charles Gutzlaff，1803—1851，又译为郭实猎、郭士立等）的《中国沿海三次航行记》[3]，《英国与中国的关系》[4] 中对于约翰·巴罗（Sir John Barrow，1764—1848）的游记[5]，卫三畏对于郭实腊的《开放的中国：中华帝国概述》的书评——《开放的中国》[6]，裨治文对于麦都思1838年在伦敦出版的同名著作的书评，即《中国的现状及展望》[7]；

1　See "An Outcast," *The Chinese Repository*, Vol. IV: 2 (June, 1835), p. 102; "A Few Notices of Things at Amoy," *The Chinese Repository*, Vol. X: 11 (November, 1841), pp. 638-639; "Narrative of a Recent Visit to the Chief City of the Department of Chángchau, in the Province of Fukien," *The Chinese Repository*, Vol. XII: 10 (October, 1843), pp. 523-533; "Notices of Fuhchau fú, by S. Johnson, Missionary of the A. B. C. F. M. Communicated for the Chinese Repository (Continued from Page 500)," *The Chinese Repository*, Vol. XVI: 11 (November, 1847), pp. 513-528; "Walks about Shánghái, with Notices of the City and Its Inhabitants, from a Private Journal, by Viator," *The Chinese Repository*, Vol. XVII: 10 (October, 1848), pp. 530-536.

2　"Journal of Messrs," *The Chinese Repository*, Vol. II: 12 (April, 1834), pp. 529-553.

3　即 *Journal of Three Voyages along the Coast of China in 1831, 1832, & 1833 : With Notices of Siam, Corea, & the Loo-Choo Islands* 一书。

4　"British Relation with China," *The Chinese Repository*, Vol. III: 9 (January, 1835), pp. 406-416.

5　马戛尔尼使团运送礼品总管约翰·巴罗的游记——*Travels in China, Containing Descriptions, Observations, and Comparisons, Made and Collected in the Course of a Short Residence at the Imperial Palace of Yuen-Min-Yuen, and on a Subsequent Journey through the Country from Pekin to Canton* 于1804年也即使团回国十年后在伦敦出版，相比于同使团其他成员的记述，巴罗轻于记载行程，重于描述旅途见闻，并包含了不少比较和思考。关于杀女婴，详见［英］约翰·巴罗：《我看乾隆盛世》，李国庆、欧阳少春译，北京图书馆出版社2007年版，第124—126页。

6　"China Opened," *The Chinese Repository*, Vol. VIII: 1 (May, 1839), pp. 84-98.

7　"China: Its State and Prospects, with Especial Reference to the Spread of the Gospel: Containing Allusions to the Antiquity, Extent, Population, Civilization, Literature, and Religion of the Chinese. By W. H. Medhurst, L. M. Soc. London, 1838, pp. 582. 8vo.," *The Chinese Repository*, Vol. IX: 2 (June, 1840), pp. 74-83.

在论中国妇女地位的文章中涉及的，如《评中国女性的境况》[1]。

戒杀女婴的告示和文章各一篇，包括 1838 年 2 月 19 日广东柯（Ke）巡抚发布的告示[2]、裨治文摘译的《杀婴：湖南贵中孚戒溺女文》[3]；有一份长达 8 页的专题调研报告，即美国传教士雅裨理（Rev. David Abeel，1804—1846）的《福建杀婴纪实》[4]。

与《中国丛报》一样，《中国评论》内容也庞杂，涉及面广，但关注的侧重点有所变化，最为明显的即是重民轻刑。与此相应，对于杀女婴，《中国评论》仅有数则。其中，最值得关注的是两篇文章：一是《杀女婴，摘自未刊的厦门史一书》[5]，作者是曾任浙海关（宁波）副税务司的英国人休士（G. Hughes），该文详细引述雅裨理的《福建杀婴纪实》，认为不能怀疑他在泉州、漳州调查的真实性，还转述了英国传教士倪为霖（W. McGregor）对于中国杀女婴的观察和分析；另一是美国传教士玛高温（M. J. Macgowan）的《中国流行杀婴》[6]。另

---

[1] "Remarks, Concerning the Condition of Females in China," *The Chinese Repository*, Vol. II: 7 (November, 1833), pp. 313-316. 该文作者为特雷西（Ira Tracy），他是 1833 年和卫三畏一起来华的美国海外传教部总会（American Board of Commissioners for Foreign Missions，简称"美部会"）的传教士。

[2] "Infanticide, as Described in a Proclamation, Addressed to the People of Canton, by His Excellency Ke, the Late Lieut. -Governor of the Province. Dated February 19th, 1838," *The Chinese Repository*, Vol. VII: 1 (May, 1838), pp. 54-56.

[3] "Infanticide: Translation of 湖南贵中孚戒溺女文, an Essay Warning People against the Practice of Drowning Their Female Children: By Kwei Chungfu of Húnán," *The Chinese Repository*, Vol. XVII: 1 (January, 1848), pp. 11-16.

[4] "Notices of Infanticide Collected from the People of Fukien. By the Rev. David Abeel," *The Chinese Repository*, Vol. XII: 10 (October, 1843), pp. 540-548.

[5] "Female Infanticide from an Unpublished History of Amoy," *The China Review*, Vol. II: 1 (July, 1873 to June, 1874), pp. 55-58.

[6] "Prevalence of Infanticide in China," *The China Review*, Vol. IV: 4 (July, 1885 to June, 1886), pp. 205-208.

有两则短讯，一则名称即为《杀女婴》[1]，摘录上海官员戒杀女婴的告示；另一则是《本地人的杀女婴》[2]，它是署名"J. N."的作者针对上述休士文章中提及的倪为霖的杀女婴"在广东省，本地人中几乎没有，而在客家人和鹤佬人中却很普遍"这一观点的反驳。

相比于诸如政治体制、行政管理、刑罚、审判、婚姻、继承等较具专业性的问题，谈论杀女婴的资格和门槛要低得多，只要来华者对于中国事务有点兴趣或者即使只有猎奇心，谁都能说上几句，或长篇大论，或见闻感触。除上述三份期刊外，来华西人创办的其他英文报纸如《广州纪录报》（The Canton Register）、《字林西报》（North China Daily News）、英文刊物如《中日释疑》（Notes and Queries on China and Japan）、《皇家亚洲文会北华支会会刊》（Journal of the North-China Branch of the Royal Asiatic Society）、中文报纸如《申报》等，都载有中国杀女婴的报道和评论。

此时期来华西人中的重要人物，除了汇总前述《印中搜闻》《中国丛报》和《中国评论》相关文章时已提及者之外，还有许多，如乔治·斯当东（George L. Staunton, 1737—1801，即老斯当东）、小斯当东（George T. Staunton, 1781—1859）、马礼逊（Robert Morrison, 1782—1834）、米怜（William Milne, 1785—1822）、德庇时（J. F. Davis, 1795—1890）、施美夫（George Smith, 又名"四美", 1815—1871）、倪维思（John L. Nevius, 1829—1893）、卢公明（Justus Doolittle, 1824—1880）、费时本（Captain Fishbouine）、古伯察

---

1 "Female Infanticide," *The China Review*, Vol. I: 4（July, 1872 to June, 1873）, pp. 272-273.

2 "Female Infanticide among the Punti Chinese," *The China Review*, Vol. II: 2（July, 1873 to June, 1874）, pp. 130-131.

(Évariste-Régis Huc，1813—1860)、麦华陀(Walter H. Medhurst，1823—1885)、赫德(Robert Hart，1835—1911)、林乐知(Young J. Allen，1836—1907)、何天爵(Chester Holcombe，1844—1912)、丁韪良(W. A. P. Martin，1850—1916)、麦高温(J. Macgowan，？—1922)、明恩溥(A. H. Smith，1845—1932)、E. A. 罗斯(E. A. Ross，1866—1951)、约翰·斯塔德(John L. Stoddard)等等，都曾留下相关述评，其中有的本身就是上述报刊的创办人、编辑或作者。

19世纪的欧美人，包括传教士、商人、外交官、海关职员、军人、记者，他们前赴后继来到中国，身份有别，目的也不同，但借用王赓武先生所言，肯定不是为了"交友和学习"，而主要是为了"传教、贸易、统治或打仗"。[1] 当时的中西关系、交通条件，及个人的目的和处境、知识和性格、在华时间和活动范围等因素，都会影响乃至左右他们眼中的中国形象、他们笔下的中国习俗和制度。

综合这些来华西人对于中国杀女婴这一问题的记载和评论，可以感受到，除了一些泛泛而谈，没有时和地的具体指向的以外，其他记述几乎都可说是"地方性知识"，如同赫德在宁波期间的日记中所说，"在任何我可能使用'中国人'这个字眼的情况下，我是较为肯定地从宁波观点来提到中国的"[2]，都是记述者个人在某地生活、游历的见闻、观感或调研。既然他们不是为了"交友和学习"，加上又受限于外部条件和自身情况，因而很难抑制主观主义和神秘主义，根本不可能做到格尔茨(Clifford Geertz)在名作《文化的解释》中所

---

[1] 王赓武：《1800年以来的中英碰撞：战争、贸易、科学及治理》，金明、王之光译，浙江人民出版社2015年版，第7页。

[2] [英]赫德：《步入中国清廷仕途：赫德日记(1854—1863)》，傅曾仁等译，中国海关出版社2003年版，第186—187页。

倡导的"深描"（thick description）[1]，他们不可能认真理解中国人的理解方式与表达方式，也不会意识到自己的记述会受到"从什么位置看"及"用什么东西看"这两个因素的影响，更不可能有格尔茨那种"钻进土著人的脑中"解释他人文化的精神。

二、偶发还是盛行：中国杀女婴的描述差异

毫无疑问，在19世纪的中国，杀女婴问题存在，且有地区性差异，不仅清代历朝实录、地方志等史料不乏记载，戒杀婴告示的不断颁布及报刊上戒溺女歌、戒溺女图的反复刊载都是重要佐证。对此时期杀女婴流行的区域、原因及朝野的禁革措施等方面，当代学界已有不少关注。[2] 若将来华西人的相关论述，尤其是其中有具体时间、地点的记述，与中文相关文献进行比对，必然会发现其中的或真或假。但是，比起此，笔者认为，更值得分析的是，来华西人的记述彼此之间有哪些不同，由此导致的价值评判有何差异，及其缘由何在。在浏

---

[1] 关于"深描说"，详见［美］克利福德·格尔茨：《文化的解释》，韩莉译，译林出版社2014年版，第一章"深描说：迈向文化的解释理论"。

[2] 较早的有史学前辈冯尔康，他在《清代的婚姻制度与妇女的社会地位述论》（载《清史研究集》第5辑，光明日报出版社1985年版）及《清人社会生活》（与常建华合著，天津人民出版社1990年初版，沈阳出版社2002年重版）等论著中，就有精辟的阐述。最近十多年，专门针对溺女婴及论述近代的育婴堂、童养媳、人口史等专题时附带论及杀女婴的论文也不少。比如，柳红："清代溺女问题研究"，福建师范大学硕士学位论文，2002年；田红湖："近代东南地区溺婴问题研究"，陕西师范大学硕士学位论文，2016年；汪毅夫："清代福建救济女婴的育婴堂及其同类设施"，《中国社会经济史研究》2006年第4期；陈和平："清代童养婚盛行之法社会学探因"，《南昌大学学报（人文社会科学版）》2014年第1期；柏华、周围杉："明清溺毙子女现象分析"，《苏州大学学报（法学版）》2014年第2期；陈熙："清至民国福建溺婴现象与育婴堂研究"，《地方文化研究》2015年第2期；等等。

览、研读他们的记述时,其中的差异、冲突及多变也确实令我印象最为深刻。

就笔者阅读所及,除了阿美士德使团部分成员日志对中国存在杀女婴持否定观点或者没有提及外,[1] 其他人对此则几乎没有分歧,不一致之处仅在于,在中国或其中某个区域范围内被杀女婴的数量及民众的态度,引申出来的问题即是,杀女婴在中国是偶发还是盛行,是属于一般陋俗还是本源于中国人残忍的本性?

认为中国盛行杀女婴的观点比比皆是,纵向梳理归纳如下:

一是马戛尔尼使团成员的日志。

前已提及,《中国丛报》的一则书评中曾引用巴罗的观点。确实,巴罗在日志中有很细致的描述。大意是,据自己随使团逗留于京城皇宫圆明园五周期间与天主教传教士的交谈,确信北京杀婴现象严重,官府对此不加阻止,巡街兵丁心照不宣的责任只是每天清早雇人拖着板车收检被弃的婴尸,此前夜晚则听任野狗任意撕咬尸体,惨不忍睹。他还估测,每天大概有24个、年均有近9000个婴儿被杀害。

使团副使老斯当东日志的出版(1797年)早于巴罗,对于弃婴也有评述。他写道,中国的法律同孝道相结合,在中国人的观念中,子女完全属于父母,对不孝敬父母的子女要处以刑罚,而且中国人习惯上认为,有知觉的生命才宝贵,弄死一个刚刚降生尚没有知觉的婴孩虽然心理上可能有些不忍,但并不算一件了不起的大罪恶,而因男孩可以传宗接代,女孩出嫁之后便成为别人家的人,所以认为抛弃女

---

[1] 除阿裨尔持否认观点外,使团其他成员如副使亨利·埃利斯(Henry Ellis)初版于1817年的日志(中文版名为《阿美士德使团出使中国日志》,刘天路、刘甜甜译,刘海岩审校,商务印书馆2013年版)中,尽管不乏抨击中国政制及法律的内容,但对于杀婴、弃婴也没有描述。

婴比抛弃男婴罪过要小。与巴罗一样，老斯当东也列举了一个数字，"据一位可靠的传教士估计，北京每年约有两千弃婴，其中大部分是死孩子"，传教士们挽救了其中一些一息尚存的弃婴。[1]

二是《印中搜闻》的两篇文章。

《印中搜闻》由第一位来华新教传教士马礼逊与同受伦敦传教会派遣来华协助其传教，后转至马六甲开创传教据点的米怜创刊于马六甲，从刊文来看，它对于中国事务基本上持抨击和否定的态度。所载的两篇涉及中国杀女婴的文章，也体现了这种负面基调，它们都对否定、怀疑中国流行杀女婴的观点进行反驳，尽管没有表明是基于亲眼目睹或实地调查。

《中国的杀婴》一文明确指出，中国这一问题十分严重，从当地人坦承、劝阻父母不要杀女婴的训文和长期居住于中国的欧洲人的观察，都能得到证实，而使团官员的旅行往往是匆匆忙忙的，而且多是沿着大路或主干河流，所以才看不到。杀婴是中国法律没有关注到的或者是法律实施者不加理会的非法行径，当然，如同欧洲人对于醉酒罪，中国人对此也不会觉得自豪，因而会注意以他们认为得体的方式进行。至少在广东，他们不会将这种事主动展示在外国人眼前，自然经过此地的使节们也就发现不了。作者还强调，杀女婴在中国的的确确存在，而且中国人基本上习以为常，并不认为这有多么稀罕、可怕，尽管就其严重程度尚提供不出量化的依据。编者最后还附了两篇"论溺女婴"的文章，以抨击这种残酷行径和重男轻女的落后习俗，

---

[1] 老斯当东这一日志的英文名为 *An Authentic Account of an Embassy from the King of Great Britain to the Emperor of China*，细致记载了使团的出使缘起、筹备过程，及从出发来华到回到英国的全行程，且附有中国的人口、国库收入、文武官职数及中英贸易统计等表格。该书有多个中译版，本章所引内容，参见［英］斯当东：《英使谒见乾隆纪实》，叶笃义译，上海书店出版社1997年版，第331—332页。

内引了诸如缇萦救父、杨香救父的故事,以戒杀女婴。[1]

在《中国人的迷信和习俗》一文,摘译者就罪孽之一——杀婴特别增加了两段注释,指出,连中国人自己都作证,杀女婴千真万确地存在,最流行的方法就是闷死,即,将一张沾了点醋的纸,蒙于婴儿脸上,这样就能同时阻止其用鼻子或嘴巴呼吸。同时说道,中国人还常将上了年纪的人或其他患病者也杀死。在广东省惠州、嘉应等地,杀女婴十分流行。但遗憾的是,法律似乎并不将此当作犯罪,结果导致这些地区的男性人口远多于女性,许多父母不得不到其他地区为儿子买妻。[2]

三是郭实腊、雅裨理的记述。

郭实腊和雅裨理都是著名的来华传教士,当我们探讨19世纪尤其是三四十年代,即第一次鸦片战争前后的中西交流(或曰冲突)史时,他们都是不可忽视的人物,"不可忽视"的表现之一就是他们对于中国包括杀女婴在内等问题的记述。

郭实腊的《中国沿海三次航行记》《开放的中国:中华帝国概述》都广受关注。就杀女婴问题,他毫不含糊地指出,在中国的穷人中,溺女婴非常普遍,溺杀时若无其事甚至谈笑风生,中国人的家庭中,父亲权力很大,有权主宰孩子的命运。他还表示,此种行径伤天害理,自己本不愿详述,只是希望能借此激起人们来中国传播福音的积极性。

相比于郭实腊,雅裨理有关杀女婴的记述更含数字、地点和人

---

[1] See "Infanticide in China," *The Indo-Chinese Gleaner*, Vol. II: XI (January, 1820), pp. 225-228.

[2] See "Superstitions and Customs of the Chinese," *The Indo-Chinese Gleaner*, Vol. III: 18 (October, 1821), p. 193.

物，显得详尽、细致，因而会给人以中国尤其是厦门一带杀女婴甚为泛滥的印象。

前引雅裨理的长篇调查报告——《福建杀婴纪实》，是他为了回应对于其此前发表的厦门游记中论及杀女婴普遍存在，但却未能列明接受征询者的人名、住处和家庭史，而且调查也不够深入和广泛而做的回应。[1]

正因为此，雅裨理在这一份纪实报告中，详述本人在泉州五县（同安、安溪、晋江、惠安和南安）、漳州七县（龙溪、漳浦、南靖、海澄、长泰、和平及诏安）的调查。其中，同安最为严重，经在四十个村的调查得出，尽管各村程度不等，多则百分之七八十、少则百分之十的女婴被杀死，也就是说，平均约39%的女婴一出生就遭杀害。在南安县，这个数字是36%，安溪县是近30%，晋江和惠安稍好，不到16%。在漳州七县中，调查所得的结果是，龙溪县25%至30%，漳浦县25%，南靖县33%多，海澄县20%至25%，另外三个县都是至少25%。除了实地调研，雅裨理还就此向数百名来厦门的应考者调查，向厦门官员征询，结果都证实杀女婴普遍存在。进而，雅裨理列举了一些调研过的具体村庄、目击证人。他认为，根据这些证据，即使并非在福建各地都存在杀婴，但也足以证实，在泉州、漳州一带，

---

1 在《厦门见闻若干》中，编者先是摘录雅裨理在牧师文惠廉（Wm. J. Boone）陪同下游历中国沿海尤其是福建厦门一带的游记内容。其中有关杀女婴，雅裨理记载，自己曾直接询问过一名来到鼓浪屿的商人是否杀过刚出生的女儿，得到的回答是"两个"，并且他的8个兄弟（有教师、海员、小商贩）也都有过，共约"12至17个"女婴被杀，最终这一大家子，仅留下3个姑娘，等等。摘录这些内容后，编者提出疑问，希望雅裨理能做进一步调查，并要列明这些人的名字、住处和家庭史，不仅要深入而且还要拓宽在福建的调查范围，认为，唯有如此，他的观点才能令人相信。See "Kúlángsú and Amoy, with Notices of Christian Missions There, of the Manners of the People, Infanticide, &c.," *The Chinese Repository*, Vol. XI: 9 (September, 1842), pp. 504–509.

主题篇　261

杀婴程度不等地存在。不过，他也承认，最近二三十年来，这种行径已有所减少，至少在部分地区是如此，这得益于有识之士的呼吁，及育婴堂的创建等措施。

四是19世纪50年代之后的记述。

19世纪中叶，来华外国人因中西条约的签订而增多，他们的活动范围扩大，工作方式多样，传教、经商、创办报刊等都趋于活跃，相应地，有关中国的记述也更多了。

曾在中国传教十四年、穿越整个中国进行过颇具传奇性和神话色彩的长途旅行的法国天主教传教士古伯察在回国后，先后出版了其从蒙古到西藏的游记即《鞑靼西藏旅行记》（1850年），从康定到澳门的游记即《中华帝国》（1854年），不仅在法国朝野，而且被译成多种其他语言在欧美国家出版，产生了巨大反响，或许它们是19世纪50年代西方世界影响最大的中国游记。[1] 他在游记中也记载，在中国，掐死、溺死婴儿的事件多得不可计数，并明确断言"其发生率当然远远超过世界其他地方"[2]。

英国人休士在前引刊载于1874年《中国评论》上的《杀女婴，摘自未刊的厦门史一书》中，也持中国人道德上最突出、最恶劣的表现之一即是杀女婴的观点。他在介绍雅裨理的描述和倪为霖的分析之后指出，因为大批女婴遭杀害，导致厦门男女人口比例失调严重于全国其他地区，其必然的结果是，通奸泛滥，道德沦丧。同时，从其摘述中还可看出英国长老会传教士倪为霖认为杀婴在泉州、漳州一带

---

[1] 详见耿昇："法国遣使会士古伯察的入华之行（译者代序）"，载［法］古伯察：《鞑靼西藏旅行记》，耿昇译，中国藏学出版社2006年版。

[2] ［法］古伯察：《中华帝国纪行——在大清国最富传奇色彩的历险》（下），张子清等译，南京出版社2006年版，第179页。

普遍存在的观点。倪为霖还具体分析道，这绝非仅发生于穷人家，在殷实之家，如若连续生下两三个女孩，通常只会留养一个；虽然中国的文人志士在日常会话中也会谴责此种行径，但他们并不会将此看作有失道德，而且极有可能在家中自己也实施或听任实施这种残暴行为；官员们经常签署禁止告示，但却从不采取任何实质性措施；普通中国人根本不认为杀女婴应该遭到谴责，也不觉得是羞耻之行；妇女更乐于亲手实施这种行径，当被问及是否会杀死亲生女儿，她们几乎毫不犹豫地给出肯定回答；在泉州、漳州一带，约有一半的女婴，要么一出生就被灭，要么出生后由于疏于照料而夭折。倪为霖还认为，在中国不同的地区、不同的部落，杀女婴的严重程度有别，比如，在广东省，本地人中几乎没有，而在客家人和鹤佬人中却很普遍。

此外，丁韪良、明恩溥、卢公明、施美夫等都持杀女婴在中国（至少在某些区域）非常普遍的观点，并有篇幅不等的具体描述。

但当细读此时期来华西人关于中国杀女婴的记述时，还会感到另一种声音的存在，也就是，对于这种观点的质疑，对于那些大肆描述、声称中国的杀女婴如何普遍、如何严重、中国人本性就是残忍的观点不以为然。

比如，小斯当东在英译版《大清律例》（1810 年）中，对于其中第 319 条"殴祖父母父母"做了注释。他认为，在中国，父母并不是在任何情形下都被赋予绝对权威，存在杀婴是事实，但程度遭夸大，而且更不能将此作为中国人品性就是极端残酷、冷漠观点的论据。在译者序中，他对此的态度也类似，指出，不可否认，杀婴罪是中国人品格上难以磨灭的一大污点，但是在极少数迫不得已的情况下，确实也情有可原，比如，家庭极度贫困或者婴儿有先天缺陷，会变成痛苦的负担。而相比之下，类似处境的罗马人的家父的表现更加不近人情，在古代罗马，杀婴的残忍行为甚至得以合法化。[1]

《中国丛报》的明确宗旨之一，就是以评述出版于欧美的有关中国的书籍的方法，来说明中国已经发生的变化，及变化产生的方式和时间，并分析这些书中的阐述何者为实、何者为虚，以阻止那些充斥着毫无价值的论述的西方书籍再版。编者认为，不仅以前出版的书籍存在许多问题，即使是同时代西方作者的著述中，也总有不清楚和不足之处，往往彼此矛盾，故而要以期刊方式，定期向在中国、美国及欧洲的西方人介绍中国的真实情况。[2] 鉴于此宗旨，《中国丛报》刊载过不少质疑、驳斥在欧美社会广受关注的来华西人的一些论著，其中，先后主持该刊的裨治文、卫三畏就曾分别撰文质疑中国杀女婴盛行的观点。

裨治文在前引书评——《中国的现状及展望》[3] 中，针对麦都思关于杀女婴的描述和观点提出了疑问。麦都思认为，中国人一直存在这个恶俗，仅仅是因为吝啬，若将女儿养大，花销多于将她出嫁时所能收到的聘礼，父母会觉得经济上不合算。他还认为，这基本上与民众的贫穷程度成正比，并通过它的流行状况能够推测出人口密度和居

---

[1] 《大清律例·刑律·斗殴下》"殴祖父母父母"条有一款：其子孙违犯教令，而祖父母、父母（不依法决罚而横加殴打）非理殴杀者，杖一百；故杀者（无违犯教令之罪，为故杀），杖六十、徒一年。本章引用的即是小斯当东对于此款的注释。George Thomas Staunton (ed. and trans.), *Ta Tsing Leu Lee; Being Fundamental Laws, and a Selection from the Supplementary Statutes, of the Penal Code of China*, T. Cadwell and W. Davies, 1810, pp. x, 347.

[2] "Introduction," *The Chinese Repository*, Vol. I: 1 (May, 1832), pp. 2-3.

[3] "China: Its State and Prospects, with Especial Reference to the Spread of the Gospel: Containing Allusions to the Antiquity, Extent, Population, Civilization, Literature, and Religion of the Chinese. By W. H. Medhurst, L. M. Soc. London, 1838, pp. 582. 8vo.," *The Chinese Repository*, Vol. IX: 2 (June, 1840), pp. 74-83.

民的贫穷程度,南方省份经济状况不佳,所以杀女婴现象更加严重,等等。在摘录麦都思这些观点之后,裨治文非常困惑于麦都思的观点依据何在,根据其本人的了解,中国的杀婴远没有麦都思说得那么普遍,或许将来的调查会改变他自己现在的这种看法,但迄今所掌握的事实并不能证实麦都思的陈述,而事实上,中国人普遍视之为邪恶行径,实施者会被斥为"禽兽不如"。裨治文还指出,倘若读者仔细阅读麦都思的书,将会发现,他根本没有提供任何一名本地人的证言。不过,他也认为,麦都思此书并非毫无可取之处,至少概论了中国人的品性和特征,他低估中国或许是因为在中国时境遇不佳,而且接触的主要是沿海地区,写作时又已离开中国。言下之意,麦都思的观点是以偏概全、道听途说的。

卫三畏在前引《开放的中国》一文中,针对郭实腊书中明确提出的中国杀婴事件普遍的观点,指出,郭实腊的权威致使许多外国人因此形成中国盛行此恶行的观念。但我们怀疑,他的这一观点是否源于自己的失望及对中国人品性的低估,虽然受篇幅所限不能列举数据来驳斥他,但郭实腊以不可靠的方式所做的观察和得出的结论是言过其实,留给读者太大的想象空间,容易混淆视听,因而希望他能提供更确凿的目击证人证言。

此外,前已提及的《中国丛报》中的另一篇书评——《英国与中国的关系》,对于巴罗的北京杀婴现象严重的观点及其具体描述也持怀疑态度,指出:"在获得比巴罗先生所引证的更有效的证据,及相关论著描述不存在彼此矛盾的证据之前,我们并不认为他关于北京杀婴这些描述令人信服。"

曾作为使团成员,担任阿美士德勋爵(Sir William P. Amherst,

1773—1857）的翻译，后任职东印度公司，1844年起出任第二任香港总督的德庇时，谈到中国的杀女婴时认为，"这并非普遍现象"，而且"这种情况只发生在大城市。在那些人口稠密的地方，生存的艰辛使最贫穷的人们无法生育子嗣"，对中国十分了解的罗马天主教神父们习以为常地给这些让人不胜烦扰的事件涂上一层自己的色彩，夸大其程度和数量，因为这样做可以为他们的传教事业增光添彩。[1]

19世纪下半叶，这种质疑仍然存在。前文已经提及的发表于《中国评论》上的美国传教士玛高温的《中国流行杀婴》一文，倘若不细读，想当然地会以为作者的观点是中国流行杀婴，但其实，作者对此却是怀疑的。他当然不否认中国存在杀婴现象，并提出迷信、饥荒和贫穷是杀婴的三个原因。接着，玛高温话锋一转，提出，肤浅的观察者经常过分夸大中国杀婴的严重程度，这是因为，他们并不了解，在中国，如果婴儿或儿童死亡，通常的做法是，将其用草席一裹就弃于野地或墓地，而不会像对待成人亡故者那样举行正式葬礼，所以看到死女婴就误认为都是被溺死的。

1839年随父亲麦都思来华，先是担任英国驻上海领事的翻译，后担任福州、上海、汉口等地领事的麦华陀，在其《在遥远中国的外国人》(*The Foreigner in Far Cathay*, 1872) 一书中指出，多数英国人认为中国是一个杀害婴儿的民族，这源自好奇的观光客甚至谨慎的旅行家的故事。当然，有些城市和地区有杀死女婴的习俗，有的不很显著，有的则更少，有的根本就没有这一习俗。麦华陀甚至认为，同某些欧洲城镇盛行的陋习相比，中国大多数城市里的这种行为算不了什么，

---

[1] 参见［英］约翰·弗朗西斯·戴维斯:《崩溃前的大清帝国：第二任港督的中国笔记》，易强译，光明日报出版社2013年版，第186—187页。该书的英文版名为 *The Chinese: A General Description of the Empire of China and Its Inhabitants*，初版于1836年。

害处也并不比欧洲的大,他们的唯一目的便是企图掩盖自己的过失。[1]

1854年来华的倪维思牧师也否定中国广泛流行杀女婴,认为欧美人夸大了事实,他们所看到的大部分死婴并非遭杀害,而是当时条件下不可避免地夭折的。在中国人观念中,谁家的婴孩死后,一个前世曾与这家有过节的讨债鬼就要附在死婴身上,因此他们随便将此丢弃,不会举行葬礼。[2] 1869年来华的何天爵牧师的观点也与此类似。[3]

综上,就杀女婴在中国是偶尔发生还是广泛流行,观点不一,就连老斯当东和小斯当东以及麦都思和麦华陀这两对父子也持相反态度,曾同一时期在宁波传教的丁韪良与倪维思的观感也不同,尤其耐人寻味。上述的梳理已显琐碎,但肯定仍没有穷尽。[4] 不过,基本观点和总体评判的差异已经得到展现。与此差异相联系的,并且行文中已经部分提到的,对于具体的问题,诸如杀女婴的原因、地域、方法等,也都有各自不同的分析。

总之,对于中国的杀女婴,在19世纪来华西人的笔下有种种分歧,很难将之归纳为诸如欧洲人或美国人、英国人或法国人、传教士或旅行家、新教传教士或天主教传教士、外交官或商人等"眼中的中国杀女婴问题"来加以论述。

---

1 转引自〔英〕约·罗伯茨编著:《十九世纪西方人眼中的中国》,蒋重跃、刘林海译,时事出版社1999年版,第111—112页。

2 参见〔美〕倪维思:《中国和中国人》,崔丽芳译,中华书局2011年版,第203—204页。

3 参见〔美〕何天爵:《真正的中国佬》,鞠方安译,中华书局2006年版,第133—134页。

4 19世纪来华西人的游记、日志及论著不计其数,已译成中文的也举不胜举,仅各类译丛,如"西方视野里的中国形象""西方的中国形象""亲历中国丛书""来华基督教传教士传记丛书""晚清驻华外交官传记丛书"及"国家清史编纂委员会·编译丛刊"等,就有不少此类书籍。

就拿传教士来说,"十诫"之一即是"不可杀人",不管他们是否都能遵循,但至少按照教义,传播福音、拯救生命是重要职责,所以对于杀女婴,他们的关注颇多,但彼此之间也有不同甚至相互矛盾的描述和评判。雅裨理和裨治文是美国最早来华的两个传教士(1830年2月同船抵达广州),裨治文、明恩溥、卢公明都属于美国的公理会,他们的描述不同,甚至基本的评判也不一样。

柯文(Paul A. Cohen)曾指出:"19世纪远离西方到中国的传教士,本来就很可能不是很典型的西方人,而且在中国居住一段时间后,肯定会变得更加不典型。"[1] 这种"更加不典型",某种意义上可能也表现在传教士们看待中国具体问题的分歧上。因此,就传教士群体对于中国杀女婴的认识进行总体勾勒,虽然不是不必要的,但可能难以深入总结。[2]

三、需要即优势:中国盛行杀女婴成为主导性话语

19世纪的来华西人对于杀婴或漠视婴儿致其"自然"夭折这一现象,其实并不陌生。

在法国,早在1557年,亨利二世就颁布一项关于杀婴的法令:在没有举行正式的受洗或葬礼的情况下,私下怀孕或秘密结婚后产下的任何一个婴儿的死亡,都会被当作谋杀判处死刑。此项法令在大革

---

[1] [美]柯文:《在中国发现历史——中国中心观在美国的兴起(增订版)》,林同奇译,中华书局2010年版,第5页。
[2] 参见吴巍巍:"近代来华西方传教士对中国溺婴现象的认识与批判",《江南大学学报(人文社会科学版)》2008年第6期。

命前一直在实施。这从一个侧面表明，杀婴存在，甚至可能不只是零星地存在。不过，该时期对杀婴的声明也显示，其实更受关注的是性欲，而非无辜幼童的灵魂，宣称此罪源于女性的淫荡，未婚母亲、寡妇或不忠的妻子担心自己的淫荡行为被查出而心生羞耻，因此杀婴。这种犯罪过于邪恶，国王不可能给予赦免，对有此恶行的妇女进行应得的审判更符合家庭道德和皇家尊严。[1]

在英国，杀婴是家庭与人口史、法制史、性别史等领域研究的重要内容。在近代早期的英国，杀婴行为也并不罕见，杀婴者要受到法庭审判，未婚而孕的年轻女性、寡妇与弃妇等是主要犯罪者，16世纪以后，杀婴开始被视为一种家庭犯罪，由地方法庭受理。1624年，《阻止毁灭与谋杀私生子法案》首次对杀婴罪作出专门定义：如果女性存在秘密分娩行为，且无法给出婴儿死产的自证，即使缺乏其他证据来认定存在蓄意谋杀，也允许法庭判决死罪。英国的主流观念谴责杀婴，而且认为这是冒犯上帝尊严的重罪。[2] 即使至19世纪维多利亚时代，杀婴仍然存在，乃至有当代英国历史学家断言，这些来华英国人对于中国杀女婴问题的关注，"或许是因为这也是维多利亚时代英格兰的问题之一——对中国的非难或许能转移人们对这一仍存的欧洲社会问题关注的视线"[3]。

可以看出，杀婴问题虽然中西都有，但一者主要是对于女婴，另一者却无关婴儿性别，而是对于因犯了"不可奸淫"之诫而生下的

1　参见［美］娜塔莉·泽蒙·戴维斯：《档案中的虚构：16世纪法国的赦罪故事及故事的讲述者》，饶佳荣、陈瑶等译，北京大学出版社2015年版，第91—93页。

2　参见舒小昀、褚书达："近代早期英格兰杀婴现象"，《中国社会科学报》2016年8月29日。

3　［英］约·罗伯茨编著：《十九世纪西方人眼中的中国》，蒋重跃、刘林海译，时事出版社1999年版，第103页。

婴儿。因此,对于19世纪来华西人来说,比起杀婴,杀女婴会引起他们更多的关注,描述杀女婴时会特别关注杀女婴者的态度,及其是否会遭到周围人的谴责和受到法律的惩罚。

18世纪末19世纪初,在欧洲此前数世纪内相继进行的文艺复兴、宗教改革、启蒙运动,及发端于英国并向法、德、美等国扩展的工业革命之后,欧美在社会权力关系、组织方式和文化观念等方面均发生了变化,也就在这一时期,中国却开始停滞,呈现颓势。19世纪来到中国的欧美人,不再有16、17世纪耶稣会传教士总体上对于中国的那种赞许,而逐渐转变为反感。他们每一个人或多或少都带着宗教、文化的优越感而来,几乎忘了如果说欧美国家已有所进步的话,也只是不久之前的事情,虽然不能说他们所有人都完全否定中国,但其中对于中国较积极乐观的,至多也只是卫三畏的那种态度:"总的说来,中国人表现为奇特的混合体;如果有些东西可以赞扬,也有更多的应予责备;如果说他们有某些显眼的罪恶,他们比大多数异教国家有更多的美德。虚饰的仁慈与内在的猜疑,礼仪上的客气与实际上的粗鲁,部分的创造力与低下的模仿,勤俭与浪费,谄媚与自立,还有其他黑暗与光明并存的品质,奇异地结合在一起。"[1]

毋庸讳言,来华西人眼中中国的罪恶面和黑暗面,就包含了杀女婴、父母杀害自己亲生骨肉若无其事、杀女婴不会遭到亲戚朋友的嫌弃和谴责、杀女婴更不会受到官府的真正干预和法律的惩罚,及某些地区杀女婴的盛行导致人口比例失调从而道德沦丧之事频发。因此,他们对于中国杀女婴问题的描述,展现的主要不是某时某地多少女婴

---

[1] [美]卫三畏:《中国总论》(上),陈俱译,陈绛校,上海古籍出版社2005年版,第583页。

遭杀害，某个父亲或母亲的残忍，某个区域的落后，而是实际构建了这样的中国形象：中国传统文化就一直蔑视女性，男尊女卑由来有自，[1] 中国女性处境恶劣、地位低下，以女性地位来衡量，中国就是道德陵夷、野蛮落后的。

　　福柯有云，"知识通过话语实践形成，话语实践通过知识得到描述"，"话语即权力"。19世纪来华西人对于中国杀女婴的描述，是传播给西方人的中国知识，也是话语。他们的描述丰富、复杂、矛盾、多变，在一个世纪中有衍生、断裂，任何个人关于某个地区存在严重杀女婴问题的断言（即使是基于实地调研而得），本不能得出中国就是盛行杀女婴的结论。但是，为了"传教、贸易、统治或打仗"，需要某种知识、某种话语，而一旦有了这种知识和话语，成了意识形态，也就有了理由，获得了去传播福音、谋取商业利益、管理统治乃至镇压掳掠的权力，正可谓"权力制造知识"，"权力和知识是直接相互连带的"。[2]

　　在19世纪的历史背景下，显然，老斯当东、巴罗、郭实腊、雅裨理、古伯察、明恩溥、卢公明等关于中国杀女婴的描述，就提供了欧美人所愿意接受的知识，是他们所急需的话语。这些人的论著广泛流布，相关的描述和断言也不断扩散，潜移默化，凭借历史的惯性而传播。

　　比如，比起《中国丛报》，即使对于杀女婴其实已经不怎么感兴趣的《中国评论》，在其寥寥数篇文章中，仍然摘录、重复雅裨理的

　　1　丁韪良认为，从《孟子》《诗经》等中就可看到中国倡导男尊女卑的传统，孟子所言"不孝有三，无后为大"，《诗经》有云"乃生女子，载寝之地，载衣之裼，载弄之瓦"，圣人圣书都要对此承担一定的责任。参见［美］丁韪良：《花甲忆记——一位美国传教士眼中的晚清帝国》，沈弘等译，广西师范大学出版社2004年版，第70页。
　　2　［法］福柯：《规训与惩罚》（修订译本），刘北成、杨远婴译，生活·读书·新知三联书店2012年版，第29页。

观点，此时雅裨理离世已有数十年；1897年走马观花短暂游历香港、广州的美国旅行家约翰·斯塔德，在回国后写成的小册子中，也不忘"据说"一下："比如在福建厦门的附近地区，30%的新生的女婴被勒死或是溺毙，就像对待不受欢迎的小动物一样。"[1] 明恩溥的《中国人的气质》各篇，原系作者发表于上海《字林西报》介绍中国人生活、风俗和性格的系列文章，而该报是英国人于中国出版的历史最久、影响最大的英文报纸，1890年该书在上海结集初版，其删改版于1892年在英国出版，后陆续在英美等国出了十几个版本，直到21世纪初还有再版。

还有一个更应提及的实例，那就是古伯察对林乐知的直接影响。

已如前述，古伯察的游记一经出版就引起轰动，虽也遭到一些质疑，但不妨碍其一版再版，风靡欧美，百多年畅销不衰。[2] 他的游记因兼具学术性和趣味性，极有可能是19世纪下半叶来华西人行装中的必备读物。美国监理会来华传教士林乐知，在1860年来华的旅途中，所读第一本关于中国的书，即是古伯察游记的英译本（*A Journey Through the Chinese Empire*），古伯察书中所讨论的，包括中国妇女在社会中低人一等的地位和缠足弃婴、纳妾等现象，就直接影响了他对中国的思考。林乐知到达中国后，经过自己观察，也认同古伯察的观

---

[1] [美]约翰·斯塔德：《1897年的中国》，李涛译，山东画报出版社2004年版，第71页。

[2] 比如，英国驻华外交官密迪乐曾在《中国人及其叛乱》中，用专文《对古伯察先生的意见》评论古伯察的《中华帝国纪行》，指出其所存在的四大方面错误是：制造"内地中国的幻象"、夸大通商口岸的欧化程度，常识性错误和东方主义式的误读，对中国人的民族性的歪曲，撰述结构名不副实。正是因为密迪乐与古伯察在关于中国问题上的针锋相对，有研究者曾将其作为19世纪"表述中国之争"的例证。参见潘玮琳："19世纪的表述中国之争：以密迪乐对古伯察《中华帝国纪行》的批评为个案"，《史林》2010年第4期。

点，开始在中国积极推进创建女传教士团，将关注焦点集中于中国女性，其所创办的《万国公报》及其前身《教会新报》中，都刊载有不少抨击杀女婴并倡导禁止这一恶行的文章。[1] 他主张"提升妇女的地位等同于救赎中国"，此方面的集大成之作即是广学会在1903—1904年出版的《全地五大洲女俗通考》（全书10集，21册，2856页），因此有学者认为："在晚清中国，单独拎出文明的性别标准，并大张旗鼓传播的是美国传教士林乐知。"[2]

主导性话语一经形成，往往会不仅控制形而上的政治、思想领域，而且也影响着人们的价值体系和行为方式，与此同时，相对、相反的声音却会被遮蔽、被淹没。雅裨理的调查纪实中，除了详细列举泉州、漳州等地严重存在杀女婴的具体数据和细节之外，其实还有"最近二三十年来，这种行径已有所减少"的评语，但这种有所肯定的评论在其后的引用（包括《中国评论》那篇文章的转摘）中却少有提及；郭实腊在后期论著如《道光皇帝传》[3] 中对于中国态度的转变，也很少受到引用其早期游记中抨击中国制度的后来学者的关注；古伯察在游记中，一方面断言中国杀婴的发生率"当然远远超过世

---

1 参见［美］贝奈特：《传教士新闻工作者在中国：林乐知和他的杂志（1860—1883）》，金莹译，广西师范大学出版社2014年版，第13、40、132、195页。

2 参见宋少鹏："'西洋镜'里的中国女性"，载刘禾主编：《世界秩序与文明等级：全球史研究的新路径》，生活·读书·新知三联书店2016年版。

3 郭实腊的《道光皇帝传》初版于1852年，对于中国帝制及中国文化的态度明显改变，尽管因题目所限没有涉及此前游记中抨击过的如杀女婴等问题，但书末的最后一句，或许足以让读者感受到他对中国人及其文化的肯定乃至赞美："清国的百姓是富有智慧的，他们的文化魅力完全能跟上帝让欧洲人创造的文化魅力相媲美。我相信，他们能够理解上帝创造人类的初衷及其智慧，就像他们理解自己古老的文化一样。"［德］郭士立：《帝国夕阳：道光时代的清帝国》，赵秀兰译，吉林出版集团股份有限公司2017年版，第230—232页。该书即是《道光皇帝传》（*Life of Taou-Kwang, Late Emperor of China*）的中译本。

界其他地方",但另一方面也质疑和反驳了一些传教士所描述的"中国的江河湖泊之中随处可见婴儿浮尸,路边道旁常有野兽啃食婴儿骨肉",及不少欧洲人深信不疑的"整个中华民族生性野蛮,政府和舆论对虐杀婴儿的罪行置若罔闻",[1] 可这种质疑和反驳在已经相信他所言的中国杀婴事件"多得不可计数"的读者面前,所能起到的效果不足挂齿;《中国丛报》是同时期及其后其他相关西文报刊转载文章的重要刊源,也未见有何刊物转载裨治文质疑麦都思、卫三畏质疑郭实腊的书评,即使他们先后主持该刊,一个被称为"中国问题第一专家",一个是"美国汉学第一人";而倪维思因为发表褒奖中国的观点,早就受到"一些可敬而虔诚的教徒"的劝诫,因为"这会损害基督教及其传教团的利益"。[2] 这种遮蔽和淹没,不管出于有意还是无意,一定意义上可以说,也是萨义德(Edward W. Said)所言的西方的东方学理论的构建途径之一。

四、余　论

以来华西人笔下的中国杀女婴为切入点,就他们的具体描述对于19世纪欧美的中国他者形象构建过程中的影响所做的上述分析,可以让我们感受到知识、话语对于观念形成的重要作用,而且其过程也极为复杂、多变。在此过程中,那些怀疑、否定中国盛行杀女婴观点

---

[1] 参见〔法〕古伯察:《中华帝国纪行——在大清国最富传奇色彩的历险》(下),张子清等译,南京出版社2006年版,第181—182页。
[2] 参见〔美〕倪维思:《中国和中国人》,崔丽芳译,中华书局2011年版,第240页。

者的描述，虽因不符合这种目的而被遮蔽，但他们的质疑、否定，本身也是参与，在促使那个时期欧美国家所需要的主导性话语的形成中，同样也发挥了作用。也就是说，所有这些来华西人，不管持何种观点，他们皆参与了形塑"中国的落后"和"中国人野蛮"的过程。跨语言、跨文化的打量引起的误解或想象，本来就难以克免，无论是19世纪还是现在，都时有见闻。因此，在许多方面，我们还需要不断关注和深入思考。

首先，要关注当代欧美历史学家的相关反思。

就19世纪西人关于包括杀女婴在内的话语，及该时期他们对于中国的认识所存在的偏差和问题，已有一些学者进行了分析。

比如，罗伯茨在《十九世纪西方人眼中的中国》中提出，西方的材料可以说既包含了有关中国的叙述，又带有西方对19世纪的中国及其人民的态度，得出的观点往往会陷入以偏概全的错误之中。他关注到，"对中国流行杀害女婴的看法分歧很大，这类材料得出的结论也大相径庭"，并同时列举了郭实腊、古伯察、费时本有关中国杀女婴问题严重的观点，及麦华陀对此的质疑。

马森也在《西方的中国及中国人观念（1840—1876）》一书中，针对西方作者关注特别多的中国人虐杀婴儿的行为，指出："中国政府颁发反对这一行为的律令正是这种事实存在的证明。但它并没有达到人们所说的那种程度。"[1] 同时，他在该书结语部分总结了16世纪至19世纪西方人的中国观的基本特征及大致变化，表明了自己对于此时期西方人对中国从赞许转为反感的基本态度，即"比起16、17

1　［美］M. G. 马森:《西方的中国及中国人观念（1840—1876）》，杨德山译，中华书局2006年版，第187页。

和18世纪初叶的欧洲人的中国观,19世纪西方人的中国观更让人难以接受",并从双方的社会、经济、文化和外交等方面实力的对照,分析了原因。

民国时期曾长期在华工作的美国学者伊罗生(Harold R. Isaacs),尽管将1840—1905年归为美国人对于中国印象的蔑视期,但同时提醒我们不应该认为"每一个时期都始终如一地反映出该观念","而是每一种想法都始终贯穿于其他时期,与其他时期的许多看法共存,并直至今日。这是因为这些时期不是仅仅由日历或环境所划分的,而是由其中各式各样的人们所决定的"。[1]

络德睦(Teemu Ruskola)《法律东方主义》一书的核心,即在于展示"一个奇特但却几乎被遗忘的故事",那就是,"在整个19世纪,欧洲人对中国法所持的一套驳杂的偏见如何发展成为一种美国的意识形态与帝国实践,从而使得美国法在缺乏法律的截然不同的东方实施治外法权成为必要"。[2]

这些分析均有启发意义,对于跨文化研究、比较法律史等领域的研究尤其有参考价值。

其次,当分析叙事、话语及外国人的中国观形成的复杂和多变时,要特别关注到重要的叙事者本身前后的变化。

正是因为各个时期欧美人对于中国的印象"是由其中各式各样的人们所决定的",所以当我们关注他们对于中国的描述和评判时,还要特别注意到,即使同一个人,因性格或处境的变化,对于中国问

---

[1] [美]哈罗德·伊罗生:《美国的中国形象》,于殿利、陆日宇译,中华书局2006年版,第43—44页。
[2] [美]络德睦:《法律东方主义:中国、美国与现代法》,魏磊杰译,中国政法大学出版社2016年版,第2页。

题的认识可能也会有变。小斯当东作为阿美士德使团副使,在出使遇挫之后,对于中国的看法就开始发生转变,《异域录》(1821年)是他继《大清律例》之后,再一次试图通过翻译来让英国社会认识中国的重要译著,但一改在《大清律例》"译者序"中的口吻,在脚注评论中多的是负面评判,及至他后来在议会中极力论证与中国交战的合理性,即是一例。而在此,最应该提及的重要人物,可能就非郭实腊莫属了。

在《中国沿海三次航行记》及《开放的中国:中华帝国概述》中,郭实腊曾对包括杀婴等问题大肆渲染,进行抨击。在同时期发表的其他论文中,对于中国,他也是一否再否,比如在《评论中国的历史和年表》[1]一文中抨击中国的帝制,认为中国的皇帝是践踏法律,将整个国家禁锢于铁镣之下的专制君主。

但至1852年,在其《道光皇帝传》中,明显可以读出他对于中国帝制的态度发生了变化,似乎还显示出了格尔茨语境中的那种"对理解的理解"(the understanding of understanding)。在该书"序言"中,郭实腊指出,"清国的制度设计中恰恰缺失了对皇权的限制",但事实上,皇帝要受到许多约束,此书重点即是列举清国皇帝在皇权体制中受到的各种限制,以客观评价道光帝的功过,认为"事实上,皇帝在种种限制下,有时还不如一位普通的农民自由"。同时,他还在书末对于中国人及中国文化给予了充分的肯定。

或许是家庭的宗教信仰、幼年时的磨难和青少年时期的曲折经历,促使郭实腊形成了复杂、矛盾的性格。对于他,同辈人有相似的

---

[1] "Remarks on the History and Chronology of China, from the Earliest Ages Down to the Present Time," *The Chinese Repository*, Vol. II: 2 (June, 1833), pp. 74-85.

一些评语。卫三畏认为,他"是罕见的性格复杂的人,很难令人理解。他的性情非常乐观,而他的狂热充溢到他看事情会扭曲的程度,即使别人较为清醒冷静,他也不愿意接受别人的修正意见"。而英国传教士合信(Benjamin Hobson,1816—1873)甚至称其为"牧师和海盗、小丑和天才、慈善家和骗子的结合体",行为更是"全然疯狂、奇特与不可理喻"。[1] 尽管这些均多多少少地夹杂有个人感情好恶,但对于郭实腊的这样评价,让人不禁心生猜忌,他的包括杀女婴在内的有关描述,有多少不是因他的一时兴起,态度的改变又有多少是源于这二十多年中国制度和社会本身的真正改善。

斯当东和郭实腊都是19世纪上半叶中西文化交流史上响当当的人物,他们的论著是当时欧美人了解中国的重要渠道,他们对于中国问题的描述和评判的变化,大致而言,一个是由褒转向贬,一个却是从贬趋于褒,影响不可小觑,而且也正从一个侧面体现了该时期欧美的中国叙事的复杂多变。

其他的曾对于中国盛行杀女婴观点持质疑、否定态度者,如裨治文、卫三畏,及曾长期生活于中国并将中国当作自己第二故乡的其他一些欧美人,即使他们在总体上对中国人抱有同情心,也极少有人能全盘"接受"杀害女婴等暴行,也会在某些场合针对某些问题来抨击中国人的蒙昧、冷漠和残忍,他们的叙述也同样复杂多变。

最后,19世纪欧美抨击中国杀女婴等问题的主导性话语及所形成的负面中国观的影响,不只属于历史,也流传并留存于当下,我们应当正视。

19世纪末20世纪初,来华传教士人数急剧增加,其中就包括大

---

1 参见李鹜哲:"郭实猎的早年经历",《文汇学人》2016年7月22日。

量的女传教士。仅就美国的来看,在华传教士在1890年到1905年间翻了一倍多,到1919年又再次翻倍,达到3300人,其中,传教的女性人数迅速超过男性。也是在1919年,美以美会和监理会在华女传教士均已达到男传教士的两倍多,而美部会更是自夸单身女性的人数达到了已婚和单身男性的总和。[1] 可以说,雅裨理们的"纪实"报告和林乐知们的"大张旗鼓传播",在其中所产生的刺激作用不容置疑。

何伟亚（James L. Hevia）在《英国的课业》一书中,不但解析"被物化了的统一的西方",指出"字词和形象不仅仅是说服,它们也是某种强制",而且还质疑"明恩溥一类传教士的中国知识",对于"将中国人构建成为一个完全种族化了的他者"的这些知识的实际作用和影响进行了分析。他明确说道,自己撰写此书即是为了"能够削弱这些形象的影响力,并且有助于在各民族之间发展起更具建设性的对话"。[2]

确实,西方虽然不是整体,但他们关于中国的观念,却跟整个西方与中国之间的错综相连的关系纠缠在一起,而不同的视角所呈现出来的历史记载,既有出入又很复杂,双方其实都没有与对方达成和解。至今,困惑、憎恨都没能完全释怀,我们不能忘记他们曾在中国的作恶多端,他们也同样会忆起中国曾经的种种"残忍",因此,时不时地,过去就会被唤醒并被现在有选择地窃取。1996年,英国广播公司（BBC）播放关于中国孤儿院的纪录片——《死亡之屋》

---

[1] 参见［美］亨特:《优雅的福音：20世纪初的在华美国女传教士》,李娟译,生活·读书·新知三联书店2014年版,第12、22页。
[2] 详见［美］何伟亚:《英国的课业：19世纪中国的帝国主义教程》,刘天路、邓红风译,社会科学文献出版社2007年版,"导论"。

(*Dying Room*)，同年，美国的人权调查报告也以《弃之于死》(Left to Die) 为题进行报道，了解一些 19 世纪来华西人曾对中国杀女婴问题有过如此多的集中关注的观众，都会从中感受到一百多年前那些话语的延续影响力。

格尔茨有言："以他人看待我们的眼光那样看我们自己，可能会令我们打开眼界。视他人与我们拥有同样的天性，只是最基本的礼貌。然而，置身于他人之中来看我们自己，把自己视作人类因地制宜而创造的生活形式之中的一则地方性案例，只不过是众多案例中的一个案例、诸多世界中的一个世界，却是困难得多的一种境界。此种境界，正是心灵宽宏博大之所本。"[1] 环顾当今世界，此种境界，何等期待！

---

1 ［美］格尔茨：《地方知识：阐释人类学论文集》，杨德睿译，商务印书馆 2014 年版，第 19 页。

附 篇

第一章
《印中搜闻》与 19 世纪早期西方人的中国法律观

一、引　言

　　《印中搜闻》（*The Indo-Chinese Gleaner*，另有译名《印支搜闻》《印中拾遗》《印中拾闻》及《印华搜闻》）是一份英文季刊，由第一位来华新教传教士马礼逊与同受伦敦传教会派遣来华协助其传教，后转至马六甲开创传教据点的米怜创刊于马六甲，1817 年 5 月开始发行，1822 年 6 月因米怜病逝而停刊。《印中搜闻》共 3 卷 20 期，各卷页码连续，每期页数不等，根据影印版（国家图书馆出版社 2009 年版），正文共有 1001 页：第一卷，第 1—6 期，1817 年 5 月至 1818 年 10 月，正文 217 页，卷首设序（类似发刊词），卷末附《马六甲英华书院总规划》[1] 及第一卷索引；第二卷，第 7—14 期，1819 年 1 月至 1820 年 10 月，正文 470 页，另附该卷索引；第三卷，第 15—20 期，1821 年

　　1　即 General Plan of the Anglo-Chinese College, Forming at Malacca，文末显示，它由在马六甲的米怜和在中国的马礼逊于 1818 年 10 月联合发布。

1月至1822年4月，正文314页，卷首有"第三卷序"，未附索引。

在1817年4月26日的发刊词中，米怜向东方地区所有传教士说明了《印中搜闻》的创办缘由及宗旨，同时还明确了其内容主要包括三方面：一是传教动态，摘录传教士的日常通信而非正式的季度报告；二是一般性报道，主要是世界各地基督教会令人感兴趣的简讯；三是杂录，包括传教士所在国家的文学、哲学、历史等方面的评论，及各国著作的译介。[1] 但综览该刊所载文章将会发现，传教信息并非主要内容，其报道和关注更多的，其实是中国的社会、历史和文化，同时涉及印度和南洋地区的状况。在刊发了两卷之后，在"第三卷序"[2] 中，米怜调整来稿要求，重新提出了三方面内容，即"印中地区的文化"（Indo-Chinese Literature）、"印中地区的传教信息"（Indo-Chinese Christian Miscellanies）和"印中地区的消息"。与发刊词相比，它明确了杂志应更侧重非宗教类的文章及信息，同时，鉴于前两卷已显现出的过于侧重中国的倾向，米怜希望刊物拓展关注范围。

由于《印中搜闻》创办于马六甲，以往中国报刊史论著对它的关注远不及对同时期创办于中国境内的其他杂志，又因其系英文期刊，因此也不及同由米怜创办于马六甲、以华人为对象的中文期刊《察世俗每月统记传》受关注。[3] 2009年，国家图书馆出版社影印出

---

[1] See "Introduction," *The Indo-Chinese Gleaner*, Vol. I: I (May, 1817), pp. 5-11.

[2] "Introduction to the Third Volume," *The Indo-Chinese Gleaner*, Vol. III: XV (January, 1821), pp. iii-viii.

[3] 戈公振的《中国报学史》和美国学者白瑞华（Roswell Sessoms Britton）的《中国近代报刊史》是近代此领域的两部代表性论著。前者对《察世俗每月统记传》有较详细的介绍（尽管存在细节上的谬误），但对《印中搜闻》却只字未提；后者虽然提及《印中搜闻》，但也仅寥寥数行，而其介绍《察世俗每月统记传》却用了三页多的篇幅。参见戈公振：《中国报学史》，生活·读书·新知三联书店2011年版，第三章第一节"外报之种类"；[美]白瑞华：《中国近代报刊史》，苏世军译，中央编译出版社2013年版，第二章"西方报刊的引入"。

版此刊，惠泽学界，为我们提供了便于查阅的第一手资料。吴义雄教授受邀为该影印版所作的"前言"[1]，系统全面，不仅对刊物的中文译名、创刊缘起、编者、卷期、栏目设置等进行了较为细致的考证，而且还就其所刊载的主要内容，尤其是有关中国的文章和报道，及其在中西文化交流史的价值，进行了总括性的分析和阐述。这无疑为学界的后续研究奠定了基础，最近三四年发表的较有价值的相关专题论文都直接依据了此影印版，并参引了吴教授的文章。[2]

《印中搜闻》的栏目编排前后变化大，内容较杂。但经逐页浏览，能读到不少有关中国法律的内容，多为即时报道，亦有数篇评论文章。《印中搜闻》在中西文化交流史上具有重要价值，有关中国法律的这些报道和文章自然也很值得细究和玩味。而就本人阅读所及，迄今尚没有看到较有价值的专题论文，[3] 专注于近代中西法律文化交流史和比较法制史的研究成果中，甚至忽略了对它的关注。这令人遗憾，但同时也留下了研究空间，有必要专此详论。

---

1 基于对此"前言"稍作修改而成的《〈印中搜闻〉与19世纪前期的中西文化交流》一文，发表于《中山大学学报（社会科学版）》2010年第2期。

2 专题研究论文主要有刘美华："《印中搜闻》视域中的中国社会信仰和习俗"，《北京行政学院学报》2014年第2期；卞浩宇："《印中搜闻》对近代西方汉学发展的影响"，《苏州教育学院学报》2014年第5期；周彦、张建英："英国传教士马礼逊和米怜在马六甲的汉学研究"，《语言与文化研究》2015年第1期；张涛："《印支搜闻》——孔子思想传入美国的重要原始渠道"，《贵州社会科学》2015年第6期。另，谭树林的《近代来华基督教传教士所创中外文期刊之影响——以〈印支搜闻〉为中心》(《齐鲁学刊》2002年第5期)，可能是《印中搜闻》被影印出版之前概述该刊最为系统的文章，也受到相关研究者的关注。

3 在本章初稿完成后，笔者在"中国知网"上查阅到北京外国语大学刘美华的博士学位论文《苏格兰传教士米怜（1785—1822）研究》（2015年6月15日），其中，第二章"米怜与其主编的中英文报刊及其影响"的第二节，即是"英文期刊《印中搜闻》"。该节第二部分"《印中搜闻》视阈中的中国形象"中，"政治与法律"被单列一项，但只有两页篇幅，论述稍显单薄。

二、《印中搜闻》中的中国法概览

《印中搜闻》涉及中国法的文章分散在各卷中,因栏目的前后变化,有刊载于"杂录"(Miscellanea)、"一般新闻"(General Intelligence)、"印中杂录"(Indo-Chinese Miscellanea)中的,也有刊载于"印中新闻"(Indo-Chinese News)及"译书及其他"(Translations,&c.)等中的。就其所关注的内容看,按现行法律分类法,主要属于刑事法,刊载于第 2 卷第 8 期的《中国出版不自由》[1]和该卷第 12 期的《中国人的离婚》[2],几乎是仅有的两篇例外。而无论出版还是离婚,在《印中搜闻》作者笔下,中国的制度和法律均很落后,存在严重缺陷。

除这两篇文章之外,其他涉及中国法的几乎全是刑事方面,内容大致可归纳为下列方面:

(一)死刑多,执行方式残酷

浏览《印中搜闻》令人印象最为深刻的是,它热衷于关注死刑,

---

[1] "The Press Not Free in China," *The Indo-Chinese Gleaner*, Vol. II: VIII(April, 1819), pp. 50-51. 该文的文末署名"Amicus",其实就是马礼逊,对此,吴义雄教授在为《印中搜闻》影印版所撰的"前言"中有可信的推测和断定:除他(马礼逊)之外,在当时的广州英人中,有如此的中文水平且对《印中搜闻》有如此热情的人,应该再也找不出来了。

[2] "Chinese Divorces," *The Indo-Chinese Gleaner*, Vol. II: XII(April, 1820), pp. 308-309.

不仅关注死刑的数量,而且还描述其执行方式及周围民众的反应。

在第1卷第1期,即刊有《中国罪犯的处决》一文。它由署名"Amicus"的马礼逊于1817年3月9日发自广州的致编辑信及一段类似编者评论的文字所组成。

该信第一段直截了当:"本月2日,在本市南门外刑场,24人遭斩首。6日,另有18人被处决。"其中,数字"24"和"18"均为大写。不言自明,作者是为了突显处决人数之多。信中接着说道:"处决这么多人,在这里已是习以为常,丝毫不会令人兴奋或关注,政府当局不会公布囚犯遭处决的具体原因,日报也只是冷冰冰地提一下遭斩首人数及已报告总督。"信中还说道,在这最后的可怕时刻,没有忏悔,没有宗教人士出席,没有临终祷告以求神的宽恕。[1] 接着还描述了"处决情形奇特":罪犯们被逼面朝皇帝居住地方向屈膝跪地,而且身体向前弯曲以示顺从和感激,然后刽子手麻利一刀,人头落地,身首异处。

在刊载这封信函之后,编者发表了评论,着重于两方面:一是非基督教国家的落后,认为异教(哪怕它最精致)本质上不适合拥有人类的高贵情怀,只有在基督教国家,人们才会真正怜悯受害人和宽恕不当惩罚。另一是处决人数之多,虽然相比于中国人口总量而言,年处决数并不算多,但是仅在广东一个省,每月平均有一百余名、每年就有一千多名罪犯被处决,言下之意,在全国,每年遭处决的囚犯

---

[1] 在第1卷第2期,刊有《马德拉斯的处决》一文。案犯系皇家苏格兰部队的詹姆斯·肖(James Shaw),因谋杀本地一名男孩而被处死刑。该报道特别引人关注的是,详尽描述了案犯在被判决后至执行死刑期间,如何聆听伦敦会传教士洛夫莱斯(W. C. Loveless)宣讲福音,真诚忏悔,临刑前还告诫同监犯要信仰上帝,在行临终祷告后,进入永恒。作者对于执行死刑前举行临终祷告等宗教仪式的赞许之意,不言自明。See "Execution at Madras," *The Indo-Chinese Gleaner*, Vol. I: II (August, 1817), pp. 37-38.

总量十分可观。

可以说，死刑多，处决方式残酷，不仅体现了刑罚的野蛮，而且也表明了中国的落后，是该刊第 1 卷第 1 期此文的主旨，这也奠定了其后相关报道和文章的基调。在此，以刊载时间为序，选摘数则如下：

（1）1816 年年底，中国各地监狱在押 10 270 名死囚，现正在等待皇帝御笔勾决。[1]

（2）题为"罪犯"的一则消息：在今年秋审中，皇帝核准了 935 起死刑（内含最低级别的死刑）。其中，广东有 133 起。但是，据说今年广东全年执行的死刑实际上有数千起，有的说是三千起。倘若真实数字为一千，也即，在一个省，一年之内就有一千人因犯法而丧命，这足以令人震惊害怕的了。……为什么会有那么多人沦为法律之剑的受害者？难道这全是民众的错？统治者也应该受到一定的谴责吧？[2]

（3）题为"囚犯遭斩首"的一则消息：1819 年 12 月 26 日广州总督府办公室日报记载了 7 名抢劫犯被带上公堂，接领皇帝勾决下发的死刑令，并被带去闹市斩首的经过。在摘录这则消息之后，编者按：就这样轻描淡写、冷冰冰地记载了在本城进行的处决且已上报。[3]

（4）有一则关于潮州的抢劫团伙被定死罪者众多的报道：位于广州东面的潮州发生了团伙抢劫，被定死罪者众多，如果将他们全部移

---

[1] See "Criminals in China," *The Indo-Chinese Gleaner*, Vol. I：III（February, 1818），pp. 55-57. 该篇文末也署名"Amicus"。

[2] See "Criminals," *The Indo-Chinese Gleaner*, Vol. I：IV（May, 1818），pp. 88-89.

[3] See "Decapitation of Criminals," *The Indo-Chinese Gleaner*, Vol. II：XIV（October, 1820），p. 435.

送到省府广州执行的话，费用昂贵。于是，巡抚便决定带上已授权他可将囚犯就地正法的"王命"，亲赴潮州。[1] 稍后又有一则后续报道说，未待巡抚启程，潮州府来信，这伙罪犯已被分成八组押往广州，巡抚只得放弃本拟亲赴潮州异地执法的想法。[2]

另外，还有两起加害父母的案件，均发生于湖北，两案罪犯都受到严惩，描述较详尽。一起是刊载于第 2 卷第 9 期的虐母案，题为《严厉的惩罚》[3]，该案中，不仅虐待母亲的儿子儿媳受到活活剥皮致死的处罚，而且同村的长者、邻居及儿媳之母、该地区的地方官等均受到牵连，被处以不同的刑罚。另一起是犯精神病的儿子砍伤父亲并致其死亡的案件，案犯依律被凌迟处死。[4]

（二）非法拷问屡禁不绝

在第 1 卷第 4 期"大事记"（Journal of Occurrences）的"中国"（China）部分中，刊载了一篇署名也是"Amicus"的致编辑的长信。在信中，马礼逊提出，中国的正义虽然一直受到高度赞扬，但实为华而不实，真实情形恰恰与此相反。为证明自己的观点，他摘译了 1817 年 8 月 9 日《京报》的一则报道。概括言之，即是，河南周（Chow）御史针对地方官员热衷于拷问的现状，奏请皇帝明察秋毫加

1　See "Death Warrants," *The Indo-Chinese Gleaner*, Vol. III：XX（April, 1822），p. 308.
2　See "Letters in Canton—July 17, 1821—from Chaow Chow foo," *The Indo-Chinese Gleaner*, Vol. III：XX（April, 1822），pp. 310-311.
3　"Severe Punishments," *The Indo-Chinese Gleaner*, Vol. II：IX（July, 1819），pp. 120-121.
4　See "Case of a Maniac Murdering His Father," *The Indo-Chinese Gleaner*, Vol. II：XIV（October, 1820），pp. 407-409.

以调查。在报告中,周御史提道,尽管皇帝陛下三令五申禁止拷问,地方官也公开表示服从,但背地里他们却阳奉阴违。当抓到形迹可疑者或犯谋杀、抢劫等罪的嫌犯,官吏们就以拷问逼迫其坦白交代,囚犯禁不起残忍的拷问,屈打成招,画押认罪,如此这般,审案完成,他们便上奏皇帝。这种残忍的拷问,在直隶、山东和河南等地都存在,甚至有的地方官还借此谋私利。在报告最后,周御史请求皇帝陛下进一步采取严厉措施。在信末,马礼逊向编辑评论道,上述情形表明了社会状况的恶劣,民众的叛乱十有八九就是由政府逼迫而起的。[1]

此外,还刊有数则拷问致死的消息。其中一则摘自1818年12月底《京报》的一份奏报:一名调查官向皇帝报告,在四川,残酷、非法的拷问非常严重,许多人因此丧命,有些地方官为免将囚犯移送到上级法院进行审判带来的麻烦和花费,擅自将依律可能被判死刑者直接拷问致死,最初这只适用于囚犯众多的团伙犯罪,现在则有向其他案件蔓延的趋势。[2]

这些报道表明,非法拷问乃至拷问致死,确实屡有发生。而如同河南周御史在报告中所言,仅在嘉庆朝,皇帝就曾数次下诏规制刑讯拷问。譬如,嘉庆四年(1799年),皇帝下诏称"嗣后一切刑具,皆用官定尺寸,颁发印烙。如有私自创设刑具,非法滥用者,即行严参治罪,决不宽贷"。此后,嘉庆十五年(1810年)、十七年(1812年)又反复下达诏令,严格限制非法刑讯。连续就此下诏,也恰恰反映了非法拷问的屡禁不绝。

---

[1] See "Cruelties Exercised," *The Indo-Chinese Gleaner*, Vol. I:IV (May, 1818), pp. 84-87.

[2] See "Tartary, Tibet, Cruelties," *The Indo-Chinese Gleaner*, Vol. II:IX (July, 1819), pp. 121-122.

（三）地方官失职渎职，司法腐败

在审讯中，滥用拷问本身即是渎职，此外，还存在地方官的失职、不作为、能力低下等情形，导致司法腐败。

有一则篇幅较长的文章，题名即是《司法中的懈怠》[1]。这是一名安姓御史（An Yu she）向皇帝揭露地方司法存在种种懈怠和渎职现象的报告。安御史报告说，州县官在履行职务时的懈怠和失职比比皆是，即使在直隶省也不例外。肆无忌惮的抢劫和欺诈案件时有发生，案犯还明目张胆地在集市上兜售赃物。地方官接到报案时，却将其视作小事一桩，反而训斥受害人自己不当心。安御史还详细列数了定兴、新城、涿州、香河及固安等地存在的官员懈怠执法的事例，并特别提到发生于离皇家定居地很近的位于宛平和房山之间一村庄里的团伙抢劫偷盗案，有受害人将罪犯捉拿到官府，地方官却故意将他们释放。针对这种乱象，安御史恳请皇帝下诏，进行三年一次的严格检查，对于玩忽职守者，要严惩不贷，同时应调配一些勤勉有能的官员去整顿秩序，并举出山东省的万姓法官（Wan-ching hwuy）挑选有才干的官员去各地调查搜剿盗贼、保地方安宁的实例。安御史认为，只有采取积极有效的措施杜绝此类邪恶事件，才能确保国泰民安。

另有一则摘自1821年5月9日《京报》，提到五六年前发生于江南省，已审讯拷问了五六十人且其中一些人甚至承认了自己根本没有犯过的罪行，却仍没能确定真凶的杀人案。由于地方官一直不愿深究

---

[1] "Neglect in the Administration of Justice," *The Indo-Chinese Gleaner*, Vol. II: XI (January, 1820), pp. 236-237.

此案，其中一名死者亲属前往北京，在刑部前当场自刎。发生这一惨烈事件之后，相关官员才遭到查处，真正的罪犯被绳之以法，清查此案的官员得到了皇帝的嘉奖。[1]

此外，还有一则浙江巡抚陈（若霖）将本省新昌监狱的典史和狱警玩忽职守，致绞斩候的囚犯成功越狱的案件上报给皇帝的奏报，巡抚请求皇帝将羁押典史革职，将知县先降级并在越狱案审结后再行起诉。[2] 甚至还有一则地方官吏不仅疏于查办杀人犯，而且还虐待死者亲属的消息。[3]

另还摘刊有一则禁令，从侧面也表明地方司法存在腐败的现实。它规定，严禁地方官吏与乡绅密切交往，主要原因就在于，乡绅们会利用这种关系，使执行法律的官吏在办理自己属下和奴仆违法犯罪案件时枉法偏袒，执法不公。[4]

当然，腐败不仅限于司法审判，地方官吏勒索民众，迟缓向穷人发放救济粮导致许多百姓饿死，[5] 利用政府储粮的常平仓制度进行强买强卖中饱私囊的情况在各省也普遍存在，[6] 还有在征税过程中挪用侵占公共款项的现象，[7] 在江南省甚至发生了知府挪用赈灾款，而当

1　See "A Singular Case of Suicide," *The Indo-Chinese Gleaner*, Vol. III: XVIII (October, 1821), p. 230.
2　See "Chinese Prisons," *The Indo-Chinese Gleaner*, Vol. II: XII (April, 1820), pp. 303-304.
3　See *The Indo-Chinese Gleaner*, Vol. III, No. XVIII (October, 1821), p. 228.
4　See "Restrictions on Magistrates," *The Indo-Chinese Gleaner*, Vol. II: X (October, 1819), p. 184.
5　See "A Charge of Mal-administration," *The Indo-Chinese Gleaner*, Vol. I: V (August, 1818), p. 143.
6　See "Abuses in the Public Granaries," *The Indo-Chinese Gleaner*, Vol. III: XVIII (October, 1821), p. 229.
7　See "Naval Affairs—Kidnapping," *The Indo-Chinese Gleaner*, Vol. I: VI (October, 1818), pp. 182-183.

省府派员进行调查时,该知府在直接行贿调查员遭拒后,转而贿赂其3名随从将自己长官杀人灭口的案件。[1]

对于其中最后这起发生于嘉庆十四年(1809年)的案件,记载最为详尽。编者在记载案情之后,还附语总结出中国法律和习俗的三方面特点:一是许多人即使与犯罪本身毫无关系,但却因与罪犯的血缘或地缘关系而受到处罚,甚至被处以死刑,回溯中国历史,不缺少这种实例;二是皇帝在上述案件中屈驾为死者赋诗赞誉的并不寻常的做法,会在全国范围内产生有力的安抚作用,或许对于新近颁布的一些严厉措施能起到缓和与弥补之效;三是祭悼死者的方式愚昧迷信,每年要上供品,在上述类似案件中通常会进行血祭,相信只有这样才能告慰死者的在天之灵。

而相对于记载地方官失职渎职事件的众多而言,专门报道清廉官吏受到民众推崇赞誉的仅见一篇,即广州府的文人志士自发向刚刚卸任即将赴山东履新的地方官罗大老爷(Lo ta-Iaou-yay)公开赠献朝珠、制服、靴子和帽子,并赠送刻有"德治"匾额的新闻。[2]

(四)奸杀案件不断,道德沦丧

关于犯罪,除谋反谋叛、团伙抢劫偷盗等外,记载较多的还有奸杀,折射出道德的沦丧。

《印中搜闻》第2卷第8期刊载了摘自1818年3月30日《京报》

1　See "Discovery of a Murder in Keang-Nan," *The Indo-Chinese Gleaner*, Vol. I: VI (October, 1818), pp. 185-187.

2　See "Expression of Esteem for a Popular Magistrate," *The Indo-Chinese Gleaner*, Vol. III: XVIII (October, 1821), pp. 228-229.

的题为《淫近杀》的文章,并举引了一起发生于湖北,大小两个和尚同时与一名有夫之妇通奸,引起争斗,结果小和尚杀死大和尚的案件作为佐证。此案同样也暴露了地方司法腐败。杀人案发生之后,地方官出于不为人知的原因,不去捉拿小和尚,反而关押并虐待作为证人的数名邻居,导致其中 7 人死亡,伸冤者迫不得已长途跋涉赶赴京城伸冤。[1]

还有一篇关于发生在山东的通奸毒杀案的文章。有夫之妇童李氏与人通奸,遭到公公的怀疑阻挠,故怀恨在心。有一天,她伺机做了掺入毒药的饼,毒死公公。对于这罪大恶极的犯罪,山东巡抚同兴经调查和审讯,判决该奸妇凌迟刑,然后他奏请皇帝予勾并下诏将其处死。[2]

另还有三则均题为《通奸和谋杀》的报道:妻妾二人与家中同一雇工通奸,妾死亡,知府将升堂审讯该雇工和其他所有相关人,以确定死者系自杀还是他杀;[3] 在河南,有一起案件,奸夫不仅杀死了奸妇之夫,而且还杀死了想保护自己丈夫的奸妇本人及试图阻止其入室的奸妇之小叔子,该犯被立即捉拿,判处凌迟刑;[4] 在北京,一名 23 岁的有夫之妇借当剃头匠的丈夫经常外出谋生之机,与邻居男子通奸,有一天,当丈夫酒醉回家时,她与奸夫合谋将其勒死,案发

1　See "Lewdness and Murder," *The Indo-Chinese Gleaner*, Vol. II: VIII (April, 1819), pp. 51-52.
2　See "A Case of Adultery and Poisoning," *The Indo-Chinese Gleaner*, Vol. II: X (October, 1819), pp. 178-180.
3　See "Adultery and Murder," *The Indo-Chinese Gleaner*, Vol. II: X (October, 1819), p. 185.
4　See "Adultery and Murder," *The Indo-Chinese Gleaner*, Vol. II: XII (April, 1820), p. 298.

后，奸妇被判凌迟刑，奸夫被判斩刑。[1]

此外，还有两则乱伦谋杀案的报道：在陕西省，某公公与儿媳有乱伦行为，其子因此谋杀了自己的父亲，审讯后，这对夫妇都被立即处死，根据法律，谋杀父亲的儿子被处凌迟刑，其妻子被处绞死；[2] 在安徽，巡抚曾就妇人张氏与自己公公乱伦通奸，致其丈夫杀死了父亲的案件奏报皇帝，现在他收到了皇帝下发的立即处死这邪恶荡妇的诏令，谕旨还指出，这个案件不必上奏勾决，应立即将案犯斩首。[3]

以上四个方面，是在浏览《印中搜闻》相关文章和报道的基础上所进行的归纳，免不了有点琐碎和繁杂。此外，它还刊有涉及监狱年久失修[4]、监狱内不仅条件恶劣而且新囚犯还常遭牢头狱霸的欺凌[5]，及赴京伸冤者常被不分青红皂白地遣回原地，因此难求最后的正义[6]等方面的零星报道。

《印中搜闻》在办刊说明中明确指出，尽管会刊载政治新闻，但不介入任何地方的政治，也绝不希望刊载直接或间接地片面蔑视任何国家和种族的评论，不管它们处于何种发展阶段，倘若偶有评论，那

1　See "Adultery and Murder," *The Indo-Chinese Gleaner*, Vol. III：XX（April, 1822），pp. 311-312.

2　See "Incest Punished," *The Indo-Chinese Gleaner*, Vol. II：XII（April, 1820），p. 298.

3　See "Another Case of Incest," *The Indo-Chinese Gleaner*, Vol. II：XII（April, 1820），pp. 298-299.

4　See "Repairing Prisons," *The Indo-Chinese Gleaner*, Vol. II：XI（January, 1820），pp. 232-233.

5　See "Criminals in China," *The Indo-Chinese Gleaner*, Vol. I：III（February, 1818），pp. 55-57.

6　See "Changes in the Canton Government," *The Indo-Chinese Gleaner*, Vol. II：XI（January, 1820），p. 229；"Horrid Occurrences in Canton Province," *The Indo-Chinese Gleaner*, Vol. III：XVII（July, 1821），pp. 177-178.

也仅是为了从中推断出道德的、实践的教训。[1] 不过，从以上归纳和分析中，我们仍可明显读出编者对于中国刑事法的负面视角和总体性否定。而在一篇题为《哲学和异教》的文章中，作者马礼逊更是明确表达了类似的评价。他不仅概而指出中国人品性的极端自私和落后，而且还罗列了中国司法所存在的必然导致不公正和残酷的种种弊端，包括审讯滥用拷问、受贿贪腐泛滥、执行官残酷、监狱状况恶劣，只追求遵从法律的字面含义，对于法律诉讼真相毫不关心。马礼逊还指出，在中国，不仅政府对民众不人道，而且民众相互之间也冷漠和残忍得令人震惊，道德箴言在他们的心中产生不了人道的情感和规则。因此，他强调要尽力传教，让神圣的基督教广为人知，以拯救这些邪恶之徒。[2]

当然，抨击和否定并不仅仅是针对中国法律，还包括其他制度及习俗。比如，在《印中搜闻》第二卷，有一篇文章题为《中国的杀婴》，极易引起读者的关注。这不仅是因为其整整四个页面的篇幅在以一两段内容的简要报道为主的刊物中比较特别，而且还因为其编排也非同寻常，既为首篇，又排在该期第一个栏目"大事记"之前，相当于现在一般刊物中的"特稿"。该文指出，包括本地人坦承、劝阻父母杀婴的原始道德文章和长期居住在中国的欧洲人的观察等，都验证了中国存在杀婴现象，并分析了经大路或河流在中国旅行的外国官员们看不到杀婴的原因及中国常见的溺婴方法，认为杀婴是法律未能关注的非法行为，或者是法律执行者不加理会的非法行为。该文还

---

[1] See "Introduction to the Third Volume," *The Indo-Chinese Gleaner*, Vol. III: XV (January, 1821), p. v.

[2] See "Philosophy and Paganism," *The Indo-Chinese Gleaner*, Vol. II: VIII (April, 1819), pp. 79–81.

提出，中国人出于贪图安逸、害怕贫穷、过分贪婪、家庭荣耀及其他可笑的动机而杀害女婴，这种行径屡屡发生，不计其数。对此，民众一般是见怪不怪，也不觉得可怕。编者最后还引用了两篇"论溺女婴"的文章，来抨击这种残酷的行径和重男轻女的落后习俗。

三、抨击和否定：《印中搜闻》与19世纪早期 西方人评判中国法之转向

《印中搜闻》集中关注中国的刑事法，主要是因为它关系着这个时期包括英国人在内的西方人在华切身利益，相关的冲突也比较突出。如同前述，他们的行文中所隐含的否定和抨击已跃然纸上。简单归纳起来，中国的刑事法即是死刑多且执行方法残酷、滥用拷问、司法腐败、奸杀时发。那时懂英语的西方人若仅依据《印中搜闻》来了解中国法，所能得出的结论就是残酷及其所折射出的中国人的道德沦丧和观念落后。纵向地看，《印中搜闻》对于中国法的几乎一概否定，正符合始自19世纪初西方人对中国法的评判发生转向，否定中国法的观点渐居主流的趋势，并且它在其中起到了推波助澜的作用。

早在《印中搜闻》刊行之前两百多年，在欧洲，中国法的形象是正面的。从明朝末期中国与欧洲开始有直接交集，法国汉学界领军人物谢和耐教授（Jacques Gernet）称之为"中西文化的首次撞击"起，尤其是在启蒙运动中，因主要受耶稣会传教士多数肯定中国的开明君主制及行之有效政治结构的观点的影响，主要在欧洲大陆，曾形成一股"中国热"风潮，对包括法律在内的中国文化的仰慕占据主流，

附篇 297

其中著名代表人物是莱布尼茨（Gottfried W. Leibniz, 1646—1716）和伏尔泰（Voltaire, 1694—1778）。[1] 相比之下，孟德斯鸠（Montesquieu, 1689—1755）对于中国文化就排斥得多，但即便如此，他对于中国的态度也并非完全否定，而是充满矛盾。尽管他是"中国专制主义"一说的发明人，但倘若通览其在《论法的精神》的相关论述，读者定能从中感觉到他的犹豫不决的态度。[2] 对于他的各种矛盾观点，法国著名的汉学家、比较文学和比较文化学者艾田蒲（René Etiemble, 1909—2002）在《中国之欧洲》一书中都进行了比照和分析，并总结道："在孟德斯鸠的身上，对中国的仰慕与对中国的排斥成了联姻，每个人可根据自己的情趣，认为这一联姻是或不是合理的。"[3]

与欧陆相比，英国人作为一个群体开始了解中国文化的时间相对要晚。当马礼逊作为第一个新教传教士来到中国时，意大利、法国和葡萄牙等国的天主教传教士进入中国已超过两个世纪，他们寄回欧洲许多涉及中国的语言、法律和风俗的信函和报告资料，但是在英国，即使是对福音传播兴趣浓厚者对这些知识的了解也极为有限。[4] 这主要是因为天主教传教士的这些资料多以欧陆国家语言写成，版本笨重，篇幅冗长。而即使是对天主教传教士特别是耶稣会士报告中国的

---

[1] 关于启蒙时期莱布尼茨和伏尔泰等著名人物对中国文化和制度的肯定和赞誉，在艾田蒲的名作《中国之欧洲》（上、下卷，修订全译本）（许钧、钱林森译，广西师范大学出版社2008年版）中有详细论述。

[2] 关于此方面的分析，参见［法］贾永吉："孟德斯鸠与奎奈论中国的专制主义"，载［法］谢和耐、戴密微等：《明清间耶稣会士入华与中西汇通》，耿昇译，东方出版社2001年版。相关论述还可参见徐爱国："孟德斯鸠论中华帝国法律之白描"，《中国法律评论》2017年第5期。

[3] 参见［法］艾田蒲：《中国之欧洲：西方对中国的仰慕到排斥（下卷）》（修订全译本），许钧、钱林森译，广西师范大学出版社2008年版，第19—37页。

[4] 参见［英］米怜：《新教在华传教前十年回顾》，北京外国语大学中国海外汉学研究中心翻译组译，大象出版社2008年版，第21页。

资料有了解的英国人，对于这些描述本身也缺乏信心。比如，写下《鲁滨逊漂流记》的大名鼎鼎的笛福（Daniel Defoe，约 1660—1731），其关于中国的知识是来自耶稣会士，但他不是正面接受他们的知识，而是借鲁滨逊之口，对于耶稣会士所塑造的繁荣、富足、强大、文明的中国形象大加驳斥。[1] 又如，著名的亚当·斯密（Adam Smith，1723—1790）在《国富论》中，一方面在论及中国时多数参阅耶稣会传教士的著作，另一方面又指责传教士"无知好说谎"，努力削弱传教士的说法的可信度。

18 世纪下半叶，英国对中国文化的兴趣增加，但总体而言，公众的注意力普遍被中国所吸引，是在马戛尔尼（George Macartney，1737—1806）出使中国铩羽而归，英国谋求与中国建立官方交往遭遇窒碍之后。使团成员返英后陆续出版日记和回忆录，这些日记和回忆录在书市热卖和再版，成为英国人了解中国的重要资料来源，也显示出英国社会对于中国浓厚的阅读兴趣。作为中英官方首次交涉遇挫的亲历者，他们的具体描述和各自感触不尽相同，但均反感清朝政府的排外和停滞，不过，仅就对中国法律的看法而言，也还有一些肯定。比如，使团成员之一约翰·巴罗在其初版于 1804 年的书中，尽管对清朝专制体制及其他风俗民情多有抨击，但却赞叹《大清律例》"文字清晰，结构严谨，完全可以与布莱克斯通（William Blackstone）的《英国法释义》相媲美"[2]。

与此同时，关注中国法律的其他英文书籍也开始问世。其中，影

---

1 参见张国刚、吴莉苇：《启蒙时代欧洲的中国观：一个历史的巡礼与反思》，上海古籍出版社 2006 年版，第 277—283 页。
2 ［英］约翰·巴罗：《我看乾隆盛世》，李国庆、欧阳少春译，北京图书馆出版社 2007 年版，第 263—264 页。

响较大的是 1801 年初版于伦敦的《中国刑罚》[1] 一书。它共收 22 幅彩色版画，再现了审判流程及各种刑罚，依次是升堂、入狱、押赴审讯、杖刑、拧耳、荡悬吊、惩罚船工、惩罚通事、夹足、拶指、用石灰烧眼睛、拴铁柱示众、上枷锁、拴木桩、关囚笼、木管刑、断脚筋、关禁闭、流放、押赴刑场、绞刑、斩刑，每幅版画均配有英法双语的长则一整页、短仅两三行的解释性描述。该书应该是西方专门介绍中国刑罚的首部图书，出版后它的广被援引多是为了描述和论证中国刑罚的残酷，版画所展示的一些审讯器具也成为西方汉学作品中酷刑话题的证物。故而有学者认为它开启了西方汉学自此关注中国的酷刑及其所折射的中国民族性的一个支系。

但仔细浏览该书，仍然能感受到作者对于中国刑罚及中国法的并非一概否定的矛盾心态。酷刑版画风格特别，较为鲜艳。有学者认为，这是为了迎合此时期欧洲人对于中国的悬想和评判中国的口味，为了不冒犯公众的审美，体现了追求轰动效应和自我审查的结合。[2]

---

[1] 即 The Punishments of China, Illustrated by Twenty-Two Engraving: With Explanations in English and French. 感谢李洋博士在美国密歇根大学法学院访学期间帮忙提供该书 1801 年版完整的 PDF 文档。一些中文论著引用此书时，将其译为《中国酷刑》，笔者觉得还是直译为《中国刑罚》为妥。此电子版并没有作者署名，序言中也看不到相关的信息，但许多论著引用它时都明确提到是梅森少校（George Henry Mason）。另，该书扉页底部的出版信息为 "London: Printed for William Miller, Old Bond-Street, by W. Bulmer and Co. Cleveland-Row, St. James's. 1801"。在此书出版前一年，即 1800 年，该出版社还出版了梅森少校的另一部风格相似的作品——The Costume of China, Illustrated by Sixty Engravings: With Explanations in English and French，扉页及序言末端均署有作者姓名，而且每一幅画之下都署有广州外销画家蒲呱的名字——"Pu Qua, Canton, Delin"。张世明在《拆穿西洋镜：外国人对于清代法律形象的建构》一文（载杨念群主编：《新史学》第五卷《清史研究的新境》，中华书局 2011 年版）中指出，梅森书中的图画全部来自蒲呱，并就此做了可信的解释，还对梅森和蒲呱的职业履历有较详尽的说明，都有重要参考价值。

[2] 参见［加］卜正民、［法］巩涛、［加］格力高利·布鲁：《杀千刀：中西视野下的凌迟处死》，张光润等译，商务印书馆 2013 年版，第 27—28 页。

版画中正在遭受严刑的囚犯,甚至是即将被斩首者,均衣衫整洁,面色红润,有的形色还较从容。解释性描述也较客观,包括如何实行及适用于哪些违法犯罪,评论性内容不多。其中,对于第十幅"拶指"的说明相对详尽,在描述它的实行方法及说明其一般是用于惩罚不守妇道的妇人之后,接着是下面这段评价,似乎还有赞誉之意:

> 中国人信奉君子做派,世上其他民族皆未达到这般程度。中国惯于保持谦逊与自律,故在中国人之中,恬不知耻的恶行最为罕见,其真谛大概在于他们信奉的是非礼勿视、非礼勿听这一古训,这显然比那些喜欢提升学识与修养之民族(的做法),来得更为实际。中国各阶层人民表现出的一般举止与他们的外表一样,十分谦逊。中国人对于不用得体的语言而反将它们粗俗化的做法不以为然。只有社会底层的渣滓才会讲不堪入耳的话,而凡此种种,则或有立刻接受严厉司法改造之虞。

《中国刑罚》一书的序言,对于中国法律既有肯定,又有抨击,也反映出作者的矛盾心态。他赞誉中国刑法关于抢劫罪的规定:"对于抢劫犯的处置,中国刑法展现了其最为智慧的方面。如果行为人在抢劫他人世俗财产(temporal property)时,没有携带或是使用攻击性武器,那么行为人不会被判处死刑。这一颇有远见的法令减少了抢劫行为的发生。"同时,他又说道:"我们能够举出例子,显示中国法律的正义、适度及智慧,但是有部分法令也表现出与这些例子令人不安的反差。这些法令规定,如果穿戴特定的饰物将会被处以极刑。还有,他们也有以夹足刑讯的习惯,以逼取不实信息。"作者还对本书为何没有收入其他作者已提及的一般适用于犯弑君、弑父母、谋反、叛国以及煽动叛乱等罪的更为严酷的刑罚[1]进行了解释,即是为了避免引起读者感官上的不适及对于中国政府公认的节制和智慧的责难。同时,在此序言中,他还向读者暗示英国制度的进步,尽管英国也有死刑,但在方式上,它"实施起来最快,流血也最少",在目的上也有别于中国,即"仅仅是将它作为维护社会秩序的一环,是为了制止包藏祸心之人对自己同胞犯下罪行,也是为了阻止这些罪犯进而犯下更为严重的罪行"。[2]

有学者认为,作者序言中的文化比较观点令人困惑,同时指出,该书装帧精良,版图色彩鲜艳,反映出作者其实是为富有的欧洲有识之士而作,而非针对普通百姓,其意并非在于揭露中国刑罚的残酷,提供谴责中国的资料,而是为了向欧洲读者贡献有关中国的更加完整的图景。[3]

综上所述,不管作者动机如何,都可以说,至少从一个侧面反映出,此时欧洲的民众和社会舆论对于包括中国法在内的中国文化仍有一定的肯定。

而谈到在《印中搜闻》之前西方人对于中国法的评价,以下两份重要资料是不应该被忽视的:一是1810年《大清律例》第一个英文版问世,译者即是当年马戛尔尼使团的见习侍童、时任东印度公司

---

[1] 作者在此虽然没有明说,但显然是指凌迟刑等酷刑。

[2] 在田涛、李祝环所著的《接触与碰撞:16世纪以来西方人眼中的中国法律》(北京大学出版社2007年版)一书中,"接触与碰撞之三——酷刑下的中国人",即是对于《中国刑罚》的介绍,完整翻译该书序言,也收录22幅图并翻译了各图说明。此处所引序言的段落,并非来自该书中的译文,而是笔者根据自己的理解翻译而成。此外,涉及的刑罚名称等译法也有所不同。

[3] See Kathleen Poling, *Executions, Ideal and Real: Nineteenth Century Perspectives on Public Executions in China* (*Draft*), UC Berkeley History.

驻广州商馆高级职员的小斯当东，其中的"译者序"[1]集中反映了他对于中国人、中国历史和中国法的评价。尽管同样亲历了十多年前使团乘兴而来、失望而归的全过程，翻译《大清律例》的直接刺激又来自自己目睹的屡屡发生的法律冲突，此时的小斯当东对于中国人、中国法律和习俗的评价却仍持审慎的肯定态度。其中，小斯当东还特别就前已提及的《中国刑罚》一书发表了自己的看法，对其所刊内容及抨击中国刑罚残酷的观点不以为然：

> 英国出版了一本名为《中国刑罚》的图册，显然是翻抄自中国原版。画家凭一己之见，在书中多处把中国的刑罚描绘成残忍和野蛮的行径。虽然历史上某些暴君肯定实施过这类酷刑，甚至如今还存在于一些特殊场合，但是不应该以此认定，这些酷刑属于常规的司法程序。
>
> 虽然乍看之下，这部译书的每一页似乎都在证明肉刑在中国的普遍性，但细查后读者就会发现，中国法律中其实包含了许多能减轻罪责的理由，以及有利于特定阶级的例外规定。在某些特殊情况下，中国刑罚体系的建立目的几乎就是为了完全摒弃酷刑这一显著特点。

---

[1] 《大清律例》这一英文版（George Thomas Staunton, ed. and trans., *Ta Tsing Leu Lee; Being Fundamental Laws, and a Selection from the Supplementary Statutes, of the Penal Code of China*, T. Cadwell and W. Davies, 1810）问世之后，在西方国家流布极广，影响甚大，出版两年内，这一英译版便被转译为法文和意大利文。小斯当东的"译者序"也广为流传，成为评判中国历史和中国法的重要资料，历来为西方汉学论著及中西关系史、中西外交史等领域的研究者所引用。该"译者序"原文共35页，新近刚有了完整的中译版，由屈文生和靳璐茜翻译，收录于《小斯当东回忆录》（［英］乔治·托马斯·斯当东著，屈文生译，上海人民出版社2015年版，第196—221页）中。本章所引相关段落，均来自这一译著。

附篇 303

另一份重要资料，即针对小斯当东英译《大清律例》所作的评论文章，1810年8月刊载于《爱丁堡评论》第16期。[1] 它也广被参引，如在美国人卫三畏所著的《中国总论》[2] 和英国人罗伯茨编著的《十九世纪西方人眼中的中国》[3] 等著名汉学论著中均能查阅到。在这篇评论中，作者首先肯定了小斯当东翻译《大清律例》的重要意义，并表明自己信任他的翻译。接着，根据这个英译本，作者总结出了《大清律例》的四个特点：一是合理、清晰、前后连贯——各种不同的条款都简明扼要，有条不紊，明白而有分寸，这是其最突出的特点；二是其法律条文规定得过度精细和繁琐；三是对于反对政府的犯罪处罚极其严厉残酷；四是不加区别且频繁地规定肉体刑。作者还就其中有关刑罚的适用和执行、结婚离婚、税收及抢劫、杀人、受贿等具体条款进行了分析，最后，作者总结评论道：

> 古往今来的国家中，不管是野蛮还是文明，唯有中国完全缺乏这种荣誉感。对于他们为何会有这种不体面的特性，我们不能妄加判断。政府独裁专制，普通人的交易习惯，长期沉湎于太平盛世，缺少与其他国家的交流，或许这些都是原因。但是有一点非常确定，同时这也解释了我们仔细思索的这部法典的重要缺陷，那就是，如果将这样一部法典强加给一个值得尊敬的宽厚的

---

1 该文原系佚名发表，现据学者考证，实际作者是杰弗里（Francis Jeffrey, 1773—1850），他是苏格兰启蒙运动的代表性人物之一。它现已被译成中文，详见李秀清：《中法西绎：〈中国丛报〉与十九世纪西方人的中国法律观》，上海三联书店2015年版，"附录一"（陶亚骏译）。

2 ［美］卫三畏：《中国总论》（上），陈俱译，陈绛校，上海古籍出版社2005年版，第276页。

3 ［英］约·罗伯茨编著：《十九世纪西方人眼中的中国》，蒋重跃、刘林海译，时事出版社1999年版，第41页。

民族，那将是对他们所能施加的最残忍、最卑鄙的暴行。但是对于中国来说，这部法典却已是够好的了，他们早已习惯，且在这样的制度之下已静静地生活了两千年之久。

看得出来，这篇评论相较于被作者认为"有偏爱中国人的倾向"的小斯当东的观点而言，贬损的口吻明显强烈。不过，在其笔下，中国法还是毁誉兼之，至少不是完全一无是处。

《印中搜闻》有关中国（包括法律）的内容并非都是无中生有，多数摘译自《京报》等官报。但是，《京报》等官报早已有之，不仅只刊有《印中搜闻》编者特别感兴趣的这些负面内容，还有朝廷治国理政、官吏勤政清廉等用当下所言属于"正能量"的谕旨、政令和消息。而从中国的立法和司法状况看，从马戛尔尼使团访问前后起，或者自小斯当东英译《大清律例》和《爱丁堡评论》刊行这篇评论的 1810 年起，至《印中搜闻》刊行之间，本身的变化并不大，但《印中搜闻》反映和勾勒的中国法形象却明显更加负面，西方人否定中国法的观点开始占据主流。因此，比起在此着力去考证其所刊内容何者为实、何者有误而言，思考其为什么如此偏好负面内容或许更有意义。个中原因比较复杂，除了作者对不同于母国法律的中国某些制度的不理解之外，还有下列两项当最为主要：

一方面，当然是因为基督教的优越感。

《印中搜闻》由传教士马礼逊和米怜创刊并担任主要撰稿人，其他还有传教士麦都思及基督徒东印度公司医生约翰·利文斯顿（John Livingston）等也担任撰稿人。毫无疑问，基督教的优越感是他们所

附篇 305

共有的,他们在办刊和撰稿时免不了带有主观上的意识形态。

伦敦传教会确定致力以中国为目标,并派马礼逊赴中国传教,本身就是基于拯救落后的"异教国家"的信念。而米怜在《印中搜闻》发刊词中也明确提道:"对于我们来说,主要就是要公正地并且根据《圣经》的眼光,对于代表异教国家的智力和道德主要特征的包括国家和地方制度、偶像崇拜等方面进行考察,是很重要的工作,这将会帮助我们反驳他们的智者的诡辩,消除底层民众的偏见,能更有技术性地削弱偶像崇拜,及更为有效地传播真正的神和关于永恒的知识。"

尽管《印中搜闻》出刊之后,在刊载内容上并未贯彻以宗教信息为主的初始宗旨,而是更多地报道和关注恒河以东,也即印度—中国地区,尤其是中国的社会、历史和文化,但以优越的基督教的视角,根据《圣经》的眼光,仔细考察异教国家的制度、文化及"精神和道德品质的阴暗面"的宗旨却贯穿始终。在创刊人同时又是主要撰稿人、"长期在东方国家传教的资深传教士"马礼逊及米怜的眼中,"在这些国家(包括中国在内的恒河以东地区)之中,最优秀的文明也落后于欧洲最不发达的国家几个世纪,任何一个对欧洲和亚洲的历史略有所知的人都不会否认这一点。……所有恒河以东地区的政府都是专制政权,许多都还是非常残酷的暴君专制。……他们的体制似乎是以此原则来构建,他们的法律精神似乎也为这一目的服务"[1]。

因此,在马礼逊和米怜等人的笔下,特别偏爱报道中国死刑多、

---

1 [英]米怜:《新教在华传教前十年回顾》,北京外国语大学中国海外汉学研究中心翻译组译,大象出版社2008年版,第144页。

刑罚残酷及司法腐败，也就是意料之中的事了。或许也正是基督教的优越感，使他们在报道中国法律的种种弊端时，忘却了自己来自英国，此时其刑法仍享有"血腥法典"之称、公开绞刑并不鲜见、1815年时死刑罪名多达两百二十余个，及英格兰法律中，始自工业革命前规定的窃盗商店货物价值超过5先令者即处死刑的这一内容直到1818年为国会4次否决之后才被废止[1]等事实。

另一方面，马礼逊和米怜来华后的处境也是一个重要因素。

马礼逊1807年来华时所面临的环境，与明末清初以利玛窦、汤若望、南怀仁等为代表的耶稣会传教士来华时受到中国政府当局和士大夫们欢迎的情形，已完全不同。清康熙朝时，就中国传统礼仪是否违反天主教义而引发的"礼仪之争"后，康熙五十九年（1720年）下令禁教。雍正朝和乾隆朝继续禁教，打击传教活动。马礼逊来华前两年，即嘉庆十年（1805年），针对刚发生的全国性大教案制定的《稽查西洋教章程》，明令禁止西洋人刻书传教。马礼逊到广州后，面对的就是如此严峻的环境。他只得隐瞒传教士身份，冒称美国商人住在美国洋行里，直至1809年2月，被东印度公司广州特选委员会聘为中文译员，才取得在华活动的合法身份。1813年，作为马礼逊的同工，米怜来到广州时所面对的环境则更甚。他在暗地里跟随马礼逊学习了数月中文后，不得不转至马六甲开辟传教据点。他们来到中国后，面对现实，通过大力传教拯救异教徒于水深火热之中的幻想破灭，在反感的同时加深了他们对于中国落后、不开化的印象。而且，在《印中搜闻》创刊前夕，马礼逊还刚刚亲历了发生于中英之间的

---

[1] 参见［英］D. 布迪、C. 莫里斯：《中华帝国的法律》，朱勇译，江苏人民出版社2010年版，第37页。

一起耐人寻味的事件,即阿美士德使团访华。

嘉庆二十一年(1816年),继马戛尔尼使团铩羽而归二十多年之后,英国政府为解决不断增多的两国贸易纷争,扩大对华贸易,派遣阿美士德勋爵率团访问中国,因对觐见礼仪存在分歧及朝廷官员沟通不实等原因未果,嘉庆皇帝下令驱逐使团出京。对于作为使团中文翻译的马礼逊来说,亲历此次事件,更增加了他对清朝政制的失望。在此行结束之后,马礼逊向伦敦传教会报告旅行见闻。在报告开头,尽管声明"内容不涉及政治",但在描述了如何就觐见中国皇帝的礼仪进行谈判,及因发生周折觐见清帝未成的过程后,他说:"即便如此,我所写的这个简略的报告,已能帮助你对中国封建专制皇帝和半开化的宫廷的实质作出一点判断了。"[1] 寥寥数语,他对中国政府的反感已是显而易见。传教士马礼逊在作为"使团译生"参与政治和外交活动时,毫无疑问是属于"世俗"的,"在这个层面上,马礼逊是一个世俗的英国人,跟东印度公司其他来华雇员以及独立散商没有太大的分别,甚至可以说,作为一名民族主义的世俗英国人,他几乎无可避免地或多或少带有18至19世纪英国的殖民主义思想"。[2]

阿美士德使团的挫败,不仅给马礼逊留下了消极印象,也引发了使团副使小斯当东对清政府的不满情绪,他对于中国的看法自此发生了变化。1821年《异域录》英译本出版,这是小斯当东继《大清律例》之后,再一次试图通过翻译来让英国社会认识中国的重要译著,但他一改在《大清律例》"译者序"中的口吻,在脚注评论里多是负

---

[1] [英]马礼逊夫人编:《马礼逊回忆录》,顾长声译,广西师范大学出版社2004年版,第125—126页。

[2] 关于马礼逊担任阿美士德使团翻译的具体活动及其评价,详见王宏志:"'我会穿上缀有英国皇家领扣的副领事服':马礼逊的政治翻译活动",《编译论丛》第3卷第1期(2010年3月),第1—40页。

面评判,是"从地图绘制、外交礼仪、风俗和地景描述等环节,判断中华文明不如英国的做法,可说是在前人的'基础'上,对贬抑中国的论述体系和架构又进一步地进行加强和深化"[1]。虽然该书没有《大清律例》那般重要,但与后者只有较窄的专业读者群相比,《异域录》更适合大众阅读,也广获关注和好评。[2]

此外,在阿美士德使团其他成员的日志中,也不乏抨击中国政制及法律的内容。比如,使团副使亨利·埃利斯(Henry Ellis, 1777—1855)在其日志中指出,中国的管理体系在理论上是智慧、开明的,但"实际的统治可以说是几乎完全依赖君主的个人性格。律令的确有着无限权威,几乎不可能加以改变,但是律令的执行却可以调整或者规避。由于百姓没有代表,他们除了叛乱没有别的纠正办法"。关于死刑,他认为,"实际执行的惩处既残忍又令人厌恶"。针对司法,他则直截了当地抨击:"事实上,中国的司法行政被认为非常腐败,充满弊端。"[3] 总体上看,这比起马戛尔尼使团成员的看法要负面得多,也是《印中搜闻》之前西方评判中国的主流观点发生转变的前奏。

无论是马礼逊还是米怜,在来中国之前,他们只在神学院里接受过神学正规教育,除学习神学理论外,还学习拉丁文、希腊语等语言知识,确定来华传教的前后,才匆忙补习地理、历史等方面的知识。来到中国之后,他们也努力学习中国人的著作、观念、法律、风俗、

---

[1] 游博清:"认识中国:小斯当东与图理琛《异域录》的翻译",载王宏志主编:《翻译史研究(2013)》,复旦大学出版社2013年版,第52页。

[2] 参见[英]乔治·托马斯·斯当东:《小斯当东回忆录》,屈文生译,上海人民出版社2015年版,第96—98页。

[3] 参见[英]亨利·埃利斯:《阿美士德使团出使中国日志》,刘天路、刘甜甜译,刘海岩审校,商务印书馆2013年版,第31、90、331—333页。

宗教，并将此作为自己的责任，以便向自己所属的传教会提供必要的信息，尤其是为了使他们自己的辛勤工作得到正确的指引。[1] 特别是马礼逊，在介入具体的中英司法纠纷如"土巴资号案"（Topaze, 1821）[2] 之后，投入更多精力了解中国法律，1834 年，在生命的最后时刻，他还要好好掌握中国法律，而且连续三个星期"只研究法律"。尽管如此，在编辑《印中搜闻》时，他们既无系统资料可供查找，也没有专门的法学知识储备来进行理论分析，有关中国法律的内容，要么来源于自己的零星见闻，要么摘自《京报》等官报。严峻的处境和对中国的反感，又决定了马礼逊等人在面对《京报》（这可谓清政府的官方喉舌）时，不可能像 18 世纪 20 年代法国来华耶稣会传教士龚当信（Cyr Contancin, 1670—1733）向西人翻译介绍《京报》时那样赞誉其蕴含圣君治国之道，具有特殊教化作用。[3] 在他们眼中，《京报》现在只具有情报价值，他们自然会偏好择其负面内容，同时这也恰合传教处于艰难开拓期，要借助《印中搜闻》揭露中国这一"异教国家"的野蛮落后、有待救赎的心境。

当然，该时期中英国力差异及关系紧张等历史背景也不容忽视。19 世纪初，一方是故步自封、乱事纷起、国势日衰的"天朝上国"，一方是野心勃勃、殖民称霸、正步入鼎盛期的"日不落帝国"，中英两国积弱积强的趋势已经显现，实力存在明显落差，贸易失衡，彼此

---

[1] 参见［英］米怜：《新教在华传教前十年回顾》，北京外国语大学中国海外汉学研究中心翻译组译，大象出版社 2008 年版，第 20 页。

[2] 在"土巴资号案"中，马礼逊担任译员，他在抨击中国法律残酷和司法不公的同时，为英国人包庇杀人凶手的行为寻找借口，并提出设立海事法庭的建议。详见李秀清："中美早期法律冲突的历史考察——以 1821 年'特拉诺瓦案'为中心"，《中外法学》2010 年第 3 期。

[3] 参见尹文涓："耶稣会士与新教传教士对《京报》的节译"，《世界宗教研究》2005 年第 2 期。

冲突不断，关系紧张。这其实也是马礼逊、米怜等人偏好中国负面内容的上述两项主要原因之历史依托。正是因为英帝国的不断扩张和强盛，来于斯的基督徒马礼逊、米怜才会更有优越感，来华后遭遇挫折的他们，事事以英国为坐标，俯视乃至鄙视相形见绌、渐显颓势的大清王朝，抨击和否定其包括法律在内的文化和制度。

四、《印中搜闻》负面中国法律观的历史影响

在 18 世纪初期，经由东印度公司的中英贸易就已不断进行。18 世纪 40 年代，东印度公司已经在广州的外贸业中独占鳌头，其业务成为英国收入的重要来源。可以说，作为早期东来列强的迟到者，英国后来居上，开始扮演领导者的角色。此后各类纠纷不断，发生了对于中国近代史和中西外交史具有深远影响的"休斯女士号"（Lady Hughes，1784）等案件。但与欧陆国家相比，此时英国公众有关中国的知识仍然偏少，关注的兴趣也淡。"真正试图了解中国法律的"英国人，"直到 18 世纪末叶以前，对中国法制的运作状况仍处于茫无所知的状态"。[1] 马戛尔尼使团访华事件之后，伴随着中英之间各类纠纷的进一步增多，这种情形才发生变化。《中国刑罚》问世，马戛尔尼使团成员日志陆续出版，伦敦传教会派遣马礼逊来华传教，小斯当东英译《大清律例》及其引起的广泛关注，《印中搜闻》创刊，阿美士德使团成员日志出版，都是这种变化的组成部分。也就是在这个时期，随着关注的增多，对包括法律在内的中国文化的抨击也在增加，

---

[1] 参见苏亦工："另一重视角——近代以来英美对中国法律文化传统的研究"，《环球法律评论》2003 年春季号。

否定的观点在包括英国在内的西方国家中形成潮流。自此至两次鸦片战争期间，这种趋势日渐加剧，并终致根深蒂固。

《印中搜闻》初刊时，举步维艰。"由于资料极为有限，内容单调无趣，而且编辑当时处于家人的病痛的困扰之中，这本期刊的处境极为不利。"[1] 投稿者和订阅者都很少，发行渠道不畅。米怜于1819年11月26日在马六甲给马礼逊的信中，也提到《印中搜闻》的尴尬处境："对于《印中拾闻》问世后会遭人蔑视或者被人忽略，我已经有所准备。对于饱学之士来说它不够深入，对于宗教界来说它的宗教色彩不够浓厚，对于世俗的人来说它不够生动有趣，而高雅的人和高谈阔论者又会觉得它不够高雅，只有传教士、书商、博爱者、人文学者能容忍它的缺陷和不足。"[2] 因此，其初期的影响不可高估。

但是，大约从1820年年初起，或许正因为《印中搜闻》内容的进一步调整，传教信息不再是主要内容，刊载更多的是中国兼及印度、南洋一带的社会、历史和文化，刊物始受到英国各界和伦敦传道会的重视，获得的捐赠增多。在米怜于1820年11月3日致马礼逊的信中，可读到他对于刊物的发行增加和影响扩大的喜悦之情："亲爱的罗伯特，从伦敦会对《印中拾闻》出版事务的重视、人们给书院的捐赠以及哈特曼及时到来，鼓舞着我们继续前进。截至去年12月，《印中拾闻》在英国的销售除去关税仅盈余一镑左右，所以我们不能指望欧洲市场；然而，几天前我收到了巴达维亚购买此刊的67卢比，我原以为卖不出去的地方反而卖了一些。时不时还有人要购买全套的

---

[1] [英]米怜：《新教在华传教前十年回顾》，北京外国语大学中国海外汉学研究中心翻译组译，大象出版社2008年版，第88页。

[2] [英]艾莉莎·马礼逊编：《马礼逊回忆录》（2），北京外国语大学中国海外汉学研究中心翻译组译，大象出版社2008年版，第8页。

《印中拾闻》，因此我相信以后可以弥补现在出版的亏空。"[1] 伦敦会对于《印中搜闻》的日渐重视，及来自欧洲人在亚洲的重要据点巴达维亚[2]的购刊信息等，皆从侧面体现出它在欧洲人圈子中影响的逐渐扩大。

《印中搜闻》逐渐得到中国及南洋一带传教士和关心基督教传教士事业的西方人的关注，受到英国传教组织的重视，并引发了其他各界人士的兴趣，而且在欧陆也有了影响。这不仅来自其本身，还受益于创办人、主要撰稿人马礼逊和米怜翻译《圣经》、编纂《华英字典》及其他各类翻译、撰述等活动的传播。马礼逊于1822年11月在广州致伦敦会司库汉基先生的信即"在华传教最初15年回顾"中，很有底气地说道："经过伦敦会传教士的努力，和东印度公司的资金支持，英国在这方面（即对中国的了解）已经领先于其他欧洲国家，拥有比其他各国更好的学习汉语的便利条件。"[3] 毫无疑问，其中也有《印中搜闻》的贡献。

同时，《印中搜闻》还对美国产生了影响。19世纪30年代之前，美国人关于中国的信息主要来自欧洲，特别是英国，其中，马礼逊是重要角色。马礼逊来华传教本身就得到美国传教会的鼎力支持，他搭乘美国商人奥立芬（D. W. C. Olyphant）的船只来华，在美国洋行中

1　[英]艾莉莎·马礼逊编:《马礼逊回忆录》（2），北京外国语大学中国海外汉学研究中心翻译组译，大象出版社2008年版，第39页。

2　巴达维亚（Batavia），即现在的雅加达。17世纪初期，它即成为荷兰东印度公司在亚洲的总部，荷兰人以自己的祖先即原罗马帝国境内的日耳曼部落Batavi为之命名，1799年荷兰东印度公司解散之后，巴达维亚遂成为荷兰帝国在亚洲的重要殖民地荷兰东印度的首都，它也是欧洲人在亚洲的重要聚居点，在《印中搜闻》创刊前夕的1815年，巴达维亚总人口仅4万多，但其中欧洲人却有数千人。

3　[英]艾莉莎·马礼逊编:《马礼逊回忆录》（2），北京外国语大学中国海外汉学研究中心翻译组译，大象出版社2008年版，第92页。

居住了一年多之后，才成为东印度公司的中文译员从而获得合法身份。马礼逊与美国基督教会始终联系密切，与许多宗教界领袖人物保持频繁的通信。1820年，美部会全票选举马礼逊为理事会的通信理事。马礼逊寄往美国的包括《印中搜闻》等在内的书刊，极受美国宗教界的欢迎和重视。

总而言之，作为来华传教士最早创办的英文季刊，《印中搜闻》是19世纪前期中西交流屈指可数的媒介之一，是西方人了解中国的重要载体，成为他们认识中国、勾勒中国形象的主要资料来源。其最后一期（即第20期）刊行于1822年4月，同年6月米怜病逝，刊物虽戛然而止，但其影响并没有因此终结。在其后问世的相关英文期刊中，摘引或重刊《印中搜闻》文章者并非鲜见，尤其是《中国丛报》，更是与《印中搜闻》有传承衣钵的关系。

1830年，裨治文受美部会派遣来华传教，美部会作出这一史无前例的决定，就与马礼逊的一再去信建议分不开。裨治文来到中国能很快在广州安顿，也离不开马礼逊的多方照顾。1832年5月裨治文创刊《中国丛报》，也甚得马礼逊的大力支持。对照《中国丛报》与《印中搜闻》，可以发现，前者的办刊宗旨及初期的体例和内容，与后者均暗合。一定意义上可以说，这实际上是马礼逊在实现自己早年的夙愿。自《中国丛报》创刊至马礼逊1834年8月去世，短短两年多时间，拖着患病之躯的马礼逊对于《中国丛报》倾注了极大的热情。根据附在《中国丛报》最后一卷的"文章列表"（总数1257篇）[1]，署名马礼逊

---

[1] "List of the Articles in the Volumes of the Chinese Repository, Arranged According to Their Subjects," *The Chinese Repository*, Vol. XX (1851), pp. ix-liv. 它由1848年起接替裨治文担任《中国丛报》主编的卫三畏在其停刊后进行编制。参见张西平主编，顾钧、杨慧玲整理：《〈中国丛报〉篇名目录及分类索引》，广西师范大学出版社2008年版，第307—352页。

英文名缩写"R. M."的有90余篇，其撰稿数仅次于相继主持《中国丛报》的裨治文和卫三畏。当然，这个时期，马礼逊对于中国法律的抨击也较《印中搜闻》时更为尖锐，具体体现在他的《中国法律的实施》[1]《中国的杀人罪》[2]等文中。

同时，在《中国丛报》所刊文章中，也不乏转载《印中搜闻》的内容。比如，仅《中国丛报》第4卷第8期《当代中国介绍：各种刑罚及其执行；拷打，关押，鞭笞，刺字，枷刑，流放和死刑》[3]一文，就转引了《印中搜闻》第1卷第4期（1818年5月）上源自1817年8月9日《京报》的河南周御史针对地方官员热衷于拷问的现状，请求皇帝明察秋毫进行调查的长文，及其他一些有关拷问致死等方面的报道。在前述关于《印中搜闻》的中国刑事法内容的分析中，这些被《中国丛报》所参引的信息恰好多有提及。

因此，《印中搜闻》所刊包括中国法律的内容，对于《中国丛报》产生了直接的影响。只是与《印中搜闻》相比，《中国丛报》在涉及中国法律时，尽管刑事法律仍占重要部分，但此方面内容更为详实，评论也更为系统。因此，"落后野蛮""血腥残忍"简直就成为其所体现出来的西方人的中国刑法观的代名词。同时，《中国丛报》还拓展了对中国法律的关注范围，对于中国的政制及诉讼制度等都有

1　"Execution of the Laws in China," *The Chinese Repository*, Vol. II: 3 (July, 1833), pp. 131-134.

2　"Homicides in China: Cases in Which Foreigners and Natives Are Concerned, Difficult to be Adjusted; Luh Sha, or the Six Distinctions of Homicide; Exceptions Occasioned by the Rank and Situation of Natives, the Usual Exceptions Not Allowed to Foreigners," *The Chinese Repository*, Vol. III: 1 (May, 1834), pp. 38-39.

3　"Notices of Modern China: Various Means and Modes of Punishment, Torture, Imprisonment, Flogging, Branding, Pillory, Banishment, and Death," *The Chinese Repository*, Vol. IV: 8 (December, 1835), pp. 361-386.

比较深入的介绍和评价。此外,《中国丛报》所载的长篇文章增多,系统性的评论也更理论化,因而对于中国法的抨击更加鲜明,否定也更加全面和彻底。纵向地看,从《印中搜闻》到《中国丛报》,西方对中国法的观点正经历从否定成为主流,到全面否定及最终定型的变化。而这也恰恰符合同一时期西方国家政治思想界从批判欧洲扩张,到支持帝国扩张的主流思潮的转变。[1]

承袭《印中搜闻》衣钵的《中国丛报》是19世纪中期中西交流的主导性媒介,借助其发行量之多以及其编者、作者在教俗两界的人脉和声誉,在西语世界中传播很广,影响甚大。作为美国最早的汉学刊物,它不仅是19世纪西方汉学家的基本参考文献,时至今日,它的屡被引用仍然见诸相关论著之中。[2]

总之,18世纪末19世纪初,在欧洲数世纪相继进行的文艺复兴、宗教改革、启蒙运动,及发端于英国并向法、德、美等国扩展的工业革命之后,欧美各国在社会权力关系、组织方式和文化观念等方面均发生了变化,并呈现出各自的特点,它们在不断向外扩张的浪潮中,彼此之间充满了竞争和冲突。不过,当面对被迫不断卷入他们所主导的世界体系之中的中国,在夺取权益并发生直接冲突时,这些国家的态度则高度一致。对于中国而言,他们就是一个整体,是自此之后躲也躲不掉的"西方"。由英国人马礼逊和米怜创办的《印中搜

---

[1] 关于18、19世纪之交的60年间英、法等国政治思想界主流思潮的变化,详见〔美〕珍妮弗·皮茨:《转向帝国:英法帝国自由主义的兴起》,金毅、许鸿艳译,江苏人民出版社2012年版。

[2] 对于《中国丛报》所刊载的有关中国的政制、刑事法、诉讼等方面内容的分析和总结,及其在中西法律文化交流史研究中的价值,详见李秀清:《中法西绎:〈中国丛报〉与十九世纪西方人的中国法律观》,上海三联书店2015年版。

闻》对中国法律的关注主要集中于刑事法，具体包括死刑多、执行方法残酷，非法拷问屡禁不绝，地方官失职渎职、司法腐败，及奸杀案件不断、道德沦丧等四个方面，体现出来的是抨击和否定的态度。这符合始自19世纪初西方人对中国法的评判发生转向，否定中国法的观点渐居主流的趋势，并且它在其中扮演了重要角色。中英关系吃紧，与日趋鼎盛的大英帝国相比，清王朝的颓势明显，在此大背景下，基督教的优越感和创刊人来华后处境的不如意是其偏好构建负面中国法形象的两个重要原因。借助于其本身的发行和赠阅、创办人和主要撰稿人的影响，及承袭其衣钵的《中国丛报》的流布，《印中搜闻》勾勒的中国法的负面形象不仅在英国、美国，还在其他欧洲国家广泛传播。可以说，其所反映出来的19世纪早期西方人的这种中国法律观的影响持久且深远。

第二章
晚清中国的英国议会形象
——基于1866年至1885年域外日记的研究

一、引 言

光绪三十三年（1907年）八月，清廷决定先设立资政院"以立议院基础"，九月明谕地方设立地方谘议局以为"资政院储材之阶"，晚清议会实践正式拉开帷幕。"议院"（或"议会"）本身是个舶来品。在这一称谓于19世纪70年代中期逐渐流行之前，指称它的语词至少有二十余个。[1] 晚清议会从一种域外新知成长为朝中实践，约略可以甲午战争为界分成两个阶段。甲午之前，对于议会，多止于知识层面的介绍，而无取法意图；甲午之后，议会成为变法的核心议题之一，多有学理探讨，且众说纷纭。[2]

---

[1] 参见黄河清编著：《近现代辞源》，上海辞书出版社2010年版，第880页。
[2] 参见王尔敏：《晚清政治思想史论》，广西师范大学出版社2005年版，第190—191页。

关于晚清议会尤其是甲午之前晚清议会的研究，早期多采传统思想史研究范式，关注典型人物，解读重要文本，此类成果丰富，不胜枚举。但是，传统思想史研究范式亦存在一些问题，受到了质疑，在欧美学界已经发生一些转变。[1] 近年来，这种转变亦在中国学界发生、发展，至少在主题上，20世纪90年代以后，以关键词、观念史、概念史为主题的研究逐渐增多，仅就"议会"所做的相关研究也已有许多值得参考的重要成果。[2] 解读重要文本，固然重要；但是，这些重要文本，或成于外国作者之手，或源于外国作者的作品，只是一种书本上的间接知识。与此相较，晚清士人的域外日记尚未得到足够重视。这些域外日记中所记载的议会内容，是观看的结果。观看是一种有选择的注视，受观看者自身知识、文化的影响。[3] 这些内容是他们直观体验的表达，是一种源于"真实"的直接知识。同时，

　　1　斯金纳（Quentin Skinner）曾对传统思想史研究范式有过批判。他认为，传统的思想史研究存在三类谬误形式，即学说的神话（the mythology of doctrines）、融贯性的神话（the mythology of coherence）以及预见的神话（the mythology of prolepsis）。其本人的思想史研究受到语言哲学的影响，强调应当是语境中的思想（Ideas in Context），应当采用跨文本的（intertextual）、语境论的（contextualist）研究方法。思想史研究径路的转变不仅仅是发生在斯金纳身上的个案，受语言学影响，英美倡导观念史模式，法国以概念社会史见长，德国以概念史著称，三者虽存在差别，但共通之处在于，都关注某一基本概念的历史发展，关注它们与文本之外的社会历史语境的联系。参见彭刚："历史地理解思想——对斯金纳有关思想史研究的理论反思的考察"，载丁耘、陈新主编：《思想史研究》（第1卷），广西师范大学出版社2005年版；[英]玛丽亚·露西亚·帕拉蕾丝-伯克编：《新史学：自白与对话》，彭刚译，北京大学出版社2006年版，第271页；方维规："概念史研究方法要旨——兼谈中国相关研究中存在的问题"，载黄兴涛主编：《新史学》（第3卷），中华书局2009年版。

　　2　参见王人博等：《中国近代宪政史上的关键词》，法律出版社2009年版；王人博：《法的中国性》，广西师范大学出版社2014年版；方维规："'议会'、'民主'、'共和'等概念在十九世纪的中译、嬗变与运用"，载《中国文史论丛》（第66辑），上海古籍出版社2001年版；等等。

　　3　参见[英]约翰·伯格：《观看之道》，戴行钺译，广西师范大学出版社2015年版，第4—5页。

亦是一种源于自身文化的知识再生产。其至少包含两层意义：在知识层面，是晚清士人对英国议会的理解、认识；在文化层面，是晚清士人对自身文化隐含的表达。

本章即探讨晚清士人域外日记中的英国议会形象。1866年，清政府第一次派出欧洲考察团，即斌椿使团；1885年，最早的两位驻英公使郭嵩焘、曾纪泽先后结束任职。这是将研究时限定于1866年至1885年的主要考量。而且，自19世纪70年代开始，包括石印技术在内的印刷新技术渐次被引入通商口岸，文化出版机构剧增。新技术的采用冲击了原有的书业市场，而且因出版成本降低，书报品种增多，阅读渠道和资源丰富了，域外资讯的获取也不再过度依赖域外日记、游记。

本章主要以涉及英国议会的内容为考察对象，不仅是因为英国是当时世界上最强的君主国家，是中国最重要的政治交涉、经济贸易对象，具有比较特殊的地位。而且还在于，一方面，在公使派驻时间上，驻英公使是最早派驻的，时间在1875年8月；在公使选任上，驻英公使的派驻有一定成规，甲午前驻英公使的选任注意身份，即资望与职衔两方面，郭嵩焘以地方大员的身份且熟知洋务得任驻英公使，曾纪泽获任时，承袭侯爵爵位。[1] 另一方面，英国是晚清士人最早关注的对象。此外，英国的议会制度最为成熟，号称"议会之母"。

本章主要依据以官方身份出国游历者的域外日记，同时亦参考其他一些游记中的相关内容。1866年斌椿一行出发前，总理衙门有书

---

1 参见李文杰：《中国近代外交官群体的形成（1861—1911）》，生活·读书·新知三联书店2017年版，第253—264页。

写日记、归国呈交的要求，此后形成了使臣日记汇报的制度。[1] 虽然此制度下的日记内容渐趋流于形式，但至少前两任驻英公使郭嵩焘、曾纪泽都坚持了下来。本章关注的问题是，域外日记的作者塑造了何种英国议会形象，它们通过传播产生了哪些影响，从而推动了晚清士人的集体选择。同时，借此梳理议会知识在甲午之前的传播脉络，推敲晚清士人对议会的心态，分析议会语词嬗变中的文化因素，或可于我们理解晚清议会思想、实践有所助益。

二、源于阅读：1866年前晚清士人的英国议会知识

在第一批晚清士人踏足"异域"之前，议会知识已经在中国传播近四十余年，这些内容成为他们观看英国议会的"理论基础"。

一般认为，麦都思于1819年出版的常识书《地理便童略传》是最早使用中文向中国读者介绍英国议会的作品。书中言："惟国内有两大会，一是世代公侯会，一是百姓间凡乡绅世家大族之会。"[2] 麦都思是印刷工，但极具语言天赋，在到达马六甲两年之后即通过语言学习完成他的中文处女作——面向当地华人义学学生的《地理便童略传》。[3] 此外，欧美传教士还出版《察世俗每月统记传》《东西洋考每月统记传》等报刊，及《美理哥合省国志略》《古今万国纲鉴》

1　参见席裕福、沈师徐辑：《皇朝政典类纂》卷四百七十四《外交十·通使》，《近代中国史料丛刊续编》（第91、92辑），文海出版社1982年版。

2　熊月之：《西学东渐与晚清社会》（修订版），中国人民大学出版社2011年版，第84页。

3　参见苏精：《铸以代刻——传教士与中文印刷变局》，台湾大学出版中心2014年版，第77—78页。

等书籍。这些报刊、书籍成为鸦片战争前中国人最初接触西方议会知识的媒介。但是，它们的影响力，或者说究竟有多少士人通过阅读它们知晓议会，值得进一步考察。[1] 从这些报刊、书籍的传播、阅读等方面看，它们对晚清士人的知识（包括英国议会知识）积累影响甚微。与此相较，沿海地区一些官员以及他们的作品应该是更重要的推手。其中，以凭借《海国图志》而流布甚广的《四洲志》为最早。[2]

1839年道光帝任命林则徐为钦差大臣到广州主持禁烟。林氏上任之初，鉴于"中国官府全不知道外国之政事，又少有人告知外国事务，……如在广东省城，有许多大人握大权，不知英吉利人并米利坚人之事情"[3]。因此，林则徐组建情报网络，聘用翻译人员编译澳门所出新闻报纸，搜集获取的一些外文书籍。[4] 其中，译员梁进德据慕瑞（Hugh Murray, 1779—1846）新书《世界地理大全》（*Encyclopaedia of Geography*）摘译成册并经林本人"润色"而为《四洲志》，

---

[1] 柯文认为，只有在考察了传教士作品在社会上和地域上的传播范围、读者范围等之后，才可能"准确地估量传教士非宗教性著作所产生的影响的程度和性质"。[美]费正清编：《剑桥中国晚清史1800—1911年》（上卷），中国社会科学院历史研究所编译室译，中国社会科学出版社1990年版，第626页。

[2] 林则徐的《四洲志》并未刊刻印行，原稿亦没有发现。当下所流通的各版《四洲志》，皆由魏源《海国图志》一书复原。《林则徐全集》中的《四洲志》复原自《海国图志》五十卷本（道光甲辰古微堂聚珍板）。但意大利学者马西尼在研究中，引用Ebisawa的说法：在日本有一本注明时间为1838年的《四洲志》。参见《林则徐全集》（第10册），海峡文艺出版社2002年版，"本卷编辑说明"；[意]马西尼：《现代汉语词汇的形成——十九世纪汉语外来词研究》，黄河清译，汉语大词典出版社1997年版，第25页，注18。

[3] "《澳门新闻纸》十二月十四日"，载《林则徐全集》（第10册），海峡文艺出版社2002年版。

[4] 参见"答奕山防御粤省六条"，载《林则徐全集》（第5册），海峡文艺出版社2002年版；林永俣："论林则徐组织的移译工作"，载福建社会科学院历史研究所编：《林则徐与鸦片战争研究论文集》，福建人民出版社1985年版。

成为中国人最早完成的载有英国议会的中文书籍。

《四洲志》中介绍的英国议会包括议会构成、议员选任、权力行使等内容：

> 律好司衙门，管理各衙门事务，审理大讼……
> 巴厘满衙门，额设甘弥底阿付撒布来士一人，专辖水陆兵丁；甘弥底阿付委士庵棉士一人，专司赋税。凡遇国中有事，甘文好司至此会议。
> 甘文好司理各部落之事，并赴巴厘满衙门会议政事。由英吉利议举四百七十一名，……由委尔士议举五十三名，……由爱伦议举百有五名，……统共六百五十八名。各由部落议举殷实老成者充之。遇国中大事，即传集部民至国都巴厘满会议。嗣因各部民不能俱至，故每部落各举一二绅耆至国会议事毕各回。后复议定公举之人，常住甘文好司衙门办事，国家亦给以薪水……[1]

《四洲志》所载英国议会的知识仅涵盖其中的一些基本内容，比较简陋。值得注意的是，林则徐等在介绍西方议会时，以"衙门"这一中国传统政制语词加以描述。[2] 可能在林则徐等人看来，既然议会行使一些具体的权力，它与中国的"衙门"亦是无甚差别。这些

---

[1] 《林则徐全集》（第10册），海峡文艺出版社2002年版，第97—100页。其中，律好司即 House of Lords，巴厘满即 Parliament，甘弥底阿付撒布来士即 Committee of Supply，甘弥底阿付委士庵棉士即 Committee of Ways and Means，甘文好司即 House of Commons，委尔士即 Wales，爱伦即 Ireland。

[2] 此类用法并非林则徐所创，在裨治文1838年印行的中文著作《美理哥合省国志略》中即有运用。参见《美理哥合省国志略》卷十三《国政一·国领、内外大宪衙门》，刘路生点校，《近代史资料》1997年第92期。

最初关于议会的表达，在晚清士人的脑海里可能留下了一些印记。当他们因缘际会看到真正的议会"衙门"时，当"想象"可能与现实的"景观"并不一致时，其背后的心理颇耐人寻味。

林则徐 1841 年 7 月在折回东河"戴罪立功"途经镇江时与魏源相会，将《四洲志》及所收集的关于西方的编译资料交于魏源并嘱其完善成书，魏源据此以及历代史志、明以来岛志等资料，并增添所撰《筹海篇》等文，于 1842 年完成最初的五十卷本《海国图志》。[1] 此后，《海国图志》先后于 1847 年、1852 年辑录新内容而扩充为六十卷本、百卷本，广为流布，推进了议会知识传播的速度、广度。

对于晚清士人而言，比《四洲志》更重要的知识来源是徐继畲的《瀛寰志略》等书。《瀛寰志略》写于 1843 年，一年后初稿即成，1848 年刊行。由于其中的内容对于西方多有赞美之词，徐继畲受到抨击，[2] 似其被弹劾亦与此书有关，以致此书在 1850—1860 年间再无印行。因此，初刻的《瀛寰志略》流传并不广泛。1866 年，此书在时任总理衙门大臣董恂的大力推荐下，由总理衙门重刊。[3] 职是之故，它至少在斌椿等人的阅读范围之内，或许是作为最基本的地理参考资料，成为他们最初的"出使指南"。在出使者的日记中，多有对

---

[1] 参见"海国图志原叙"，载《魏源全集》（第 4 册），岳麓书社 2004 年版；孙殿起：《贩书偶记》，中华书局 1959 年版，第 184 页。

[2] 比如，李慈铭（1830—1894）即认为此书夸大其词，有伤国体。他于咸丰六年（1856 年）正月二十八日的日记中，载有："阅徐松龛中丞《瀛寰志略》，……皆据泰西人汉字杂书及米利坚人雅裨理所绘地图采择考证各依国立说，间采近人杂著及史册所载略附沿革于后，其用心可谓勤，文笔亦简净。但其轻信夷书，动辄铺张扬厉泰西诸夷酋，皆加以雄武贤明之目，……似一意为泰西声势者轻重失伦，尤伤国体。"李慈铭：《越缦堂日记》（第 1 册），广陵书社 2004 年版，第 319—324 页。

[3] 参见方闻编：《清徐松龛先生继畲年谱》，商务印书馆 1982 年版，第 272 页。

此书的参校、评价。[1] 从知识传播、接受层面而言，《瀛寰志略》中的议会知识，对首次进入"异域"的士人而言具有一定影响是可以想见的。

《瀛寰志略》对英国议会叙述较为简约：

> 英国之制，……都城有公会所，内分两所，一曰爵房、一曰乡绅房。爵房者，有爵位贵人及西教师处之；乡绅房者，由庶民推择有才识学术者处之。国有大事，王谕相，相告爵房聚众公议，参以条例，决其可否，复转告乡绅房，必乡绅大众允诺而后行，否则寝其事勿论。其民间有利病欲兴除者，先陈说于乡绅房，乡绅酌核，上之爵房，爵房酌议，可行则上之相而闻于王，否则报罢。民间有控诉者，亦赴乡绅房具状，乡绅斟酌拟批，上之爵房核定。乡绅有罪，令众乡绅议治之，不与庶民同囚禁。大约刑赏、征伐、条例诸事，有爵者主议；增减课税、筹办帑饷，则全由乡绅主议。此制欧罗巴诸国皆从同，不独英吉利也。[2]

《瀛寰志略》一书中对于山川、地理、人物以外的专有名词，多取意译，而非音译。如英国议会上下两院，以爵房、乡绅房对译之，虽非精确，但从阅读体验与知识接受角度而言，远超《四洲志》等所用之拗口晦涩的音译，更可激发他们的想象。

当然，除《四洲志》《海国图志》《瀛寰志略》之外，晚清西游

---

[1] 参见钟叔河编：《走向世界丛书》（修订本）第1册，岳麓书社2008年版，第91页；钟叔河编：《走向世界丛书》（修订本）第4册，岳麓书社2008年版，第45、54、63、169、173、482页。

[2] 徐继畬：《瀛寰志略》卷七，上海书店出版社2001年版，第235页。

士人的议会知识还有其他一些来源。比如，梁廷枏 1846 年完成的《海国四说》中的《兰仑偶说》[1]，墨海书馆出版的杂志《六合丛谈》[2]，墨海书馆刊行的慕维廉（William Muirhead）编译的《大英国志》，等等。其中，可以确定的是，郭嵩焘、王韬都阅读过《大英国志》一书。郭嵩焘光绪三年（1877 年）十一月十八日记有考证英国议院的文字，实系参校《大英国志》而来。[3] 王韬与蒋敦复是好友，其在写于蒋敦复《啸古堂诗集》的序中言道："余方与西儒慕维廉改削《英志》及《地理全志》上下编，因荐君，有史才，可当其任。"[4] 而且，《大英国志》出版时王韬仍在墨海书馆工作，王韬至少读过其中部分内容。

此外，这些远行士人在国内的日常生活场域、交际网络，亦可能构成他们积累议会知识的渠道。比如，李鸿章、郭嵩焘、曾纪泽三人之间关系紧密，自不待言。曾纪泽出国之前，读过郭嵩焘写于李鸿章谈论马建忠在法国学习信件的钞件，涉及马建忠在法学习期间的一次考试、考题及其作答的情况。其中有一题讨论三权分立："各国吏治异同，或为君主，或为民主，或为君民共主之国，其定法、执法、审

---

[1] 《兰仑偶说》介绍英国，取材于当时所见西人报刊相关内容。参见梁廷枏：《海国四说》，中华书局 1993 年版，"前言"。

[2] 《六合丛谈》1857 年 1 月创刊，共出版 15 期，1858 年停刊，主编为英国传教士伟烈亚力，是综合性杂志，多有西方法政类新知。参见"解题——作为近代东西（欧、中、日）文化交流史研究史料的《六合丛谈》"，载沈国威编著：《六合丛谈》，上海辞书出版社 2006 年版。

[3] 参见钟叔河编：《走向世界丛书》（修订本）第 4 册，岳麓书社 2008 年版，第 404 页；潘光哲：《"郭嵩焘日记"'略考英国政教原始'与《大英国志》的述说对照表》，载"近代中国'民主想象'的兴起（1837—1895）"，台湾大学历史学研究所博士学位论文，2000 年。

[4] 王韬："序"，载《啸古堂诗集》，光绪乙酉年（1885 年）淞隐庐刻本。

法之权，分而任之，不责一身……"[1]

这些士人在出国之前，虽然已经有了一定的议会知识积累，但主要只是关于英国议会的组织结构、基本功能等方面的一些简单知识，而事实又是怎样的？或许，他们正是带着种种疑问，进入"异域"。

三、观其形：议会大厦

同治五年（1866年）四月十八日申刻（下午三时），斌椿等乘坐马车抵达位于泰晤士河畔的英国议会所在地威斯敏斯特宫，他们可能是第一批参观英国议会的中国人。[2] 可惜，天公不作美，阴天，还时有小雨。即便如此，亦不能打消随行译员张德彝"探奇"的热情：

> 楼式奇巧，皆系玉石雕刻。周距二十余里，高十数丈。其二门，禁止居民窥伺。门内如中土戏园，四面皆楼，楼下中设三极座。前有公案，左右设椅六百余张，坐各乡公举六百人。……楼上密坐老幼百余名，皆系城中名士在此听论者。[3]

---

1 《曾纪泽日记》，中华书局2013年版，第824—825页。
2 斌椿等是官方派出游历欧西的第一批中国人，其行纯为"旅行考察"，不负外交任务。据奕䜣在同治五年（1866年）一月奏折，"而外国情形，中国未能周知，于办理交涉事件终虞隔膜。臣等久拟奏请派员前往各国，探其利弊，以期稍识端倪，籍资筹计算"。又，同治六年（1867年）九月奏折所附《总理衙门条说》中亦申明："上年本衙门奏准，令斌椿带同学生凤仪等附船赴泰西各处游历，略访其风俗人情，与出使不同，未可再为仿照。"《续修四库全书·四一九·史部·纪事本末类·筹办夷务始末》同治卷三十九，上海古籍出版社2002年版，第689页；《续修四库全书·四二〇·史部·纪事本末类·筹办夷务始末》同治卷五十，上海古籍出版社2002年版，第267页。
3 钟叔河编：《走向世界丛书》（修订本）第2册，岳麓书社2008年版，第521页。

与年轻、活泼的张德彝相比，斌椿果然不负总理衙门"老成可靠"之期，在其笔下，此次具有历史意义的观看，仅以寥寥数字带过："申刻，至公议厅。高峻闳敞，各乡公举六百人，共议地方公事。"[1]

李圭则用详尽的数字突显出英国议会建筑的高大：

> 议政院西临颠迷士河。三十五年前朝廷简员选择美石改造，基广四十八亩，费金钱二百余万镑。屋共千余间，楼梯多至百余座。冬季各屋所用暖气管，通长计之可五十里有奇。……院西南隅建高塔，……又有钟楼高三百二十尺，设大自鸣钟一架，能走八日。钟重十三吨，字面径二十二尺，鸣时声闻数十里。……上院深九十七尺，广四十五尺，……下院深六十尺，广四十五尺……[2]

虽然他们只是描绘了英国议会哥特式建筑的高大形象，没有留下观看后的心曲，但是视觉的冲击想来会引起心理的变化。在他们的知识积累中，英国议会可能只是行使"权力"的"衙门"而已。可是，仅仅从外观上看，这所"衙门"与他们在国内经常出入的各等衙门也会有着巨大反差。英国议会建筑外观使得他们惊叹，当他们看到其他国家的议会时，亦有类似的描述："（美国）步阶而入，屋宇宏敞，修饰洁丽。正中大厅圆形，北一高台，……下列木凳，……楼上陈座千余……"[3]

---

  1 钟叔河编：《走向世界丛书》（修订本）第1册，岳麓书社2008年版，第114页。
  2 钟叔河编：《走向世界丛书》（修订本）第6册，岳麓书社2008年版，第281—282页。
  3 钟叔河编：《走向世界丛书》（修订本）第2册，岳麓书社2008年版，第659页。

建筑物"本身可以承载大量的特殊信息,既是一种实用的工具,又是一种有表现力的语言"[1]。因此,威斯敏斯特宫在1836年大火重建的过程中,议会委员会发表的关于大厦设计方案的材料中特别要求体现哥特式和伊丽莎白风格。威斯敏斯特宫重建最终确定的总设计师巴里（Charles Barry，1795—1860）亦精心选择了狂热的哥特风格提倡者普金（A. W. N. Pugin，1812—1852）为助手。[2] 虽然他们都没有看到威斯敏斯特宫重建竣工的那一天,但是经他们之手而被"特意设计成为一个国家民族特征的象征"[3]——英国国会大厦却呈现在到访此处的晚清士人的眼前。虽然当下我们所见的游记内容已经过西游士人的后期处理,[4] 但是他们初见英国议会建筑后的心理冲击还是体现在日记的字里行间。他们在描述英国议会时,多使用诸如高峻、宏敞、洁丽等词汇。这些正是英国议会建筑试图展现的意蕴。[5] 也许,士人们的目的即在传递一种与中国传统衙门不同的议会形象。

---

1 [英]迪耶·萨迪奇:《权力与建筑》,王晓刚、张秀芳译,重庆出版社2007年版,第9页。
2 参见[美]迪耶·萨迪奇、海伦·琼斯:《建筑与民主》,李白云、任永杰译,上海人民出版社2006年版,第77—85页;[德]汉诺-沃尔特·克鲁夫特:《建筑史理论——从维特鲁威到现在》,王贵祥译,中国建筑工业出版社2005年版,第244页。
3 [美]迪耶·萨迪奇、海伦·琼斯:《建筑与民主》,李白云、任永杰译,上海人民出版社2006年版,第72页。
4 比如,王韬的《漫游随录》是近廿年之后的作品,虽有所本,但需要迎合《点石斋画报》的风格,经过大幅修改是不容置疑的。目前所见王韬日记,仅至1860年。又,有研究者经过比对,认为目前所见斌椿日记与呈送赫德的版本不同。此外,丁韪良亦说刊行的斌椿日记只是其交给总理衙门报告的点滴。参见[美]凯瑟琳·F.布鲁纳等编:《赫德日记——赫德与中国早期近代化》,陈绛译,中国海关出版社2005年版,第453页。
5 形象学的研究认为,在建构形象时使用、积累的一批词汇,在特定时代、特定文化中或多或少直接地传播"他者"的形象。参见[法]达尼埃尔-亨利·巴柔:"从文化形象到集体想象物",孟华译,载孟华主编:《比较文学形象学》,北京大学出版社2001年版。

这些关于英国议会建筑"景观"的文字描绘对于晚清士人究竟产生多大影响，很难量化。但是，可以确定的是，当清廷不得不预备立宪，不得不准备召开议会之时，议会建筑成为他们关切的重要方面：

> 预备立宪自以设立议会为成效，而议院之建筑实为议会成立以前所必不可少之准备。东西立宪各国议院之制皆宏敞精丽，经营数年而后成。资政院既为上、下议院基础，则其规制自应按照各国定式。……臣等共同商酌，拟照各国两院之制，妥定规模，宽留地步。先行择要兴工，以备明年开院之用。……查京师内城地方市廛栉比，隙地无多。唯贡院旧址，南北约一百四十余丈，东西广约六十余丈，……若改建议院，计地势广袤，足敷布织。出入途径尚直捷，即乘舆幸亦不至有迂折之嫌。[1]

> ……各省财力厚薄及谘议局议员人数多寡各有不同，所筑谘议局议事厅或从新创设，或将就改造均无不可，其新建者则宜仿各国议院建筑，取用圆式，以全厅中人能彼此互见共闻为主。所有议长席、演说台、速记席，暨列于上层之；旁听席等皆须预备。若改造者，亦应略仿此意办理。[2]

---

[1] "资政院奏择定贡院旧址建筑资政院请旨饬修折"，《政治官报》宣统元年（1909年）七月十一日第657号，第11—12页。

[2] 劳恭震、沈敏树编：《谘议局、资政院、自治会议员必携》，麟章书局1910年版，第329—330页。

四、察其制：议会的活动

斌椿使团首次观看英国议会，既惊叹于英国议会的建筑，也目睹了下议院的议事，但他们对议会议事过程却都惜墨如金。斌椿只言："各乡公举六百人，共议地方公事。"[1] 似乎他亦意识到这样简短的叙说不能说清英国议会如何议公事，又附注上解释性文字："意见不合者，听其辩论，必俟众论佥同然后施行，君若相不能强也。"[2] 不过，寥寥数字的解释，倒也勾勒出了英国议会议事、议决的核心，即辩论与多数决。随行的同文馆学生张德彝也只是笼统地提道："凡有国政会议，其可否悉以众论而决。"[3] 这样的表述，甚至比他读过的书册中所载的议会知识都要简单。

造成这种情况，可能源于时间上的紧迫。斌椿一行于同治五年（1866 年）四月初四由法国抵达伦敦，游历英国数个城市，直至五月十二日从伦敦出发至荷兰，在伦敦总共待了一个月左右，且安排的行程紧密，需拜访的人物众多，对于议会议事无暇花费太多时间。而且，年轻的张德彝似乎更关注"新奇"的风土人情，而老成的斌椿志趣又不在"事功"方面，[4] 且其公开刊行的日记中涉及英国政制的

1　钟叔河编：《走向世界丛书》（修订本）第 1 册，岳麓书社 2008 年版，第 114 页。
2　同上。
3　钟叔河编：《走向世界丛书》（修订本）第 2 册，岳麓书社 2008 年版，第 521 页。
4　虽然总理衙门一再降低斌椿等出国的"官方"色彩，但实为"中土西去第一人"。可是，自斌椿出游归国以后，重大政治场合均难见其身影。自《乘槎笔记》及记游诗集刊行以后，也再无与"洋务"相关的著述行世，他似乎从"历史"上消失了。这可能与他的志趣有关。

记载既少且简。关于英国议会机制更加详尽的内容则出自十年之后第一任驻英公使郭嵩焘及其副使、译员的描述。

郭嵩焘于光绪元年（1875年）被确认为驻英公使，他到达伦敦时已经是光绪二年（1877年）十二月初八，与他同行者有副使刘锡鸿、译员张德彝等。[1] 近三个月后的二月三十日，三人同赴下议院旁听，都留下了下议院议事[2]的过程描述。为便于对照理解，现依据他们所记载的是日日记内容，分所关注事项，列表如下：[3]

表3　三人是日日记内容

事项	郭嵩焘	刘锡鸿	张德彝
旁听席位		登楼觇之；各国使与诸事外人，亦多有诣此作壁上观者。	登楼观之，各国公使、随员十数人与事外人多有诣此作壁上观者。楼正面列新闻纸局使，多人执笔记事。
议场及主席台方位布局	堂设正座，若各署堂皇然。前有巨案，上方列坐三人，主记载；左右列长楊五行，上下施楊，容十许人；前廊亦设楊三行。	设几案堂中央，司事三人执笔摊纸，正坐以记言。各官就案旁坐，诸绅以次列坐。	楼下正面一台，上立一人，称曰司批克尔，译为掌言，系通晓律例、娴熟故事，随时为之弹压也。看前设几案，正坐司事三人，执笔以记人言。各官就案，两旁诸绅以次列坐。

1　郭嵩焘与刘锡鸿在英国期间发生矛盾，1877年6月后刘锡鸿赴德国为驻德公使，张德彝随刘锡鸿驻德。

2　三人当日观察的议会议事，是非立法性的公共事务辩论。

3　参见钟叔河编：《走向世界丛书》（修订本）第4册，岳麓书社2008年版，第159页；钟叔河编：《走向世界丛书》（修订本）第7册，岳麓书社2008年版，第125—126、374页。又，刘锡鸿、张德彝的记载，遣词用句多有重合。笔者推测，刘锡鸿可能大幅"参考"了张德彝是日日记。

(续表)

事项	郭嵩焘	刘锡鸿	张德彝
议事（辩论）程序	有致诘各部院事，先指名知会，至则相与诘辩……有议院绅阿定敦，先知会政府毕根士由（毕根士由系上议院绅，是日亦至旁听），发论数千言。每中肯綮处，则高声赞喏。其兵部尚书哈尔谛辩驳其误，亦数千言，语尤畅朗。次议绅阿葛尔得复申阿定敦之说，亦千数言，徒诘政府因循坐视，不能出一计、定一谋，其言颇强坐以无能。	司批克特立于上，按挂号序次，词毕复位，然后他人启齿，毋许儳言忿争。不如法，司批克扶出之。论相错而得失不能决，则分左右袒，以人多者为胜，施行其言。	凡集议之先，绅士有诘于官，即赴院挂号，声明所诘事由，官吏则预筹答词。届时俱至，司批克尔乃按挂号次序，传呼出诘。凡有诘问辩论者，皆立起而向众言之，言毕复坐。然后他人启齿，不许儳言。不如法则司批克尔扶出之。论不能决，则分左右袒，以相从人多者胜，所言即施行焉。
观察后的总结	大抵英政分两党，……其议政院座位竟亦分列左右，右为新政府党，左为旧政府党；……其主议院事者，谓之斯毕格，坐正中堂皇。始就坐，斯毕格赞称静坐止言谈，即有应称起立，论所诘事。答者俟其语毕，起立申辩。其有要紧事件，斯毕格起传其名，令早自陈说。凡有言皆起立，其余皆坐，语毕退就坐，乃继起应之，无敢儳言者。		下院绅士为英国最要之选，号令政事，每由此出，再上院核定。……凡是绅主之，官成之，国君统之而已。……其各抒见以议时政，常至连宵达旦，务期适于理当于事而后已。

三人对是日的议会议事,既有情景的白描,又有解释性文字,生动再现了议会议事的场景:议会议事虽会集数百人,但绝非杂乱无序,而是先挂号,后依次发言、问询、辩论。同时,议事秩序由斯毕格[1]主持,有违者,由其"扶出之"。对于需议决事项,通过辩论,以意见多数决定之。这些关于议会议事场景的记载,在当时实属罕见,使得读者大开眼界。在他们的观察记录中,有两处细节颇值得称道:一是议场及主席台方位、布局描绘;二是关于议长及记录员的介绍,尤其是对于议长司事过程的介绍更引人注目。在后来的议会实践中,议场中设主席台、记录席是建造议会场所必须考虑到的。而且,出于议长在议事过程中的重要作用,议长的选任亦充分考虑其身份、资望。

在张德彝的日记中,其后附有大段论述英国议会的文字,先言议会两院及议员组成,复言"下院绅士为英国最要之选,号令政事,每由此出,再上院核定",在当时流传的记载英国议会的书籍中,这些概括性内容大多可见。最后,张德彝做了总结并有所感慨:

> 利弊之当兴除者,曲直之当申辩者,随时布闻下院而上陈之。……官政乖错,则舍之以从绅民,因其处事力据上游,不使稍有偏曲,故举办一切,上下同心。盖合众论以择其长,斯美而不备,顺众志以行其令,斯力无不惮也。[2]

---

1 斯毕格(或司批克尔),即 Speaker,英国下议院议长。
2 钟叔河编:《走向世界丛书》(修订本)第 7 册,岳麓书社 2008 年版,第 375 页。这段文字在刘锡鸿的日记中亦出现。参见钟叔河编:《走向世界丛书》(修订本)第 7 册,岳麓书社 2008 年版,第 83 页。

张氏的感慨并非无来由，而是他十年后再次得以近距离观看英国议会议事的感触。晚清最初在讨论政制改革引入西方议会的某些做法时，多与试图解决"君民之隔"的问题有关，19世纪70年代以后王韬的言论稍早且重要，尤其是他完成于1870年的《法国志略》对法国政制的评价。在19世纪80年代后，引入西方议会制度的某些内容逐渐成为一种时论潮流。对此，这些日记关于议会议事的场景素描以及评论，或许有过推动作用。因为，至少在1882年徐建寅翻译《德国议院章程》之前，[1] 关于议会议事过程的细节描述只出现于这些日记之中。

观看者在观摩议会议事的过程中，同时注意到议场中其他一些细节。张德彝在1866年第一次英国议会之行中就观察到"左右设椅六百余张"[2]，所由何来，他没有进一步考察。十年后他与郭嵩焘等同行观看英国下议院议事，也只是指出，"论不能决，左右袒"，亦未细究。但是，老辣的郭嵩焘却从中发现了门道："议政院座位竟亦分列左右，右为新政府党，左为旧政府党。"[3] 原来，议会座位的安排是因政党区分而作出的。郭嵩焘刚刚抵达伦敦时，已经从报纸上获知"国事分党甚于中国"，英国现在分为两党，下议政院"入毕（毕根士非尔得）党者四百余人，入噶（噶拉斯顿）党者亦三百余人，互相攻击争胜"[4]。议会议事过程中两党分座、"竞争"的情景引起他的注意。此后，他对英国的政党活动颇加关注：在上议院旁听时，他看

1　光绪五年（1879年），李鸿章派遣徐建寅等赴欧洲采购铁甲舰。徐建寅在德国乘机赴议会观看，终于明白议会如何议事。1882年，他翻译并自印了《德国议院章程》，此书是晚清少见的关于议会议事的书籍。参见《德国议院章程》，中华书局1985年版，"序"；钟叔河：《走向世界——近代中国知识分子考察西方的历史》，中华书局1985年版，第306—327页。

2　钟叔河编：《走向世界丛书》（修订本）第2册，岳麓书社2008年版，第521页。

3　钟叔河编：《走向世界丛书》（修订本）第4册，岳麓书社2008年版，第159页。

4　同上书，第101页。

到那里亦是"左右分座,亦分两党",两党各有代表;[1] 在与英国人交流时,亦会请教相关政党的话题;[2] 日常阅读报张时,也会留心关于政党活动的报道、评论。[3] "党"在中国传统政制中,一直以一种负面的形象存在,所谓"君子不党"。郭嵩焘以其敏锐的洞察力发现英国议会政治的核心在于政党政治之后,即开始致力于追求答案:为什么作为"政制"疾瘤的"党"可以成为英国议会政治的核心?后来,他给出了一个简洁的答案:"议院之有异党相与驳难,以求一是,用意至美。"[4]

但是,郭嵩焘除《使西纪程》以外的其他日记内容均未公开,可能阅读过他日记的人也并不多。与此相比,读者所看到的更多是其他士人日记中关于英国抑或其他国家议会政党活动的负面描写。比如,志刚的"现在英国改章,由民举官。而以前执政及办事交涉大臣,有更换之事。因民所举,有似两党,此进则彼退,无所迁就"[5];黎庶昌的"(法国)又一绅,君党也,发一议,令众举手,以观从违。举右手者不过十人,余皆民党,辄拍掌讪笑之"[6]。

此类对议会政党形象的刻画,显现出政局因为党争的频繁而可能引起的动荡。更有一位"局中门外汉"写下的系列"伦敦竹枝词"中,专有一首刻画英国政治,中有"党分公保相攻击,绝似纷争蜀洛时"句。又专门做注称:"院有二党,曰公党,曰保党,各不相下。

---

[1] 参见钟叔河编:《走向世界丛书》(修订本)第4册,岳麓书社2008年版,第177页。
[2] 同上书,第267、301页。
[3] 同上书,第429、497页。
[4] 同上书,第530页。
[5] 钟叔河编:《走向世界丛书》(修订本)第1册,岳麓书社2008年版,第302页。
[6] 钟叔河编:《走向世界丛书》(修订本)第6册,岳麓书社2008年版,第432页。

此党执政,则尚书、宰相、部院大臣皆党人为之。进则群进,退则群退,君主不得而黜陟之也。"[1] 宋代蜀党、洛党的政争,在晚清士人那里,是太过熟悉的知识,是中国历史上朋党之争最著名的例子之一。甲午之后,"开国会"的号召开始响起,在康、梁等亦试图结社进而组织政党时,域外日记中的"政党"乱象可能亦在一些反对派的脑海中浮现,防止传统党争的悲惨结果重演成为他们取缔新型结社的口实。[2]

观看者在描述"他者"时,他的书写、他的塑造反映了自身的意识和本土文化。士人描述英国议会政党时多表现出负面情绪,正是根植于中国传统政制中对"党"的厌恶。

除此,他们在观看英国议会活动时,对另一种景状亦表现出一种不屑。郭嵩焘的继任者曾纪泽侯爵某日赴议会旁听,记载道:

> 先观下议院,……绅士争竞与喝彩之声甚为喧嚷。继至上院,……议事者免冠立而陈说,余官静听,肃然无咳唾之声。……有争辩,而无闹哄庞杂之声,视下院迥别也。[3]

曾纪泽的体验,他的前任早已领教。一日,郭嵩焘与译员张德彝等于晚间同去上议院旁听,郭言"视下议院稍静谧"[4],张亦夸赞上

---

[1] 局中门外汉:"伦敦竹枝词",载王慎之、王子今辑:《清代海外竹枝词》,北京大学出版社1994年版,第208页。
[2] 参见《清实录》卷三八一;潘光哲:"近代中国'民主想象'的兴起(1837—1895)",台湾大学历史学研究所博士学位论文,2000年,第252页。
[3] 《曾纪泽日记》,中华书局2013年版,第942页。
[4] 钟叔河编:《走向世界丛书》(修订本)第4册,岳麓书社2008年版,第177页。

议政院"洁静"[1]。而在黎庶昌生动的描绘中，法国因为是"民主"国家，其下议政院更显不堪：

> 有一绅连次立台下发议，刚贝达不欲其议，数数摇铃止之。其人弗听，下而复上，众皆丑语诋呵。又一绅，……当其议论之际，众绅上下来往，人声嘈杂，几如交斗，一堂毫无肃静之意，此民政之效也。[2]

嘈杂与静谧，一者是粗鲁的象征，一者是文雅的体现。对于观看者来说，在下议院的嘈杂议堂上，议员们的结"党"、攻伐、呱噪、争吵，并不是他们所要追求的，他们更中意于上议院静谧议堂中的有序、陈说。士人们均受到儒家教育，熟读儒家的经典。《论语》中的"文质彬彬，然后君子"，可能才是他们所追求的。而上议院议员中的表现，正符合"谦谦君子"的形象。甲午以后开办国会的主张，多以英国议会制度为典范，可能是受到英、法议会议事情景描述的影响。有民智程度与议员产生方式的建言，可能亦因之而来。郑观应即认为，"我国学校尚未振兴，日报仅有数处"，教育尚未普及，新闻传播也不发达，因此在这种情况下，不可贸然行使民选议员之法。因为议院是"集众是以求一当之地，非聚群嚣以成一哄之场。必民皆智慧，而后所举之员乃贤；议员贤，而后议论措置乃得有真是非。否则，徒滋乱萌"[3]。

1　钟叔河编：《走向世界丛书》（修订本）第 7 册，岳麓书社 2008 年版，第 384 页。
2　钟叔河编：《走向世界丛书》（修订本）第 6 册，岳麓书社 2008 年版，第 432 页。
3　《郑观应集》（上），上海人民出版社 1982 年版，第 329 页。

五、定其名：关于议会的语词

如前所述，1866年之前，英国议会知识已经开始在中国传播。一种跨越"地域"的知识迁移，必然会受到经济、社会等多重因素的影响。但是，首先面临的问题却是翻译，即如何将一种语言的具体知识转化为另一种语言的具体知识。[1] 最常用的做法是将域外新知的专有名词、术语等用音译词表现。比如，《四洲志》中将英国议会称为"巴厘满"，即是采用音译的做法。但是，"一个音译词，实际上就是一个绝对的相异性。只有在本土语言文化中完全找不到对应物时，人们才采用音译词。……然而，任何一个音译词要想在目的语中具有生命力，均需经历一个逐渐被认可、被接纳的过程"[2]。在议会知识的传播过程中，尤其是随着西游士人所描述的议会形象逐渐传播开来，音译词已经不能承载知识信息，不能被人们认可、接受，《四洲志》中的音译表达在知识传播过程中不再是主流。

在1866年之前，议会知识传播过程中，除《四洲志》中的音译词外，还有其他采用意译方式的表达，主要有公会所、公会、公议会、公议堂、公议厅、公议院、集议院、议政院等二十余个。在晚清

---

[1] 参见［德］郎宓榭、阿梅龙、顾有信：《新词语新概念：西学译介与晚清汉语词汇之变迁》，赵兴胜等译，山东画报出版社2012年版，第1页。

[2] 孟华："对曾纪泽使法日记的形象研究——以语词为中心"，《中国比较文学》2015年第2期。

士人的出访日记中，1866年斌椿、张德彝等第一次出国游历，对于英国议会分别以"公议厅""议事厅"言之。19世纪80年代后期王韬连载于《点石斋画报》中的《漫游随录》，以"集议院"指称英国议会。1876年到1885年之间，域外日记中对英国议会一般以议政院、议院称之，有时之前会冠以上、下，分指议会的上、下两院。这种情况的发生，源于英国议会形象逐渐稳定，随之带来的是知识迁移的加速、加深，其引发的后果是了解、接受或者改造基于知识迁移而来的与议会相关的文化。

当斌椿等出国游历时，他们只是通过阅读积累了一些关于英国议会的简单知识，但并不知道议会如何议事。在他们的想象中，议会甚至可能只是一个中国"衙门"的形象。他们称英国议会为"公议厅""集议厅"，其语词的着力点在"公""集"字上，多人聚集在一起。他们游记中的文字，诸如"设椅六百余张""公举六百人"，诸如议会建筑的高大，都体现出那种众人会集的场景。由此，亦反映出他们的英国议会知识只是停留在之前的阅读层面。这种情形在张德彝与郭嵩焘身上表现得尤其明显。在张德彝那里，他第二次来到英国之后关于议会的描述，再未使用"集议厅"。就郭嵩焘而言，他到伦敦后首临议会时，是英国议会刚刚进入会期的第一天。英国议会开会首日，惯例是自君主以下人物会聚一堂，必有一庄严仪式。[1] 由此，对于郭嵩焘而言，观看到的情景与张德彝首次的观看内容似无不同——多人聚集。他在当日的日记中，以"会堂"指称英国议会。"会"字所蕴含的意思，与"公""集"字相类。

---

1 参见钟叔河编：《走向世界丛书》（修订本）第4册，岳麓书社2008年版，第106页。

19世纪70年代中期以后，日记中的英国议会用议政院、议院称之，[1] 其关注点在"议"字，主要原因是观看体验的增加、知识的积累。从这些日记中可以看出，19世纪70年代中期以后，他们在旁听议会后不再是描述静态物体，而是将笔端投入议会议事过程中。在他们的笔下，刻画的是问诘、辩论、争吵的场景，围绕着"议"字而展开。进一步言之，在西游士人的日记刊行之前，议会议事的过程只存在于中国人的想象之中，议事就是"会集多人，心志冗杂，难免发言盈庭，无所折衷"[2]，这种想象更关注的是多人的会集，其所关注的"议"，亦是基于多人而引发的。因而，在19世纪70年代中期多数域外日记刊行之前，相关知识的积累尚嫌不足，指示议会的语词也庞杂不一。

语词是构成形象的最基本的元素。在观看者的域外日记中，随着他们观察的深入，英国议会的形象亦逐渐稳定，随之，用来指称议会的语词亦即确定下来。在19世纪70年代中期以后，所见的英国议会相关记载，多以（上、下）议院指称 Parliament，直至1915年。

---

[1] 以"议会"为检索词，在"晚清期刊数据库（1833—1911）"中采模糊检索方式进行全文检索，结果显示，最早出现该词的刊物为《万国公报》（第302期，1874年），19世纪70年代共有13篇文章出现该词，均出自该刊；以"议院"为检索词，采取同种方式检索于该库，最早出现该词的刊物是《教会新报》（第234期，1873年），且1873年共出现两次，另一次亦是《教会新报》（第258期，1873年）。19世纪70年代共有63篇文章出现该词。亦可参见金观涛、刘青峰：《观念史研究——中国现代重要政治术语的形成》，法律出版社2009年版，第520页。

[2] 《德国议院章程》，中华书局1985年版，"序"。

综上所述，形象是一种文化事实、一种集体想象物。[1] 19世纪中西交会加剧之时，西方"作者"通过《印中搜闻》《中国丛报》和《中国评论》等英文期刊及其他书报、游记向英美等国读者传递了有关中国的法律形象。尽管这种形象在19世纪中期以后可能发生了一些变化，但是，无论如何变化，"西方人"这种关于中国的法律形象的认识源于他们对自我与"他者"、本土与"异域"关系的自觉意识。他们塑造的中国法律形象，似乎只是为了揭示自身的优越。[2] 与此相对应的是，19世纪60年代以后，一拨接一拨的晚清士人走出国门，走向世界，他们留下的日记甚夥。基于这些日记的研究表明，这些记载留下了他们所观看的域外法政图景。其中，涉及英国议会的内容既多又杂。它们是观看者的描述，勾勒了建筑意义上的议会，描述了其运行的机制，意译并定名了对它的表达，从而形成了英国议会的形象。对于观看者而言，这种形象既受到源于阅读的知识积累的影响，更多的则来自现场到访的观察及感悟。虽然谈不上是"深描"，但它们同样也会被"阅读"、被"消化"，进而成为一种观念、一股潮流，并影响了其后中国的实践。

　　1　参见［法］达尼埃尔-亨利·巴柔："从文化形象到集体想象物"，孟华译，载孟华主编：《比较文学形象学》，北京大学出版社2001年版。
　　2　参见［法］达尼埃尔-亨利·巴柔："形象学理论研究：从文学史到诗学"，蒯轶萍译，载孟华主编：《比较文学形象学》，北京大学出版社2001年版。

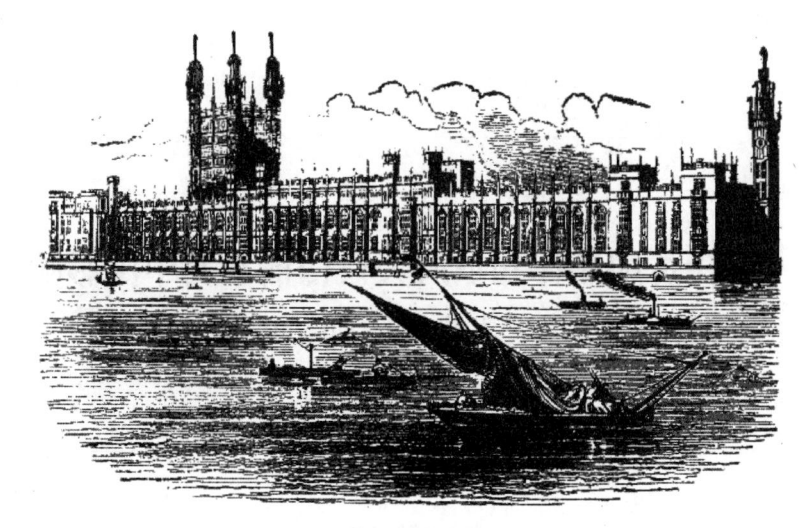

图 1　英国议会外景[1]

图 2　资政院效果图[2]

　　1　可能是晚清最早的关于英国议会建筑的景观图。参见《画图新报》1882年第3卷第8期，第81页。

　　2　资政院由德国人罗克格（Curt Rothkegel）设计，初步核算经费约一百万两，预计1916年（预备立宪第九年）上下议院成立前全部工程完毕。资政院效果图取自"Proposed Parliament Building at Peking," *The Far Eastern Review*, Vol. X, No. 4（1913）；初步核算经费，参见"资政院奏绘就资政院暨上下议院分图核估兴修请拨款折"，《政治官报》宣统二年（1910年）十一月二十五日第1137号，第4页；预计工期，参见"资政院奏择定贡院旧址建筑资政院请旨饬修折"，《政治官报》宣统元年（1909年）七月十一日第657号，第11—12页。

附　篇　343

第三章
近代英国法律知识的大众传播及其中国影响
——以《人人自为律师》的译介为例

一、引　言

法律精英化与大众化的路径选择并非中国现代法治转型中所遇到的独有问题，在素以法律精英化、职业化面貌示人的英美国家，也始终存在着法律大众化的吁求和探索。近代以来，英国兴起的法律知识的大众传播运动即为其重要实践，该运动以"人人自为律师"为号召，以同名法律自助书籍为载体，奏响了英国大众法律文化的主旋律。并且，与近代政治民主化的浪潮相呼应，《人人自为律师》读本的影响力日益扩大，不仅在美、澳等英语国家普遍流行，而且也成为英国法在近代中国传播的重要媒介。但在文本译介的过程中，法律文化的差异与语言的分歧，导致了英国版本和中国版本从文字到内涵的重要差异，使得该文本在中国具有了与其母国迥异的意义。

需要特别指出的是，本章所关注的"法律精英化与大众化"的论题，与一度引发中国学者激烈争论的"司法精英化与大众化"论题并不相同。"司法精英化与大众化"涵摄范围在于司法领域，关注的焦点在于司法权力的归属问题。"法律精英化与大众化"关注的是司法权力归属之外的另一个关键问题，即"作为一种知识的法律应当为人民所享、大众所知，还是被垄断性地掌握在法律职业精英的手中？"

在英国，司法领域自始就呈现出精英化与大众化并存的特征：一方面，由职业律师遴选产生的英国中央法院法官成为英国司法职业化、精英化传统的象征；另一方面，参与司法审判的陪审团以及负责基层司法的治安法官被视为英国司法民主化、大众化的代表。

尽管如此，作为一种知识的法律始终掌握在法律职业精英的手中。律师公会对法律职业进入门槛的把持、混杂拉丁语和诺曼法语的晦涩难懂的法律语言、在大量拟制基础上发展出的迂回曲折的技术性程序以及浩如烟海的判例法渊源，这些都使英国法成为一种被法律职业精英高度垄断的知识。正是凭借这种垄断性知识，柯克可以力拒国王詹姆斯一世（James Ⅰ，1603—1625年在位）对普通法审判的干预。但与此同时，英国的法律职业精英们也可以凭此知识垄断享有巨大的权力和高额的收益，英国民众则不得不忍受由这种信息垄断所带来的高额诉讼成本。尤其对于英国中下层民众而言，法律的不可知和司法的不可享，在很大程度上就意味着法律上的压迫和不公，以及自由和权利的不可得。因此，对英国法律职业精英垄断法律知识的反抗，构成了近代英国法律知识大众传播运动的首要目标。

二、"人人自为律师"的理想：精神溯源

"自为律师者自愚"（A man who is his own lawyer has a fool for his client），这一法谚正是对英国法律职业长期以来都呈现出精英化、职业化的特质的凝练表达。但自16世纪开始，法律大众化、民主化化约为"人人自为律师"（every man made his own lawyer）的有力口号，向英国法律职业者对法律知识的专业垄断发起了挑战。

（一）托马斯·莫尔（Thomas More, 1478—1535）的理想

英王亨利八世的大法官托马斯·莫尔爵士被认为是"人人自为律师"的法律大众化理想的首倡者。在其所著的《乌托邦》一书中，莫尔描述了一个理想之国，在这个国家中：

> 他们的法令很少，因为对于受过这样教育的人民，很少的法令已经够用了。他们发现其他民族的主要缺点是，几乎无数卷的法令和释文还是不够。用浩繁到无人能卒读以及晦涩到无人能理解的法令去约束人民，乌托邦人觉得这是极不公正的。而且他们把巧于操纵案情和曲解律文的全部律师逐出。他们认为一个当事人最好把拟告知律师的事由直接向法官陈述，为自己的案件辩护。当一个人未经律师欺骗手法的教唆，自理讼事，而法官则善于权衡各种陈词，帮助老实人挫败狡狯分子的诬告，这样，事实

真相易于明白,不容任何含糊。其他国家难以获得这种有利条件,由于其法律是大量而繁复的。可是在乌托邦,人人自为律师。[1]

简明的法律形式、浅显的法律语言以及人人自为律师这三点构成了托马斯·莫尔法律大众化理念的核心。莫尔的这一理念以彼时兴盛的人文主义为思想基础,却与其法律人的职业身份,及其最终为之以身殉教的天主教信仰,都存在着内在的冲突。

相比之下,莫尔坚定反对的新教则在人文主义思想的涵养下为法律大众化理念提供了更为充分的理论资源。新教的核心教义有三:独尊《圣经》,因信称义,信徒皆牧师。《圣经》被视为基督教教义的最高权威和唯一依据,信徒个体通过对本国语言版《圣经》的阅读领会神意,只凭信心即可得救,因此,信徒人人均可为牧师,教会并不独占对宗教信仰予以诠释的垄断性地位。

从宗教领域的"人人均可为牧师"到法律领域的"人人自为律师",内在逻辑的一致性不言而喻。而为了实现这一理想,法律大众化理念的秉承者们也大多主张编纂一部简洁的法典以及法律语言的通俗化。显然,法律大众化理念与新教思想有着密切的关联:法典堪比《圣经》,牧师的非职业化被推演为律师的非职业化,以本国语言版的《圣经》来代替拉丁文版的《圣经》则与法律语言通俗化的主张一脉相承。随着英国宗教改革的推进,新教理念在英格兰占据优势地位的同时,法律大众化理念也在英格兰获得了更多的拥趸。

---

1 [英]托马斯·莫尔:《乌托邦》,戴镏龄译,商务印书馆2010年版,第96—97页。

(二)约翰·李尔本(John Lilburne,约1614—1657)的改革理念

至 17 世纪中叶,法律大众化成为英格兰多个政治派别和宗教团体的共同诉求。在当时不断变幻的政治风云中,最为激进的平等派(The Levellers)扛起了反对法律职业主义、主张法律大众化的大旗。该派代表人物约翰·李尔本明确地提出了"人人自为律师"的理念。[1]

李尔本从自由主义和新教个人主义的立场出发进行论证。基于自由主义的立场,他主张,每个生而自由的英国人都有自为律师的权利。从其新教信仰出发,他主张法律应当是可为普通人获得并且理解的,而非博学者的专属领域,因此所有的法律运作都应以英语而非拉丁语和法律法语进行,应当将芜杂繁荣的英国法简化为篇幅短小、内容明晰的法典。他批评律师们试图"通过浑水摸鱼的方式将王国的财富攫取入自己的手中,他们鼓励人们进行非法和引起争吵的诉讼,为了巨额报酬而为邪恶的事业辩护,拖延诉讼,使人们陷入漫长的诉讼之中"[2]。对于这一乱象,他诉诸"所有信徒皆牧师"这一新教教义,主张新教徒在阅读国家语言版本的《圣经》时进行自我判断的习惯同样应适用于法律,由此自然推演出了"人人

---

[1] See Christopher Hill, *The Collected Essays of Christopher Hill: Writing and Revolution in 17th Century England*, Harvester Press, 1985, p. 82.

[2] John Liburne, "The Petition was Delivered on the 15. of April, 1645 to the Common-Councell of London, Sitting at Guild-hall," in David M. Hart, *Tracts on Liberty by the Levellers and Their Critics* Vol. 2 (1644-1645), edited by David M. Hart and Ross Kenyon, Liberty Fund, 2015.

自为律师"的结论。[1]

李尔本的法律改革理念影响了内战期间的法律改革举措。残余议会为推进法律改革而于 1652 年 1 月成立了黑尔委员会（The Hale Commission），其推出的法律改革计划中，就包括了用白话英语制定法律以及法律法典化的内容。[2] 虽然这些改革举措终因克伦威尔（Oliver Cromwell, 1599—1658）解散议会未能实现，但废除以法律法语进行诉答这一成果得以保留，人们认为，以英语诉答有利于打破律师的垄断，增进人民对法律的认知。[3]

（三）乔治·福克斯（George Fox, 1624—1691）的演说

虽然黑尔委员会的改革计划大多夭折，但李尔本所主张的法律大众化以及"人人自为律师"的理想，在接下来的数十年中成为贵格会的信条。贵格会（The Quakers）于 1652 年由乔治·福克斯创立，该派主张人人平等，反对职业牧师，反对一切外在形式上的圣礼和教规，是英国诸多新教教派中最具有平等精神的一脉，但也因此长期都被视为一支激进的异端教派，在英格兰屡受宗教压迫。

1659 年，福克斯向英格兰议会发表了一个言辞尖锐的政治演讲，其讲稿名为《59 项规制宗教事务、取消压迫性法律和压迫者，以及

---

[1] See Diane Parkin-Speer, *John Liburne: Revolutionary Constitutional Theorist*, pp. 56–60.

[2] 参见［比］R. C. 范·卡内冈：《法官、立法者与法学教授——欧洲法律史篇》，薛张敏敏译，北京大学出版社 2006 年版，第 76—77 页。关于这一时期的法律改革，也可参见 J. H. Baker, *An Introduction to English Legal History*, Butterworths, 1990, pp. 244–246。

[3] See Colin Rhys Lovell, *English Constitutional and Legal History: A Survey*, Oxford University Press, 1962, p. 356.

解除压迫之细目》[1]，主旨在于呼吁议会立法取消宗教压迫。由于坚持不同于国教的宗教见解，贵格会的许多规定与英格兰法存在冲突，例如拒绝在法院中摘帽致敬，为求平等而在法庭上不以尊称称呼法官，上法庭和作证时拒绝起誓，拒绝在出庭时聘用律师。这些教规都有藐视法庭之嫌，往往导致贵格会信徒因此而遭受法律的惩罚，轻则遭罚款、没收财物，重则锒铛入狱。据统计，从1650年到1689年，至少15 000名贵格会教徒被捕入狱，超过450名贵格会教徒惨死狱中。福克斯本人也曾数度入狱，甚至因宗教信仰而遭受法官的嘲笑和严酷对待。[2] 有鉴于此，福克斯在演讲中呼吁消除对贵格信徒的法律压迫，反对职业律师，主张改革法律语言，推动法律大众化。相关内容如下：

> ……人们不因未在代理律师的陪伴下出庭以及宣誓而被监禁。（第3条）
>
> 人们不因未在代理律师的陪伴下出庭而被监禁，此人已经亲自出庭，并未生病或远在海外。（第4条）
>
> 人们不应以一种不知名的语言说话。（第6条）
>
> 英格兰的所有法律都应以一种已知的语言表达，这样每位乡民都能在诉讼中自行诉答，而无需律师，或者支付费用……让敬畏上帝并且憎恶贪婪之人决定并且处理所有地方的民众的事务，分文不取……民众支付8便士购买一张纸，上面的内容不超过15

1　George Fox, *To the Parliament of the Common-Wealth of England: Fifty Nine Particulars Laid Down for the Regulating Things, and the Taking Away of Oppressing Laws, and Oppressors, and to Ease the Oppressed*, Printed for Thomas Simmons, at the Bull and Mouth near Aldersgate, 1659.

2　1650年，福克斯因亵渎上帝之罪入狱服刑，一名法官嘲笑福克斯所宣扬的"对上帝的话颤抖吧"这句告诫，并称福克斯及其跟随者为"战栗者"（Quaker）。

行，让这种压迫终结。有些律师未收到 10、20 或 30 先令就不会告诉人们关于法律的寥寥数语，让为此恶行的律师们远离。(第 14 条)

无论牧师还是律师都不应收取……报酬，但如果任何人要布道或阅读法律，让他自由行事，因为上帝是自由的上帝，他的子民是自由的子民，基督是自由的基督，赋予自己自由。任何人从他那里自由获得之物，他将自由地给予他。因此……这是制止所有使得法律和《圣经》成为一门行当的办法：如果有任何人要阅读法律或《圣经》，让他自由行事……(第 42 条)

不要再行所有只以赚钱为目标之事……不要让布道成为一门生意……不要让法律被买卖。不要让那些没钱就不行正义之人处理法律事务，因为那些人不会行正义之事，而是为了金钱而偏袒富人、压榨穷人，他们会让人们陷入漫漫长诉，由此正义的诉讼遭受损害，且经常被推翻。(第 44 条)

上述福克斯关于法律的主张，可以概括为以下几点：第一，正如布道不应被当成一门生意一样，法律也不应被当作一门生意，因此，正义的实现、法律业务的进行，不应当收受报酬。如果为此收受金钱，就是一种压迫。第二，正如人人都可以通过自行阅读《圣经》而感受上帝之灵一样，人人都可以通过自行阅读法律来理解法律，为自己辩护。第三，因此，出庭并不需要律师的陪伴。第四，基于同样的理由，英国法应当采用通俗的用语来表述，而不应当使用不知名的语言——艰涩难懂的法律法语。显然，贵格派在反对职业牧师制度的同时，也反对职业律师制度，支持对法律的自我学习、自我实践，支持法律语言的通俗化。这一立场与约翰·李尔本的主张可谓一脉相承。

总之，从托马斯·莫尔到约翰·李尔本，再到乔治·福克斯，他们为以"人人自为律师"为核心的法律大众化理念注入了人文主义、自由主义和平等主义的精神，并且将其从一种寄托于乌有之乡的纯粹理想，转变为政治观念与宗教信仰，落实为政治家的改革实践与宗教信徒的行为准则，使其具有了进一步成为现实的可能。具体而言，他们一致主张，通过法律语言的通俗化和法律形式的法典化来实现"法律的可知"，通过律师职业的民主化来实现"司法的可享"。

三、《人人自为律师》的读本：载体变迁

尽管上述思想为近代英国法律知识的大众传播提供了精神源头，但真正推进上述方案，从遥不可及的乌托邦理想中孕育出实实在在的大众法律文化之花的现实载体，是英国近代以来大量出版的法律自助书籍（legal self-help books）。"人人自为律师"是此类书籍最为常见的书名。

（一）17世纪的兴起

《牛津书籍指南》一书，将法律自助类型书籍的兴起追溯至18世纪上半叶后期，并且认为，为第一批普通读者撰写首本法律自助书籍的荣誉应归于法律作家吉尔斯·雅各伯（Giles Jacob, 1686—1744），他的《人人自为律师》一书首次出版于18世纪30年代。[1]

---

[1] See "Every Man His Own Lawyer," in Michael F. Suarez（ed.）, *The Oxford Companion to the Book*, Oxford University Press, 2010, p. 602.

但此说有待商榷，笔者能够搜索到的现存最早的以"人人自为律师"为名的法律自助书籍，是1682年出版的《乡民之律师，或，人人自为律师》(*The Country-man's Counsellour*, or, *Every Man Made His Own Lawyer*) 一书。[1] 该书表现为小册子的形式，这是欧洲近代早期印刷的一种早期大众读物。这一时期，伴随着印刷业的蓬勃发展和大众识字率的大幅度提高，作为大众读物的小册子也随之产生，它兴起于16世纪，在17、18世纪到达顶峰。迈尔斯·戴维斯（Myles Davies）于1716年指出，小册子（pamphet）一词的基本含义是未装订的小书。在语言学上，它可能与词根 pan 相关联，意思是为所有人喜爱之物。小册子轻便易携，价格便宜，内容简单，能够为大众所理解、阅读和购买，因此成为大众之选。[2] 自其诞生之后，广受欢迎，其销量巨大，成为向普通民众传播流行文化的重要媒介。

最初，此类书籍以娱乐为目的，内容多为乡野奇谈、历史文学等内容。但自1597年起，其主题开始在既有的娱乐功能之外，开发出了指导大众培养自身实用技能的新功能，例如指导人们如何骑马、耕种，最常见的是烹饪书、园艺书等。本章所讨论的《人人自为律师》也属于此种类型，只是属于更为严肃的法律领域。

1682年出版的《乡民之律师》一书仅13页，其中一半篇幅涉及诉讼，用于讨论英格兰中央三大普通法法院、大法官法院、王室内务法院的性质、管辖权范围，列出了各法院的常见令状、诉讼程序及收费标准，还教导人们如何起诉事务律师，该书的另一半篇幅则用于法

---

[1] H. R., *The Country-man's Counsellour*, or, *Every Man Made His Own Lawyer*, Printed for J. Clarke at the Bible and Harp near the hospital gate in West-Smith-Field, London, 1682. 该书为 EEBO（Early English Books Online）数据库所收录。

[2] See Joad Raymond, *Pamphlets and Pamphleteering in Early Modern Britain*, Cambridge University Press, 2003, p. 7.

律文书的撰写，提供了关于债务保证书、凭单、债务免除证书、转让文书、律师函，以及卖契、遗嘱等各类法律文书的模板。总体看来，这是一本指导人们如何从事法律事务的实践用书。

作为法律通俗读本，该书以非法律专业人士为阅读对象，而且其预设的读者群体很可能是身处社会下层的乡民，而非上层士绅阶层。这不仅是因为该书售价非常低廉，仅2便士左右，更是因为书中格式文书部分所讨论的法律事务大多内容细琐、标的不高，例如价值20镑的债务保证书；土地租赁契约涉及的是一块1/4平方公里土地，租金5镑；学徒契约中的学徒是裁缝之子，要学习屠宰之术；出售价值8镑的家用物品的凭单，买家以后可以凭该单据赎回这些物品；一位海员为了收回20镑的债务而写给事务律师的信件。书中还给出了如何在诉讼标的不到5镑的情况下获得正义的指导。[1] 显然，该书所讨论的都是当时普通民众日常生活中最为常见的法律问题，其主要目的在于为当时英格兰的下层民众提供初步的法律指导。

有证据表明，除了下层民众之外，此书也为英格兰士绅阶层所阅读。17世纪英国托利党政治家萨缪尔·皮普斯[2]的藏书中就有一册《乡民之律师》。[3] 苏赛克斯的堂区长吉尔·摩尔（Gile Moore）甚至

1　Margaret Spufford, *Small Books and Pleasant Histories: Popular Fiction and Its Readership in Seventeenth-Century England*, Cambridge University Press, 1985, pp. 60-61.

2　萨缪尔·皮普斯（Samuel Pepys, 1633—1703），英国托利党政治家，历任海军部首席秘书、下议院议员和皇家学会主席，但他最为后人熟知的身份是日记作家。尽管皮普斯没有真正的海军经历，但凭借裙带关系、自身的努力和管理方面的天赋，他从一介平民一步步擢升为查理二世和詹姆斯二世在位期间的海军部首席秘书。他任内推行的改革对英国皇家海军早期的专业化有深远影响，很多举措成为现代海军建制的基础。他在1660年到1669年间写下的生动翔实的日记于19世纪发表后，被认为提供了英国复辟时期社会现实和重大历史事件（如伦敦大瘟疫、第二次英荷战争、伦敦大火）的第一手资料和研究素材。

3　萨缪尔·皮普斯所制作的小册子藏书目录（the collection of chapbooks）现存于剑桥麦格达伦学院皮普斯书籍馆，这是关于英格兰所出售的廉价简装本的最佳藏书目录。See *Catalogue of the Pepys Library at Magdalene College*, Census of Printed Books, Boydell & Brewer Ltd, 2004, p. 27.

354　镜中观法：《中国评论》与十九世纪晚期西方视野中的中国法

买了一打此类书籍。[1]

总之,早在17世纪下半叶,为了满足英格兰民众对于法律服务的旺盛需求,《人人自为律师》这类法律自助书籍已经出现,其读者群体广泛,上至中产士绅,下至底层民众。

(二) 18 世纪的发展

进入18世纪,法律自助书籍种类日繁。1836年初版[2]的吉尔斯·雅各伯所著之《人人自为律师:或,英格兰法概要》(*Every Man His Own Lawyer: Or, a Summary of the Laws of England*) 一书,被视为这一时期法律自助书籍的代表作。雅各伯是一位活跃于18世纪上半叶的法律作者,文笔平平,但极其多产,且富有商业头脑。除了撰写大量专业法律书籍之外,他投身于18世纪法律实践出版物的普及活动,积极开拓新市场,例如法律自助书籍[3],《人人自为律师》是其中最为成功的一本。

该书以一种新颖的平实简易的风格阐述法律知识,其目标在于使所有人都能了解英格兰王国的法律,从而在诉讼中保护自身的人

---

[1] See Amy Louise Erickson, *Women and Property: In Early Modern England*, Routledge, 1993, p. 23.

[2] 一般认为雅各伯的《人人自为律师》一书于1736年初版,但据1768年出版的一本出版商书目的记载,该书的第1版出版时间为1733年。参见 John Worrall (ed.), *Bibliotheca Legum: Or, a Compleat List of All the Common and Statute Law Books of This Realm*, London, 1768, p. 83。

[3] 如《商法,或商人指南》(*Lex Mercatoria, or, the Merchant's Companion*, 1718)、《论法律》(*A Treatise of Laws: Or, a General Introduction to the Common, Civil, and Canon Law*, 1721)以及《人人自为律师》等。《商法,或商人指南》一书是普通法律师为商人撰写的关于商法及对外贸易习惯这一主题的第一本指南;《论法律》是对普通法、罗马法和教会法的简要概论。

身和财产。该书分为七个部分，分别叙述：诉讼程式和救济；各级法院、法庭命令及司法令状；财产与继承；婚姻及与私生子、未成年人、白痴和精神失常者相关的法律和制定法；与臣民的自由权相关之成文法，如《大宪章》《权利开示法》《人身保护法》等；国王及其特权，以及各级司法官员；各类犯罪及其刑罚。这一体例相对规整，大致上遵循了先程序后实体、从私法到公法的脉络。虽然同样是一本为民众提供诉讼指导的法律实务指南，但与前述17世纪出版的《乡民之律师》相比，该书近300页的篇幅使其所蕴含的信息量大大增加。通过阅读该书，普通民众已经可以勾勒出英国法的大致轮廓。

雅各伯的写作意图也正在于此，他宣称，《人人自为律师》一书为大众提供了非同寻常并且具有教育意义的信息，这些信息可能会对法律改革时期的诉讼发挥积极的作用。[1] 在他看来，法律语言的通俗化以及出版以非专业人士为对象的法律自助书籍有助于实现法律知识的广泛传播，而由此带来的大众对法律的理解并不会如时人所担心的那样，导致法律的滥用以及对职业权威的腐蚀，反而有助于创造一个更为公正的社会。如果反对法律知识的普及，则会导致轻率、昂贵的诉讼。他指出，"在一个探究事物的时代"，知识能够以这样的一种方式进行组织和交流，有益于探究的民众，并能对法律职业"提供一种非常正确的指导"。[2]

雅各伯的《人人自为律师》获得了巨大的商业成功。该书在18

---

[1] See Giles Jacob, *Every Man His Own Lawyer: Or a Summary of the Laws of England in a New and Instructive Method*, London, 1736, p. vi.

[2] Ibid., pp. v–vi.

世纪先后推出了11版,其影响力还及于海外殖民地。[1] 尤其是在18世纪末19世纪初的美国,不仅业余读者,甚至专业人士,尤其美国边疆地区基层司法的法官、律师等专业人士也是该书的忠实读者。[2]

该书成功的秘诀在于迎合了普通民众的法律需求。18世纪的普通法言辞冗赘、法律严苛、诉答规则复杂、法律文件繁复冗长,导致法庭官员勒索成风、律师收费昂贵,也导致了普通民众对于律师职业的厌恶和拒斥。《人人自为律师》以帮助人们自助适用法律为目标,文本简明、语言通俗、内容完备,自然风靡。[3]

雅各伯的成功吸引了大批的跟风者。继他之后,仅18世纪就出现了数十本冠以相同或者类似书名的读本。[4] 在综合类法律自助读本的基础上,出版商们还开发出了更为专门化的类型。他们仿照"人人自为律师"之名,衍生出了专门针对破产者、士绅、房东和房客、债务人等特定对象的法律自助书籍。[5] 这些18世纪的通俗法律读本的作者充满自信地向大众允诺,在这些书籍的帮助之下,每个人都有能力自为律师,解决自身的法律问题,从而节省大笔的律师费用。

---

[1] See Giles Jacob, *Every Man His Own Lawyer: Or a Summary of the Laws of England in a New and Instructive Method*, New York, 1768; Giles Jacob, *Every Man His Own Lawyer: Or a Summary of the Laws of England in a New and Instructive Method*, Philadelphia, 1769.

[2] See Elizabeth Gaspar Brown, "Frontier Justice: Wayne County 1796-1836," 16 *American Journal of Legal History* 126 (1972), p. 146, n. 70.

[3] See "Book Review of David Mellinkoff, The Language of the Law (Little, Brown & Company, 1963)," 52 *Georgetown Law Journal* (1964), p. 666.

[4] 如"Every Man His Own Lawyer"或"Counsellor""Proctor""Attorney"等。

[5] 如William Cecil, *Every Bankrupt His Own Lawyer*, 1714; *The Farmer, Lawyer, or Every Country Gentleman His Own Counsellor*, 1774; *Every Landlord and Tenant His Own Lawyer*, 1775; *Every Man His Own Proctor*, 1786; Howard, *Every Tradesman His Own Lawyer*, 1794; Neale, *Every Debtor His Own Lawyer*, 1800。

(三) 19 世纪的转变

进入 19 世纪以后,《人人自为律师》读本已然家喻户晓,几乎成为法律自助书籍的代名词。[1] 与此同时,此类书籍在体例和内容上也有所变化。

19 世纪上半叶,受布莱克斯通《英国法释义》的影响,此类读本的体例更为规整。它们大多仿照《英国法释义》的体例,按照人的权利、物的权利、对私人的不法行为以及公共不法行为将书分为四卷,并且同样在四卷前增加了一个导论,概述英格兰的法律,甚至每一卷的小标题,也有半数与《英国法释义》类似或完全相同。[2]

但这一理性化的、清晰连贯的体例未能延续。19 世纪 20 年代末拉开序幕的法律改革,导致了英国法从内容到形式的巨大变化,不仅众多古老的法律领域经过大刀阔斧的立法改革面目全非,大量新生的法律部门在旧有的体系框架中也无法找到适当的位置,这就使得布莱克斯通在 18 世纪中叶打造的普通法体系变得过时。由于这一原因,19 世纪下半叶开始,《人人自为律师》读本的体例风格出现了某种程度上的倒退,再度回到了凌乱、非体系化的状态。

---

[1] 19 世纪上半叶较为重要的作品有: T. Williams, *Every Man His Own Lawyer, or, Complete Law Library*, London, 1812; John Gifford, *The Complete English Lawyer, or, Every Man His Own Lawyer*, London, 1817; James Shaw, *Every Man His Own Lawyer or, a Practical and Popular Exposition of the Laws of England*, London, 1833; John Paul, *Paul's Select Law Library, or, Every Man His Own Lawyer*, Printed for J. Richardson, 1807–1810; *Every Man His Own Lawyer*, Muir, Gowans, Glasgow, 1834; T. J. Wooler (Thomas Jonathan), *Every Man His Own Attorney*, London, 1845。

[2] 如 T. Williams, *Every Man His Own Lawyer, or, Complete Law Library*, London, 1812; John Gifford, *The Complete English Lawyer, or, Every Man His Own Lawyer*, London, 1817。

以 19 世纪下半叶最畅销的《人人自为律师：普通法与衡平法原则手册》(*Every Man's Own Lawyer: A Handy Book of the Principles of the Law and Equity*)（该书首版约为 1862 年）为例，该书不再使用四卷本的分类方法，而是直接分为 60 个小标题。虽然这些小标题的安排大致沿袭了从程序到实体、从私法到公法的路径，但其中又穿插了许多新型的部门法内容，例如知识产权法、食品药物安全法、动物保护法、职业规制法、劳动仲裁法、税法、出生死亡登记法等等。与此同时，该书援引的制定法的比例大大增加，已超越判例法成为主体内容。

该书同样获得了巨大的商业成功，自 1860 年至 1980 年间共出版了 71 版。尤其是在 19 世纪下半叶，该书几乎以一年一版的速度推出，这既是为了迎合当时激烈的法律改革所导致的法律快速变化状况的需要，也反映了极其庞大的市场需求。

（四）《人人自为律师》与法律大众化

虽然获得了巨大的商业成功，但法律类自助书籍的缺陷也显而易见。由于针对的是大众市场，因此低廉的售价和灵活的售卖方式是此类书籍最典型的销售模式，这就导致书籍品质难以把控，质量参差不齐。部分书商为了获得市场的肯定，不惜虚构作者的律师身份。实际上，此类书籍的作者很多是未经法律训练的穷苦文人，他们粗制滥造，以致坊间风评不佳，《人人自为律师》由此成为销量巨大、价格低廉但质量低劣的法律书籍的代名词。即便有职业律师愿意执笔撰写，也多隐姓埋名，以匿名方式出版。

尽管有诸多批评，但不可否认的是，法律自助书籍在近代英国社

附 篇 359

会的广泛流行为英国法律知识的大众传播奠定了基础。此类法律自助读本被认为可以推进法律语言的通俗化、法律形式的法典化以及法律职业的民主化，从而实现"法律可知"和"司法可享"。

1. 法律语言的通俗化

诘屈聱牙的法律用语率先获得了立法改进。自诺曼征服之后，普通法诉讼中的所有诉答都以法律法语进行，直至《1730年法院程序法》（Proceedings in Courts of Justice Act 1730），英语才完全取代法律法语和拉丁语，成为正式的法庭用语。对于这一立法，当时英国法律职业群体中不乏批评之声。如有人担心，在法庭上采用英语将会导致诉答形式的不确定。并且，这一语言的改变在打破律师对法律的垄断的同时，无法达到使得法律更容易为外行人士掌握之目的。[1] 但雅各伯等一干《人人自为律师》的作者不仅赞同这一推动法律语言通俗化的立法，还致力于通过《人人自为律师》此类法律通俗读本进一步推进这一目标：一方面，他们力图用最简单的语言来阐述法律；另一方面，他们经常通过在书后添附术语解释表或者法律术语词典的方式对法律术语进行充分的阐释。

需要指出的是，即便就《人人自为律师》读本本身而言，法律语言通俗化也非全书一以贯之的目标。在法律阐释的部分，作者往往使用通俗平实的语言予以表述，以便帮助普通读者对法律的理解，但是，在格式文书的部分则大多沿袭旧例，强调法律术语的使用。事实上，格式文书大量使用传统的法律语言，甚至不乏笨拙的句子结构、遵循拉丁翻译的颠倒语序以及法律行话。究其原因，这一部分的内容

---

[1] See John Mallory, *Attorney's Pocket Companion*, Printed by E. and R. Nutt, and R. Gosling for R. Gosling, 1733, "Preface".

不在于促进读者对法律事务本身的理解,而是为了便利法律事务的达成,例如,为需要起草遗嘱、契约、不动产转让契据等法律文本的读者提供模板。[1] 因此,律师所使用的法律行话在此不但不应避免,反而是不可或缺的。

2. 法律形式的简明化

杂乱无章的法律体系是阻碍普通民众了解英国普通法的另一大障碍。至少自16世纪以来,就不断有法学家提出法典化的建议。在他们看来,法典化能够推进法律大众化并且打破法律精英阶层的垄断。如托马斯·莫尔就曾指出,法律的繁复成为大众获得应有的法律救济的障碍,因此简明的法律有助于彻底取消律师职业。英国法法典化的旗手边沁(Jeremy Bentham,1748—1832)更是在鼓吹法典化的同时高呼:"人人自为律师!——将此视为瞄准的目标。"[2] 在边沁及其追随者看来,法典化使得法律更为简明易懂,从而有助于维持公众对于法律的信心,并且,清晰的法典取代秘密的普通法也能防范法律职业者的邪恶利益,确保由立法机关而非司法机关来实施立法权,从而实现"法律可知"和"司法可享"。[3]

虽然19世纪英国法典化运动未能成功,但《人人自为律师》读本的流行在一定程度上实现了法典鼓吹者们意欲实现的目标。此类读本将英国法的各个分支概括简化,将制定法、判例法渊源熔冶于一

---

[1] See David Mellinkoff, *The Language of the Law*, Little, Brown & Company, 1963, pp. 233-234.

[2] See Jeremy Bentham, "Papers Relative to Codification and Public Instruction," in John Bowring (ed.), *The Works of Jeremy Bentham*, Vol. 4, 1962, pp. 459-460.

[3] 参见〔英〕菲利普·斯科菲尔德:《邪恶利益与民主:边沁的功用主义政治宪法思想》,翟小波译,法律出版社2010年版,"总序",第2页。

炉，最终压缩为仅数百页的薄薄一册。虽然不同时期的读本都以制定法、判例法以及格式文书为其主要内容，但越至后期，其制定法之比例越重。至19世纪70年代末，在亨利·福克德（Henry C. Folkard，1827—1914）所著《人人自为律师》一书中，制定法已经成为绝对主角，判例法沦为补充。这一形式已然非常接近英美法概念中的法典，甚至有书商在广告中将其标榜为"英国的完整法典"（English Complete Code）。[1] 不仅如此，此类书籍还极力宣扬其无所不包的理念，如有读本直接以"法律图书馆"名之，[2] 福克德的读本则直接将"本国法律之全面概览"作为宣传词，[3] 仿佛任何人都可自该书中找到与自己的法律问题相关的答案。尽管这一说法只是一种无法实现的幻想，但不可否认的是，《人人自为律师》读本试图全面概述英国法的做法，确实为公众提供了一个了解英国法的重要渠道，并且在形式上部分实现了法典所要达到的提供关于一国法律全面内容的目标。

3. 法律职业的民主化

相比于前两大目标的部分实现，法律职业民主化的理想似乎并未通过《人人自为律师》这类通俗读物的流行而有效达成，反而产生了一些负面的影响。

一方面，《人人自为律师》这种数百页的口袋书，显然无法囊括英国法的海量判例和制定法，更无法使人掌握这些规则背后所潜藏的

---

[1] See *A Catalogue of Books Including Many New and Standard Works*, Lockwood & Co, 1874, p. 48.

[2] See T. Williams, *Every Man His Own Lawyer, or, Complete Law Library*, London, 1812.

[3] See *A Catalogue of Books Including Many New and Standard Works*, Lockwood & Co, 1874, p. 48.

原则。因此，如果只靠翻阅这类通俗读本，读者根本无法拥有化繁为简地解决实际法律问题的能力。[1] 另一方面，对于初学者而言，面对英国程序法的规则迷宫，未经充分法律训练之人甚至无法处理最简单的案件。正如罗斯科·庞德（Roscoe Pound，1870—1964）所评价的："所有的经验表明，人人自为律师的外行观念只是一个不切实际的幻想。"[2] 更糟糕的是，当那些通过阅读通俗读本获得了粗浅的法律知识，就自认为有能力为他人提供法律建议之人向大众提供法律服务时，往往使得当事人陷入更大的麻烦之中。所以，此类书籍并没有避免讼案，反而制造了更多讼案，并未实现"人人自为律师"的理想，反而为律师带来了更多的业务。《人人自为律师》读本因而被斥为"社会公害"[3]。

面对这一现实，即便是《人人自为律师》读本的作者本身，也不得不承认这一理想的虚幻性，这导致部分作者开始否认其写作是为了实现"人人自为律师"的目标，甚至也不再直接套用"人人自为律师"的书名。但他们依然肯定此类读本的流行推动了法律大众化，具有重要的现实意义。

有作者指出法律知识大众传播对于公民权利保障的实践意义："在所有英国文献中，还未出现这样的一个主题，赋予英格兰人他所置身其中的法律和政府的知识。该书的任务就在于弥补这一缺

1　See Lord Justice Lindley, "Law as an Educator," 12 *Legal News* (1889), p. 345.
2　Roscoe Pound, "Administration of Justice in the Modern City," 26 *Harvard Law Review* (1912-1913), p. 302.
3　10 *Iish Jurist* (1858), p. 26. 布莱克斯通将那些自以为是、擅自提供法律意见的非专业人士也称作"公民社会的害虫"。在其《英国法释义》中，布莱克斯通写道："公民社会的害虫，永远努力打扰邻居的安宁，并且好管闲事地干涉他人的争吵。"William Blackstone, *Commentaries on the Laws of England*, Vol. IV, Clarendon Press, 1769, p. 135.

陷。……在大不列颠这样一个法律至上的国度中，几乎所有的公私事务都由其规则引导，每个人都应当了解一些本国法律的首要原则，这是绝对有必要的：有时候，这有助于其避免因为对法律的无知而可能导致的危险，并且保护他免遭或明或暗的敌人的暗算。"[1]

也有作者指出了法律知识大众传播对国民的政治教育功能："成功的民主国家仰赖于其国民的政治成熟。此种成熟部分表现为积极参与自治进程的能力，而这种能力仅仅能够在那些懂得用于规制其社会、规制国民的法律之人那里发现。为了帮助国民获得此类理解，这本简明书籍的目的在于促进业余人士对于我们所借以生活的、规制我们……社会的基本原则的兴趣。"[2]

事实上，早在18世纪，雅各伯就对法律知识大众传播的政治意义多有阐发。他受洛克（John Locke, 1632—1704）的影响，将教育视为帮助人民融入公民社会的手段，关注法律对于专制的预防作用。雅各伯指出："我们的国王，尽管伟大，和他的臣民一样受到法律的束缚；正如我们不能违背法律，国王也不能侵蚀法律。"[3] 国王必须受制于法律的理由在于他的权力源自人民的授予，该授予的最初目的在于确保英格兰比任何其他国家更为繁荣强大。[4] 国王或统治者都不能"未经王国法律的授权"而行事。[5] 雅各伯认为"正是通过简单的步骤和自由的削减"，"专制得以实现"。[6] 因此，"对人民进行本国

1　John Gifford, *The Complete English Lawyer, or, Every Man His Own Lawyer*, London, 1830, p. iv.
2　3 *Journal of Family Law* 171 (1963).
3　Giles Jacob, *Essays Relating to the Conduct of Life*, 3rd ed., by J. Hooke, 1730, p. 111.
4　See Giles Jacob, *Essays Relating to the Conduct of Life*, 2nd ed., by T. Cooke, 1726, p. 111.
5　Ibid., pp. 114–115.
6　Ibid., p. 112.

法律和制度的教育，从而使得他们能够更为轻易地发现并且抵制针对他们实施专制的第一步或者对他们自由的削减"[1] 是极其重要的。

雅各伯在其撰写的各类著作的序言中，反复强调对人民进行法律教育的重要性。他指出，"我们法律的主题无论如何强调都不过分"，因为正是通过这一方式，人民的"权利和财产"方能得到保护。[2] 在雅各伯看来，每个国家的法律的核心都是保护每个人的"生命、自由和财产"。[3] 这一法律是凌驾于任何个人是非判断之上的规则。[4] 所有为立法权通过的法律本质上都具有约束力，并且规定了义务，[5] 该社会的每个成员都必须遵守此义务。"所有的法定权限……都要服从它，如果抵制它，就是抵制整个共同体的正义。"[6] 而要使得这些必要的义务得到遵守，那些为法律所治理之人就有必要知晓法律。

雅各伯发现，虽然英格兰普通法是非常"完善的理性"[7]，并且在普通法不完善之处，也引入了制定法，[8] 但总体而言，普通法"在我们的书籍中一片混乱"[9]。普通法节略往往"极其复杂、混乱并且繁冗"[10]。而且，许多法律书籍中充斥着大量"学究气的、装腔作势

---

[1] Giles Jacob, *Essays Relating to the Conduct of Life*, 2nd ed., by T. Cooke, 1726, p. 114.

[2] Giles Jacob, *Every Man His Own Lawyer; or A Summary of the Laws of England in a New and Instructive Method*, J. Hazard, S. Birt, and C. Corbett, 1736, p. iii.

[3] See Giles Jacob, *A Law Grammar: Or, Rudiments of the Law*, Henry Lintot, 1744, pp. 3, 5.

[4] Ibid., pp. 1, 54.

[5] See Giles Jacob, *Lex Constitutionis: Or, the Gentleman's Law*, E. Nutt and B. Gosling, 1719, p. 2.

[6] Giles Jacob, *The Student's Companion*, B. Lintot, 1719, p. 128.

[7] Giles Jacob, *Treatise of Laws*, T. Woodward and J. Peele, 1721, p. 115.

[8] See Giles Jacob, *The Statute Law Common-Plac'd*, B. Lintot, 1719, p. i.

[9] Ibid., p. 2.

[10] Giles Jacob, *The Compleat Chancery-Practise*, Vol. I, E. & R. Nutt and R. Gosling, 1730, p. viii.

的东西",其结果就是普通读者从中获得的不是指引而是困惑。[1] 当遇到法律困惑时,普通读者就"如同丛林中缺乏向导指引的旅人,一旦进入,注定迷途,找不到出路"[2]。对此,雅各伯的解决办法不是大刀阔斧地连根斩除,而是进行"巧妙而明智的修剪",从而使法律成为人民可以轻易学习的艺术和科学,而非对人民的压迫。[3] 正是通过撰写《人人自为律师》这类法律通俗读本,雅各伯清理出了一条帮助民众轻松了解本国法律的康庄大道。[4]

无论如何,公众对法律的适当了解对于公民社会的最终目的——基本权利和自由的保障是必不可少的。正是基于这一自由主义的传统,所以"英国公众的性格,是宁有愚蠢的自由,亦不要强迫的明智;甚至法律职业也无法成功地强行封杀《人人自为律师》读本……就算这些事物是有害的,对它们的纠正也不会在一个拥有纠问式和教会式权力的组织中找到,而是由公众的教育和知识的传播来发现"[5]。因此,即便《人人自为律师》在法律实践的层面根本无法实现其书名所宣示的理想,但对英国社会而言,这一类型的读本依然拥有政治理念上的正当性。通过《人人自为律师》读本进行的法律知识的大众传播是防止专制,保障公民基本权利和自由的重要途径。

总体来看,近代英国法律知识大众传播运动的打破法律职业知识

1　See Giles Jacob, *City Liberties: Or, the Rights and Privileges of Freemen*, W. Mears, 1732, p. viii.

2　Giles Jacob, *The Student's Companion*, B. Lintot, 1719, p. iv.

3　See Giles Jacob, *The Mirrour: Or, Letters Satyrical, Panegyrical, Serious and Humorous on the Present Time*, J. Roberts, 1733, pp. 67-68.

4　See Giles Jacob, *The Compleat Chancery-Practiser*, Vol. I, E. & R. Nutt and R. Gosling, 1730, p. vii.

5　George Jones, "Defects in the Organisation of the Medical Profession," 9 *Transactions Med. -Legal Society* 43 (1911-1912).

垄断的目标得到了部分实现。一方面，法律大众化所追求的"法律可知"的理想，借由《人人自为律师》读本的流行，通过此类读本对法律语言通俗化、法律形式简明化的推进，在一定程度上得以实现。另一方面，借由法律职业的民主化而推进"司法可享"的诉求虽在英国遭遇了挫折，但作者们通过强调此类读本进行公民政治教育，从而通过限制专制权力、保障公民自由和权利的政治功能赋予了其新的意义。

四、《人人自为律师》的翻译：中国诠释

19世纪末，《人人自为律师》读本不仅在英国家喻户晓，广泛地流传于美、澳等英语国家，而且其中亨利·福克德所著之《人人自为律师：普通法与衡平法原则手册》一书还趁着西法东渐之风，漂洋过海，被译为中文，更名为《英例全书》，由此成就了晚清中国对于英国法的首次全面译介。

著名维新思想家何启与胡礼垣是推动英国法这次跨文化传播的冰人。何、胡二人均生长于香港，于香港中央书院读书时相识相交，并由此成就了近代中国思想史上的一段合作撰文的佳话：何启在英国留学10年，精通医学、法律，对西方文化有精辟的理解，是声名卓著的香港华人领袖；[1] 胡礼垣博学广闻，对西方文化有所认识，对中国

---

1 特别要说明的是，何启是《中国评论》唯一的中国作者，不过，其刊文均与法政理论无涉。他仅是连载文《本草书札记》（"Notes on Chinese Materia Medica"）的三位合作作者之一（另两位是 Charles Ford 和 William E. Crow）。参见 The China Review, Vol. XV: 4（July, 1886 to June, 1887）, pp. 214–220; Vol. XV: 5, pp. 274–276; Vol. XV: 6, pp. 345–347; Vol. XVI: 1（July, 1887 to June, 1888）, pp. 1–9. 此外，另有一则他反馈给编辑的关于翟理斯译书水平的短函，参见 The China Review, Vol. XXI: 6（1894 to 1895）, p. 412.

文化理解尤深，可谓学贯中西。一般认为，此二人的合作始于1887年《中国先睡后醒论书后》一文的撰写、翻译。此后何、胡二人又合作完成了《新政真诠》一书。但实际上，1885年问世的《英例全书》[1] 这一英国法译著才是二人合作的真正起点。根据《英例全书》封面所示信息，何启为鉴定人，胡礼垣为译者。[2]

（一）翻译的缘起

始终萦绕于笔者心头的一个疑问是，胡礼垣本人并无法律的求学与从业经历，他为何会进行这项法律翻译工作？又为何会选择1879年版的《人人自为律师》一书作为翻译对象？虽然遍览史料，并无资料明确提及胡礼垣翻译此书的缘起，但仔细梳理何、胡二人的人生轨迹，或许可以作出一些合理的猜测。

《英例全书》选取的是福克德所著《人人自为律师》1879年版，为该书的第16版。这一年份颇值得玩味。对何启而言，这是其人生的关键一年。正是在这一年，何启学医初有所成，并在伦敦圣托马斯医院实习期间遇到了一生挚爱——后来成为他妻子的爱丽丝·沃克登（Alice Walkden）。据说，正是在爱丽丝的鼓励下，何启于同年进入林肯律师会馆学习法律。[3] 1882年1月，何启获得林肯律师会馆授予的

---

[1] 据何、胡二人所撰之《康说书后》所载，此书于光绪十一年（1885年）首次译印。参见《新政真诠——何启、胡礼垣集》，郑大华点校，辽宁人民出版社1994年版，第253页。

[2] 参见《英例全书》，胡礼垣译，何启鉴定，粤东友石斋光绪十三年（1887年）排印本，封面页。

[3] 爱丽丝出身于英国上层社会，其父是英国议会下院议员，在当时中英跨国婚姻极为罕见的时代，要打破世俗偏见结合是非常困难的。爱丽丝鼓励何启进入林肯律师会馆研读法律，很可能是抱有借此提升何启的地位，从而为二人的结合创造有利条件的打算。

律师资格,并在与爱丽丝完婚后返港。因此,1879年是何启接触英国法之始。就胡礼垣而言,1879年至1881年这一时段,是其在王韬创办的《循环日报》充当英文翻译的时期。王韬是清末著名变法思想家,曾游历英国,对英国政治极为推崇,他在《循环日报》上发表政论文章,阐述其改良主义思想,这对胡礼垣产生了重大的影响。或许因其在《循环日报》的经历,胡氏产生了翻译英国政治、法律著述的想法,但其对英国法著作的出版状况并不熟稔,如欲向精通英国法之人请教,何启当然是最佳人选。因此笔者认为,译本的选择很可能出自何启的推荐。

至于何启与《人人自为律师》一书的接触,笔者推测,很可能是在1879年年初,其尚未正式进入林肯律师会馆之时。[1] 因为该书出版于1879年年初[2],而据林肯律师会馆的入学记录显示,何启于1879年4月29日入学。[3] 爱丽丝的建议很可能促使何启产生粗略了解英国法的想法,而《人人自为律师》这样广为流行的廉价通俗读本,恰是当时尚为外行人的何启一窥英国法梗概的最为便宜的门径。但一俟律师公会的法律学习生涯正式开启之后,何启就没有必要再接触《人人自为律师》这种针对业余读者的简易读本了。

当何启于1882年返港,胡礼垣向他谈起自己的翻译计划并请教译本的选择时,何启很可能想起了他于1879年年初所购之《人人自

---

[1] 该书在1878—1907年间每年都推出新版,如果何启是在入学一段时间之后再接触该读本的话,那么他购买的版本就应该是1880年版或者1881年版。

[2] 该书作者导论标注的日期为1878年12月。由于此类书籍时效性极强,几乎每年都根据立法的调整而推出新版本,因此基于市场营销策略的考虑,此类书籍必定于年初出版。

[3] See "The Honourable Society of Lincoln's Inn," *Registers of Admissions*, Vol. 2 (1800 to 1893), 1896, p. 390.

为律师》，并以之相赠。对于并无法律专业背景的胡礼垣而言，《人人自为律师》这样的通俗读本无疑是更为合适的选择。尤其是在中国近代法律用语体系尚未定型的时代，英国法的翻译本身就是一项极为巨大的挑战，语言通俗平实、体系简明的《人人自为律师》显然可以稍稍降低这一挑战的难度。而且胡礼垣所面向的读者群体，主要是"华民旅居英埠者"，其翻译主要是作为"生意家之指南，讲洋务之津逮"，"非为律学之用"，因此也"仅欲明其旨要耳"。这一目标显然也与《人人自为律师》读本极为契合。当然，何启的归港也为胡礼垣在此后五年间随时向其请教法律翻译中遇到的问题提供了便利。

总之，在笔者看来，虽然该书的译者是胡礼垣，但何启作为该书的鉴定人，无论是从译本的选择和提供还是内容的翻译等方面来看，都起到了不容忽视的作用。

（二）翻译的目的

胡礼垣在该书的译者序中开篇即指出："是书之译，意在息事端、观国政也。"[1] 这句话揭示了他翻译此书的两大目的：息事端为其法律目的，观国政为其政治目的。

第一重目的是"息事端"，即发挥法律定分止争的实际作用。作为英国殖民地，英国法是香港的官方法律。香港经济的快速发展使得当地华人频繁涉足法律问题，尤其是在财产和商业事务方面。但当时

---

[1]《英例全书》，胡礼垣译，何启鉴定，粤东友石斋光绪十三年（1887年）排印本，序。另，本章中所引胡礼垣之语，除有特意注明者之外，皆出自《英例全书》之例言部分。

的在港华人几无接触英国法的适当途径，常常因对英国法的无知而讼案缠身。据说，由于何启父亲何福堂的一些不动产使用假名登记，其遗嘱的执行就引发了多起诉讼。为此，华人不得不寻求职业律师的建议。但在何启家族涉足法律行业之前，香港无华人律师。想要获得律师意见的华人必须依赖律师事务所中华人文书的翻译，为此不得不支付律师及翻译两笔费用。有时候，还要再征询出庭律师的意见。无疑，对于在港华人而言，从职业律师那里获取法律意见既昂贵又不便。[1] 出身商人世家的胡礼垣翻译此书正是为了帮助在港华人解决这一现实的困难，如其所言："天下民庶之众莫如中国，天下属埠之多莫如英国，而华民旅居英埠者实繁。有徒言语不同，例法不晓，未免为人所愚，挑唆至讼，废时失事，破耗多端，固无论矣。然有时交易常事而未悉其例之有禁否也，立约细故而未悉其约能行否也。胸无所主，则冒昧必多。若事事求人，则又每嫌烦费，惟将此书先阅一过，及遇其事，则查阅本例而后行。庶几谨于机先，不致悔于事后矣。"

第二重目的是"观国政"，即从政治文明的层面来体察英国法之要义，以为中国之借鉴。胡礼垣在面对西方政治文明时毫不掩饰倾慕之情，他在序中提道："若夫直道在民，则陪员主判，慎矜庶狱，贫户平究，公项度支则闾阎自主，乡举里选则微贱能言。明乎此而知同民好恶者，则雷厉风行之本也。因事制宜者，即富强功利之源也，而政有不可观者哉？"这段话表明，胡礼垣从英国法中挖掘出的最为重要的精神资源就是"直道在民"，而这正是其后何、胡二人在《新政真诠》中所倡导之"民权"思想的最早表达。何、胡二人的民权思

---

[1] See Gerald Hugh Choa, *The Life and Times of Sir Kai Ho Kai: A Prominent Figure in Nineteenth-Century Hong Kong*, Chinese University Press, 2000, pp. 35–36.

想深受英国近代政治思想的影响，他们受天赋人权的理论启发，指出君权得之于民权，因此支持君由民选。他们认为中国国弱民贫是由于民权不昌，中国要实现强国富民就必须"设议院、立议员"。[1] 虽然何、胡二人致力于从中国传统资源中挖掘民权思想，如他们在《新政真诠》中论证说，民权之说，中国古已有之，尧舜之代，无不率循，但《英例全书》之序的内容表明，英国律书会典同样是其民权思想的重要来源。

（三）译名的转换

西法中译是法律文化交流的重要组成部分。英国法的中译过程也是将英国法所代表的法律观念中国化的过程，译者固然力图寻找到意义相应或者相近的替代符号，但许多情况下，这一替代的过程实际上成为一个再生的过程。尤其是在 19 世纪的中国，不仅专业的中英法律词典尚未问世，甚至近代法律用语体系都尚未建立，这在导致胡礼垣的翻译工作高度困难的同时，也赋予其翻译以极大的诠释空间。最直接的体现，就是该书的书名从《人人自为律师》变成了《英例全书》。

如前文所述，在英国，《人人自为律师》这一书名承载着近代英国人对法律大众化、民主化的吁求，具有深厚的历史基础和文化背景。但胡礼垣在翻译该书时，却抛弃了这一颇具号召力的书名。除封面采"英例全书"之名外，在例言中，胡礼垣对该书的书名亦有所讨论："在英文只名英例须知惟然，而循名得义，因类知方，虽名曰

1　参见《新政真诠——何启、胡礼垣集》，郑大华点校，辽宁人民出版社1994年版，第396—399页。

西例便览，于义自无不当。"笔者推测，此处所言"英例须知"可能是出自该书英文原著导论部分的"一部英格兰法的全面概览"（a complete epitome of the laws of England）一语。[1] 但无论是"英例全书""英例须知"还是"西例便览"，与"人人自为律师"一语显然差距颇大。这一大跨度的书名翻译，与胡礼垣所持的"译外文之书，当照其原文，不得任意轻重"的翻译观念显有出入。

在笔者看来，这一书名转换正是译者在面对中英法律文化的差异时进行再创造的绝佳例证。胡礼垣抛弃"人人自为律师"一语的原因在于中英社会对于律师的评价截然不同。尽管《人人自为律师》此类读本的流行也在一定程度上表达了英国大众对于法律职业的批判和不满，但在英国社会的主流观念中，律师始终是借由其所掌握的法律知识而获得财富和权势的上层社会精英。因此，"人人自为律师"的吁请，在某种意义上也表达了英国大众意图提升自己地位从而与精英比肩的想法。但是在中国传统的法律文化中，素来缺乏英国律师的这种精英形象，而只有讼师、状师乃至讼棍此类极富贬义的称呼。中国的讼师长期处于传统体制之外，不被官方认可和承认。在官方话语中，讼师介入诉讼往往被认为是唆讼，导致讼案的增加，在一定程度上动摇了官府在民众中的权威地位，冲击了国家的司法秩序，对传统国家权力尤其是司法权形成了严重挑战。因此，在中国传统法律文化中，讼师成为官方打击、取缔、惩治的对象。[2] 且是书翻译之时，律师这一中译法也尚未定型，如照书名直译，"人人自为讼师"乃至

---

[1] See A Barrister, *Every Man's Own Lawyer: A Handy Book of the Principles of the Law and Equity*, Crosby Lockwood & Co., 1879, p. vi.

[2] 参见邱志红："从'讼师'到'律师'——认识律师制度在近代中国建立的另外一种路径"，载中国社会科学院近代史研究所编：《近代中国与世界国际学术研讨会论文集》（第4卷），社会科学文献出版社2015年版，第2013—2014页。

"人人自为讼棍"显然是一个无法被大众所接受的书名,更无法体现英译本中所含的法律大众化之意蕴。

至于未用原著副标题"普通法与衡平法原则手册",转采"英例全书"之名,则体现了胡礼垣作为一名置身于成文法传统的中国士人对于英国法以判例法为主要渊源这一特性的隔膜。中国素有成文法传统,虽也发展出了本土的判例制度,如清代的成案等,但成案在既有的法律体系中始终处于辅助的地位,也从未获得制定法的正式认可。从一般中国士人的认知经验来看,法律的典型形式唯有律例而已。

在《英例全书》的例言中,胡礼垣对律、例的含义进行了区分:"律与例原自不同。律者,一定不易也。而某罪应归于某律,某事应从某律,此其中有明辨之功焉。是仍不得谓之变更也。是言律固可统夫例而言,例亦可统夫律也。此书名之曰西例,盖统律而言之也。"显然,胡礼垣所持乃传统的中国律例观:律乃恒定不变,较为道德化和理想化,例则为经常性的立法活动,适时制定,更为实际。胡礼垣将中国的律例与英国制定法相比,发现其制定法"每年皆有商订,其可者仍之,其否者改之",故译之为"例",而非"律"。

胡礼垣也提到了法学家的意见、法官判例等渊源:"故律学诸家以及审官记载各抒己见,辨晰无遗者,而成案之质证、故牍之钩稽,已不下数千宗矣。"此处,英国的判例被比作中国的成案,法学家的意见被视为判牍。这种在中国语境下对英国法渊源的解读,导致了理解上的极大偏差。无论成案还是判牍,在中国传统法律体系中都无正式的法律地位,这一语言的转换显然抹杀了判例作为英国法主要渊源之地位。

但胡礼垣对副标题所提及的普通法和判例法两大英国法渊源并非

一无所知。他在《英例全书》正文开篇写道："审案有据律法者，有据公论者，皆详于上衙一例。凡以推广公道、平反冤抑而已。"此段为原著正文中所无，是译者对原著序中关于1873年和1875年《司法法》之说明的高度概括。这段文字表明，胡礼垣对于英国普通法和衡平法是有所了解的。"普通法"（common law）被译作"律法"，表明胡礼垣将普通法视为英国法中最为稳定之渊源；"衡平法"（equity）被译作"公论"，则凸显了衡平法对"公平""公道"的价值追求。但遗憾的是，普通法和衡平法的判例法特征依然被无视。

如果说"英例全书"一名中的"英例"二字展现的是胡礼垣对英国法中制定法渊源的强调以及对判例法渊源的忽视，那么"全书"二字同样表达了胡礼垣对英国法渊源的中国理解。书名中的"全书"二字，与其英文原著序中"全面概览"一语，虽然接近但并不完全对应。笔者推测，胡氏译笔或有两个来源：

一或是对中国传统文化中"全书"一词的直接沿用。"全书"一词并非舶来，中国自古有之。在中国传统语境中，"全书"一词的通常含义是指个人全部著述的合编或多人著述之合编。前者如《曾子全书》，后者最有名者当推《四库全书》。[1] 但除此之外，也可用于全面概览特定领域知识的工具性著述，如明末徐光启所著之《农政全书》。就中国古代成文法令而言，虽未有以全书名之而多以律、例、典、统等为名，但在涉及政府管理的典章文件中已有以"全书"名之者，如明清以来官府编订颁布的关于征收赋税税则的《赋役全书》。显然，将概要汇编某个领域的制度、信息、知识的工具性用书称为"全书"是中国传统已有的做法。《人人自为律师》一书本身就

---

[1] 参见《辞海》"全书""全集"二词条。

是概要汇编英国法律的工具用书，胡礼垣以"全书"称之，亦颇为相合。

另一个可能的来源是东邻日本。1871年，日本外史局编纂出版了《布告全书》，1875年长尾景弼编撰了《官省公布全书》，这两本书应当是日本最早出版的以"全书"为名的法律类汇编。自1885年起，日本政府正式将其发刊的法令集命名为《法令全书》。[1] 如胡礼垣对当时的日本法律书籍有所了解，受其影响亦不无可能。

无论其源头在何处，胡礼垣通过《英例全书》这一译名所塑造的不再是以判例法为主要渊源的英国法形象，而是展现了一个与中国法律传统固有的成文法体系非常接近的法律规则体。究其原因，除了受到中国成文法的法律传统的影响之外，《人人自为律师》这类法律自助书籍本身就具有的法典化倾向，以及胡氏所译之书受19世纪英国法律改革的影响而吸收了更高比例的制定法等因素，都在一定程度上促成了胡礼垣对英国法渊源的这一解读。但这些都非最根本的原因。

笔者认为，书名转换最为重要的原因在于胡礼垣所抱持的政治理念。民权是何启和胡礼垣所著《新政真诠》的核心观念。在胡礼垣看来，民权的实现有赖于"设议院、选议员"，将原本君主所掌握的议政、立法之权转归民选议会。"夫立法非难也，难在于立法之善。行法非难也，难在于行法之善。中国立法行法之权皆由君，苟有不善，何以能救？"[2] 只有立法权归于民选议会，"则民自知之，民自明

---

[1] 参见黄琴唐："《日本六法全书》点校前言"，载何勤华、李秀清、陈颐主编：《"清末民国法律史料丛刊"辑要》，上海人民出版社2015年版，第251页。

[2] 《新政真诠——何启、胡礼垣集》，郑大华点校，辽宁人民出版社1994年版，第412页。

之，而惟恐其法令之不能行也"。"盖自古乱之所生，由于民心之不服，民心之不服，在于政令之不平，今既使民自议其政，自行其令，是人人皆得如愿相偿，从心所欲也，何不服之有？"[1] 显然，胡礼垣认为，要实现民众守法、政令得行，就须行民权，立法应推民选议会，行法应推具有高度民众参与性的陪审制度。为此他在《英例全书》例言中特别点出："至其最重要之典，如议员、陪员等例为欧美各国所最重者，则特为表出，以当刍荛之献耳。"而作为英国法律传统的法官造法显然不利于胡礼垣以民权为核心的政治理念的塑造，因此胡礼垣很可能是将法官视为官僚体系的一部分，有意削弱其在英国法体系中的重要作用，不仅对与法官造法密切相关的英国判例法传统避而不谈，还有意强调陪审员在司法中对法官的制约作用，从而刻意打造出英国法立法决于议会、司法出自陪审员的法律民主化和大众化的形象。

事实上，《人人自为律师》一书在中英社会面对的是截然不同的法律垄断问题。在英国，它要挑战的是法律职业阶层对法律知识的垄断，从而实现民众对法律知识的可知和司法的可享，最终保障公民的基本权利和自由。胡礼垣将该书引入中国要解决的问题，虽同样带有实现法律可知和司法可享的现实意图，但其根本目的却是实现晚清中国对西方先进法律文明的借鉴，以民权取代君权成为中国法律的根本来源，并借由兴民权的变法活动来实现中国的"富强梦"。因此，用于克服法律职业阶层所造成的知识垄断障碍的"人人自为律师"一语，在从未形成过专门性法律职业传统的中国社会语境中不具有任何

---

[1]《新政真诠——何启、胡礼垣集》，郑大华点校，辽宁人民出版社1994年版，第128页。

号召力。对于晚清中国知识分子而言，抵御外侮是当时中国的首要问题，民权也好，变法也罢，都只是达致国家富强之终极目标的手段而已，这显然是中英知识分子之立足点最根本的差异所在。

括而言之，《人人自为律师》这类法律自助书籍在近代英国的兴起，是16世纪以来英国社会人文主义思潮传播、新教力量崛起、政治民主化潮流发展、商业繁荣、出版业兴盛以及法律职业共同体的垄断性利益招致普通民众的厌恶和反抗等多种因素共同作用的结果。在17—19世纪的三百余年间，英国社会大量出版和流行的各类《人人自为律师》读本，除了不断表达来自民间的法律非职业化吁求之外，还推动了英国法律语言的通俗化和法律文本的简明化，促成了法律知识的大众普及和传播，在英国精英化的主流法律传统之外形成了一个法律大众化的亚传统。

大英帝国的辽阔版图也使得这类法律自助书籍的广泛域外传播得以可能，并使得法律大众化的思潮产生了全球性的影响。此类书籍不仅在美、澳等深受英国文化影响的殖民地广受欢迎，而且还趁着西法东渐之风远渡重洋，为晚清中国士人打开了一扇了解西方法律的窗口，并推动了晚清中国的法制变革。

但是，法律之译事不只是单纯的文字之变换，亦是文化之交流。中英知识分子置身于迥异的文化传统之中，需要回答的是完全不同的社会命题。《人人自为律师》的中英文本转换，恰恰反映了身为作者的英国知识分子和身为译者的中国士人的不同理解和迥异追求：虽然同样追求法律的大众化，但在英国作者看来，最大的障碍在于法律职业者的职业垄断，他们需要做的是通过法律语言的通俗化和法律文本的简明化来实现民众对法律的理解，从而打破法律职业群体的知识垄断；而在中国译者看来，最大的障碍在于君主对立法权和执法权的权力垄断，他们要做的是通过"立议院、选议院"以及设立陪审制来将立法权和执法权转移到民众手中，从而打破君主和作为其延伸的官僚的垄断，伸张民权。由此，中英社会通过此书欲图达致的政治目的是不同的。英国作者通过此书想要达到的是法律知识的普遍理解，从而对国民进行政治教育，保障公民的基本权利和自由；而中国译者想要通过此书获得对西方制度的认识，推动民权理念的启蒙，最终实现国家的富强梦想。总之，中英社会面对的社会根本问题的差异，以及不同的文化传统所造就的价值研判标准的分歧，是造就中英社会对该文本作出不同诠释的真正原因。

刊文选译

中国法的运行

译者按：本文英文标题为"The Administration of Chinese Law"，刊载于《中国评论》第 2 卷第 4 期（1873 年），第 230—244 页，文末作者署名为"Lex"。本文描绘了传统中国社会法律的运行图景。开篇就"中国法律是什么"这个问题，作者从历史发展、法律形式与基本原则等去作回应，以沈之奇所撰《大清律辑注》为样本，对中国传统法典的内容、体例、结构、基本原则等作了概述。接着，就"中国法律是如何运行的"这一核心问题，作者先以宏观视野介绍中国的家长制与科举制，提出家长制的政权构建从理论上肯定了皇帝的最高权威，百姓如"蚁民"般生活，勉强度日，而科举制的产生与发展为国家提供了源源不断的人才储备，民众看似拥有了平等地进入上层社会的机会，其实却是在暗流涌动的幕后交易中疲于奔命。在此基础上，作者详细介绍起诉、逮捕、监押或保释、审判、上诉及刑罚等程序，以描述中国法律在基层的实际运行；并指出，在一整套审判机制中，县官是理论上的基层裁判官，但乡绅、地保在基层司法实践中占有举足轻重的作用。而"安德海案"与"柏复科举舞弊案"则将读者带入司法运行过程中最高级别博弈的现场,大人物的悲哀有时与小人物无异。最后,总结提出,中国法的运行兼具光明与黑暗,应当整体评价方能客观。综观全文,作者的欧洲中心论和基督教文明的优越感显而易见,不免失之偏颇,但也有中肯的一面,值得关注和思考。

中国法是广博浩瀚的中华文明的重要组成部分。中国法及其实施、运行过程,如同汉语、华夏文明及其风土人情一样,是极为引人关注的研究对象。

在这个神秘的东方国家,一切都那么与众不同和稀奇古怪,诱使我们几乎要把这古老帝国视作屹立于另一世界的国度。因此,只有正视它有别于世界上任何其他国家的特性,由内而外审视考量,才有可能客观地评述中西之间的不同。

尽管东方与西方分处于世界两端,相互了解甚少,但这群身处世界东方尽头的伟大人民并未超出上帝管辖的范围。万物之统治者在过去的无尽岁月里,不断制定着独具智慧的目标,并长年累月地解决了事关未来的各种问题。

各民族的宝贵经验都会像珍贵遗产一样由后辈们继承。没人能遗世独立,坦然说出"我不需要任何人"的话语。古文明的启迪之笔揭示了这一历史哲理。无论是阅览神圣的"选民"记载史册,还是梳理先辈与埃及、巴比伦、希腊、罗马的关系史,都为我们研究这个主题提供了丰富素材,尤其是这些"选民"还具有代表性和象征性。从中国习得的经验教训暂且按下不表,但任何关注它的人都可以思考这个问题：当世界的历史被书写时，是否会有许多内页留给这个最古老、人口最多的国家？

着手开始研究时，我们似乎预设了一个理所当然的前提，即中国确有法律存在——与西方疆土上大行其道的看法刚好相反，但却是重要事实。它配得上文明的要求，并且远离一种野蛮和未开化的状态。当法律规范出现，尤其是成文法诞生时，法律及其表现形式就变得一目了然。有了法律，也就有了对抗无政府状态及暴力侵害人身财产安全的保护屏障，也就筑起了抵御苛政与压迫的壁垒城墙。

还应注意，研究的视野与深度受当下时代和审判时的法律实践所限，但通过对法律本身，政府或官员与普通民众间一般关系的简要调查，它最终会被清晰明朗地展现出来，为世人所理解。没有这些前期的初步调查，就绝不可能获得公正恰当的见解。同时，必须有丰富、充足的信息资料以支持观点的论证。但有时，搜寻到必要事实为某些观点佐证已经不容易，理解、加工搜集到的事实或试图解释其真正含义又会遭遇更多难题。

选择此命题，我们的视野会关顾到遥远的疆域与久远的时代，必将拓宽眼界，丰富知识的多样性，这是非常明智的一个选择。我们可以试图运用想象力将自己传送回几个世纪以前先辈们迁居的场景中，因为这有利于我们形成高明的见解。反之，如果将基督教王国中目前发展最完善的地区作为参照物，再来看先辈们多如牛毛、荒诞可笑的迷信行为，我们就不得不一边抑制愤怒，一边被摆在眼前的诸多事实震惊，如此，也就被迫接受了旧时人性的模样。旧时欧洲各国的法律普遍缺失现代法律体系中的公平正义，那时宗教的光芒盖过了法律，教义经文是制裁异议者的法宝，侥幸于悲惨岁月中存活下来的人，至今都无法忘却那些冰冷残酷、令人毛骨悚然的迫害场景！但是，也不能一直刻意地、带有偏见地回顾历史，因为总有一些事实是值得我们钦佩和赞扬的。

我们先来问三个简单问题：中国法律是什么？由谁执行？法律实施的特点是什么？中国法律是什么，这是个宏大命题，似乎只能从历史、现行法律形式及基本原则中略窥一二。毫无疑问，华夏文明有着古老悠久的历史，但若将当代法律等同于中国法律的话，它却是相对现代化的。例如，中国人遵循的法律无论是从完整性还是年代性上，都无法与上帝授予犹太人的法律相提并论，哪怕只是作最肤浅的比较。这一事实无需抓耳挠腮地再三验证，只需一次简单、考究的科学调查就能无可辩驳地使之成立。诸如《书经》之类的经典著作可谓是中国法律的起源，相传汉相萧何作《九章律》时，《书经》就已经以明晰、正式的形式存在了约二百年。关于萧何的记载中，说他亲身承受了自己一手建立的法律规则的制裁，这些记载模糊勾勒出他的品格和律法特征。中国法律中的刑罚似乎是毫无科学根据的，这多半意味着罪、责、刑的不确定性较大。如汉王朝第一任皇帝所称，在他的帝国，有且只有两种刑罚：杀人者死，伤人者及盗抵罪。魏晋时期，法律开始有了科学的元素，但成文法诞生于唐朝，为宋（公元960年）、元（公元1280年）所沿用。

明朝早期丰富了成文法，作了适当增补和删减，从成文法律规范中进一步推演出习惯性用法。当朝法律只在前朝法律上稍作修改。可以看到，这些法律规范适用于当代，足以证明它们不具备伟大的古老特性。以下摘记来源于同治六年（1867年）清政府于北京发行的刻本，共40卷，合订为24本。原版于咸丰二年（1852年）发行。

该部律法（即《大清律例》）在本世纪初由小斯当东译成英文（伦敦，1810 年），由圣克鲁瓦（M. Félix Renouard de Sainte-Croix）译成法文（巴黎，1812 年）。得益于此，《大清律例》在西方学界已广为流传多年，连德高望重的学者们也力荐推崇。有一种普遍得到认可的观点认为，清朝法律颠覆了中国传统法律的范式，其实不然。即便中国人在穿戴、剃头、续辫子等方面做了些微不足道的改变，明朝以来的大量法律及风俗却都近乎完整地被保留下来，渗入清朝百姓生活的方方面面，好似他们还处于明朝的统治之下。征服者居然被征服了。满族人没有迫使汉人遵照自己的礼仪或习惯，而是包容地接受了汉人文明的洗礼。刻本的开头介绍了《大清律例》始编纂于顺治三年（1646 年），后合雍正（1723 年即位）、乾隆（1736[1] 年即位）、嘉庆（1796 年即位）三代君王之力最终完成。这些修律诏令皆以红墨书写，内容主要涉及新版律法的改动之处。往后翻页，一些奏章的刻印版本随即映入眼帘。这些奏章主要由主管修律、上报最新进展的大臣所写，还包含了一部分刑部上奏的奏折，最后一份的日期停留在1852 年。

奏章之后，是有关《大清律辑注》的注释及说明的简略介绍。《大清律辑注》是沈之齐于康熙五十四年（1715 年）刊刻的。接着，整理了《大清律例》四十卷的目录索引。目录之后是数页关于体例编排、注解方面变化的解释说明。另一份索引把整部律法的 436 条律文分成不同主题。

卷一，用表格诠释了这份辑注中"八字"的技术性含义。[2]

1　原文是 1763，但据上下文推定，应是 1736。（本文注释皆为译者注）
2　即"例分八字之义"，该八字为"以""准""皆""各""其""及""即""若"。详见沈之奇：《大清律辑注》，怀效锋、李俊点校，法律出版社 2000 年版，第 12 页。

卷二，包含各式图表，罗列了异罪异罚情形的分类，详述了出现可赎情况下赎金数额的变动和因亲疏等级不同而相异的惩罚方式。

卷三和卷四，按照"异罪异罚"和"不同案不同判"的原则将刑律分类，这些类别与清政府六部相对应，即：1. 吏部，2. 户部，3. 礼部，4. 兵部，5. 刑部，6. 工部。

卷五和卷六，吏律：详述官员任命、升迁和罢黜的规则，以及帝国各级官员的管理方法。

卷七至卷十四，户律：有关土地、田宅、婚姻、仓库、课程、钱债以及市廛的法律。

卷十五和卷十六，礼律：关于祭祀与公共典礼[1]等律例，是中国法律典籍中的一项十分重要的内容。

卷十七至卷二十一，兵律：包括关于皇帝卫队、陆军、海军、厩牧、驿站的法律。[2] 驿站是官方邮局，以快速、安全传递公文而著称，但至今仍不允许百姓使用。

卷二十二至卷三十五，刑律：所涉及的律法有偷盗、抢劫等其他死罪，及斗殴、骂詈、诉讼、受赃、窝赃、诈骗、犯奸、杂犯、捕亡、断狱。

卷三十六和卷三十七，工律：建造宫殿、寺庙、官邸和河堤的法律。[3]

卷三十八，兜底条款，将其他条款没有包括的情形纳入其中，使

---

[1] 即"义制"，参见沈之奇：《大清律辑注》，怀效锋、李俊点校，法律出版社2000年版，第393—421页。

[2] 兵律，分为宫卫计、军政计、关津计、厩牧计、邮驿计。参见沈之奇：《大清律辑注》，怀效锋、李俊点校，法律出版社2000年版，第422—542页。

[3] 即营造计和河坊计。参见沈之奇：《大清律辑注》，怀效锋、李俊点校，法律出版社2000年版，第1053—1069页。

法律具备灵活性和实际操作性。

卷三十九，规定逮捕罪犯的程序条例。

卷四十，阐述死因调查指引规则等。

以上所说的法律被印在了纸张的下半页，律内注释和说明使用了更小的字体。纸张的上半页印着皇帝下达过的作为先例的法令，在这些文字旁的页面边缘处也印有一些注释与参考。

这就是《大清律例》。

熟悉法、律和例这三个法律术语的含义是非常必要的。法，指的是具有特殊强制力的规则，律是指成文法律规范，例是指与特定案例相关的惯例、习惯法和成文法。这三个法律术语在使用时并无严格区分。

家长制观念是中国古代法律思想的核心，也是中国法律典籍的指导思想和理论基础，晚辈对长辈浓厚的敬意是十分神圣的，取代了宗教在社会中的地位。这种观念不仅中国人有，在古希腊哲学家的思想中也能觅到蛛丝马迹。在英文表达里，孝道也有着同样的含义。中国政府实际上是基于家庭结构的模式组建而成的，当权者为家长，民众是子女。在整套家长制观念体系中，皇帝乃天子这一点被视为最高意旨，表现为臣民对皇帝诏令的一呼百应，对皇帝的统治绝无二心。这套近乎设想完美的理论确有现实基础与此相呼应。此类家长制式的政权组织形式，不仅是最原初和最具历史性的政府形式，而且这些原则在今天也仍然是每一块土地上的社会基石。它们是往昔岁月的遗存，是早年历史的印证，融入每一寸土地之中，仿佛勘探地球表面的岩层就能发现一样。

深埋于岩石与丘陵之间的历史和流淌在溪谷与山峦之间的过去，

总比书上来得更为真实。当代的法律、习俗及言语就好似地球表面坚硬的外壳，已然嵌入了古代世界的全部印记，深埋其中的还有岁月更迭带来的诸多改变，我们可以同时回溯文明的衰落与历史的进步。现实是残酷的，理想的理论并不总是被百分百地执行。很多时候，那些看似最有益、最温和、最宽松的制度，在实践中却常常被证明是最严苛、最沉重且最具伤害性的。

通过调查，我们发现，中国老百姓的实际生活与圣贤教诲中的理想生活相去甚远。以家长之名行专制独裁之实，以贪婪掠夺和对权力的垂涎取代舐犊之爱。百姓只有服从与义务，而不是被爱护和照拂的对象，这些非常重要的权利被人为地遗忘或径直忽略。百姓被视作"小虫"或"蚁民"，这令人卑微的措辞不仅在民间约定俗成，更是被官方默许出现在各类诉状及请愿书之中，残忍又真实地描述了民众遭强权压迫的境况。呜呼哀哉！显然，在这样的社会环境里，只要政府实力雄厚，苛政就不可避免。庆幸的是，当代政府软弱无能。这不免让人感到奇怪，清政府里里外外都是以软弱见长。服软是它保命的本事。理论上来说，政府是极为专制的，但实际上又是民主的，虽然它不是一个依据宪法成立的政府，但皇权事实上受多方掣肘。这些制约并不像《自由大宪章》那样，迫使政府承认并郑重其事地记录在案，宪章上还有皇帝的印章和亲笔签名。但它们被老百姓牢牢印刻在心里，是不容置喙的事实。百姓们凝聚起伟大的社会力量，就像化学反应一样，把专制独裁中和得恰到好处，以避免混乱的社会秩序重现。一方面，百姓期望自己的人身和财产安全能得到保障；另一方面，政府也需要在一定程度上满足百姓这种美好的意愿以获得支持，从而巩固自己的统治。

如上述思想观念和基本原则所表露的那样，中国法律由谁制定、执行是不言自明的。权力源于帝王"天之骄子"的身份，任命官员也是一种宗教性质的授权行为。然而，之前我们已经隐晦地提及，皇权绝不是以一种独裁的方式在运行。事实上，于公元600年开始实施的具有中国特色的选拔制度——科举考试，在很大程度上已然推动了"家长制"式政权运行方式的改良。科举制度旨在选拔最优秀的学者、最有头脑的智囊加以培养，委以重任。无论如何，即便这项制度在实际操作中或许有些瑕疵，甚至出现了贪污腐败的情形，"家长制"的这套理论都值得高度重视。中华民族创造了科举制度，重视它在国家行政管理中的作用，并将其保留延续了十多个世纪，为之所做的一切努力都值得赞誉。看到中国人挖空心思地琢磨出自我监督、预防腐败的办法实在令人既欣喜又妒忌。从某种意义上来说，最近在西方社会流行的竞争性考试制度也许是对科举制度的效仿，至少，它指出了现代观念的发展趋势与科举制度的发展方向是一致的。

未来会发生怎样的结果是可以预见的，因为从一个中国人的角度来看，通过科举而得功名的官员是高素质和高水平的代言人，他们所拥有的比其他人多得多，自然而然，无论是自尊或自信程度都相当高，因此并不渴望有任何改变。确实，没什么比这更受人欢迎了，它打开了一条走向仕途的康庄大道，帝国中的所有子民皆可踏入，也许有那么一丁点无关痛痒的例外。这条道路上没有高人一等的贵族，没有等级森严的阶层，没有享受特权的阶级。通过科举从社会底层一跃进入上流社会这样的事实在不断地发生。这一切都激励了文学发挥出更大作用，将智力耕耘视作更高的价值追求。就这种晋升制度来看，皇帝完全不是一名专制者，而是要服从于他无权忽视的诸多法律和习惯。

无论我们多么惊讶，都必须承认，在过去政局动荡的二十年里，相当多的一部分人通过各种途径成功入仕为官。他们并不重视培养写文章所需的精神素养，也不像传统文人那样做学问；有的人用自己的能力挣得在军中或其他部门的一席之地；另有部分人在国家财政紧缺时提供资金资助。然而，当考试这块通向统治阶级的敲门砖成为胜过其他一切事情的荣誉时，整个中国社会的思潮与触感都流露出了一种想要回归常规的、理想的状态的渴望。他们执着地信奉笔锋胜过剑锋，公平与正义远重于任何其他东西。然而，最大的误解在于，在中国人的印象里只有自己心存如此信仰，却没意识到在信奉基督教的国家里，信仰已然高得无法测量，他们难以望其项背。中国人处在愚昧和无知之中。比起接下来我将陈述的事实，再没有什么能让中国人更惊讶了。这个事实就是基督教文学中的哲学、道德与宗教理论远胜于古代圣贤大家们的经典论断，正如同天高于地、神明在人之上一样。有一天，无论是否情愿，他们终将通晓耶稣与其圣徒保罗的神迹，以及出现在宗教圣典中的其他名字，那一天并不会很遥远。我们相信，他们忏悔时内心将充满夹杂着痛苦与悔恨的喜乐，因为这一信仰合乎理性判断和道德情感。

眼前亟待回答的问题是，该如何描绘中国法律的实施过程呢？前文已经提到，有一股不可轻视的民主力量蕴藏其中。老百姓在很多方面都是自我管理的，村落、宗族、街坊、行会都手握重权。他们通过内部组织履行纠纷解决的职能，并有权判处罚金，乃至死刑。应当注意到，许多与中国人打过交道的，都会对这一特殊现象困惑不解。他们总是会疑惑："士绅是谁？他们对法律的运行产生了何种影响？"答案或许能在最基本的宗族法制里找到。在宗法体制里，祖父及父亲作为家族长，是家族财富的拥有者和家族意志的掌控者。他们的权力是与生俱来的，无须通过任何授权或选举。家族长总能维护、巩固自己的权威，没人能对此提出疑问，哪怕只是提一个小小的问题都是不被允许的。族长是最初的士绅，在世界上任何国家的无数社群里都有他们的缩影。与族长同处于士绅阶层的，还包括某些有社会地位的人，这些人有的是通过台下交易获得的社会地位，有的是因功绩由正常渠道获得的，他们都拥有极大的、边界模糊的权力。尤其是那些考取功名者，他们在朝廷谋得一官半职，衣锦还乡后往往能获得与其社会地位相匹配的职位。可见，自治机构的权力相当大，也无明确界限，适用于国内外的任何政治生态，但福兮祸兮未可知。以香港为例，目前恐慌的气氛在医院已然蔓延，人们担心如果不对其管理层进行有效的约束，医院的管理方式会完全与英国法的精神背道而驰。

士绅既不代表人民的利益，也非正式官员，以见风使舵、八面玲珑见长。官员们需要利用士绅在百姓中的影响力维护社会秩序，士绅则依靠官府巩固、扩大自己的权威地位。有这样一种幻想，从事不同职业、身处不同等级的士绅，他们是百姓与官府之间的调停者，要发挥位置优势，防止压迫行为，救济不公与权力滥用带来的损害，同时还应该为人民谋福利。但事实上，士绅们即便这么做了，也是偶尔为之，为虎作伥反而是常态。无论何时，这样的群体一旦形成，免不了被看作邪恶之花、罪恶之源，百姓受此苦果只能于夹缝中求生。广东的叛乱发生之后，士绅得到官府默许，严惩所有牵涉其中的人，趁乱壮大势力，对百姓巧取豪夺，无情镇压，暴虐行径令人毛骨悚然。暗地里，每出好戏都是精心策划的，使起义看起来面目可憎。近期我们听到了许多他们干过的"好事",比如,在境内的贸易要道上和新条约规定的通商口岸边设关卡,货物通过这些临时站点所需缴纳的苛捐杂税与畸形收费,几乎等同于完全禁止对外贸易行为。他们从中攫取的暴利也不打算交入任何为建立贸易新秩序而付出过的人手中。如果没有士绅与官僚的不正常结盟,这种情形一天也不可能出现。这种结盟通常不可能持续太久,因为双方皆为利往是结盟持续的唯一动力。只有当残暴压迫到达临界点,叛乱规模一再上升时,镇压起义的官员才会被迫屈服,接受谈判条件,百姓之苦才得以补偿。

详尽描述不同官阶的文武百官是没有必要的,因为直到目前为止,在中国法律运行的过程中,县官行使着大部分的权力。他们拥有绝大多数案件的管辖权,被称为"最了不起的父母官"。他们所管辖的区域往往是诉讼请求最集中的地方,过去几年社会发展的趋势进一步抬升了县官的地位,尤其是其权力进一步扩大到可以直接处死叛乱分子。不难看出,中国的县官是切实掌握百姓生杀大权的法官。衙门里的人员设置是清政府中央六部的缩小版,县官身居最高位,是大量规则的制定者。小小县衙里审判过的中国百姓、体现出的法律本质、展示出的法律运行模式,比任何一个地方都要更多、更清晰、更完整。至于这些县官的职责义务,还真让人摸不着头脑。其所辖事务数量巨大、种类繁多,既是审判普通民事案件的法官,也是维护地方安宁的治安官,还负责征税。县官不仅配备了可调配的衙役,还负责铁面无私地监管科举考试。工作内容包罗万象,地位在其之下的阶层都是管理对象,官阶在其上位的皆是服务对象。有时他们也会成为人们同情的那一方,因为鲜有证据表示他们能获得许多帮助,也没有迹象显示他们十分享受官职荣耀,抑或拥有训练有素的专家顾问为其提供各方面的专业意见和建议，使其安然度过仕途中的各种险情。不过，有一件事我们和县官们都心知肚明，那就是他们并不孤独。不仅是县官，官场中上上下下的官员都处在同样的责任体系之内，即便是极为有权势的高官也处于殚精竭虑的境况之中，无数双眼睛时刻盯着他们，试图用"小辫子"做"大文章"。

中国法律具体是如何运作的呢？观察庭审过程，可粗略概括为以下几个步骤：1. 起诉，2. 逮捕，3. 监押或保释，4. 审判，5. 上诉，6. 处以刑罚。

县官每个月都有固定几天专门受理百姓投诉和请愿，也可以称之为诉讼。诉状等文书的起草者，并不是通常意义上的专职律师，或许可以称他们为"讼师"，他们是诉讼中的重要角色。这群人声名狼藉，和官僚们臭味相投。在中国从事法律职业就和医药职业一样，无须通过专业课程的学习，取得大学文凭，国家也无明文认可这两类从业人员的法律地位。不过，当代中国社会也用不着那些脑袋灵光富于实践经验的人，庸医和讼棍遍地都是，有没有真本事都能试试身手。方式也很简单，所谓"诉讼"更像是一种朋友间的商讨，而不是法官、律师等专业法律人士间的较量。诉状等材料首先要由地保签章。地保是行政级别最低的官员，他们总是摆出一副看似可怜兮兮的模样，更容易让人误解为乞丐，而不是当官的。即便如此，地保仍是主角之一。他的存在便于官僚们"接地气"地与百姓接触，就像是政府的末梢神经散布在密密麻麻的人群里。虽然的的确确是为官之人，有正儿八经的名字和办公地址，但与平民的自由接触和交谈并不会让他们感觉被冒犯。和其他朝臣一样，地保们享有的荣誉和权威也需要付出代价——与县官相同，他们有一大堆的事务需要料理。同时服务

刊文选译　395

于百姓和长官的处境，好似一个在两个阶级中间被踢来踢去的皮球，一旦向上级汇报的结果令人不满，还免不了遭受一顿皮肉之苦。广州市内所有的地区都在诸如此类机构的严密监视之下，因为地保的一部分职责是维护社会秩序的安稳和谐。一旦发生任何偷盗或小骚乱，他们必须随传随到，奔赴现场解决问题，像警察一样，逮捕有罪之人将其扭送至县衙。

　　地保在诉状上盖印的目的是为当事人身份、住址等信息的真实性作证，原告提交的诉状不是直接递交到县官手里，而是经过层层转手并复制存档。一般普通案件的诉讼程序并不那么复杂。但是，如果直接向县官申诉，程序会简洁明了得多。可以径直去往衙门递交诉状，也可以尝试在大街上等县官路过时，伺机将状纸直接呈上。这种类似于"告御状"的方式有点剑走偏锋，只能在当事人确有重大冤情，案件性质极其恶劣时才可一试，毕竟越级上报是违法的。如果当事人请求快速审理某案，只需支付额外的"疏通费"，就能显著加速诉状在各环节的流通速度。当原告是士绅或妇女时，案件通常由第三方付费机构代办。一旦面临败诉风险，被代理人就有义务亲自过堂。县官阅览完案件，会将其分派到县衙内的相应部门。审判程序也随即进入传唤被告这一环节。对于大部分案件来说，被告在诉讼程序开始后，会在最短的时间内被扭送至官府，有关被告的文书也以和原告一样的程序逐级上报。开堂过审时，原告或其代理人必须到场，被告则不然。捕快们奉命抓捕被告，但只要被告支付一定数量的钱财予以贿赂，即可免于此次抓捕，贿赂的数额不尽相同，根据案件的重要程度以及被告本人所拥有的财富来决定。索贿、受贿的伎俩可以反复使用，但这种小把戏也有个上限。所有人心里都清楚，官府对旁门左道的默许是有限度的，毕竟在审判这场各方角力的游戏里，大家都在试图互相瞒骗，他们试图染指政府利益就必然付出巨额钱财，捕快趁势也大发横财。

一旦证据确凿或怀疑理由充分时，嫌犯会被士绅逮捕移交至县衙受审，等待制裁。有些案件不能确定过错方身份，或其已逃脱，当地官员就会被责令抓捕罪犯，如若不然，将面临被贬的风险。面对大案、要案，县官常常用"掩口费"控制事态的发展，同时高额悬赏捉捕罪犯。有时候，在真正的犯人被抓获以前，倒霉的士绅被迫对此负责，被官府当作人质关押起来。就在不久之前，根据广东巡抚的命令，如果村里再不交出那名臭名昭著的罪犯，整个村庄将面临被摧毁的风险。某种意义上来说，当地村民及邻村眷属陷入了"避难城"[1]。因为官兵和捕快如果没有事先与当地士绅沟通，是绝对不能进入村庄开展抓捕行动的。

被逮捕的当事人辩称"无罪"时，绝大多数都会寻求士绅的庇护或保释。一旦得到了士绅那些权贵朋友的帮助，无罪释放的可能性就大大增加了。必须指出，为一名确实有罪的犯人提供庇护本身是违法的，保释罪犯的人也要作出担保，一旦嫌犯面临新的指控，就必须到堂接受审判。上述有关士绅的习俗惯例是中国法律运行的重要环节之一。事实上，获罪或获释取决于犯罪嫌疑人能从他们的亲属及朋友那儿获得怎样的庇护，一旦没有此类庇护，案子的结果多半凶多吉少。

所谓"中国式审判"，与我们通常所认为的在西方世界盛行的法

---

[1] 希伯来文，逃城就是接纳逃亡者的地方，就是庇护城。"耶和华晓谕约书亚说：'你吩咐以色列人说，你们要照着我借摩西所晓谕你们的，为自己设立逃城。使那无心而误杀人的，可以逃到那里。这些城可以作你们逃避报血仇人的地方。'"（书20：1—3）

庭审判程序是非常不同的。在基督徒的世界里，司法活动实践被相当数量的腐败行为干扰，"潜规则"如此运作：但凡有人送钱，案子就会没完没了地陷于庭审程序之中，金钱交易结束之后，法院就会迅速结案。当然，如果我们把腐败行为撇到一边，运转在中国法律中的司法形式和司法精神，都直接与西方法律公平正义的理念相悖。被告一开始就被推定为有罪，也得不到任何专业法律意见，就像一个父亲绝不允许有人为他那个以下犯上的儿子辩护一样。审判中唯一的"律师"是县官雇佣的刑名幕友，他们一般精通法务，从官老爷的利益出发，被告的死活与他们无关。

按照有罪推定的假设，不管嫌疑人是否有罪，都将被迫认罪、接受刑罚。嫌犯对罪行"供认不讳"是结案的必要程序，拒不认罪只会让嫌犯显得更加可恶卑劣。就像父母手上已掌握了相当分量的证据，而顽劣的孩童仍拒绝承认自己的错误。那么，对待这样的"孩童"就必须限制自由、严刑拷打直到其心理防线终于崩溃，从头开始交代如何一步步误入歧途，并供述所有与之有关联的人姓甚名谁。这简直与腓力二世时期，所谓"家长式政府"使用刑讯逼供挖掘同案犯的手段如出一辙。那是一段异常黑暗的时期，被视为罪犯的被告被无情地拖拽到法官面前，被迫下跪，在他面前是严厉的、呼呼喝喝的法官大人，两边站着手持刑具的警官，再完善的威胁恐吓方法也不过如此了吧。这个可怜之人被直接询问和交叉询问来回折腾，反复指控，没有说出自相矛盾的回答就是谢天谢地的奇迹了。而且，他说的一字一句都会被记录下来，说话的方式必须像子女对父母那样谦卑和善，否则会被控告藐视法庭，这项罪名在所有国家的法律里都存在，而中国法律规定得尤其严苛。这个绝望的人进退不得，如果承认罪行即刻就会被定罪判刑，可谓"罪有应得"；如果坚持无罪辩护，等待他的是进一步的折磨与恫吓。酷刑种类繁多，残酷程度令人闻风丧胆。律法对这些刑讯逼供都是明文准许的，却没有阐明这些处罚的正当性。决定是否刑讯或适用何种刑罚，每位审判官享有相当大的不受律法拘束的自由裁量权。对于嫌疑人来说，活着经历完审判的每一环节已足够困难，遑论他还要面对"有罪推定"和亲朋好友已然离去，想申请保释也无人可寻的凉薄现实。

显然，中国没有也绝不可能有陪审团制度。因为如此一来进入审判环节的人数暴增，只可能导致更多人受到利益的驱使，为腐败、权力寻租创造更多渠道。况且，与其相信12个普通人，普罗大众更倾向于信任地方官的判断。究其原因，在于中国人骨子里彼此信任感不足，整个社会对于公众意见重要性的论调还不足以高到和基督教国家相媲美的地步。

不过，上诉权在中国是被许可的。上诉案件也不断地从下级法院流动到上级法院，从地方到刑部，从地方官员到总督巡抚，甚至上诉到邻近省份抑或京城。《京报》对此已有诸多报道。而在其他国家，推翻下级法院的决定只是例外。

中国百姓普遍存在厌讼情结是事出有因的。即便不考虑高额诉讼成本和是否能获得正义结果，也有一项中国法律特有的审判原则让百姓避之不及，即如果原告败诉，原、被告二者间的诉讼关系可能因此发生转换，同时因为举证失败，提起诉讼的人还要面临刑罚。虽有此原则在前，也有众多前车之鉴，但盛怒之下理性往往不起作用。案件上诉也不总是为了寻求公平正义，更多是为了满足一己私欲，利用社会地位和金钱权势排除异己，享受弄权之术带来的畸形快乐。一个普通中国人听说有人卷入了诉讼时，第一反应一定是："原、被告为何方神圣，拥有何种权势？"他绝对不会去了解案件的实际价值或事实的真相究竟如何。因为法律是次要考量，或者说至少公平和正义是审判中附属的价值追求。百姓每天的生活经历都不断地提醒他们，也许法只是一种含糊不清、模棱两可的神谕，具体该做何种解释，那只是裁判官的选择。

上文已简要叙述了中国法律中的罪与罚，据此勾勒出中国法律的特征之一，即所有中国人都确信极度严苛的刑罚是治国理政必不可少的手段。中国人口不算庞大却世风日下，想要维护社会秩序和谐与安宁，唯有施以严刑峻法，别无其他方式来保护人身及财产安全不受侵害。如此信念之下，没人会提出任何反对酷刑的抗议。然而，当对这段公平与正义缺失的历史进行谨慎审视时，我们发现，中国和世界上其他国家一样，也推动着法律朝一个更仁慈更开明的方向前进。毕竟古代社会相较于现代要残忍得多，中国大地上的残忍刑罚同样在其他国家和地区上演着。

《大清律例》中出现了四种常用刑罚：1. 笞刑与杖刑；2. 两种自由刑，即以时间来计算的徒刑和以距离来计算的流刑；3. 绞刑；4. 斩首。还有许多其他刑罚方式也是被允许的，描绘出一整套精密完善、冷血无情的刑事处罚体系。撰写本次主题的目的是希望本刊读者对此稍作涉猎。任何对血腥惊悚场面有特殊癖好的人，都可以通过浏览中国历史上出现过的酷刑来获得快感，从而以稍加谨慎的姿态探寻当代中国的风俗与习惯。

以刑罚代替罚金也是惩罚方式的一种，具体适用于何种案情有着详细的规定，但这种情形多出现在旧时社会。当代法律体系中，减刑或改判一般不适用罚金,而支付了"掩口费"的杀人案不会被曝光,意外伤害案件则往往通过赔偿金来解决。监禁并不是一种刑罚,中国的政治家们做梦都不会想到监狱还会有规则。此外,居然专门有人以替犯人受刑为生计,这是一项奇特的法律代理传统。打个比方,所犯轻罪,按律应受笞刑的罪犯可支付对价,让"代理人"以血肉之躯为其受刑。还有人说,当今皇帝也喜欢用鞭子抽打他儿时的伴读或玩伴。

不知怎的,这样的信仰似乎萦绕在当代社会里,即清朝法律的最高权威是由毫不动摇的残酷严苛性来持续维系的。清政府意识上的软弱和彻头彻尾的懦弱胆小,令其只会以暴制暴。任何批判官员的行为以及所有以下犯上的行径,都将受到严惩。低阶层的人偶尔谈论高阶层人的生活无伤大雅,但是撸起袖子反抗就是另外一回事了。父亲肆意杀害亲生子,丈夫戕害妻子,都无须担心受到严厉处罚,而一旦双方位置发生转变,光是想到可能出现的后果都让人害怕到血液凝固、呼吸困难。一旦发生以下犯上的行为,整个政府机关将迅速作出反应,调动一切力量镇压反抗。"政府永远是对的,绝对权威不许质疑",这套绝对服从的理论被反复灌输进百姓的脑海里,他们最好是每天就跟着音乐跳跳舞,贪欢享乐,而不要谈论政治,就像孩子要绝对服从父母之令一样。

对于那些研究此课题以及极大地赞美中国法律及其管理运行方式的人来说,有一点值得思考,那就是中国法律与迷信一点儿都不沾边,百姓的日常生活里也很少有迷信行为参与,这虽与律法精神相违背,却反过来给了法院相对喘息的空间。

上述一系列事实已然廓出关于这个主题的大致回答,这些事实并非中国法律实施中的特例或奇事，而是具有代表性的，帮助我们从当下中国人零碎的生活片段中以小见大，洞见中国法的实际运作过程。

近期在广州坊间流传着一个故事，并非完全没有根据，但是真是假还很难说。大概是这样描述的，科举考试制度规定，只有通过乡试，才有资格参加会试，从而有机会考取功名，入仕为官。某年考试时，一位高级官员从京城返乡监考，通过当地乡绅长老的运作，列出一份写有这位官员八位亲友的名单交至学台，这八个人即当地科举"内定"中榜之人，其中就有他的女婿，此人写文章极其糟糕，能力亦逊色于寻常之辈。更值得玩味的是，初试过后，上榜人数增加了500人。有小道消息说数以万计的权钱交易暗藏于此，凡上榜之人背后皆有附庸权贵之徒，避于"保护伞"之下暗度陈仓，以此换取更多好处。

生活在广州的老一辈的人，应该都不曾忘记十一年前那场轰动一时的审判。那时被处决的两名人犯叫陶八和章顺，都是当地的"有名之士"。陶八是时任两广总督的劳崇光的养子，此二人在劳崇光所辖范围内欺行霸市、无法无天、恶贯满盈。上得山多终遇虎，一封匿名检举信由地方乡绅通过其手握重权的北京友人呈上中央，详控二人之罪行。随后，钦差大臣晏端书亲临广州调查此案，同行的还有当时已任江苏巡抚的丁日昌——上海即在其管辖之下，他被认为是清廷中最具有天赋才能的官员之一。晏端书虽上了年纪，但始终保持谦和、廉洁正直之作风秉性，拥有较高威望。有关其低调朴素、刚正不阿的例子不胜枚举。接到任命以后，他日夜兼程赶来广州，微服私访，调查取证，只用极短的时间便组建了以他为核心的审判庭。案件以迅雷不及掩耳之势轰动了广州城。审判时，陶八和章顺被禁于堂下，他们享有的财富及所谓影响力都变得毫无用处，劳崇光被责令不许作声，只能眼睁睁地看着爱将在自己面前被判刑。最终二人被处以死刑，查没所有家产，民众闻此判决发出了由衷的欢呼声。事后，人们不禁思考，那些违法行为曾被肆意纵容，当地政府对此视而不见；当他们恶贯满盈之时，却被中央当局一锅端。这就好比牲畜要养肥了再杀一样。中央政府就像吸食身体血液的水蛭，贪婪掠夺财富，变相攫取利益。"恶霸们"的下场也是官场老手们警惕此类情形发生而预先献出的祭品。

1858年是让清朝老百姓欢呼雀跃的一年。《京报》长篇连载报道了京城科举舞弊案的详尽始末。舞弊案的当事人是一个叫柏葰[1]的蒙古人，他身为内阁大学士——朝廷重臣之一，被任命为科举主考官。结果他却利用职务便利，将科举功名授予了一个目不识丁的随从，简直滑天下之大稽。东窗事发后，当朝皇帝迫于朝臣与百姓的压力，最终极不情愿地将柏葰处决了，一大拨受此牵连之人要么被贬，要么被罢黜。此案释放出了一个强有力的反腐倡廉信号，朝廷还下令将此案的卷宗整理出版，刊印于新的律法章程里，作为先例以儆效尤。

与皇室相关的流言蜚语总是不绝于耳，与审判庭有关的丑闻也是空穴来风。咸丰皇帝驾崩时的情形仍历历在目。咸丰皇帝是当朝皇帝的父亲，驾崩时并不在京城。消息传回京城以后，恭亲王奕䜣的叔叔、手握重权的爱新觉罗·端华被察觉在密谋造反，此诚危急存亡之秋也。皇帝的一位弟弟临危受命捉拿端华党，终于用奇计成功诱降端华，随后端华被判死罪，名曰"专擅跋扈罪"，他的党羽也被连根

---

[1] 柏葰，原名松葰，字静涛，蒙古正蓝人，道光六年（1826年）进士，先任内阁学士，在刑部、户部、吏部做过侍郎，后升为军机大臣、户部尚书、协办大学士人，为从一品的高官。

拔起。

大约四年前,类似的桥段再度上演。宫里发生了一件性质极为恶劣的丑闻,慈禧太后的宠臣——宦官安德海,乃始作俑者之一。那时的慈禧已用强硬手腕垂帘听政,她的心腹是绝不可能出事的,除非有人刻意设计诱捕。事发之后,慈禧假意打发安德海去山东办事,以避风头,随附一道密令明示当地官员不得让安德海返京。但慈禧始料未及的是,安德海逃往山东正是诱捕之人设下的又一圈套,安德海被轻而易举地抓捕了,他也没有摆脱受审、被判有罪进而被处决的命运。在整个审判过程中,慈禧都无能为力,只能静静地看着,暗自忖度对设计之人要秋后算账。

大量的所谓风俗习惯,其性质和敲诈勒索没有什么两样,却是官场中习以为常、人人遵守的"潜规则"。打个比方,一名书生企图通过科举考取功名,就必须支付教书先生固定数额的费用。然而,仕途远没有如此简单。功成名就之前,为了每次考试的排名都必须上下打点。其实考生并不欠任何人的债,但每通过一场考试,都必须向不同等级的官员聊表"心意"。我找不到特定的词汇来形容这种操作,但不论有多少种叫法,都无法改变其变相敛财的本质!无奈的是,这种风气已盛行多年,深入中国人的潜意识之中,无人敢抱怨。在官场里,先发制人的总是赢家。朝廷给的俸禄十分微薄,仿佛是要将"贪污腐败"直接写进律典加以明示似的。可悲的是,实际情况比明示还要糟糕,本可以控制的势态,因无限纵容而不可挽回。

中华帝国还有一项必须关注的制度,即监察制度。任何越过它而开展的有关中国法律运行的研究,都不足以把问题讨论清楚。当朝履行监督职能的是都察院,长官为左、右都御史,主掌监察、弹劾及建议，监察对象包括皇帝自己。都察院设立的初衷是培养像西方社会那样随处可见自由讨论公共议题的报刊杂志和社会评论，因此，监察使享有忠言直谏的自由。但自由不是绝对的，被皇帝召见甚至问责也是常有之事。所以，预料之中的事实是，为了免于责罚，避免触怒龙颜，奏章中大多都充斥着虚与委蛇的、"雷声大、雨点小"的"谏言"。当然，也有小部分是切中要害、令人钦佩的诤言。都察院的独特之处在于，它既不是非政府组织，也不受其他政府官员的节制，通过树典型、立规范，将社会现实赤裸地呈现在人们面前，以此引起朝廷对切实存在的权力滥用问题的重视。简言之，在一定程度上，都察院切实发挥了维护社会秩序，预防权力滥用和苛政暴行的作用。

中国法律在运行过程中隐藏了多少贪污腐败，诉诸官府又有多少胜算，三言两语无法描述清楚。借用莎士比亚的台词反而能一针见血：

> 在这贪污的人世，
> 罪恶的镀金的手也许可以把公道推开不顾，
> 暴徒的赃物往往成为枉法的贿赂。[1]

但是，不能否认，中国的法律为百姓的生命与财产安全提供了多种保护也是事实，一味否认并不客观。相反，那些以基督之名鄙视"作为异教徒的中国佬"的人，才真正为上帝所不齿！我们有什么理由只关顾过去，却拒绝承认现实的进步呢。中国社会里的恶已然罪行累累，无须夸大，然而对中国法律的评论不能单单止步于此。我们应

---

[1] 《哈姆雷特》第三幕第三场台词。

该认识到，在许多方面法律仍具有高位阶的价值，执行法律的人都是受过良好教育的精英阶层。同时，观测社会中是否出现苛政压迫也有许多方式，如上述所言，官员和乡绅互利互惠又互相盯梢，百姓也能通过一定的方式表达诉求。万物都有两面性，政府积弱导致民众的税赋和徭役都相对轻松；相反，政府一旦强大，强制手段也必然相应增加。退一步思考，即便暴乱真的发生，如果我们能听取双方之言，看法和评价大多也会被修正。也许面对受害者上缴繁重罚金、财产被充公的潦倒窘境，我们会给予深刻同情。但其实没有足够的证据表明案件所涉金钱是通过非法手段获得的，因此，决不能武断认定审判结果的非正义性。很多经由深度披露的案件事实都反复说明一个道理，即偏听偏信是不可取的。许多我们同情的受害者皆是自食恶果，嗜赌、滥赌，赔上了身家性命也是活该，没有一丁点儿抱怨的权利。当然，正义的伸张也十分困难，因为真正引起政府注意的犯罪行为是少数。在官僚体制的传统中，官员们殚精竭虑维护自身利益，百姓的诉求或冤屈压根不在考量之内。

很显然，研究中国法的运行所得出的结果是，既不能过于赞誉，也不可一味指责。它描绘出来的是两幅图景，一幅明亮，一幅灰暗。一定意义上可以说，两者皆为真实，因为所有事实均有明暗两面，若仅看到其中一面，将都是错误的。毕竟，清政府也不至于堕落到一无是处，它的优点和缺点应放在一起比较，或是索性混到一起。总之，要整体呈现方显客观。从法律在社会中整体运行的路径来评判不同人的素质、品格是非常好的标准。客观地说，中国人就像是一群生活在旧时代的人，他们人数众多，民风彪悍，精通文学，是不信奉基督教的、野蛮的"异教徒"。

如果将更值得学习或是与自己不同的见解看法都拒之门外，就与传授任何哲学和历史知识的精神相违背，也与基督教国家神圣美好的宣言相背离。在一定程度上，政府就像百姓一样，值得拥护，懂得感恩。但是，我们能否近距离观察百姓的生活，倾听他们的心声，懂得他们心中祈祷的秘密？一旦走近，毫无疑问我们会发现，百姓的生活就像皇室家族的微缩版一样，充满勾心斗角和压迫反抗，下至州县，上至省区，皆是如此。他们的生活中也有着同样复杂的关系网络，有人爱撒谎，有人耍手段，责任互相推诿，抢功互不相让，还有彼此盯梢、监视等荒唐可笑的行径，而这些行为却有可能来自那令人惴惴不安的"热心肠"。这一切映衬出历代家族的沉浮，书写出几世生与死的更迭。因此，必须认可的是，在梳理所有内外关系中，政府和百姓更倾向于曲折迂回的权谋之路而非平铺直叙的康庄大道。那些在律典和文化经典中描绘的崇高道德观念，在现实中因为整个国家庸俗的社会现状而不被推崇，它没有满足这个"性本恶"的社会的需求。挺直脊梁、道德高尚的清教徒，才是社会所需要的人，中国如果不施行强有力的改革措施，拔高人民的道德观念，将其带入具有更高层次信仰的基督教国度之中，中国人、国家与社会都没有任何变好的希望。

中国法的实施极大地影响了治外法权，或者说是国际条约里列强主张的领事裁判权的权限。对于本国国民的域外保护，确实是个不容易应对的政治敏感话题，但别指望西方国家会放弃在中国、日本和土耳其等国境内享有的这些特权，除非这些国家的法律经历更多次基督教精髓的洗礼。渴望各民族各家庭都崇法向善的人们，都应赞同近代社会的风俗习惯，毕竟在一个良善的社会里，没有人会对公序良俗提出异议。实现这些其实并不难，只要双方都有互相迁就的意愿。但如果中方仍坚持夜郎自大的愚民统治，列强对基于条约所享受的特权不退让分毫，那么这样的社会美景仍遥遥无期。列强保障本国国民人身和财产安全是应分之事，在战乱多发的年代，强国就像上帝一样维护着世界和平，将力量聚集在一起推动人类社会的进步。正是出于这种伟大的目的，它们才奉上帝旨意掌握了核心权力，可以肯定的是，它们也当之无愧。

  值得注意的是，本地基督教信徒被残酷迫害的问题仍未解决，对此我们可以做些什么呢？第一，中国法律运行的特点是不容忽视的重要考虑因素之一；第二，尽可能清晰地定位国际条约在外交中的地位是有必要的。因为信仰改宗而遭受迫害是完全可能的。但为当地的基督徒提供帮助，甚至直接干预迫害行为却困难重重。也许，即使我们无能为力，他们仍会对我们给予的同情心存感激，但我们仍希望，在不久的将来，这一切都终将过去，成为历史中的片段。

             （涂钒、刘芸伊译，李秀清校）

中华帝国的宪法性法律

译者按：本文英文标题是"Constitutional Law of the Chinese Empire"，刊载于《中国评论》第 6 卷第 1 期（1877 年），第 13—29 页。由美国传教士丕思业所撰。其内容大致分为三部分（文中三部分的划分系译者所加）。第一部分，总体介绍《大清会典》。作者给予了极高评价，认为在一定意义上可以将其看作是大清帝国的宪法性法律，接着，全文翻译了乾隆二十九年（1764 年）的《钦定大清会典》序言。作者认为，该序言的作者极具才华，尽到了应尽的责任，短短的序言展现出了这部宪法性法律的精神。在赞美了一番乾隆皇帝及此序言之后，作者对《大清会典》前言中的乾隆皇帝的题诗进行介绍，以考证《大清会典》的版本及编纂情况。第二部分，介绍会典一百卷的内容，或述或评，总体评价也较高。第三部分，总评会典和中国古代礼仪文化。作者作为一个英国人，认为中国文化是异教、异邦文化，但对其法律和习俗进行研究还是必要的，可以将其和基督教文明进行对比。作者虽不时显露出基督教文明的优越性，但仍对中国法律和习俗做了较公允的评价，认为中国古代创造了辉煌成就，但那大多是由被压迫的贫苦大众支撑起来的；中国礼仪太精细太繁琐，也会令人不愉快，而且中国讲究尊卑等级，缺乏人与人之间的平等和尊重。但一堆糟糠之中也有谷物，其所做的研究就是要在其中寻找珍贵之物。不过，作者最后还是认为，人人平等、每个人都得到应有尊重的进步时代的到来，还得要依靠基督教的美德。

传教士会议已于六月份在广州召开，本文手稿早于会议时间到达了我们手中，在这之后，作者由于久疾不愈在1877年7月17日突然去世，他这项有裨益的事业也过早地结束了。对此，我们深表遗憾。他所在的广州使团也因此损失了一位杰出的演说家和重要的工作人员。

——《中国评论》编辑

一

在《中国评论》之前一卷（第二卷第230页）里有一篇关于中国法律运行的文章，文中对刑法典也就是《大清律例》做了一个简短考察。延续这一主题，现在我打算关注《大清会典》，即清王朝的法规汇编。接下来的研究将表明它也许可以被叫作中华帝国的宪法性法律。正如之前的研究所言，这一作品尽管被视为古代经典和传统惯例，但就其现有的形式来看却是比较现代的，它颁布于一个世纪以前，比美国的《独立宣言》早不了多久。明朝统治者也汇编过类似的法典，差不多比哥伦布发现美洲大陆早了一个世纪。[1] 毫无疑问,《大明会典》为《大清会典》提供了范本。这一点,在《中国丛报》的一卷和伟烈亚力[2]的《中国文献纪略》(Notes on Chinese Literature)中都有简短介绍。会典的"序"和"诗"也有提及,下面给出了序言的译文,从中可窥见当年印刷的原初版本。本文参照的复本是一个在坊间印制的便宜版本[3],还少了二十卷。这是一个流传广泛的版本,蕴含了大量的历史信息,值一百多银两,广东商店里普遍有售。

这些作品相当有趣和重要,不仅提供了一个保存一种古老文明传统的智库,而且是对中国古代经典、礼仪和习俗最精确、最谨慎的评注,就如同对圣经王国中现存习俗的研究展现出了神圣作家的意义。任何民族的法律和习俗都是很难改变的,东方民族无疑比西方民族更合乎这一点。当这一对比被提及时,有助于理解:中国的古老历史不逊于已被当今欧美国家继承的巴比伦、埃及、希腊和罗马文明。语言、文字、法律和习俗与其帝国和古老王国紧密相连。对于中国来

---

1 哥伦布发现美洲大陆是1492年,《大明会典》编纂开始虽较早,但完成于1502年。时间矛盾。——译者注(下若无特别说明,皆为译者注)

2 伟烈亚力(Alexander Wylie, 1815—1887),英国汉学家,伦敦传道会传教士。1846年来华致力传道、传播西学,并向西方介绍中国文化。1877年返回伦敦定居。一生著述甚丰,有关中国的著作有《满蒙语文典》《中国文献纪略》《匈奴中国交涉史》等。归国前所藏中西文书籍718卷悉捐给亚洲文会北华支会图书馆。伟烈亚力热心中国文化,收罗大量中文古典文献,有近二万种。他1867年在上海出版的 Notes on Chinese Literature (《中国文献纪略》),是一部有关中国文献的目录学著作,介绍了两千多部包括古典文学、数学、医学和科学技术等方面的中国古典文献。1897年,法国汉学家高第(Henri Cordier, 1849—1925)称它"是西方有关中国文献的唯一指导"(The Life and Labours of Alexander Wylie, from Chinese Researches, Shanghai, 1897)。该著按经史子集四库分法,向西方人系统介绍了两千多种中国文献,堪称英文版《四库全书总目提要》,或译为《中国文献录》《汉籍解题》等。该著分序言、目录、导论、正文、附录。

3 根据下文可以推知,作者的研究对象为乾隆年间修订的《大清会典》,所参照的复本虽少了二十卷,但体系比较完整,除正文外,还包括《御制题武英殿聚珍版十韵》、《钦定大清会典》序、《钦定大清会典》凡例、进表等内容。

刊文选译 411

说，其继承性更直接，关联性更密切。

借助这些介绍性评述，我们把注意力转向这部作品。以下是序言部分的译文，它在一定程度上解释了文本本身。其风格是简明和深奥的，但是直译仍可很好地传达出其意思和精神。

钦定大清会典序[1]

自郊庙朝廷，放之千百国徼荒服属之伦而莫之背，创业守文，绳之亿万叶矩矱训行之久而勿之渝，非会典奚由哉？顾惟自圣作明述政府粲陈，其间有因者，即不能无损与益，而要之悉损益以善厥因，则方策所丽，乃一成不易之书，非阅世递辑之书也。

国家应大宝命，列圣肇兴，礼乐明备。皇祖圣祖仁皇帝，康熙二十三年，始敕厘定会典，则以时当大业甫成，实永肩我太祖、太宗、世祖三朝之统绪，不可以无述而述固兼作矣。皇考世宗宪皇帝雍正五年，申谕阁臣敬奉成编，考衷条系，则以累洽重熙，更兼皇祖景祚延洪，化成久道，不可以无述而述，且未遑言作矣。暨朕寅绍丕基，祇祇翼翼，壹惟法祖宗之法，心祖宗之心，发册披图，罔或偭隃尺寸，会西陲大功告蒇，幸继承祖宗欲竟之志事。而凡职方、官制、郡县、营戍、屯堡、观乡、贡赋、钱币、诸大政，于六曹庶司之掌，无所不隶。且我皇考励精图治，十三年之间，立纲陈纪，复不可无纪以垂永世。

爰咨馆局次第具草，乙夜手批是正而谂之。曰：向者发凡排

---

[1] 参见清代档案文献数据库——《钦定大清会典》（乾隆）。断句、标点系译者所加。

纂，率用原议旧仪，连篇并载，是典与例无辨也。夫例可通，典不可变。今将缘典而传例，后或摭例以毂典，其可乎？于是区会典、则例，各为之部而辅以行。诸臣皆谓若纲在纲，咸正无缺，而朕弗敢专也。盖此日所辑之会典，犹是我皇祖、皇考所辑之会典。而俯焉从事于兹者，岂直义取述而不作云尔哉。良以抱不得不述之深衷，更推明不容轻述之微指，稽典者当了然知宰世驭物所由来，无自疑每朝迭修为故事耳。

若夫治法心法，表里歉赕，精之而贯彻天人，扩之而范围今古，如往牒所称惟睢麟足以行官礼者，是又数典之原嘉会之本也。朕其敢不懋诸，敢不与子孙臣民交勖诸。

乾隆甲申春御制。

乾隆皇帝或许是当今王朝英才辈出的统治者名录中最杰出的一个。任何一个熟悉中国历史的人都能够很容易地构建起清王朝统治者的威严形象，如同之前统治过这个庞大帝国的任何一个或本土或异族的统治者。上述序言的作者是一个有着强大内心和丰富学识的人。他的形象在广州西郊的五百神殿中占据了显要位置。在这部堪称帝国思想结晶的精美作品中有很多精彩之处，但翻译只能展现有限的原作思想。他的谦虚处处可见，但是在参考祖先成果时又很有尊严。他对这项有价值的工作尽了适当的责任，才没有冒犯对祖先应有的敬畏。这一神圣宪法性作品的主旨思想是多么伟大！作者清楚地意识到何谓法律精神的本质，以及其形式随时代形势变化的必要性，还很好地考虑到了这部法律的来源，这部法律与其先例以及相同主题的其他分支之间的关系。这一作品是旧日的忠实再现，却不仅仅是对文字的盲目遵循，而是旨在把对精神的遗失降到最小，这种精神应该得到妥善保存，并且性质毫无变化地传给子孙，认识到这一点后就会注意到序言中的语言是多么谨慎。争论很清晰地展现出了这一点：法律最初建立在公平之上，其含义和意图要比单纯的文字和外在的形式重要多了。关于法律普遍原则的广泛运用也有清晰的表述。帝国的书写者真诚地希望自己成为国家的建立者和各阶层人民权利的保护者，拒绝承认这一点对他们很不公平。正如之前暗示过的，在当今王朝的皇帝们与过往所有朝代的统治者之间有一个令人满意的对比。

紧跟着序言的是组成编纂委员会的官员名单，他们在皇帝的权威下进行了编纂工作。名单总共有二百多个名字，排在第一位的是皇帝的一位叔叔，也就是雍正皇帝的兄弟[1]，接下来是一些高级官员，包括内阁成员、六部尚书、侍郎和大学士。

再接下来是乾隆皇帝写的诗歌[2]，对它的补充翻译，和序言一起，足以解释它们的个性特点。皇帝关于雕版印刷优越性的声明和对于活字印刷的评论引起了广泛注意。当新技术相对于旧方法有实质性提升时，他的偏爱是显而易见的。

《御制题武英殿聚珍版十韵》悬挂在紫光阁（Military Heroes' Hall），和序言一起，赞扬聚珍本[3]的成就。

---

  1 指爱新觉罗·允祹（1685—1763），原名胤祹，康熙帝第十二子。
  2 指《（乾隆）御制题武英殿聚珍版十韵》。
  3 指聚珍版《四库全书》。清乾隆三十八年（1773 年）修《四库全书》时，因种类繁多，耗费巨大，主管刻书事务的大臣金简乃建议刻制枣木活字摆印书籍。乾隆准其所请，并改"活字"名为"聚珍"。为此，制成大小活字 25 万余枚，既经济又简便，事半而功倍。

经过对仍保存在帝国图书馆里的分散且混杂的《永乐大典》[1]的仔细搜寻和检视，发现其收编的书目种类不下一万种。后来这些书目又结集出版在《四库全书》中。"校辑《永乐大典》内之散简零编，并搜访天下遗籍不下万余种，汇为《四库全书》，择人所罕睹、有裨世道人心及足资考镜者，剞劂流传，嘉惠来学。第种类多，则付雕非易。董武英殿事金简以活字法为请，既不滥费枣梨，又不久淹岁月，用力省而程功速，至简且捷。"（伟烈亚力《中国文献纪略》）

考昔沈括《笔谈》，记宋庆历中，有毕昇为活版，以胶泥烧成。而陆深《金台纪闻》[2]则云：昆陵人初用铅字，视版印尤巧便。斯皆活版之权舆。顾埏泥体沉，熔铅质软，俱不及锓木之工致。兹刻单字计二十五万余，虽数百十种之书，悉可取给；而校雠之精，今更有胜于古。所云者，第活字版之名不雅驯，因以聚珍名之，而系以诗：

  稽古搜四库，于今突五车。
  开镌思寿世，积版或充闾。
  张帖唐院集，周文梁代余。
  同为制活字，用以印金书。
  精越鹨冠体，富过邺架储。
  机圆省雕氏，功倍谢钞胥。
  联腋事堪例，埏泥法似疏。

---

  1 《永乐大典》编纂于永乐年间，由翰林院大学士解缙担任总纂修，历时六年（1403—1408年）编修完成，是中国最著名的一部古代典籍，也是迄今为止世界最大的百科全书。它的规模远远超过了前代编纂的所有类书，为后世留下许多丰富的故事和难解之谜。编纂于明朝永乐年间，保存了14世纪以前中国历史地理、文学艺术、哲学宗教和百科文献。共计22 937卷，目录60卷，分装成11 095册，全书约3亿7千万字。
  2 为陆深所撰，成书于弘治十八年（1505年）至正德三年（1508年）。

毁铜昔悔彼，刊木此惭予。

既复羡梨枣，还教慎鲁鱼。

成编示来学，嘉惠志符初。[1]

当《大清会典》完成时，凡例和进表这两部分会呈奏于君主，但展示且深入研究这部分并没有太大价值，这并不是说它们不重要，尤其是后者，可谓中文行文思想和语言风格的典范，需要与本研究相关的更仔细的一番研究。

二

接下来是对会典一百卷内容的提要，它们构成了本文的重要组成部分。

卷一宗人府。皇族经受了考验，是国家统治的真正楷模，受这样的古代经典教义影响，所以宗人府被列在了第一位。首先呈献的是它的章程。影响帝位继承的重大问题附属于皇室家庭，家族中的不同等级体现在不同的封号上。皇帝的许多兄弟和叔伯都很杰出。不过他们不是因为自我放纵而力量衰微，就是由于皇帝的嫉妒而不被重用，这在东方君主制国家是个普遍的规律，但这不是当下中国王朝的准则。

---

1 引自武英殿聚珍版《四库全书》序言。其中，"五车"是借用历史典故。史载，汉代有一大图书馆，当这里的图书需要移出时要用五辆车才能拉完。此即学富五车之典故，但实际上，"五车"语本《庄子·天下》："惠施多方，其书五车。""鹖冠体"注释里被做如下解释："昨岁江南所进之书，有《鹖冠子》，即活字版，第字体不工，且多讹谬耳。""联腋"喻指用动物毛皮中最好的部分聚集成的皮袍，其中有些非常少见且技艺精湛，因此就非常昂贵。"鲁鱼"是为表示一类误印，如"鲁"的下半部被删除，仅留下"鲁"的上半部"鱼"。

官员名单上的第一个便是之前提到的，承担这项工作之人，他是一位皇叔，是道光皇帝的兄弟，他寿命很长，前几年才去世，在世时声誉显著。他的名字是绵愉[1]，封号惠亲王。恭亲王（奕訢，咸丰六弟）和皇太后（慈禧，咸丰嫔妃）的现时地位是当下朝廷序列的最好例证。

卷二内阁。这个部门的首领是帝国的最高官员。他们是皇帝最便捷且负责的建议者。这个位置是权力野心的最大目标。内阁设有四位长官，品秩几乎相同，满汉各二人。他们有时被称为首辅，有时被称为内阁大学士，基本可以对应西方国家的相应职位设置。理论上，他们应该住在北京，能够及时而不间断地上朝，但是至少在近年来，在实践中这一规则有一定改变。这些高级别官员有时候在远离首都的地方担任重要职位。第二次鸦片战争期间被俘的广东巡抚叶名琛[2]便是一例，刚刚去世的两广总督瑞麟[3]也是如此，其中声名最为显赫的要

1　爱新觉罗·绵愉（1814—1864），嘉庆帝第五子。前文已指出，乾隆朝《钦定大清会典》的主要编纂人员为允裪，此处文章前后矛盾。

2　叶名琛（1807—1859）字昆臣，生于清嘉庆十二年（1807 年）十一月。道光廿七年（1847 年）升任广东巡抚，咸丰二年（1852 年）升任两广总督（1852 年 9 月 7 日—1858 年 1 月 26 日）。原籍溧水柘塘叶家村（今柘塘镇共和村），自曾祖起侨居汉阳。叶自幼勤奋好学，年轻时便与其弟叶名沣"以诗文鸣一时"。道光十五年（1835 年）中进士，历任陕西兴安府知府，山西雁平道，江西盐法道，云南按察使，湖南、甘肃布政使。道光二十八年（1848 年）任广东巡抚，与总督徐广缙协力拒阻英人入广州城，封一等男爵。咸丰元年（1851 年）镇压罗境、南韶等地的天地会起义，翌年升任两广总督。咸丰四年（1854 年）接受英、法、美侵略者的军火接济，镇压广东天地会（红巾军）起义，屠杀群众十余万人。咸丰七年（1857 年）擢授体仁阁大学士。同年十二月下旬，英法联军进攻广州，二十九日广州城破，不日叶名琛被俘。翌年三月，叶名琛被英军押解至印度加尔各答，咸丰九年（1859 年）四月初九绝食自尽于囚禁中。时人讥为"六不"总督："不战，不和，不守；不死，不降，不走。如此疆臣，如此抱负，古之所无，今亦罕有。"

3　瑞麟任督职九年（1865—1874 年）。

属现任直隶总督李鸿章[1]。与此相关的还有大学士宝鋆[2]，一位满族人，可以被视为占据最靠近皇权位置的高官。

卷三吏部。吏部位列六部之首，而六部是帝国政府所有部门中的最重要部分。在实际工作中，六部之间的分界线并不清晰，所以有大量的工作是相互交错的，这也就不可能完美地实践分权理论。源于某些奇怪的理论，或者特定的时代形势，一些看起来应该属于某一部门的事务常常被另一个部门管理。这些部门与国家最高权力的关系，在某些方面像英国的议会和美国的国会两院。确实，他们不是由人民选举出来的，但是从某种重要意义上来说，他们对帝王意志形成了一定的制约，而且，政府运行需要各部门和君主的协调一致。吏部掌管帝国所有官员的升降，这当然成为一个重要的政府部门，进而占据了第一位。在中国没有贵族阶级。除了一些微不足道的例外情况，至少理论上和广泛的实践中，晋升到最高品级的道路通过公开考试向所有人开放。普遍的晋升模式是按资排辈和走常规次序。知道内情的人声称，现实中按此模式晋升的官员只占十分之六。至于剩下的十分之四，他们的晋升之道是美德、买官和政治影响。

第一个主题是这一机构的章程。吏部长官尚书满汉各一人，副官

1　1870年，李鸿章接替曾国藩任直隶总督兼北洋大臣。同治九年（1870年）九月以湖广总督调任，光绪八年（1882年）三月丁母忧离任，任期十一年零六个月。从第一次任直隶总督起，李鸿章先后三次出任这一职务，时间长达近25年，是历任总督中任期最长的一位。

2　宝鋆，索绰络氏，字佩蘅，满洲镶白旗人，世居吉林，清朝大臣。道光十八年（1838年）进士，授礼部主事，擢中允。三迁侍读学士。咸丰时曾任内阁学士、礼部右侍郎、总管内务府大臣。同治时任军机大臣上行走，并充总理各国事务大臣、体仁阁大学士。光绪时晋为武英殿大学士。卒谥文靖。

左右侍郎，也是满汉各一人。在这之下还有大量官员，分属四司。[1]

（1）文选清吏司[2]。包括京官、坛庙陵寝官等规则。

卷四盛京官。外官。

卷五铨政。[3]

（2）考功清吏司（卷六）。考察；致仕；告病；功过；期限；交代回籍。

（3）稽勋清吏司。守制[4]。

（4）验封清吏司（卷七）。世爵；功臣封爵表；封赠；荫叙；士官；书吏。

卷八户部。首先叙述该部尚书、侍郎及大量下属官员，然后介绍该部治下的各色臣民。

疆理，如省、州府等。

卷九户口。本卷给出了一个帝国的人口普查数，但其不是以个人为单位，而是以户为单位的。这种计算方式得出的数字肯定远远小于帝国现在的人口数，例如记载广东省只有一百二十四万多户，估计这个数字现在已经翻了三倍。

卷十田赋。与其他国家相比，中国的田赋还是很轻的。每个省的

---

[1] 吏部下设四司：明清为文选清吏司、验封司、稽勋司和考功司。文选清吏司掌考文职之品级及开列、考授、拣选、升调、办理月选。验封司掌封爵、世职、恩荫、难荫、请荫、捐封等事务。稽勋司掌文职官员守制、终养，办理官员之出继、入籍、复名复姓等事。考功司掌文职官之处分及议叙，办理京察、大计。

[2] 文选清吏司是明清时期吏部下设的机构。掌考文职官之品级与其选补升调之事，以及月选之政令。其职官有郎中7人（满4人，蒙1人，汉2人），员外郎6人（满、汉各3人），主事5人（满2人，汉3人），笔帖式若干人，经承31人。

[3] 指选拔、任用、考核官吏的政务。

[4] 守孝，遵行居丧的制度。在守制期内谢绝应酬，不得应考、婚嫁，现任官则须离职。

刊文选译　419

田地和田赋的数量都会被列出。

卷十一权量。这些由国家管控。这一卷列出了各种度量衡。

卷十二库藏。所有的政府钱财，包括赋税收入和一切开支，都由该部掌管。各省布政使掌有大量的地方财政收支权，研究其记账系统很有意思。当地方政府开支巨大且占了财政收入绝大部分时，上交中央的比例就很小。

仓庾。有意思的是这些仓庾现在也保留了下来。广州城里的那些仓庾对陌生人来说是个有趣的地方。理论上它们的设立是为了应对短缺、补给军队等等，但毫无疑问，现实中由它们存续所获得的好处可以通过更便宜的方法获得。

积贮。规定了要贮藏的谷物数量。各省要按照其人口数量储存一定量的粮食以备饥荒之需。这个想法是可行的，但现在已是一个巨大的挑战，实际中供给的严重不足就是一个例证。

卷十三漕运。令人遗憾的是，内河航运在现代已被政府默认为几乎是没有价值的。

卷十四钱法。一个明显的事实是，中国从来没有金币或银币，现金流通效益很低。至少从理论上来看这是一个重要的政府部门。

卷十五盐法。当考虑到帝国巨大的人口数量时，就不会对这一饮食必需品产生的庞大收入感到奇怪了。如果将盐从生产到销售的距离考虑在内，其所增加的利益是相当可观的。故仅就修订盐的过境税及运输相关法律而言，将为此部门内部人员带来巨大利益。

卷十六关税。包括所有来自海岸、河流和岛屿的关税。对外贸易收入从未被详细盘算，故此书并未特别提及。这种特例与其他国家历史中经常出现的情况并不相同，这提供了一个不同于其他国家惯例的先例，即在章程原初设计之外，建起了重要的服务性部门。例如在广州，开始被认为毫无价值的对外贸易被叫作河泊所的河流警务机构管控，而河泊这个名字意指贪污腐败。当北京当局获悉这部分收入已经相当可观时，他们就会选派皇族中与皇帝血缘颇近的一人去管理商业贸易。最初，这份收入名义上是给皇帝的妃嫔购买美容品和饰品专用的，但随着对外贸易的快速发展和壮大，人人皆知现在河泊所收入已经很丰厚并且前景广阔。对外检查官的起源在前面的文章中已提及，早已众所周知。这是一段有意思的历史。这一服务机构用关税为清政府对外借款作抵押，为外国贷款提供了安全保障。

在前几个月，中央政府非常乐意地在福建巡抚治下设置了海关审计员和蒙古将军两个职位，分别由一位汉族人和广东本地人担任。这是一件令人惊奇的事情，因为迄今为止，这两个职位仍被认为是专属于满族人的。

卷十七杂赋。这是指矿产、贵金属、茶税以及印花税等。

卷十八俸饷。这是付给皇族成员和在北京、盛京的官员的，尤其是负责管理皇陵的人。

卷十九蠲恤[1]。这包括每年补给在京的穷人。

卷二十礼部。这一部门承担了六部所有工作的近一半。自古以来，不仅官员和贵族认为礼仪非常重要，甚至在普通百姓眼中礼仪也是首要的。这是一种宗教，而且这一盛行的风俗不接受任何改变，如婚礼和葬礼。当今王朝在国家礼仪中已用汉族传统取代了满族的特有习俗。

这一主题的相关章节可能会被认为是教会法。就如同在国教体系

1　蠲恤，即蠲免赋役、赈恤饥贫，是旧时历代政府的要务。

中，皇帝是最大的主教，官员们构成了侍奉得到国家认可的诸神灵的教士阶层。本文试图给出的相关议题要比提要中的简短介绍多一些，涵盖了中国学生就这一现在还不被准许谈论的话题的不同观点。然而，这些批判性论证对很多重要的争议性问题的解决来说是必须的。

整个议题是一项特别有意思的研究。历史在不断变化之中，清晰而合情理的礼仪法典是很重要的存在。毫无疑问的是，这部制定法的简洁行文和实践结果使得诚实的学生确信，当外部形式令人满意时，涵盖具体细节的稳定体系对人们的生活乃至所有情感、礼仪和宗教的发展都是至关重要的。

礼部的人员构成与其他部门相似。尚书，满汉各一人，左右侍郎，也是满汉各二人，以及四司。

（1）仪制清吏司

① 嘉礼

朝会一。

卷二十一朝会二。

卷二十二朝会三。

卷二十三登极。

尊崇。

卷二十四册立。

尊封。

册封。

卷二十五经筵。

视学。

巡幸。

御新宫。

卷二十六耕耤[1]。

亲蚕[2]。

卷二十七授时。

颁诏。

颁赏。

卷二十八进表和进书。

官员们向皇帝和宗亲进表。这一切都是纯粹的形式,因为所进表的格式均由京官制定,后分到帝国各地方,然后再送回中央。

封印[3]。这项工作分配给了礼部治下的一个特别团体,他们被认为是极其重要的存在,其工作是在执行巨大权力。有些是银的。皇帝有其专属官员,其他官员为皇后和其他皇帝家庭成员及在京和各省官员服务。他们所享有的迷信般的尊崇被认为是来自皇帝的附属权力。

卷二十九婚礼。

皇帝。

皇子。

卷三十冠服。关于戴帽和穿衣的仪式。

卷三十一贡举。这与通过第一级别考试[4]的人相关。第二级别的考试在各省举行,叫作乡试;第三级别的考试在京城的贡院举行,称为会试,这是因为汇集了各省的考生;第四级别的考试叫作殿试,是

---

1 亦作"耕藉""耕籍"。古时每年春耕前,天子、诸侯举行仪式,亲耕藉田,种植供祭祀用的谷物,并以示劝农。历代皆有此制,称为耕藉礼或籍田礼。

2 季春之月皇后躬亲蚕事的典礼。

3 古代官吏在农历春节前将代表权力与地位的印绶封存起来,暂停办公的仪式。

4 指院试,又称郡试、道试,是参加过县试、府试后的童生取得生员资格的考试。由朝廷所派官员主考。考中者称秀才,才有资格"入泮"(进官办学校)学习。

刊文选译 423

因为考试在宫殿里举行。最后一级的考试在皇帝面前进行，考试中考生坐在地下写文章。

这些考试的目的就是在众人中挑选出有能力为国家工作的人员，并推荐他们任官。

卷三十二[1]学校。这一部分主要关涉第一级别的考试。主管县试的县级官员把名单上报给州府，州府官员再推荐优秀者给学政，学政即为被派往各地主持院试的官员。

风教。尊敬老人，表彰贞洁寡妇和有孝心的儿童等。

乡饮酒礼。这在实践中并不多见。按照原初设计，地方官应该主持一些节日庆典来奖赏一些年老之人和有才学、有德行之人。

卷三十三仪卫。关涉皇室家庭和帝国文武官员。这里规定了一些对他们的要求。

卷三十四相见仪。适用于皇帝家族的不同成员之间、不同等级的官员之间。包括取得位阶的官员在拜见大学士和钦差大臣时应遵守的规则。

这里介绍一些有关中国官场和社会生活的礼仪。为了更好地理解拜访礼仪，有必要熟悉中国古代房屋构造和家具，它们体现了一定的古典模范，而且同样适用于现代风俗。门分外门和内门，主屋或大厅两侧都有台阶通向座椅。房屋向南而建。主人的位置在东侧，客人坐在西侧。其他一些东方国家也有很多表达敬意的方式，还有一些习惯汇编，规定了如握手、鞠躬、下跪以及向人跪拜的方式和要求等。阶层、职业和行业的差异，以及葬礼的不同级别，都会在穿着上有所体现。这些观念在语言中留下了很多印记，有大量的词汇能够表达复杂

---

[1] 原文注为卷三十三，应系笔误。

关系和等级秩序，这样的语言是一笔财富，或者更应该说是一种负担。风俗礼教的变化史非常有趣。它们比想象中更长久稳固、更普遍，例如，在古代中国，和我们一样，右边而不是左边，是更荣耀的一方，今天也是如此。迷信经常能够改变一些既有的风俗。风水和占卜用来决定祠堂的位置，村里的所有住宅都要与这些神圣的宗族建筑相一致。在城市中遵循这些原则即使可行，也还是不方便。在这方面，现代比古代自由多了。靠近京城和朝堂的地方在遵守古代传统习俗时要严格一些，实践中中国南方远比北方省份自由。

下面一段引文可视作本卷极好的样本，兹引如下：

> 凡士相见之礼，宾造门，主人出迎于大门外，揖宾。宾入，及门及阶皆揖如初。宾西，主人东升，宾再拜，主人答，再拜。与主人趋正宾坐，宾辞。固请，卒正坐，左还宾正，主人坐亦如之。宾受茶，揖辞。退，揖，主人送宾及阶及门，宾揖辞，主人皆答揖。遂送宾于大门外，揖如初迎仪。

卷三十五军礼。
亲征。
命将。
献俘。
受俘。

（2）祠祭清吏司（卷三十六）

本研究要拓展的空间还很大。尽管表面上显而易见的是，这些仪式和典礼更多地跟异教徒国家相联系，而不是基督教源起的神圣国家，但仍需要大量的批判性研究来展现此部分的重要性。毫不奇怪，这些仪式充斥着大量的无知和迷信，缺乏对人类和生命的尊崇和敬畏。任何想在这里找到有关上帝、人类、罪恶、救赎的基本教义的想法都是白费力气，但在另一方面，像所有的异教体系一样，这里有大量的艺术作品，类似于恶魔模仿品和恐怖漫画。

② 吉礼

分为三种，大祀、中祀、群祀。

大祀（卷三十七）

南郊

祈谷

雩祭

北郊（卷三十八）

升配（卷三十九）

太庙（卷四十）

升祔（卷四十一）

陵寝（卷四十二）

社稷坛（卷四十三）

中祀（卷四十四）

日坛

月坛

帝王庙（卷四十五）

先贤。这里有一系列或古代或当代的中国历史著名人物。他们可能被叫作儒家圣人，和天主教圣人表很像。其成员一直在增加，不断有新的名字被添加进去。经过礼部和皇帝的一番讨论，这些新成员或被接受或被驳回。不久前一个著名学者就遭到了反对，因为他在他母亲去世时参加佛教仪式。他被一致认为不应该这样做，虽然信仰是他个人的，但尽孝却是每一个亲人的愿望。

先师庙

传心殿[1]

先农坛（卷四十六）

先蚕坛

天神坛（风和云等）（卷四十七）

地祇坛（山和海等）

太岁坛

群祀。北极佑圣真君、司火神、城隍神（卷四十八）。

先医（卷四十九）[2]

家祭（卷五十）。对象是皇室家族的各成员。

③ 凶礼（卷五十一）

皇帝的丧礼

皇后的丧礼

嫔妃的丧礼（卷五十二）

皇太子的丧礼（卷五十三）

皇子的丧礼（卷五十四）

恤典[3]

护日（卷五十五）

1　原文遗漏了这一点。
2　原文应为群祀二。
3　有两层意思：一是朝廷对去世官吏分别给予辍朝示哀、赐祭、配飨、追封、赠谥、树碑、立坊、建祠、恤赏、恤荫等的典例；二是帝王对臣属规定的丧葬善后礼式。

刊文选译　427

护月

方伎。特殊的职业阶层,如阴阳家、医师,还有神职人员,包括僧道徒。以及政府认可的占卜者、占星家和内监。

(3)主客清吏司(卷五十六)

④ 宾礼

朝贡

宾馆

马馆

(4)精膳清吏司(卷五十七)

⑤ 燕礼

饩廪

牲牢

乐部(卷五十八)

这是礼部的附属机构,被赋予了极高的重要性。尽管那些形式还保留着,但中国人知道古典音乐已经消亡了,他们觉得如果古典音乐能够死而复生,盛世将再次出现。

兵部(卷五十九)

叙官*。尚书和侍郎以及四司。

(1)武选清吏司

关于皇帝和皇族的守卫之制。

---

* 这一重要部门占据了本书相当大的篇幅。但是,中国学者和评论家们认为兵部远没有象征着正义和真理的礼部重要。这一理论无疑是正确的,但就经验而论,这不过是中国人的自欺欺人。太执念于过去的传统,就不那么明智了。假如中国人能够诚实面对他们对于正义和真理的热爱,且真诚信仰礼仪中所蕴含的道理,那么他们就将更乐意放弃迷信、谬论以及他们父辈的错误方式,而以基督教文明中更完美的内容代替。——原文注。

职制上、中、下（卷六十）

守卫（卷六十一）

大阅

大狩

出征

恩恤（卷六十二）[1]（就战争中死伤者而言）

土司。这些土司控制如云南、台湾等地的原始部落。有时这个职位被授予一些半开化部落中的一员，因为他们懂得当地语言且能对当地产生巨大影响。

（2）职方清吏司（卷六十三）[2]

此卷内含帝国各地图籍。邮政服务也在该部掌管之下，这在之前的文章中已有所介绍。

营制

军政，军功，简阅（卷六十四）

关禁（卷六十五）

海禁

诘禁

巡防

公式

（3）车驾清吏司（卷六十六）

马政

邮政

---

1 原文漏注卷六十二。
2 原文注为卷七十三，应系笔误。

（4）武库清吏司（卷六十七）

军库

兵籍

五科

发配

刑部（卷六十八）。这一主题在之前的一篇文章中已多有涉及。

叙官如前所述。

刑制

律纲

听断（卷六十九）

秋朝审

钦卹

督捕

工部（卷七十）

叙官以及四司[1]如下。

（1）营缮清吏司

规制如下：

宫殿（卷七十一）

坛庙

1　明清工部下设四司：营缮清吏司，掌宫室官衙营造修缮；虞衡清吏司，掌制造、收发各种官用器物，主管度量衡及铸钱；都水清吏司，掌估销工程费用，主管制造诏册、官书等事；屯田清吏司，掌陵寝修缮及核销费用，支领物料及部分税收。除四司外，清设有制造库，掌制造皇帝车驾、册箱、宝箱、仪仗、祭器等；节慎库，掌收发经费款项；料估所，掌估工料之数及稽核，供销京城各坛庙、宫殿、城垣、各部院衙署等工程。

城垣（卷七十二）[1]

府第

公廨

仓廒

营房

物材

报销

（2）虞衡清吏司（卷七十三）

规制如下：

采捕

鼓铸

军器

杂料

（3）都水清吏司（卷七十四）[2]

河工水利附

海塘江防附

桥道

规制是关于：

船政

藏冰

器用（卷七十五）

织造

1　原文漏注卷七十二。
2　原文漏注卷七十四。

关税

（4）屯田清吏司（卷七十六）[1]

规制如下：

山陵

坟茔

薪炭

匠役（为公共事务）

节慎库

制造库（卷七十七）

有关六部的介绍到这里就结束了，政府中还有一些重要的部门值得重视。首先就是盛京地区，它被视作皇室的家，那里还有皇家陵墓。那里是帝国征服之路的第一站，设有类似于北京的微型朝堂。皇帝每年都会前去祭祀祖先，并将其作为夏季行宫，以躲避京城的干燥和炎热。

盛京（卷七十八）

盛京户部

盛京礼部

盛京兵部

盛京刑部

盛京工部

理藩院[2]（卷七十九）

叙官。尚书一人，左右侍郎各一人，均是满人或蒙古人，另有六

1　原文漏注卷七十六。
2　乾隆年间，理藩院共设旗籍、王会、典属、柔远、徕远、理刑六司和满汉档房、司务厅、当月处、蒙古房、内外馆、银库等机构。

司，掌管帝国各番地事宜。

（1）旗籍清吏司。蒙古。

（2）王会清吏司

（3）典属清吏司（卷八十）

（4）柔原清吏司

（5）徕远清吏司

（6）理刑清吏司

银库

都察院（卷八十一）

此部门的人员设置比较特殊，有左都御史满汉各一人，左副都御史满汉各二人。都御史和副都御史各有职位相对应的右职。有御史一人专门监察中央，另有三十人监察地方，可以自由地对中央和地方官员提出批评。在某种程度上，他们可谓帝国最高级别的官员。内阁成员甚至皇帝本人都无法避免他们的抨击。

通政使司。掌达天下奏章。

大理寺。这是一个负责复核刑部裁决的机构。其长官大理寺卿满汉各一人。

刑部、都察院和大理寺被称为"三法司"。这些官员的官服上绣着一只传说中的兽，以彰显他们作为法官严明公正的形象。

太常寺（卷八十二）。此机构长官太常寺卿满汉各一人。负责坛庙祭祀事宜，如上礼部所述。

祝文（卷八十三）。祝文宣读之后会被烧掉。对其目录和内容的仔细研究对于正确理解它的重要性而言至关重要。

翰林院（卷八十四）。此机构有两位长官，满汉各一人，兼任礼部侍郎。他们负责国史、国籍、制诰文章之事。大多数的四品文职官员都是翰林院成员，他们占据了利于官职升迁的最佳位置。

国史纂修官。他们负责记录帝国大事和过往历史，共有二十人，满族八人，汉族十二人。他们熟知皇帝，起居注作为将来的参考性文件而保存下来。

詹事府。

詹士府。其长官詹士兼翰林院学士，满汉各一人。他们陪伴皇帝，有时也出任纂修官。他们运用过去的成例，参与指导皇帝的学业。他们被认为是博学之士。

光禄寺（卷八十五）。其长官满汉各一人。他们负责帝国宴会的供给。

太仆寺。其长官满汉各一人。他们掌管所有省份的帝国马匹和帝国扈从。大量的下级官员是善于骑术的蒙古人，马匹大多也来自蒙古。

顺天府。北京所在的顺天府独立于直隶省，这就如同华盛顿特区政府独立于马里兰州一样。其长官一般是高级官员，除这一职位外，他还身兼其他官职。

奉天府。这是盛京地区的主管部门，和顺天府一样，也有着至高荣耀。

鸿胪寺。此机构负责朝堂、祭祀和节日典礼。长官满汉各一人，但他们的下级官员大多是满族人。他们指导上朝礼节，包括什么时候觐见，什么时候下跪，什么时候起来，什么时候退下等。他们需要对违反朝堂礼仪的行为负责任。

国子监。其长官满汉各一人，但这一机构与其他一些机构关联。

翰林院、詹事府和国子监，是主管文化和教育事业的三大机构。遗憾的是，至少目前为止，在京的国子监及各省的学校在作为教育研究机构方面事实上价值并不大。它们的教学主要是形式性事务，在学习和科研方法方面对学生的帮助很少，甚至为零。

钦天监（卷八十六）。其长官一位是汉族人，一位是葡萄牙人，这一机构与其他一些机构关联。在本文发表之前的很多年里，没有外国人担任这个职位，但是有天主教传教士服务于其中，他们的服务得到了中国政府和中国人民的赞扬。这一天文机构在皇家天文台有很大的一块专属空间。

太医院。这里有很多专家和医生。理论上中国人很是关注这个科学性机构，而且在政府中它也有很高的辨识度。很快它应该就会接受西方现代学校里的理论和实践。中国治病救人的科学和艺术类似于古代西方的技艺。广州的一些医生就有类似于太医院执照的东西，并对外展示。

内务府（卷八十七）。这是一个人员众多的人事部门。最高长官由皇帝挑选任命，他们要么是满族高官，要么就是贵族。总管之下，设有七司等机构。

（1）广储司

（2）会计司

（3）掌议司（卷八十八、八十九、九十）

官学药房附

（4）都虞司（卷九十一）

（5）慎刑司

（6）营造司

（7）庆丰司

上驷院（卷九十二）

奉宸院

织染局附

武备院

銮仪卫（卷九十三）

领侍卫府（卷九十四）

八旗都统（卷九十五）

八旗是指满族的八大部分，代表不同的军队，曾被用来征服中国。

规定包括：

旗制

户口

田宅

兵制（卷九十六）

训练（卷九十七）

授官

袭爵

教养

优卹

公式

前锋统领（卷九十八）

护军统领

步军统领（卷九十九）

火器营（卷一百）
圆明园八旗护军营
健锐营
三旗虎枪营

三

对会典的研究，把我们带回到古代，带到马可·波罗时期，甚至是古代君主专制时期。应该注意的是，中国以及其他国家已经发生了巨大变化。没必要为那时伟大成就的逝去而感到遗憾，因为竞争的进程使这些变化都变得必要了。上等阶级失去的，已经由人民群众补足了。昔日的辉煌是由众多在暴政统治下忍受折磨的生命支撑起来的。他们被带到战场中，如同待宰的羔羊，他们被强迫在巨大的工程建设（如埃及的金字塔、巴比伦的空中花园和中国的长城）中无偿劳动，以满足帝国的虚荣。

对异教徒的法律和风俗习惯进行更仔细的研究是非常必要的，以便能将其与基督教国家进行对比。会典序言中所提供的信息比现在这些回顾性工作更贴近理想状态。事实上，真理需要在基督教信仰的神圣性中得到确认。异教圣人的发声方式和灵感性话语之间存在巨大鸿沟。我们的主对撒玛利亚妇女所讲的话，也许今天还在印度和中国学者的耳中重复，如"我们知道我们崇拜什么""救恩是犹太人的"。人们的普遍印象是，基督教教义和具有诗歌天才的希伯来先知创造的人类智慧差不多，这在任何方面都是不正确的，事实是，它们一个来自天堂和上帝，另一个来自地球和人类。生命和不朽、神性和精神对于异教外邦学者来说，比尼哥底母[1]夜晚去向耶稣（上帝派来的老师）学习更具神秘性。

会典关注形式、庆典和祈祷仪式引起了礼官的注意。我们在这个方向看到了发展的结果。脖子上那奴役的枷锁是多么沉重！这对满怀真情实感和宗教信仰的自由和生命来说是多么冷酷无情、多么致命！但不可否认的是，在这堆糟糠中有一些谷物。如果在这样一堆垃圾里找不到一些珍贵的东西，那确实是奇怪的，这只可能是这样一个问题，即获得的价值能否弥补寻找它所付出的成本。那些怀疑这种说法真实性的人是开展这项工作要应对的挑战，但只要取得一点成就，就能让他们停止质疑，我们也可以免去聆听《圣经》以及将基督与外邦经典和圣人相比的痛苦。

我们向广教会派[2]的成员们推荐这些调查研究。我们对自由学习科学的学生们说，要坚持你的研究和实验，并在一些专门领域中确认事实。我们无所畏惧，唯一需要担心的是你那毫无根据的假设和不合逻辑的结论。

只有对中国文学和法律史的批判性考察有了一个更好的认识后，

---

[1] 有一个法利赛人，名叫尼哥底母，又是犹太人的官。这人夜里来见耶稣，说："拉比，我们知道你是由神那里来作师傅的；因为你所行的神迹，若没有神同在，无人能行。"（《约翰福音》3：1，2）他在福音书中共出现了三次：第一次是他在夜间拜访耶稣，听他的教诲（《约翰福音》3：1-21）；第二次是他在住棚节期间陈述有关逮捕的律法（《约翰福音》7：45-51）；最后一次是在耶稣受难之后，他协助亚利马太的约瑟预备埋葬耶稣（《约翰福音》19：39-42）。

[2] 介于高教会派（High Church）和低教会派（Low Church）之间。高教会派是基督教（新教）的派别之一，与低教会派对立，主张在教义、礼仪和规章上大量保持天主教的传统，要求维持教会较高的权威地位，因而得名。"低教会派"一词始于18世纪早期，用以把较自由派——或属无主见派（Latitudinarian）——的一群信徒与保守的高教会派区分开来。该词曾一度显得过时，直至19世纪，被赋以今天通用的"福音派"一义，重新流行起来。

我们才会接受如下观点：过度的赞美或责备都应该要避免。多疑的学生往往看不到上帝之手，而这对于信仰者来说却是寻常之事。自由党人士可能抗拒研习异教经典，因为甚至真理的敌人在最后也不得不承认异教的荒芜与基督教的卓越。尽管大声欢呼的反对派几乎持相反的声音，但批判性现代调查的主线都对科学方法的形成满怀信心，这种信心来自那些相信《圣经》是信仰的规则，相信主耶稣基督是人类罪恶的唯一救世主的人。

对会典的研究可能对于解决现在讨论的很多问题来说是重要的。作为对古代经典的评论，它是一种权威。国家祭祀各个部分的意义何在？祭祖的真正特征是什么？在诸多对象中祭品要献给谁？两难困境的出现很平常，不是神性太低，就是世俗性太高。有人会说，在这一番仔细研究之后，清政府在国家祭祀中的最高地位是否已得到认可？

朝廷和官方的交往仪式，在每个国家都是一定的社会生活模式，都有一定的礼仪标准。在中国尤其如此，从这方面来看，本研究将会是一件有趣的事，尽管无法抑制对中国皇帝和官员偏爱奴隶制形式的愤怒，但一些值得称赞的和必要的仪式仍被保留了下来，就如同基督徒应该谨记使徒禁令，要谦恭、忠诚、满怀慈悲。没有礼仪跟礼仪太精细、太繁琐一样令人反感。如果没有社交体系和礼仪规范，该是多么令人不愉快和尴尬。

任何人见到即便是中国的小孩在拜访别人或者接受别人拜访时的镇定自若，都会产生钦佩之情。

关于即将到来的进步时代的模范人物，在这方面，我们不寻求在阿拉伯或印度找到理想的杰出人物。我们不想如同在中国和日本所见的那样假装谦卑地卑微叩头或大量示威。我们也不喜欢在西方国家经常看到的过于简单甚至笨拙的礼仪方式。可以肯定的是，我们期望明智的方式，即允许不丧失尊严的、得到应有尊重的公平合理的交往，不论是与下级还是在平等主体间。人们真正想要的是诚实的表达与真正的礼貌。因为良好的举止和令人愉悦的演讲往往会掩盖诡计和欺骗，这让他们有时会显得很可恶；而平凡的举止和坦率的讲话往往被发现与更高的品质和基督教的美德相联系，这让他们变得很有魅力。爱的光芒照亮了平庸的行为，赋予其无与伦比的荣耀。善良和教养通常会以礼貌的形式自然呈现。

（于莹译，高珣校）

中国官制改革之观点

译者按：此文英文标题是"Chinese Views on Civil Service Reform"，刊载于《中国评论》第 19 卷第 1 期（1891 年），第 37—42 页。系由杰弥逊从清廷奏折中摘编而成，附有简短的前言，包括一份官制改革备忘录与一份要求采取措施改革官制的奏折，它们从侧面揭示出了当时清廷官制的弊端及有识之士要求改革的六项具体建议。

贪婪的士绅和寡廉鲜耻的爪牙组成了一个堪称恶棍的联盟。

——卫三畏

蜂拥而上的奏折并非全然无益，因为它反映了中国政府在反思与政府管理相关的诸多弊端时所表现出的态度。正如常言道，理论是美好的，可惜迄今为止，实践上却相去甚远。然而必须承认，这样的前兆足以让任何力图扫清中国官场之"奥革阿斯牛圈"的赫拉克勒斯[1]们绕道而行。

——杰弥逊

1　希腊神话中的大力神赫拉克勒斯"十二试炼"中的一个任务就是清扫奥革阿斯国王的牛圈，牛圈里牛粪堆积如山三十年，只有引入河水灌洗才能清理。——译者注

官制改革的备忘录

　　为国家大事之治理,选贤举能以任高官,是强力政府之必需。而其任上的第一要务,则是找到合适的人才以填补下级的职位,如中央部司的官员和地方上的行政长官。如一地有能员则一地善治,相应地,如果每地均有能员,则整个帝国均能善治。因为所谓帝国,无非州县之集合罢了。但是,除非当权者能秉持公心,公正地权衡每个人的优点,保举才足称位者,将所有颠顶者示众;除非奖惩的区分明确,否则一般知识分子该如何尽其力?官府又何以为行为立规矩?

　　略观当今在任的部司及地方官员,大部分都漠视公务,而投身于阴谋诡计的经营当中。数以百计的案件经年累月地拖延未决,涉案的贫民则因这种懒政,蒙受了时间和金钱的损失。他们的收支账册上拉着亏空,而资金却以最轻松惬意的方式被挪用,而且尽管已三令五申,但他们坚决拒绝让资金如期如数到账。盗匪劫掠在各地频发,并且所有保护或强制似乎都宣告无效。一省之内的部门和地方官吏中,近一半者有如上述,其玩忽职守的行为具有传染性,而对该行为可能导致的后果,无人有丝毫警觉。

　　这种状态,按照联名请愿者们的想法,仅仅是高级官员们所追求的行动方针所致,他们允许自己被施恩望报的欲望所左右,并且无视已经向国家提供的服务。在任命或晋升官员时,他们要么选择一个自己的党羽,要么选择受亲朋青睐之辈,对候选人的优劣则连初步的考察都欠缺。为人寻缺是惯例，为职位寻找一个称职的人则成了例外。他们甚至可以隐瞒一个人的不端行为，而非标录其名以惩戒之，他的行为反而被称赞，他被保举升迁。事已至此，这套规程被视为成法，而溜须拍马以左右逢源也成了常例，这样日复一日，结果就是官员能力标准每况愈下，公务政事的管理也愈加失范。即使好好治国的愿望犹存，但似乎也没有任何一个人足以胜任。各省官员无论迁转，都是凭借无可靠情事支撑的荣誉提名而获得的，而这点，请愿者们几乎不需要指出，在最严格的区分标准下，仍是不合规范的。

为了便于对官员进行必要的调查，请愿者们建议皇帝陛下指示省级的高级官员在奏章中写明，包括保举的官员名姓，当前悬而未决的案件数目和详情，已征收和待征收的税款情况，以及尚未法办的拦路抢劫案的名单。

官员有50个以上的案子未审结，5起以上的拦路抢劫案未能法办以及征收和解送的税款不足定额七成的，不得升官。

如果相关的高级官员试图隐瞒或掩饰任何情弊，待将来被发现后，都应该受到严厉的惩罚。这些规则会刺激那些中人之才的官员们奉献更多的精力，同时要求得更少，更不能轻松升迁。联名上奏者希望他们的意见能够得到皇帝陛下的批准，能够多多少少地改革近年来政府管理上的各种乱政。

要求采取措施改革官制的奏折

自兵事一起，下层人民饱尝其苦，官员们的最艰巨任务在于装备军队和供应物资，于是政事完全混乱。即使现在中央省份恢复了秩序，散兵游勇和响马仍在侵扰州县，全力实行各种重建和改编措施是绝对必要的。

冒险上书者在随后的六段中阐述了他应对时局的浅见。

他认为下列这些是至关重要的：

1. 对来自皇位的命令一律执行，这样就能使人们更加尊重法律。皇帝陛下管理帝国的唯一手段就是将他的意愿公开，以便人们按其行事，无论是一些新政，适应时局的特别方案，抑或是改良式的旧瓶装新酒，每一个法令都经过了最认真和精细的设计，以国家福祉为根本。只要这种直接的指示能符合大多数人民的利益，那么就没有什么政策不能成功实施，也没有什么错误不能纠正。但不幸的是，如果有人试图探究皇帝重视的政策，其最终效果是否如预期并不断反馈，那么他就不得不承认其实官僚阶级视之如耳边风，空话连篇，光说不做。比如税制和清理积案的规定，关于这两点，尽管已经多次发布了最严厉的法令，但哪个省把税收明白了？哪个省把案子清干净了？只要下属对高层的努力只是名义上的应付，那么如上书者所担忧的，所有善政和惠民计划都永远不会达致预期的成效。

在皇帝的批准下，上奏人建议向所有省级高官发出指示，指示他们每当收到任何必须传达下去的纲领时，他们就应严令下属摆脱积习陈规的约束，竭尽全力地贯彻使命，不可依照惯例仅作表面答复。

他们也不应只是简单地发号施令，更应严格监督，坚决贬黜那些仍胆敢因循守旧、沿用陋制的人。如果上司虑事更加周严，则下属会更加用心办事，良法得以树立，国家政令也会令人耳目一新。

2. 对每一个人才都要充分考察，以便挑选出真正有头脑的人，因为任事无论大小，只要能让有才干的人负责，结果肯定是好的，良才即真理，也是我们目前最需要的。然而，凡器械必先测然后知其锋锐，凡马匹必先御然后知其骐骥。人也是一样，当你听说其才名，不要先做判断，而是给他们一些工作，让他们证明自己的才能。如果先入为主地将他们的名字写在升迁名单上（他们将立即获得晋升），而没有先考察他们之前的工作做得如何，那么令人担心的是，原本朝廷提拔的荣宠，将招致蝇营狗苟。如果这项建议能得到皇帝陛下的青睐，上奏者要求指示省级和大都市的官员，每当他们推荐一名官员升迁时，他们须同时举出官员的一两个实绩以为佐证。例如，其操行足以为楷模、勇冠三军、仗节守义、爱民如子或者熟谙律令、断案机敏。一位官员须具备各种品质，比如淳良的文风，处理疑难的能力优于他人，等等，并且在选择一名官员任职时，应该注意为其挑选合适的职司，务必人尽其才，获得最大的收益。如果一两年后，他的声誉与当初并无二致，那么不妨对其重点关照，加以提拔。但是，如果他的操行与当初大相径庭，那么保举他的官员肯定应该承担责任。通过这项计划，选贤举能、治国理政将不再全靠运气。

3. 加衔以酬功臣时要谨慎。官阶和官衔绝不能无差别，品级再卑也必不可少。当然，有出身行伍或通过保举得任命的官员都依惯例在原本的官阶之上上浮一级，尤其是在六部或者地方刑司当中。也是差不多的理由。一位知州或者知县的品级并不高，但他掌握的权力和俸禄却并不少。所有寻求举业入仕的人都希望能够掌权，尽可能俸禄优厚并且不满足于官品卑下。因此，他们几乎都无一例外地努力希望获得相应的升迁，如果各省不安于位的官员成千上万，那么五品知州和七品知县的数目将大大减少。到那时候上下没有差别，体制的权威如何保证？又如何激励官员奋发向上？杂流官们无不谋求五六品的权位,然后再往上钻营,于是他们弄虚作假,声称由军功入仕。这等路径,无须上书者赘言,当然不符合关于官品和官衔应严守的原则,于是他会斗胆请求皇帝让阁部调查所有从行伍中提拔的官员的情况。如果他们的官位确实是在服役后得到的,或者官是他们自己捐的,那么官位可以保留。如果一个人当初因为同一功绩获得了官阶和加衔,那么加衔应该被取消。小官到地方任职后捐了虚衔安在官品之上的,允许保持原状,但如果是在当官前捐的,则要黜落掉。

通过这种方式,让官员们衡量清楚官衔的价值,升官的愿望也将成为他们上进的动力。

4. 减少捐官数目以整顿官场。虽然很难说所有通过科场获胜的选官都是完人,也许他们只是在经过了多年艰苦学习和考试,却因一时的贪婪而身败名裂中的一个,这无疑是得不偿失的。当背信弃义的想法引诱着他时,关于损失的考虑会起到威慑作用,而志向会让位于物欲并击败他。但一个知州或者知县的价格是 2000 两白银,而且这个位子也不难得到。一旦一个人捐了个官,人民的利益就将被他好好"照顾",他将会横征暴敛以弥补买官的支出,而当宦囊充实后,他就用其余的钱用于购买更高等级的知府或者道台。这种方法无疑将比选官冒险得多,后者必须等到他们在三年一度的官员考评中获得"卓异"(非常优秀),然后才有望升迁。

往好了说,当这些事情曝光后,有关各方将会受到申斥和严厉惩罚,但实际上到那时他们早就羽翼丰满,可以退休,躺在赃款的收益上过日子。

过去,当迫切需要资金以用兵之时,政府无法自给自足并且不得不通过这种方式筹款;但现在,这方面的直接压力已非紧迫,厘金税收应该足以覆盖这些支出。秩序已经恢复,大城市的募捐也逐渐被完全免除,似乎有必要仔细权衡支持和反对的论点,并讨论完全取消这种捐官制度的可行性。根据过去几年的账目显示,捐同知的数目大约超过一百万两白银,不到各级道台、知府、知州知县的一半。这几万两白银的损失对于户部来说应当不足一提,因此,上书者谦卑地建议皇帝指示内阁立即采取措施。尽可能少地出售上述等级(道府州县)的官职,这些是帝国的根基所在;其余的或许能暂时维持继续有效。

这样牺牲的只是眼前的利益,但为真正有能力并渴望报效国家的人打开了方便之门,长远来看获益匪浅。

5. 为了使税收的数额恰当,税关要控制得力。上书者从《京报》上得知皇帝将颁布关于厘税的特别法令,要求各省高官用心办理此事,经过仔细审议,对机构去枝留干,对于杂物和不重要的物事免税。这个法令是什么?这正是朝廷体恤商业之例!然而,朝廷的恩典如要达到预期的目的,这样的政策必须付诸实践而非只停留在笔头,因此,上书者会恳求皇帝陛下指示那些省级税务机构的官员。在宣布上述法令之前将所有机构的名录完整起草,并在过程中随时监督,向内阁报告他们在公示后完全取消了多少个税站,以及他们暂时还保留了多少个税站。

他们也应该公示一份应缴税和免税商品的详细清单,这些应当印刷并张贴在每个税关之前,以供商人和百姓查阅,当衙役和捕快试图敲诈勒索时,这也是对付他们的凭据。毋庸置疑,边关税站虽未废除税关之名,但也将不再强索税金。因此,我们希望从这个开明的政策中普遍受益。

6. 尽可能减轻人民肩上的负担。在直隶、河南和山东,这种税非常沉重，每一笔税的税率大约是每两白银要交五至六吊钱。当然，在战事进行时，对于运输的车马需求很大，当地官员不得不征用人民的资源，但在河南以及其他省份都发现了可耻的滥用行径。每个州县官员的亲朋都有公车私用的习惯，不仅是他们，甚至仆人的仆人或者"朋友的朋友"也如此。这真是明目张胆地违反原则，上书者要求省级官员立即制止此事，并马上贬黜任何为这种做法提供支持的地方官员。

至于对官府车马的合法需求，必须严格监督，以防止仆人和下吏有僭越行为，或者试图欺压人民。

如果官员能减少苛政，真正多为百姓谋福祉，那么人民将会体会到更多的朝廷恩典。

（罗带译，李秀清校）

威妥玛论中国

译者按： 此文英文标题为"Mr. Wade on China"，连载于《中国评论》第 1 卷第 1、2 期（1872 年），第 38—44、118—124 页。作者威妥玛，是英国外交官员、汉学家，在华四十余年，历任英军驻华参赞、驻华公使、汉文正使等职，他还因著名的"威妥玛注音"而广为人知。中文稿原载《筹办夷务始末（同治卷）》卷四十，原文题为《新议略论》（原书中分为两部分，序言部分题为《呈览略论》），系同治五年（1866 年）二月受英国驻华公使阿礼国（Rutherford Alcock, 1807—1897）的指示，时任英国驻华公使馆汉文正使的威妥玛写给清廷的时事评论书。本文英译者为沃德豪斯（H. E. Wodehouse, 1845—1929），1867 年（本文中文稿首次发表）时是香港政府的后备军官（官方职务为翻译学徒），1872 年（本翻译稿完成时）被任命为治安官（sheriff）。

在此文中，威妥玛详陈了清廷所面临的内外困境及其缘由，强烈要求清政府抛弃一切陈旧过时的习惯和做法，效仿外国接纳新法、新政策和新事物，在民事、军政等方面彻底进行改革，同时要用心经营与外国的关系，包括派驻外国使节，平等对待外国人。他还提出，国情日新月异，无论清廷愿意与否，改革都势在必行，用新政则国强而民富，舍新政则国衰而民不振。威妥玛的论证理路一直围绕着否定鸦片战争的侵略性、强调近代化的不可逆性而展开，而六年后的英译稿在中文原稿的基础上又有些许延伸，在内容上有意强调中西之间的和睦以及西方的善意，更加淡化战争——尤其是中西之间的冲突——及其后果对中国带来的负面影响，花了更多笔墨处理中文原稿上呈清廷之后中国国内所发生的改观。对于作者颇具历史烙印的欧洲中心论的立场及失之偏颇乃至强词夺理的一些观点，请读者诸君审思、明鉴。

今次从沃德豪斯英文版翻译成现代汉语版时，段落划分全部按照该英文版，行文内容对照参考了收于《筹办夷务始末（同治卷）》的原版稿，并将两者有出入之处以脚注方式做了必要的说明。同时，为便于读者理解，将行文内容划分为五大部分。所有注释皆为译者注。

距本文上陈中国政府的总理衙门已逾数年，然此文却从未被公之于众。现如今，鉴于威妥玛爵士之盛名在外，且官方对相关议论也不再限制，本人亦深感有责任将爵士的这些看法翻译出来以飨那些迫切希望了解我国大使关于中国形势之观点的读者。

——H. E. 沃德豪斯

一

近日接受阿礼国爵士的指示，我拟就当下中国所面临的境况提出个人的一些看法。在斗胆下笔之前，我得请求诸位先宽恕此篇文章中的两点不当之处。

第一，由于国别不同所导致的语言异化，我的行文风格肯定会与你们的书写习惯有所区别；进而，在冗长的篇幅里（虽说也是必要的）难免会出现一些内容上的首尾不一。此外，英国人与中国人在思想理论和分析视角上也存在明显差异，因此文章不可避免地偶尔也会出现一些（在你们看来）欠妥的言论。

第二，涉及我这篇评论文章的主旨关切。

即便是出于最好的意图和最偏袒的视角，恐怕也不会有人乐意自己的一言一行受他人指摘（更何况作出这些评论的"他人"还是完全中立的）。但是，唯有中立者才能做到毫不避讳、针砭时弊，而这恰恰是一个真朋友的分内之职。

基于上述考虑，再加上我常年有着与你们国家最重要事务打交道的特权，于是便自告奋勇地提出我（关于中国）的一些建议。

阿礼国爵士打算让我就中国当下的国祚与（外部）大环境以及将来可能要面临的问题发表看法，而这就迫使我不得不诉诸最坦率和最直白的文字了，原因是现如今的中国正处在风雨飘摇之中。

我并不是说中国（目前的形势）没有一点改观，与过去相比我们还是能看到一些起色的。但眼下，据我（以一个外交官的视角）

所知，各国对中国国内死气沉沉的现状以及欠妥的危机处理方式都频有微词。[1] 而与之相对，中国政府对其他国家友好建议的接受度却在逐渐降低（或者说，中国对其他国家所作出的妥协和让步正在明显减弱）。诚然，阿礼国爵士和中国政府各部大臣都保持着深厚的友谊，但在我看来，每当涉及英国在华定居商人的权益时，他们（指在华英国商人）或是基于保护自己的理由，或是出于其他一些原因极力敦促英国政府加以接管并解决。在中国国内，这种问题当然不会仅仅发生在英国一个国家身上，其他国家也必定有着相似的经历。若这些国家率先采取了某些措施（以确保本国利益），英国自然也不会坐以待毙。

阿礼国爵士对中国的形势了如指掌，故多年前他就曾指出，中国政府避免危机、绵延国祚的唯一办法就是改弦更张、采用新政。（为了能够将这样的看法再次传达给清廷）他指示我撰写此文，而个中缘由便是中国与泰西诸国之间的交流日益频繁，中国亦不可能在不牵扯到外国列强的情况下独自解决这些危机，此观点本身也特别有说服力。

这样说来，尽管我的这些看法和阐述是建立在中国现如今这种积贫积弱的形势下，但正因发生在中国的每一起动乱都越来越影响我们国家的安全和利益，我就不得不如此直白地表达自己的看法，相信你们能够理解我这么做的原因。[2]

1　联系下文和本文发表的时间来看，此处的危机应指太平天国农民起义。
2　以上内容在原中文版中是序言，载《筹办夷务始末（同治卷）》卷四十，第一四〇六篇，原标题为《威妥玛说帖——呈览略论》。接着的第一四〇七篇，题为《英参赞威妥玛新议略论》。

二

　　中国与各国在涉及国际事务的交往中，是否有可能通过遵循既有的、不分彼此的规定来维持各方长久的国际友谊成了诸位大臣的心病，现如今能够为诸位解惑的最佳途径就是全面系统地设问和解答。而首要的问题便是："中国能够凭借其自身的实力掌控国内局势吗？"[1] 此问虽简却包罗万象，而我当然是出于帮助中国免于发生危机的角度才提出这个问题的（也包括回答它）。中国若能够顺天下大势而行，我们自然也就无需多虑了。[2]

　　中国目前的国内局势错综复杂，其与外国友邦的关系虽说还没降至冰点，但也明显冷淡了不少，而（中国与其他各国所签订的）条约中的各项特权以及由此所引发的中国的各项义务又是他们所负担不起的。多年来，中国内部问题不断，这也成为持续困扰在华各国的原因。然而，为维持中外各方诚挚的国际友谊，我国也不愿插手中国内政，但不断的袭扰和每况愈下的局势却很有可能导致其他国家的势力卷入其中。

　　与此同时，在同各国的交往过程中，中国总是抱着一种不愿低头和高高在上的姿态，且向来认为自己国家的运行机制独一无二，并由

　　1　英文稿的这一设问明显是针对清政府对太平天国农民起义的镇压不利，但威妥玛的中文原稿通过"日后能否保其自主"所欲表达的似乎另有所指。
　　2　此段文字实为《新议略论》第二段的内容，英文稿所省略的第一段内容为："大英钦差大臣阿询（即阿礼国）及中华目今大势，欲知嗣后和好，保其长久。威参赞全以总凭中国能否内改政治，外笃友谊，遵行复陈大略。"

此而蔑视外国的国家体制，于是乎中外关系便很难做到推心置腹。
（这些因素）同样也能解释中国缘何处于眼下这种窘境。

这种不愿低头的态度在中国政府的对内政策上也有所体现，他们不愿意接受任何新的事物[1]，即便这些新政策或许能够帮助中国政府扫除国内的种种乱象、保证在华诸国的利益不受侵害并为中国将来谋求自身的合法权利打下基础，而非像现在这样因拒绝友好的（政策）建议而使得各项进程都事倍功半、渐入颓势。

远的不说，过去几年中国的国内形势就时刻处于动乱之中。正如报刊、奏折和档案中所清晰反映的那样，自道光二十五年（1845年）以降，中国各省之内就几乎找不到不发生匪患的。现如今，这些匪盗要么形成合围之势仅意图谋些钱财，要么委身于义军的大旗之下妄图颠覆政权。这种乱象尤以湖南（Hunan）[2]为最，身在中央政府的官员竟然都不知道究竟有没有地方一级的官员在任；与此同时，四川（Sze Chüan）[3]的回教民也在当地到处制造事端；甚至连天津（Tung Jin）[4]都自身难保，作为整个帝国政权的发源地，如今的当地政府已经几乎没有能力确保居民的生命和财产安全了。

诸位大人也许会追问，造成如今这些灾祸的原因究竟为何呢？皇帝本人所批阅的奏折和相关记录都作出了如下两点暗示：一方面是自然灾害的影响，例如旱涝，这些灾害使得百姓陷入绝境、流离失所，因此强者诉诸武力和暴力以维持生计，而弱者由于其自身原因无法反抗强者便也只能加入他们施暴的队伍之中。像这样的原因恐怕只能归

1　此处英文稿中的 appliance，既可以理解为制度层面的政策，也可以理解为思想层面的理论。原稿《新议略论》与之相对的词是"新法"，可与下文"新政策"呼应。
2　该地名应系沃德豪斯的错译，《新议略论》原文为"云南"。
3　该地名应系沃德豪斯的错译，《新议略论》原文为"新疆"。
4　该地名应系沃德豪斯的错译，《新议略论》原文为"奉天"。

咎于老天爷了，常人本已无法预测天意，更惶言逆天改命。

另一方面则应当归咎于各省一级的地方政府。每当省内果真陷入骚乱时，这些当权者或出于怯懦或出于无能，在事发前不能做到有效预防，在事发后也无法提出卓有成效的解决方案，而这就是人祸了。当我们查阅《邸报》[1] 的相关记录时，就会发现动乱的根源自然是人祸多于天灾。

根据《邸报》的进一步记录，中国在涉及军务和警务[2] 方面的开支也存在着巨大缺口。所谓缺口，即指实际的俸禄和粮食少之又少，甚至连原先答应发放的薪金都杳无音讯。与税收问题相关的记录显示，地产税和盐税的拖欠问题尤为严重，[3] 总而言之凡与税收相关的国家各项收入基本上都有漏洞。于是乎，各省不得不就资金短缺的问题设法找出权宜之计，但这也不过是杯水车薪罢了。举个例子，比如，加征在国内各类运输货物商品上的"战争税"就被视作大小进口商（对国家）所做出的特殊贡献而非一般税收。然而，若征收临时税就必须先设立税收官，但税收官的薪俸却也只是有名无实，那么如何能够保证收上来的税金都能悉数上交给国库呢？另一方面，即便是税金都入了国库，但在多事之秋总会有这个或那个事端需要国库开支，无论如何，国库里的钱都不够，而花出去的钱就好像泼出去的水一样是收不回来的。话虽如此，偌大的中国也绝对没有到无一栋梁之才可用的地步！在我看来，中国其实并不缺人才，最近匪盗强人均已被镇压，仅沿海和内陆地区还有几处残余势力。当然，我也不认为人

1　《新议略论》原文有称《邸报》，也有称《京报》，沃德豪斯翻译时均用 *Peking Gazette*。
2　《新议略论》原文此处为"捕务"。
3　《新议略论》原文还提到了粮食（粮米）税，沃德豪斯的英文稿没有译出。

们有理由觉得是各个通商口岸的外国商人（凭借其武力）将这些强盗镇压下去的，因为（从一个外国人的视角）[1] 通过对当时《京报》的详细解读我们可以发现，中国政府高层无疑还是有人在尽心尽力地履行着他们的本职工作并甘愿为国家前途牺牲自己的生命的，这些人不仅赢得了世人的崇敬，而且成为后来者的楷模。与之相对，若整个帝国政府想将系统性变革的希望建立在这种充满了巧合及不确定性的偶然发现之上的话，就显得十分荒谬了，究其原因则是，如前所述的好官员在整个帝国境内并不多见。除此之外，这样的官员在基层任职的时候也很有可能被其他官员所顶替，而接替者却不一定能够做到像他一样尽心尽力。

三

实际上，中国国内的混乱程度业已如此之深，不是一两个义胆忠肝的有识之士就能挽狂澜于既倒的。而中国若想重回繁荣，则必须抛弃一切陈旧过时的习惯和迂腐的伎俩，并在治国方针以及民事和军政问题上彻底变革；此外，国家的税收也应当做到收支平衡。切记，若要达成这些目标，就必须做到以下两点：一方面，采纳外国所提出的新政（new plans），以迅速解决国家危机；[2] 另一方面，用心经营与洋人的关系以期做到平等对待各国友人。

此种"新奇"的变法理论，其主旨思想从一开始便未被中国人

---

[1] 中文原稿有这层含义，英文稿似有所删减。
[2] 此处英文译稿与中文原稿所欲表达的内容有出入，后者行文为"一则自取本国之材，务期济用"，明显指国内范畴的改革。

所接受。结果就是，现在中国的官员并不迫切于实施变法，而外国友人站在他们的立场也不太理解其中的缘由。

言归正传，在中国最具有大智慧的著作中曾对与改革有关的事宜作出过"穷则变，变则通，通则久"[1]的注解；我也以为果真如此行事的话，不出数年中国便可恢复到物阜民丰的理想时代。然而，无论是官员还是文人，他们都只从过往的古籍和法律中找寻"变"与"通"的办法，以期寻得强本固基和延续国祚的根本之法。这样的做法当然也是有原因的。中国历朝历代的荣辱与兴替为我们展现出了一幅灾祸时期的图景——接连不断的变乱使得社会难以回到平静的状态，而社会如此动荡当然也不会有法可依[2]，于是乎，人人自危以致民生凋敝。而后，一位政治新人横空出世，群氓拜首，将其视作天神下凡，心悦诚服并愿唯其马首是瞻。其后，这位领袖便奉天承运改朝换代，而实际上的社会管理和政治运作则与前代无异。起初，一切顺遂，慢慢地小错不断并逐渐引发混乱，最终国家将不可避免地再一次走上无朝无主的无政府状态。因此（在这个层面上我们可以说），一朝的兴衰荣辱实际上与前朝无异。翻看历代史鉴和史家著述也会发现，事实果真如此，于是文人们便认为王朝盛衰自有其循环之理，而防微杜渐最好的办法便是以史为鉴。（直至今日，这样的推理都被认为是百分百正确），但论及当下之国事则不同以往，如若依旧和以往一样认为循古制便能保证国祚绵长，则必将导致灾难性的后果。原因是如今中国的对外交流业已不同于以往，内政与外交已经深深植根于中国本身的国家治理之中，基于此点考虑，便可看出古今之差别。

---

1 语出《周易·系辞下》。
2 该处威妥玛原文为"无主之时"，字面含义即指"没有皇帝"。而沃德豪斯此处所说的是"no recognized rule"。

当今世界诸国大致可以被区分为东方和西方国家。东方诸国中属中国地位最为尊贵，且自古以来便是东方其他诸国效法的对象，即便没有武力的强制性威胁，这些邻国也甘愿臣服于中国的文化优越性之下，三千多年的时间里皆是如此。在这段历史中，东西方诸国中的大部分人从未来到过中国，有的即使来过也只是碰巧而已。而如今，每个西方国家要么在国家和政府层面与中方官员存在交流和沟通，要么至少也与中国民众有着商业上的往来。若考察西方诸国的状况，我们会发现，其国家宪制并不比中国差多少，[1] 而它们的军事实力甚至可能强于中国。再有，每个西方国家在中国都有着不能放弃的切实利益，而中国方面基于其自主的选择，对保证西方诸国的在华利益也有着义不容辞的义务，且中国也已经作出了相关允诺，故中国人和外国人已经通过共同利益的纽带连接在了一起。过去几代史学家并没有经历过当下的这种情势，更不用说将其总结为一般化的经验教训了，因此现在任何有可能演变为无政府状态的骚乱都有着无法与过去所发生过的王朝兴衰相类比的特性，更不可能通过前人所得的寻常经验推知国家的未来走向。如果真走到了王朝倾颓的最后一步，其他（在华）诸国的具体利益势必会受损，因此各国也将不可避免地为自己的国家利益而出面干涉。而一旦一国如此行事，其他国家必然也会效仿。如此一来，你觉得清政府还有能力保证自己世代相传的领土和主权的完整吗？各地方政府和纳贡的藩国岂有不分崩离析之道理？

但你们或许会问，若真的处在危机边缘，中国又将会变成什么

---

[1] 威妥玛原文此处写道"该国若论智学，不亚中华"，而沃德豪斯将其中的"智学"译作了"constitution"。

样？或许中华帝国历史上王朝的更迭和秩序的重建已经在历史上留下了印记，但现如今所有的文人都认为，大清远胜前朝。二十年前[1]，暴徒在南方诸省掀起动乱，他们坚称自己是爱国者并以恢复汉人统治为目的。（暴动的）十二年间，聚集在叛乱大旗下的除文盲和乞丐以外，真正有身份和地位的体面人和有产者则少之又少。因此，我们至少可以说知识分子阶层对统治集团仍是相当忠心的，所以如果你们现在就想要为身处危机边缘的中国开药方的话，（我认为）还不是时候，因为反叛者还没有办法做到真正撼动统治根基。

话虽如此，但现如今随着时间的流逝，这些叛乱分子（你们如此宣称）仍未被完全镇压，而政府官员仍固守成见，不愿接受新事物（新法）。同时，谈及（你们一直埋怨我在文中所提及的）即将降临的灾难，还存在另一个导致这种主权沦丧的灾难性结果的可能性——中方所负担的国际法层面的义务，也就是说，当中国政府表现出无法保障列强（foreign powers）在华利益的安全时，各国自然会将此视作自己的义务而出手管理。然而实际上，让外国代替中国承担此项义务就无异于将中国国祚的主导权交给了外国。这也正是中国所面临的可能失去独立自主的危机的源头，接下来我会再次详述这个问题。

当下，每每论及中国墨守成规和厌恶革新时，就会涌现出许多其他国家采用新政的建议，但是，有这么一种说法——这些动议许多表面上是出于友好的协助，实际上则妄图暗中侵占中华的领土。若你们仔细考察近几年来各个国家对华的言行举止，则会发现这样的指控是

1　此处应指太平天国农民起义运动，《新议略论》原文为"壬子年［咸丰二年］南省会匪滋起"，咸丰二年即 1852 年，时逢太平天国农民起义爆发的第二年。

根本不成立的。

例如，三十四年以前中英失和[1]，双方的纷争持续了整整三年时间军队才偃旗息鼓。[2] 订立和约[3]时，我请问你们，当时除了寸草不生的荒芜小岛——香港——以外，我国可曾试图多要中国一寸土地？

再者，到了庚申年[4]，英法两国带领军队直逼京城，是时虽然两国兵势远胜大清，他们本也可以借机发泄心中贪婪的欲望，然而在双方订立和约之前两国便停止了进军，而且英法联军反倒协助中国政府的军队镇压了金陵的反叛[5]。之后订立和约[6]，协议初定，两国的军队便向南方退去。当时英法两国也没有以驻防一两个城镇作为订立条约的基础或是发生战争的补偿，在中国政府筹钱以备补偿战争款项之前，两国便自愿解散了军队。

后来，在条约修正后的几年时间里[7]，虽然中方一再无视条款内容，且与此同时各方也因为条约不能得到切实履行而争论不休，但各通商口岸的外国军队仍然在帮助中国政府军队清剿匪患。

或许有人会说，帮助中国政府不就等同于维护外国商人的利益吗？当然，这种说法也有其合理性，但无论如何侵占中国领土的野心

1　此处《新议略论》原文为"溯查道光己亥年［十九年］"，即1839年，以时间来推算，其中所谓"失和"，应当指林则徐于1838年冬发起的"虎门销烟"运动。英文译稿中的"三十四年以前"，则是以沃德豪斯的英文译本刊登在《中国评论》上的时间点即1872年来计算的。

2　即1840年至1842年间的鸦片战争。

3　即1842年签订的《南京条约》。

4　即咸丰十年（1860年），此处自然是指"第二次鸦片战争"。

5　即太平天国农民起义。

6　即1860年订立的《北京条约》。

7　在西方视角下，《北京条约》就是对《南京条约》和《天津条约》等不平等条约的修订（"换约以来"）。另，《新议略论》原文注明了"五年之闲"，即条约签订至中文原稿上呈总理衙门的这段时间。

是绝对没有的。倘若外国军队的目标真的是占领中国的土地,那我们又何必协助中国政府的军队剿灭业已占领了政府土地的反贼呢?

我认为关于英法两国协助中国这件事已经可以得出最终的结论了,即帮助中国是不存在诸如侵占领土这种不可告人的目的的。但据我所知,许多尊崇古风、厌恶革新的人依然对新政持有强烈的偏见,请允许我大胆反问:急切敦促中国变法革新的国家究竟是哪几个?回答:英格兰和法兰西——就是我方才证明了并没有侵吞中国领土之狼子野心的两个国家。实际上,这些心怀偏见的人不明白,如果真的接纳了列强的意见实施变法,不仅不会损害中国的利益,反而会为中国带来大大的实惠。[1] 接下来将会怎样呢?若中国方面果真能够吸取经验理性思考——遵循我们给出的提议,所有在华的和即将来华的外国人都能因此而获得实质上的利益。而中国自身的国家财富和社会稳定也可以有一个较为稳定的政策基础,进而这些财富也可以保证中国本身作为主权国家的独立与自主。[2]

但是,在中国(因变法而)获取其利益之前,向各列强派驻外交使节也是极其必要的,关于这一点我国已经不止一次与中国交涉过。站在西方诸国的立场考虑,这项新举措并不能带给它们什么好处,但中国却可以从中得到很多实惠。

具体考察西方列强向北京的清廷派驻使节的原因,是因为英国和其他国家都很清楚,在与中国进行国际交流的过程中定会有许多矛盾随之而来,这些问题必定难以解决,甚至可能导致兵戎相接。过去几

---

1 对比原文,此处沃德豪斯似乎漏译了一句"虽谓于外国有益",威妥玛也认可了变法对列强的好处。
2 此段沃德豪斯漏译了一句原文——"更有所议者,绝无外国之利,容为续论",从而引出下文。

年之中，此番未雨绸缪的设想也确实得到了应验——每每发生摩擦，原先那种没有外国使节驻京的旧体制下必然发生的小冲突现在因为有了各国的外交官员而有幸得到了避免。[1] 到目前为止，无疑中国和各方的国际友谊都维持得不错，大家也都从中得利不少。但是，假使中国也向西方诸国政府派驻使节，势必将会获得更具体和更实际的利益，这种实惠则是现在这种政策前提所无法比拟的——如果某一外国的驻华使节与中国政府在政策执行上存在分歧，而中国在该国又没有派驻官员（没有办法通过本国渠道与外国直接沟通并表明立场），那么便只能由（外国的）这位官员自己向本国阐述反对中国政府之政策的立场。[2]

这样的提议（向国外派驻使节）独独有利于中国，对外国势力来说毫无益处。实际上，这项动议正是诸位外国使节有鉴于如何使得中国在必要时采取某些例外政策等一系列问题而提出的，这些问题也时刻困扰着这些外国驻华官员。因此，对于那些一味质疑外国势力所提出的建议，并认为其总是包藏祸心的人来说，这一点便是最好的回答了吧。

实际情况则是，如果上述所提及的种种希望中国采纳有益于其发展的建议仍然被你们政府所拒绝的话，外国各方所能得出的唯一结论便是各国驻京使臣确实使清廷感到不悦，所以至今为止（条约下）的风平浪静和一切顺遂，可能都只被中方看作是一种不得不为的必要之恶，一旦时机成熟（这些相较于原来而言的新政策）便会被弃之不用。至少，如果不是这个原因的话，我是想不出其他理由了。

---

1 此处威妥玛将《北京条约》签订前后做了对比，似乎意指条约订立前中国与西方列强战争不断，而订立后直到文章写就的1867年都未曾发生大的争端。

2 《新议略论》原文在之后还有一句"何人在彼能代设辩"，沃德豪斯没有译出。

话虽如此，我目前还不打算就这个问题展开讨论，但是，我还是得重新回到对中国若采新政之法将会获得哪些更具体实惠的分析上来。或许是天性使然，迄今为止新政带给中国的好处一直被有意无意地忽视，但是，当下清廷正在忙于应付的（叛乱）问题，伴随着时间的积累必将日益严峻，到那时中国政府或许只能求诸那些相较之前的国策而言更加严格的补救办法了吧。

西方国家向来将互派使节视作国与国间睦邻友好的标志，那些遵从这方面规定发展国际友谊的国家组成了相应的联盟，而那些违背这些铁律的国家则不被联盟所接纳。

如果中国同意加入这个国际大家庭，那其必会获得如下两方面的益处：一是，当前中国闭关锁国不与周围各国往来，因此被这些国家冷眼相待，若（依国际形势）与其他国家熟络起来，则势必能够提升国家间的友谊；二是，中国今后也能更好地自保，并能够及时阻止小暴动，并防止它们演变为大规模的叛乱，当中国最终卷入与其他国家的纷争时，（若中国果然是正义的一方）与你交好的其他国家也会发挥影响——即便不使用武力，它们也会以友好的姿态和言行介入调停并帮助中国。

至此，（通过上文的分析）我们已经能看出，向欧洲诸国派驻外交大臣等建议确实能够明显地给中国带来不少好处。同样，我们也会发现，虽说对其余新事物的接纳也会给外国势力带来不少好处，但长远地看，中国将获益更多。例如，倘若中国真能够做到如下事项——在每个省份修建铁路、通信电线、钻探矿井等基础设施，做好陆军演练和水军操练等相关工作，为弥补中国的财政缺口而增发国债，以教授自然科学和医学为目的开设学堂，等等——西方各国将无不喜闻乐见于中国真切地接纳了我们提出的建议，而中国本身也将获益良多。

当然，（假如当真要如上文所述进行全面改革）起初，中国必然会需要西方各国的协助，直到中国的经验足够丰富，技术足够娴熟，方可自行操作改革事宜。以海关税务机构的设置为例，这一点就毫无争议。每个熟悉该机构的官员都知道，（自其设立以来）一方面，中方与其他国家的间歇性摩擦和冲突得以避免；另一方面，国家的税收收入却在不断提高。即使受雇被聘为税务专员的都是外国人，恐怕也没有人能否认，掌握这些外国税务专员任命权的高级官员却是中方的这一事实吧。事实上，西方诸国更乐见于中方官员能够熟练掌握西方的语言和习惯，从而使其能够独立自主地掌控国家税收和海关事宜而无需欧洲诸国的帮助。

眼下，设立税务机构的动议虽然是由外国所提出的，但他们也仅仅是希望将其完善成一套健全的制度体系——这套体系总是以这种或那种形态存在于西方诸国中。[1] 因此，至少到目前为止，由外国人所主导的以改造中国体制机构为目的的这项新政，非但没有给中国带来损失，反倒为其改变糟糕的现状增色不少。

即便单单以外国人的视角来看，中国对新事物的接纳也是一件可喜可贺的事情。首先，新政在宏观层面上就大大有利于中西方的商业往来；其次，新政将促使中国内地的政局趋于平稳，在此基础上外国商人才有可能在遇到困难时求助于中国政府，这将大大减少他们在中国经商的后顾之忧。与此同时，对中国自身来说，改革也将带来更大的红利——国内政局将焕然一新，终乱世、开太平；国家财力将扭亏

1　威妥玛原文以另一方的视角强调了中国自古以来并没有设置海关税务的先例："而设税务司一举，原系外国代议，中华成例向无此条。"

为盈；中国也终将凭借新政所取得的丰硕成果巩固并确保其独立自主的国际地位。

这么一来，内地各省不就可以安享太平，外国商贩不就可以高枕无忧了吗？如此一来，国库充盈不就可以发展军力并确保内政国事不为外国势力所强制干预了吗？如此这般行事，不就成为中国保其自主和独立最有效的办法了吗？这便是采纳新政和改用新法能带给中国最为实用的一面：新法的出台和旧法的废弃必然伴随着国力的提升和社会的发展，中国也必将能够重拾内政的平稳和社会的安定。

同时，细心经营与外国势力的友好情谊也相当重要。无论如何，即便没有办法做到第一时间在西方国家设立外交大使，中国仍应当设法找出理由以免诸国误以为自己被中国所轻视。事实上，笔者在前文已经对横亘于中西方之间的芥蒂以及外交层面的冷淡关系做了大量描述。

事实是，当我们谈及西方各国的外交大臣和恭亲王[1]本人以及诸位掌管外交事务的大臣的个人关系时，都认为彼此之间的关系合乎礼仪之道，这也正是我们所期望的。然而，中国人与外国人的国际关系的一般特征，无论是在北京还是外地，都绝对谈不上是如此惬意了。

西方各国之间的政治传统又是什么样的呢？被派往其他国家首都以代表自己国家利益的一国使臣，往往都会被接待国依等级之礼而对待，且都会得到接待国政府官员的礼遇。但当西方诸国的外交大使进入北京城时，则全然不同。那是因为，中国的旧观念中，希望与外国人没有任何关系，希望将他们全部赶出这个国家，这种古老的欲望现仍占据主导地位；在地方各省中，这种想法都是如此普遍，几乎所有

---

1 即和硕恭亲王爱新觉罗·奕訢。

的官员，如果他们不是公开表达出这种情绪的话，那么也至少在胸膛中暗暗地培养着这种情绪，正如来到中国的每一个陌生人所体会到的那样。

对过去三十年间外国与中国之间产生的全部分歧的仔细检查都表明，它们的原因都在于如下事实：中国狂妄自大，不愿退让。[1] 我们以中国文人学者对待西方新事物、新发明的态度为例便可略知一二，他们认为（西方的）这些发现或发明虽然或多或少也有值得肯定之处，但归根到底是绝不能与中华源远流长、近乎完美的礼教文化和学问体系比肩的。

让我们再来看看中国的皇帝吧，他是如此的尊贵以至于其他主权国家（的君主）——无论多么真诚地渴望——都不能以平等的姿态与中国进行友好的国际交流，进而（我认为）谋朝篡位在中国历史上时有发生的原因大体也是如此，这种政治姿态上的不友好也使中国与其他国家的关系蒙上一层阴影。

那么就没有什么办法可以化解域外国家（对中国）郁结于胸的那股怨气吗？在我看来，这点非常值得怀疑，原因是，但凡涉及外国势力与国际争端的问题，中国官员的脑子里基本上就只认准如下两条死理：（再次回到如前文所述的改革的话题）他们要么认为所谓改革就是回到祖制——因为史书有云周朝因为改制而成功攘斥了外夷，而只要找回大清王朝刚建立时的那种繁荣盛世，便可以将我们这一众外国佬驱逐出境；要么就认为少量的以自强为目的的变法还是必要的——因为安定乱世需要这种新事物和新政策，但一旦天下既定，仍

---

[1] 威妥玛的中文原稿此处为："……数次失和，细查其故，总由中华有来无往……"

要将我们一众外人赶走。

然而，如果你真的问了那些踟蹰于这两个选项中的人，为什么他们如此反对接纳新法、新政策和新事物（new appliance）[1]，他们只会回应你一句："因为它们是新法、新政策和新事物。"同时，若问及他们为何如此反感在中国的外国人，他们只会回应你："因为他们是外国人。"无论中国方面是有意想回到祖制，还是只想部分接纳新法（new regime），只要这一想法被付诸行动便无益于中国民众的宏观利益，并将给中国带来实质意义上的损害。

最后，我们也可以很明显地觉察到，随着时间的推移，中国的内乱问题并没有多少改观。而所有对这些事件有所关注的外国人都清楚地知道只要中国方面多一天拒绝接受新法，中国的内乱就将多持续一天。但各国也都清楚，凭其自身中国是绝不会采纳新法的，而另一方面，中国也绝不会坐视他国干涉自己的内政，各个国家因此而百感交集。况且，中国各省份地方政府的官员（相较于京城而言）更有不待见洋人的趋势。[2] 近段时间以来，各个国家在中国的住民都在讨论当下和未来中国形势可能的发展及其与自身的关系，因为（中国方面）存在友好履行所签条约之义务的前提，（这些外国人）就很容易得出这样的结论：每一起导致外国人利益受损的案件——无论是出于与中国的政治纠纷还是商业矛盾——都应当归咎于中方未能恰如其分地履行其条约义务。但是若你穷追其为何不能尽其条约义务以致我们这些域外国家的商业利益受损时，他们则会回答："我们自己都已经

---

    1   需要再次强调的是，此处的"new appliance"是沃德豪斯照着中文原稿中的"新法"直译出的，而威妥玛实际想表达的意思却远不止字面意义上的"新法"，这点我们从下文所出现的"new regime"便可得知。

    2   此处沃德豪斯漏译一句"尤增易致气恼之情"。

内外交困了,况且我们官兵的数量有限,恐怕不足以胜任(保护外国利益的使命)。"若果真如此(中方兵力有限不足以御敌),如我们方才所分析的那样——那些行凶的暴徒不是在通商码头被一小撮外国士兵平息下去,就是为西方国家的驻华部队所镇压,而外国军队所到之处亦都能缓解当地官民对暴徒的恐惧之情——这又是怎么回事呢?即便如此,(中国和其他国家的地位差别)在文人士大夫看来仍然一如既往、尊卑有别,以致平等和真诚的沟通和交流一直无法展开,而怀有这些看法的文人又是组成中国官场的主力军,何以至此呢?

四

实际上,外国人只是想给中国提一些预防性的建议而已,中国方面却始终固执地拒绝如此行事。如前所述,这些国家提出改进意见也无非是想(为眼下困顿的中国)提供一些友善的帮助,而中国方面却始终怀疑对方提意见的动机,暗忖我们包藏祸心。与此同时,中国虽然没有能力(维持国内局势),但依旧高高在上地睥睨各国,不愿听取各国对解决其国内动乱所提出的真挚意见。中国甚至天真地以为当国力果真衰微到极度虚弱的程度时,便会有能力逆转乾坤并最终将(我们这些)蛮夷驱逐出境。[1] 请你们记住一点,这一切都是可以实现的,但最重要的是当动乱平息过后能留下什么(教训)。中国的叛乱向来都源于自己国内居民的堕落,而现在这种落后的政策最终也必

---

[1] 按照威妥玛的思路,这也是《周易》里一种很传统的中国思维——"否极泰来"。

将吞噬这个国家。[1]

或许有人会问,若我当真想要救中国的普罗大众于水火——而事实是大清政府视民如草芥——我又为何要帮助清政府呢?那是因为,我们实在不忍心眼睁睁看着它自取灭亡而无动于衷。以现在的情况来看,只要中国不以更快的速度滑向毁灭的边缘,我们还是能够找到补救方案的。

(中国)对我们所做出的这些努力回馈了最好的报答——竭尽全力将我们赶出去。然而即便如此,我们仍要努力保护自己的国家利益。如果我们能够同时做到扶中国政府之大厦于将倾和解决中国国内的混乱局面,那么财富和资源将源源不断地积累起来,我们自己也将迅速获得诸多利益,中国人民也将因为国内秩序的重建而获得主耶稣的赐福。

问:"既然如此,那将中国公民变为外国公民,岂不美哉?"[2]

答:"这当然是好事,因为他们现在正处在水深火热之中。"

问:"那么西方国家会否因为管控中国的政治局面而给自己带来重大(经济)损失呢?"

答:"当然会,但获得相应的补偿也并不是什么难事。"

这些质疑的言论在我们(这些外国)最初与中国进行交往的时候曾经甚嚣尘上,但最近一段时间出现的频率似乎又高了许多。当这些外国人议论这些的时候,我并不认为他们不知道曾几何时中国的历朝历代也有着辉煌的过往,也曾凭借圣哲们体系化的思想教化理论使得"四夷宾服,万方来朝"。但是使我们这些外国人愈发担心的却

---

1 英文译稿中的该句在中文原稿里未曾出现。
2 这里只是作者威妥玛的设问和回答,下文也是如此。

是，虽然眼下中国的国势如历朝历代一样逐渐衰微，然而中国的历史记录者却往往认为只有中国才拥有世界上最为深刻的法律和政策体系。与此同时，中国自身却从来没有成功地扼杀小暴动于摇篮中（以致一次次的王朝倾覆）；更有甚者，未能阻止的长期变乱发生过后，中国也从来没有吸取过经验教训以预防下次危机的到来。所以说，中国的乱局就好比一年之中的四季轮替，过去的政治繁荣就好比今天的国家昌盛，过去的国祚衰微就类似于今日的局势动荡，千篇一律、不断循环。因此，没有人能够在两朝兴亡更替之时妄自评论哪朝好哪朝坏。[1]

再有，对于各方面主张都迥然相异于中国的欧洲人来说，听到有人说尧（Yiu）、舜（Shun）时代的古代中国才是中国真正的黄金时代这种观点时是多么地诧异。（若中国对此仍有疑惑——因为我们的思想观念与时俱进），曾与中国签订和约的英、法、美、俄四国，都会如是回答：如果将它们的五百年前与一千年前做比较的话，五百年前的它们肯定要比一千年前更强；而将现在与五百年前做比较的话，当然是眼下的国力要远胜于五百年前了。

现在，中国应当记住一点，古往今来、古今中外，任何国家如果不情愿进入与其邻国的伙伴关系中，都会引诱后者联合起来去入侵它，并迫使它服从，在历史记载中，没有任何国家能够侥幸逃脱这种被强制服从的命运。比如，那些曾经与中国接壤的国家，它们那时被中国吞并的时候哪一个不是仇视甚至鄙视西边的陌生邻居（指中国）的呢？[2] 现在的下场又如何呢？眼下，英国早就占领了缅甸，法国也

---

    1 指中国历朝历代的更替有如四季变换，中文原稿还提到了前朝："……直至前明，均不能谓后代较比前代，显有隆污……"

    2 威妥玛《新议略论》此处原文为"试问中华，现今邻国，仍是匈奴、西番乎"。

夺取了越南，而俄国也慢慢地将势力范围延伸至朝鲜西部的国家和地区。

这三个国家会否眼馋于中国的领土呢？我们先将其按下不表。眼下我们要关注的情况则是被英国占领的缅甸与中国云南距离甚近，被法国攻下的越南与中国广西距离不远，俄国本就与中国领土交接我们就不再多说了。前两个国家所占领的土地，其边界与中国接壤上万余里，目前值得担心的并不是西方国家有没有占领中国领土的野心，而是中国周边有没有迫使外国势力出兵占领的情况出现。假如中国方面提出如下问题："在各项和约签订后的过去几年里，和约中的各项条款有没有在约定的拘束力下得到严格而友好的认真履行呢？"[1] 如果没有——条约中又恰好有规定——也正如我们所担心的那样，这就说明我们在与中国交涉的某些方面未能如愿，而站在中国方面的立场来看，对这些国家也有所怠慢。（中方）再问："既然如此，双方有可能基于政治互信各自都退让一步，并借此机会表露自己的友好态度吗？"（回答）当然有可能，只不过——我不得不遗憾地说——中国所提及的友好态度和政治互信就不太可能成为双方的义务了，因此，这样的友谊想要维持下去就不太可能了。[2]

现如今，强大的外国势力并不急于寻求（因在中国的遭遇而造成的损失的）补偿，而那些已经获得补偿的国家的举动也表现出了些许克制，这都是出于我们对中国的友好之意，我们当然也知道中国现在所面临的窘迫境遇。此外，在华的外国（有如形成了一种行动

1　威妥玛《新议略论》中文原稿此处注明为"五年以来"。
2　威妥玛《新议略论》此处原文如下："设若中国复问续增条约立定五年以来，三国所办事件中，岂皆尽情尽礼［理］乎？而三国之待中国，虽恐或有不周，中国之待三国，亦有不周之处。若论如此，内外即应互有体谅，而内外之力均平，此言可用；惜力不平，则此理空难常保强国不即力求伸屈。"沃德豪斯的此节翻译似有出入。

联盟一般）都不愿意率先发表态度，除非他们中有一国不得不打破这种沉默，（因此）我国也没有如此迫切地将我们的不满付诸行动。

与此同时，当我提到在华诸国基本都遭受过中国政府方面的不公正对待时，它们大体上都达成了共识——只要一国开始（对华）有所行动，其余各国必然会共同承担后果。我这么说当然也是基于诸多外国的军事部署现状，现实情况是中国若真的与其中一个外国爆发冲突——无论是由于政治原因还是经济原因所引起的——我国会立刻对该国有所行动，即便不动用武力也会用言语（外交）的途径强迫该国放弃冲突对抗。最后，如我上文所言，若中国仍然不愿接受我国针对中国所提出的改良政策（新政）[1] 的话，其他一些国家迟早会逼迫中国采纳这些政策，若果真到了那步田地，中国又何谈有自己的政治地位呢？假如真如我所暗示的那样——列强对中国的内政进行了干预，他们一方面豪取中国的资源以备其自身发展，另一方面对中方的人员和意见置若罔闻，到时候中国方面再提自己作为主权国家的独立自主还有意义吗？不得不说，到了那个时候任何一个自称独立的主权国家都将会蒙上一层政治阴影吧——因为这样的主权独立是绝对无法长久的。

针对上述假设后果的最好应对措施，便是中国立刻表现出真心诚意地渴望新政的态度，如此一来，各外国势力必将在力所能及的范围内对华提供帮助。中国方面也绝对没有必要对自己的发展成果会被西方国家窃取或盗用甚至反过来有碍于中国发展抱有疑虑——全然不必担心这种情况。每个国家在华都有自己的合法利益，一国是决然不会冒天下之大不韪而窃取另一国的合法权利的。中国可放心大胆地实行

---

[1] 即本文主题——"新议"。

新政，我国自然会为中国的新政保驾护航，而中国迄今为止所遭受的所有损失也都是成为独立自主之国家必不可少的一步。

五

言而总之，我此次所上表之时评的主旨大意便是建议中国不要仅仅简单地将改革与回到祖制画等号。尽管在总理衙门中主张回到祖制者并不常见，但其他官员却普遍抱有这样的看法。原因是（除总理衙门外）中央政府的其他官员不清楚基层官员与外国打交道的事实，更不了解这种国与国之间的互动已经比以往各个时期都更加亲密和频繁——这就是他们得出新政无足轻重这种看法的原因。然而，事实是，中国的国情日新月异，无论中央政府愿意与否，改革都势在必行——这种变化即便是中国不愿看到的，但（对中国来说）阻止这种改变似乎又不太现实。不久的将来，中国必将面临决定命运的二重选择——要么寻求西方协助，以破旧立新、永葆自主，要么仍坚持对西方的戒心，并固执己见排斥外国，当然，各国也会同样如此地看待中国。以清政府目前的一言一行来看，中国确实迫切地渴望着变革，因此两国之间的互动也逐渐变得友好而合乎礼节。这样的抉择对中国来说至关重要——用新政则国强而民富，舍新政则国衰而民不振。

（毛皓强译，李秀清校）

参考文献

一、中文文献

柏华、周围杉:"明清溺毙子女现象分析",《苏州大学学报(法学版)》2014年第2期。

卞浩宇:"《印中搜闻》对近代西方汉学发展的影响",《苏州教育学院学报》2014年第5期。

蔡尚思、方行编:《谭嗣同全集》,中华书局1981年版。

蔡晓荣:《晚清华洋商事纠纷研究》,中华书局2013年版。

陈锋:"20世纪的清代财政史研究",《史学月刊》2004年第1期。

陈顾远:《中国婚姻史》,商务印书馆2014年版。

陈和平:"清代童养婚盛行之法社会学探因",《南昌大学学报(人文社会科学版)》2014年第1期。

陈利:"法律、帝国与近代中西关系的历史学:1784年'休斯女士号'冲突的个案分析",邓建鹏、宋思妮译,《北大法律评论》2011年第12卷第2辑。

陈利:"现代国际法被质疑的两大起源神话:普遍主义和平等主权在中西关系史上的演变",载陈煜编译:《传统中国的法律逻辑和司法推理》,中国政法大学出版社2016年版。

陈弱水:"中国历史上'公'的观念及其现代变形——一个类型的与整体的

考察",载许纪霖主编:《公共性与公民观》,江苏人民出版社2006年版。

陈熙:"清至民国福建溺婴现象与育婴堂研究",《地方文化研究》2015年第2期。

邓振军:"共同善中的自由:托马斯·希尔·格林自由民主思想研究",华东师范大学博士学位论文,2007年。

丁凤麟编:《薛福成选集》,上海人民出版社1987年版。

丁凌华:《五服制度与传统法律》,商务印书馆2013年版。

段怀清:"向中国告别:理雅各的华北之行",载《历史学家茶座》(第8辑),山东人民出版社2007年版。

段怀清:"理雅各与满清皇家儒学——理雅各对《圣谕广训》的解读",《九州学林》2006年春季号。

段怀清、周俐玲编著:《〈中国评论〉与晚清中英文学交流》,广东人民出版社2006年版。

高道蕴、高鸿钧、贺卫方编:《美国学者论中国法律传统(增订版)》,清华大学出版社2004年版。

高鸿钧、程汉大主编:《英美法原论》,北京大学出版社2013年版。

戈公振:《中国报学史》,生活·读书·新知三联书店2011年版。

葛兆光:《中国思想史》(第1卷),复旦大学出版社2001年版。

耿昇:"法国遣使会士古伯察的入华之行(译者代序)",载[法]古伯察:《鞑靼西藏旅行记》,耿昇译,中国藏学出版社2006年版。

辜鸿铭:《中国人的精神》,李晨曦译,上海三联书店2010年版。

郭松义:"清代妇女的守节与再嫁",《浙江社会科学》2001年第1期。

郭廷以:《近代中国史纲》,格致出版社2012年版。

方维规:"'议会'、'民主'、'共和'等概念在十九世纪的中译、嬗变与运用",载《中国文史论丛》(第66辑),上海古籍出版社2001年版。

方维规:"概念史研究方法要旨——兼谈中国相关研究中存在的问题",载黄兴涛主编:《新史学》(第3卷),中华书局2009年版。

方闻编:《清徐松龛先生继畲年谱》,商务印书馆1982年版。

冯尔康:"清代的婚姻制度与妇女的社会地位述论",载《清史研究集》(第5辑),光明日报出版社1985年版。

冯尔康、常建华：《清人社会生活》，天津人民出版社1990年版。

韩长松等："英福公司与焦作早期的城市化进程"，《焦作大学学报》2008年第3期。

何俊毅："梅因与自由帝国主义的终结"，《读书》2016年第3期。

何勤华："清代法律渊源考"，《中国社会科学》2001年第2期。

何寅、许光华主编：《国外汉学史》，上海外语教育出版社2002年版。

洪佳期：《上海会审公廨审判研究》，上海人民出版社2018年版。

胡其柱："晚清'自由'语词的生成考略"，《中国文化研究》2008年夏季卷。

胡其柱："日本新学与黄遵宪政治思想之形成"，《南京社会科学》2013年第3期。

黄河清编著：《近现代辞源》，上海辞书出版社2010年版。

黄克武："从追求正道到认同国族——明末至清末中国公私观念的重整"，载许纪霖主编：《公共性与公民观》，江苏人民出版社2006年版。

黄文江："欧德理的汉学研究"，载《国际汉学》（第14辑），大象出版社2006年版。

黄玉环："《洗冤集录》版本考"，《贵阳中医学院学报》2005年第2期。

霍启昌：《香港与近代中国》，商务印书馆1993年版。

贾静涛：《中国古代法医学史》，群众出版社1984年版。

江莉："十九世纪下半叶来华西方人的汉语研究——以《中国评论》为中心"，北京外国语大学博士学位论文，2015年。

金眉："中西古代亲属制度比较研究"，《南京大学学报》2010年第1期。

金观涛、刘青峰：《观念史研究——中国现代重要政治术语的形成》，法律出版社2009年版。

局中门外汉："伦敦竹枝词"，载王慎之、王子今辑：《清代海外竹枝词》，北京大学出版社1994年版。

赖骏楠：《国际法与晚清中国：文本、事件与政治》，上海人民出版社2015年版。

劳恭震、沈敏树编：《谘议局、资政院、自治会议员必携》，麟章书局1910年版。

李长莉："黄遵宪《日本国志》延迟行世原因解析"，载中国史学会、中国社会科学院近代史研究所编:《黄遵宪研究新论:纪念黄遵宪逝世一百周年国际学术讨论会论文集》,社会科学文献出版社2006年版。

李慈铭:《越缦堂日记》(第1册),广陵书社2004年版。

李栋:《鸦片战争前后英美法知识在中国的输入与影响》,中国政法大学出版社2013年版。

李贵连:"话说'权利'",《北大法律评论》1998年第1卷第1辑。

李金强:《书生报国——中国近代变革思想之源起》,福建教育出版社2001年版。

李平:"论少数服从多数的合理性基础",《中外法学》2017年第5期。

李文杰:《中国近代外交官群体的形成(1861—1911)》,生活·读书·新知三联书店2017年版。

李鹜哲:"郭实猎的早年经历",《文汇学人》2016年7月22日,第12、13版。

李秀清:"中美早期法律冲突的历史考察——以1821年'特拉诺瓦案'为中心",《中外法学》2010年第3期。

李秀清:"《中国丛报》与中西法律文化交流史研究",《中国政法大学学报》2010年第4期。

李秀清:"《中国丛报》中的清代诉讼及其引起的思考",《南京大学法律评论》2011年春季号。

李秀清:《中法西绎:〈中国丛报〉与十九世纪西方人的中国法律观》,上海三联书店2015年版。

李岫、秦林芳主编:《二十世纪中外文学交流史》,河北教育出版社2001年版。

李洋:《美国驻华法院研究(1906—1943):近代治外法权的殊相》,上海人民出版社2016年版。

李洋:"晚清对近代国际法的尝试与偏离——基于蒲安臣、李鸿章使团的考察",《南京大学法律评论》2015年秋季卷。

李泽厚:《哲学纲要》,中华书局2015年版。

梁廷枏:《海国四说》,中华书局1993年版。

梁治平:《清代习惯法》,广西师范大学出版社2015年版。

林端:《韦伯论中国传统法律:韦伯比较社会学的批判》,中国政法大学出版社 2014 年版。

林金水主编:《福建对外文化交流史》,福建教育出版社 1997 年版。

林学忠:《从万国公法到公法外交:晚清国际法的传入、诠释和应用》,上海古籍出版社 2009 年版。

《林则徐全集》,海峡文艺出版社 2002 年版。

刘存宽:"香港与中西文化交流(1841—1911)",港澳与近代中国学术研讨会论文集,"国史馆"印行,2000 年。

刘禾主编:《世界秩序与文明等级:全球史研究的新路径》,生活·读书·新知三联书店 2016 年版。

刘美华:"《印中搜闻》视域中的中国社会信仰和习俗",《北京行政学院学报》2014 年第 2 期。

刘美华:"苏格兰传教士米怜(1785—1822)研究",北京外国语大学博士学位论文,2015 年。

刘维静:"从空想到现实:16 世纪英国共和主义思想的演变",湘潭大学硕士学位论文,2013 年。

柳红:"清代溺女问题研究",福建师范大学硕士学位论文,2002 年。

吕宽庆:《清代立嗣继承制度研究》,河南人民出版社 2008 年版。

吕思勉:《中国社会史》,上海古籍出版社 2007 年版。

孟华:"对曾纪泽使法日记的形象研究——以语词为中心",《中国比较文学》2015 年第 2 期。

潘光哲:"近代中国'民主想象'的兴起(1837—1895)",台湾大学历史学研究所博士学位论文,2000 年。

潘光哲:《晚清士人的西学阅读史(一八三三～一八九八)》,凤凰出版社 2019 年版。

潘玮琳:"19 世纪的表述中国之争:以密迪乐对古伯察《中华帝国纪行》的批评为个案",《史林》2010 年第 4 期。

彭刚:"历史地理解思想——对斯金纳有关思想史研究的理论反思的考察",载丁耘、陈新主编:《思想史研究》(第 1 卷),广西师范大学出版社 2005 年版。

钱穆:《中国历代政治得失》,生活·读书·新知三联书店 2001 年版。

丘汉平编:《历代刑法志》,群众出版社 1988 年版。

邱玏:"《补注洗冤录集证》第一个英译本简评",《中国中西医结合杂志》2011年第4期。

邱志红:"从'讼师'到'律师'——认识律师制度在近代中国建立的另外一种路径",载中国社会科学院近代史研究所编:《近代中国与世界国际学术研讨会论文集》(第4卷),社会科学文献出版社2015年版。

瞿同祖:"清律的继承和变化",《历史研究》1980年第4期。

屈文生:"早期中文法律词语的英译研究——以马礼逊《五车韵府》为考察对象",《历史研究》2010年第5期。

屈文生:"近代中英关系史上的小斯当东——《小斯当东回忆录》译后余语",《北京行政学院学报》2015年第2期。

上海图书馆编:《皇家亚洲文会北华支会会刊(1858—1948):导论·索引·附录》,上海科学技术文献出版社2013年版。

沈国威:"香港英华书院的出版物在上海和日本——以《遐迩贯珍》《智环启蒙》为中心",载香港城市大学中国文化中心、出版博物馆编:《出版文化的新世界:香港与上海》,上海人民出版社2011年版。

沈国威:《近代中日词汇交流研究:汉字新词的创制、容受与共享》,中华书局2010年版。

沈国威编著:《六合丛谈》,上海辞书出版社2006年版。

沈家本:《历代刑法考》,中华书局1985年版。

沈之奇:《大清律辑注》,怀效锋、李俊点校,法律出版社2000年版。

石晶:"制度建构视域下的近代司法独立研究——基于中日近代司法独立的历史分析",《湖北社会科学》2013年第5期。

舒小昀、褚书达:"近代早期英格兰杀婴现象",《中国社会科学报》2016年8月29日第4版。

苏精:《中国,开门!——马礼逊及相关人物研究》,香港基督教中国宗教文化研究社,2005年。

苏精:《铸以代刻——传教士与中文印刷变局》,台湾大学出版中心,2014年。

苏力:"从契约理论到社会契约理论——一种国家学说的知识考古学",《中国社会科学》1996年第3期。

苏力:《大国宪制:历史中国的制度构成》,北京大学出版社2017年版。

苏亦工:"清代律例的地位及其相互关系"(上、下),《中国法学》1988年第 5、6 期。

苏亦工："另一重视角——近代以来英美对中国法律文化传统的研究"，《环球法律评论》2003 年春季号。

苏亦工：《明清律典与条例》，中国政法大学出版社 2000 年版。

苏亦工：《天下归仁：儒家文化与法》，人民出版社 2015 年版。

孙殿起录：《贩书偶记》，中华书局 1959 年版。

谭树林："近代来华基督教传教士所创中外文期刊之影响——以《印支搜闻》为中心"，《齐鲁学刊》2002 年第 5 期。

汤志钧编：《康有为政论集》，中华书局 1981 年版。

滕超：《权力博弈中的晚清法律翻译》，中国社会科学出版社 2014 年版。

田红湖："近代东南地区溺婴问题研究"，陕西师范大学硕士学位论文，2016 年。

田涛：《国际法输入与晚清中国》，济南出版社 2001 年版。

田涛、李祝环：《接触与碰撞：16 世纪以来西方人眼中的中国法律》，北京大学出版社 2007 年版。

田涛、郑秦点校：《大清律例》，法律出版社 1998 年版。

汪毅夫："清代福建救济女婴的育婴堂及其同类设施"，《中国社会经济史研究》2006 年第 4 期。

王尔敏：《晚清政治思想史论》，广西师范大学出版社 2005 年版。

王赓武：《1800 年以来的中英碰撞：战争、贸易、科学及治理》，金明、王之光译，浙江人民出版社 2015 年版。

王国强：《〈中国评论〉（1872—1901）与西方汉学》，上海书店出版社 2010 年版。

王宏志："'我会穿上缀有英国皇家领扣的副领事服'：马礼逊的政治翻译活动"，《编译论丛》2010 年第 3 卷第 1 期。

王家骅："中江兆民的自由民权思想和儒学"，《世界历史》1994 年第 1 期。

王健：《沟通两个世界的法律意义——晚清西方法的输入与法律新词初探》，中国政法大学出版社 2001 年版。

王健编：《西法东渐——外国人与中国法的近代变革》，中国政法大学出版社 2001 年版。

王丽娜："英国汉学家翟理思与中国文学"，载朱东润等主编：《中华文史论丛》(第 1 辑)，上海古籍出版社 1986 年版。

王人博：" 中国的民权话语"，《二十一世纪》2002 年 9 月号。

王人博等：《中国近代宪政史上的关键词》，法律出版社 2009 年版。

王人博：《法的中国性》，广西师范大学出版社 2014 年版。

王绍祥：" 西方汉学界的'公敌'——英国汉学家翟理斯（1845—1935）研究"，福建师范大学博士学位论文，2004 年。

王栻主编：《严复集》（第 1 册），中华书局 1986 年版。

王韬："序"，载《啸古堂诗集》，同治元年（1862 年）印本。

王芸生编著：《六十年来中国与日本》（第 1 卷），生活·读书·新知三联书店 1979 年版。

王志强：" 清代成案的效力和其运用中的论证方式——以《刑案汇览》为中心"，《法学研究》2003 年第 3 期。

王志强："中英先例制度比较研究"，《法学研究》2008 年第 3 期。

王志强："法国的中国法律史研究"，《中国古代法律文献研究》（第 8 辑），社会科学文献出版社 2014 年版。

王志强：《清代国家法：多元差异与集权统一》，社会科学文献出版社 2017 年版。

《魏源全集》（第 4 册），岳麓书社 2004 年版。

吴飞：《人伦的解体——形质论传统中的家国焦虑》，生活·读书·新知三联书店 2017 年版。

吴国盛："自然史还是博物学？"，《读书》2016 年第 1 期。

吴义雄："《印中搜闻》与 19 世纪前期的中西文化交流"，《中山大学学报（社会科学版）》2010 年第 2 期。

吴巍巍："近代来华西方传教士对中国溺婴现象的认识与批判"，《江南大学学报（人文社会科学版）》2008 年第 6 期。

席裕福、沈师徐辑：《皇朝政典类纂·卷四百七十四·外交十·通使》，《近代中国史料丛刊续编·第九十一—九十二辑》，文海出版社 1982 年版。

夏东元编：《郑观应集》，上海人民出版社 1982 年版。

夏勇："民本与民权——中国权利话语的历史基础"，《中国社会科学》2004 年第 5 期。

萧高彦："共和主义与现代政治"，载许纪霖主编：《共和、社群与公民》，江苏人民出版社2004年版。

萧公权:《中国政治思想史》(第2册),国立编译馆1946年版。

谢放:"戊戌前后国人对'民权''民主'的认知",《二十一世纪》2001年第6期。

熊月之:《中国近代民主思想史》,上海社会科学院出版社2002年版。

熊月之:《西学东渐与晚清社会》(修订版),中国人民大学出版社2011年版。

徐爱国:"孟德斯鸠论中华帝国法律之白描",《中国法律评论》2017年第5期。

徐国栋:"论西塞罗的 De Re publica 的汉译书名——是《论宪法》还是《论国家》或《论共和国》",《甘肃社会科学》2014年第2期。

徐继畬:《瀛寰志略》,上海书店出版社2001年版。

徐建寅:"德国议院章程序",载《新辑各国政治艺学全书》,光绪二十八年(1902年)印本。

徐珂编撰:《清稗类钞》(第5册),中华书局1986年版。

徐忠明:"明清国家的法律宣传:路径与意图",《法制与社会发展》2010年第1期。

徐忠明:"清代中国司法类型的再思与重构——以韦伯'卡迪司法'为进路",《政法论坛》2019年第2期。

许文濬:《清末民初的县衙记录:塔景亭案牍》,俞江点校,北京大学出版社2007年版。

许政雄:《清末民权思想发展的歧异:以何启、胡礼垣为例》,文史哲出版社1992年版。

薛世孝:"论英福公司在中国的投资经营活动",《河南理工大学学报》2005年第5期。

闫晓君:"清代的司法检验",《中国刑事法杂志》2005年第5期。

阎照祥:"英国近现代政治思想的类别和发展特征",《史学月刊》2005年第10期。

杨丙乾:"道德至善:T. H. 格林的政治哲学",浙江大学硕士学位论文,2014年。

杨龙:"西方自由主义政治思想的转折点——托马斯·格林的政治哲学",

《云南行政学院学报》2003年第3期。

杨一凡主编:《历代珍稀司法文献》,社会科学文献出版社2012年版。

殷宏:"托马斯·史密斯勋爵与都铎英国的共和主义思想",《青海师范大学学报(哲学社会科学版)》2010年第2期。

尹文涓:"耶稣会士与新教传教士对《京报》的节译",《世界宗教研究》2005年第2期。

游博清:"认识中国:小斯当东与图理琛《异域录》的翻译",载王宏志主编:《翻译史研究》,复旦大学出版社2013年版。

游博清、黄一农:"天朝与远人——小斯当东与中英关系(1793—1840)",《"中央研究院"近代史研究所集刊》2010年第69期。

俞江:"论分家习惯与家的整体性——对滋贺秀三《中国家族法原理》的批评",《政法论坛》2006年第1期。

俞江:"19世纪末20世纪初的民权概念",载俞江:《近代中国的法律与学术》,北京大学出版社2008年版。

俞江:"戊戌变法时期的民权概念",载《法律文化研究》(第1辑),中国人民大学出版社2006年版。

于明:"议院主权的'国家理由':英国现代宪制生成史的再解读(1642—1696)",《中外法学》2017年第4期。

余英时:《中国思想传统的现代诠释》,江苏人民出版社2004年版。

《曾纪泽日记》,中华书局2013年版。

张国刚、吴莉苇:《启蒙时代欧洲的中国观:一个历史的巡礼与反思》,上海古籍出版社2006年版。

张晋藩、林乾:"序",载祝庆祺等编:《刑案汇览》,北京古籍出版社2004年版。

张礼恒:《何启、胡礼垣评传》,南京大学出版社2011年版。

张仁善:"传统'息讼'宣教的现代性启迪",《河南财经政法大学学报》2015年第5期。

张世明:"拆穿西洋镜:外国人对于清代法律形象的建构",载杨念群主编:《新史学》(第5卷),中华书局2011年版。

张世明:《法律、资源与时空建构:1644—1945年的中国》,广东人民出版社2012年版。

张涛:"《印支搜闻》——孔子思想传入美国的重要原始渠道",《贵州社会科学》2015年第6期。

张西平:"对西方人早期汉语学习史的研究",载阎纯德主编:《汉学研究》(第7集),中华书局2002年版。

张西平:《传教士汉学研究》,大象出版社2005年版。

张振明:"晚清英美对《大清律例》的认识与研究",《北京理工大学学报(社会科学版)》2011年第3期。

张之洞:《劝学篇》,广西师范大学出版社2008年版。

赵晓力:"中国家庭资本主义化的号角——评婚姻法解释三",《文化纵横》2011年2月号。

赵玉:"司法视阈下的夫妻财产制的价值转向",《中国法学》2016年第1期。

《新政真诠——何启、胡礼垣集》,郑大华点校,辽宁人民出版社1994年版。

郑定:"论清代对明朝条例的继承与发展",《法学家》2000年第6期。

郑振铎:"评Giles的中国文学史",载《郑振铎古典文学论文集》,上海古籍出版社1984年版。

钟叔河:《走向世界——近代中国知识分子考察西方的历史》,中华书局1985年版。

钟叔河编:《走向世界丛书》(修订本)第1册,岳麓书社2008年版。

钟叔河编:《走向世界丛书》(修订本)第2册,岳麓书社2008年版。

钟叔河编:《走向世界丛书》(修订本)第4册,岳麓书社2008年版。

钟叔河编:《走向世界丛书》(修订本)第6册,岳麓书社2008年版。

朱贻庭:"'天人合一'的道德哲学精义",《华东师范大学学报(哲学社会科学版)》2017年第4期。

祝庆祺等编:《刑案汇览》,上海鸿光书局光绪十九年(1893年)印本。

周枏:《罗马法提要》,北京大学出版社2008年版。

周彦、张建英:"英国传教士马礼逊和米怜在马六甲的汉学研究",《语言与文化研究》2015年第1期。

周振鹤撰集、顾美华点校:《圣谕广训:集解与研究》,上海书店出版社2006年版。

佐藤慎一:"一八九〇年代的'民权'论——以张之洞和何启的论争为中心",载许政雄:《清末民权思想发展的歧异:以何启、胡礼垣为例》,

文史哲出版社 1992 年版。

左玉河：《从四部之学到七科之学——学术分科与近代中国知识系统之创建》，上海书店出版社 2004 年版。

［日］松浦章、［日］内田庆市、沈国威编著：《遐迩贯珍——附解题·索引》，上海辞书出版社 2005 年版。

《中英对照大清律例》，冉诗洋、肖红、熊德米校注，中国文联出版社 2016 年版。

《英例全书》，胡礼垣译，何启鉴定，粤东友石斋光绪十三年（1887 年）排印本。

《遗失在西方的中国史：〈伦敦新闻画报〉记录的晚清 1842—1873》（全三册），沈弘编译，北京时代华文书局 2014 年版。

［英］克拉克·阿裨尔：《中国旅行记（1816—1817 年）——阿美士德使团医官笔下的清代中国》，刘海岩译，刘天路校，上海古籍出版社 2012 年版。

［英］亨利·埃利斯：《阿美士德使团出使中国日志》，刘天路、刘甜甜译，刘海岩审校，商务印书馆 2013 年版。

［英］约翰·巴罗：《我看乾隆盛世》，李国庆、欧阳少春译，北京图书馆出版社 2007 年版。

［英］约翰·伯格：《观看之道》，戴行钺译，广西师范大学出版社 2015 年版。

［英］玛丽亚·露西亚·帕拉蕾丝-伯克编：《新史学：自白与对话》，彭刚译，北京大学出版社 2006 年版。

［英］柏林："两种自由概念"，陈晓林译，载刘军宁等编：《市场逻辑与国家观念》，生活·读书·新知三联书店 1995 年版。

［英］威廉·布莱克斯通：《英国法释义》（第 1 卷），游云庭、缪苗译，上海人民出版社 2006 年版。

［英］约翰·弗朗西斯·戴维斯：《崩溃前的大清帝国：第二任港督的中国笔记》，易强译，光明日报出版社 2013 年版。

［英］哈里·迪金森："英国民主政治历程：从威尔克斯派到宪章派"，载陈晓律编：《英国研究》（第 5 辑），南京大学出版社 2013 年版。

［英］玛丽·蒂芬：《中国岁月：赫德爵士和他的红颜知己》，戴宁、潘一宁

译，广西师范大学出版社 2017 年版。

［英］方德万：《潮来潮去：海关与中国现代性的全球起源》，姚永超、蔡维屏译，山西人民出版社 2017 年版。

［英］格林："论立法自由与契约自由"，马德普译，载刘训练编：《后伯林的自由观》，江苏人民出版社 2006 年版。

［英］杰克·古迪：《西方中的东方》，沈毅译，浙江大学出版社 2012 年版。

［英］赫德：《步入中国清廷仕途：赫德日记（1854—1863）》，傅曾仁等译，中国海关出版社 2003 年版。

［英］马修·黑尔：《英格兰普通法史》，［美］查尔斯·M. 格雷编，史大晓译，北京大学出版社 2016 年版。

［英］鲁伯特·克罗斯、J. W. 哈里斯：《英国法中的先例》，苗文龙译，北京大学出版社 2011 年版。

［英］理雅各："牛津大学设立汉语教席的就职演讲"，沈建青、李敏辞译，《国际汉学》2015 年第 3 期。

［英］约·罗伯茨：《十九世纪西方人眼中的中国》，蒋重跃、刘林海译，时事出版社 1999 年版。

［英］艾莉莎·马礼逊编：《马礼逊回忆录》，北京外国语大学中国海外汉学研究中心翻译组译，大象出版社 2008 年版。

［英］马礼逊夫人编：《马礼逊回忆录》，顾长声译，广西师范大学出版社 2004 年版。

［英］梅因：《古代法》，沈景一译，商务印书馆 1996 年版。

［英］梅因：《古代法》，郭亮译，法律出版社 2016 年版。

［英］梅因：《东西方乡村社会》，刘莉译，苗文龙校，知识产权出版社 2016 年版。

［英］米怜：《新教在华传教前十年回顾》，北京外国语大学中国海外汉学研究中心翻译组译，大象出版社 2008 年版。

［英］托马斯·莫尔：《乌托邦》，戴镏龄译，商务印书馆 2010 年版。

［英］迪耶·萨迪奇：《权力与建筑》，王晓刚、张秀芳译，重庆出版社 2007 年版。

［英］斯当东：《英使谒见乾隆纪实》，叶笃义译，上海书店出版社 1997 年版。

[英]乔治·托马斯·斯当东:《小斯当东回忆录》,屈文生译,上海人民出版社2015年版。

[英]菲利普·斯科菲尔德:《邪恶利益与民主:边沁的功用主义政治宪法思想》,翟小波译,法律出版社2010年版。

[英]约翰·汤姆逊:《中国与中国人影像:约翰·汤姆逊记录的晚清帝国(增订版)》,徐家宁译,广西师范大学出版社2015年版。

[英]雷蒙·威廉斯:《关键词:文化与社会的词汇》,刘建基译,生活·读书·新知三联书店2005年版。

[美]安靖如:《人权与中国思想:一种跨文化的探索》,黄金荣、黄斌译,中国人民大学出版社2012年版。

[美]白瑞华:《中国近代报刊史》,苏世军译,中央编译出版社2013年版。

[美]贝奈特:《传教士新闻工作者在中国:林乐知和他的杂志(1860—1883)》,金莹译,广西师范大学出版社2014年版。

[美]裨治文:"《美理哥合省国志略》",刘路生点校,《近代史资料》1997年总第92期。

[美]德克·布迪、[美]克拉伦斯·莫里斯:《中华帝国的法律》,朱勇译,江苏人民出版社2008年版。

[美]凯瑟琳·F. 布鲁纳等编:《赫德日记——赫德与中国早期近代化》,陈绛译,中国海关出版社2005年版。

[美]娜塔莉·泽蒙·戴维斯:《档案中的虚构:16世纪法国的赦罪故事及故事的讲述者》,饶佳荣、陈瑶等译,北京大学出版社2015年版。

[美]雅克·当斯:《黄金圈住地——广州的美国商人群体与美国对华政策的形成,1784—1844》,周湘、江滢河译,广东人民出版社2015年版。

[美]丁韪良:《花甲忆记——一位美国传教士眼中的晚清帝国》,沈弘等译,广西师范大学出版社2004年版。

[美]范发迪:《知识帝国:清代在华的英国博物学家》,袁剑译,中国人民大学出版社2018年版。

[美]格尔茨:《地方知识:阐释人类学论文集》,杨德睿译,商务印书馆2014年版。

[美]克利福德·格尔茨:《文化的解释》,韩莉译,译林出版社2014年版。

[美]费正清编:《剑桥中国晚清史1800—1911年(上卷)》,中国社会科学

院历史研究所编译室译，中国社会科学出版社 1990 年版。

［美］何天爵：《真正的中国佬》，鞠方安译，中华书局 2006 年版。

［美］何伟亚：《英国的课业：19 世纪中国的帝国主义教程》，刘天路、邓红风译，社会科学文献出版社 2007 年版。

［美］亨特：《优雅的福音：20 世纪初的在华美国女传教士》，李娟译，生活·读书·新知三联书店 2014 年版。

［美］吉瑞德：《朝觐东方：理雅各评传》，段怀清、周俐玲译，广西师范大学出版社 2011 年版。

［美］柯文：《在中国发现历史——中国中心观在美国的兴起（增订版）》，林同奇译，中华书局 2010 年版。

［美］络德睦：《法律东方主义：中国、美国与现代法》，魏磊杰译，中国政法大学出版社 2016 年版。

［美］M. G. 马森：《西方的中国及中国人观念（1840—1876）》，杨德山译，中华书局 2006 年版。

［美］马士：《中华帝国对外关系史》（第 3 卷），张汇文等译，上海书店出版社 2006 年版。

［美］明恩溥：《中国人的气质》，佚名译，黄兴涛校注，中华书局 2006 年版。

［美］摩尔根：《古代社会》，杨东莼等译，中央编译出版社 2007 年版。

［美］倪维思：《中国和中国人》，崔丽芳译，中华书局 2011 年版。

［美］珍妮弗·皮茨：《转向帝国：英法帝国自由主义的兴起》，金毅、许鸿艳译，江苏人民出版社 2012 年版。

［美］迪耶·萨迪奇、海伦·琼斯：《建筑与民主》，李白云、任永杰译，上海人民出版社 2006 年版。

［美］爱德华·W. 萨义德：《东方学》，王宇根译，生活·读书·新知三联书店 1999 年版。

［美］约翰·斯塔德：《1897 年的中国》，李涛译，山东画报出版社 2004 年版。

［美］卫三畏：《中国总论》（上），陈俱译，陈绛校，上海古籍出版社 2005 年版。

［美］徐中约：《中国进入国际大家庭：1858—1880 年间的外交》，屈文生译，商务印书馆 2018 年版。

［美］哈罗德·伊罗生：《美国的中国形象》，于殿利、陆日宇译，中华书局 2006 年版。

［法］艾田蒲：《中国之欧洲：从罗马帝国到莱布尼茨（上卷）》（修订全译本），许钧、钱林森译，广西师范大学出版社 2008 年版。

［法］艾田蒲：《中国之欧洲：西方对中国的仰慕到排斥（下卷）》（修订全译本），许钧、钱林森译，广西师范大学出版社 2008 年版。

［法］达尼埃尔-亨利·巴柔："从文化形象到集体想象物"，孟华译，载孟华主编：《比较文学形象学》，北京大学出版社 2001 年版。

［法］达尼埃尔-亨利·巴柔："形象学理论研究：从文学史到诗学"，蒯轶萍译，载孟华主编：《比较文学形象学》，北京大学出版社 2001 年版。

［法］巩涛："失礼的对话：清代的法律和习惯并未融汇成民法"，邓建鹏译，《北大法律评论》2009 年第 10 卷第 1 辑。

［法］古伯察：《中华帝国纪行——在大清国最富传奇色彩的历险》，张子清等译，南京出版社 2006 年版。

［法］古郎士：《古代城市：希腊罗马宗教、法律及制度研究》，吴晓群译，上海人民出版社 2012 年版。

［法］福柯：《规训与惩罚：修订译本》，刘北成、杨远婴译，生活·读书·新知三联书店 2012 年版。

［法］卢梭：《社会契约论》，何兆武译，商务印书馆 1980 年版。

［法］谢和耐、戴密微等：《明清间耶稣会士入华与中西汇通》，耿昇译，东方出版社 2011 年版。

［德］诺贝特·埃里亚斯：《文明的进程：文明的社会起源和心理起源的研究（第一卷：西方国家世俗上层行为的变化）》，王佩莉译，生活·读书·新知三联书店 1998 年版。

［德］郭士立：《帝国夕阳：道光时代的清帝国》，赵秀兰译，吉林出版集团股份有限公司 2017 年版。

［德］尤尔根·哈贝马斯：《分裂的西方》，郁喆隽译，上海译文出版社 2019 年版。

［德］汉诺-沃尔特·克鲁夫特：《建筑史理论——从维特鲁威到现在》，王贵祥译，中国建筑工业出版社 2005 年版。

［德］郎宓榭、阿梅龙、顾有信：《新词语新概念：西学译介与晚清汉语词汇

之变迁》，赵兴胜等译，山东画报出版社2012年版。

［德］马克斯·韦伯：《支配社会学》，康乐、简惠美译，广西师范大学出版社2004年版。

［意］马西尼：《现代汉语词汇的形成——十九世纪汉语外来词研究》，黄河清译，汉语大词典出版社1997年版。

［瑞士］巴霍芬：《母权论：对古代世界母权制宗教性和法权性的探究》，孜子译，生活·读书·新知三联书店2018年版。

［瑞士］费乐仁："王韬与理雅各对新儒家忧患意识的回应"，尹凯荣译，载林启彦、黄文江主编：《王韬与近代世界》，香港教育图书公司2000年版。

［比］R.C.范·卡内冈：《法官、立法者与法学教授——欧洲法律史篇》，薛张敏敏译，北京大学出版社2006年版。

［加］卜正民、［法］巩涛、［加］格力高利·布鲁：《杀千刀：中西视野下的凌迟处死》，张光润等译，商务印书馆2013年版。

［日］沟口雄三：《中国的公与私·公私》，郑静译，孙歌校，生活·读书·新知三联书店2011年版。

［日］松本三之介：《国权与民权的变奏——日本明治精神结构》，李冬君译，东方出版社2005年版。

［日］中江兆民：《三醉人经纶问答》，滕颖译，商务印书馆1990年版。

［日］中江兆民：《一年有半·续一年有半》，杨杨译，译林出版社2011年版。

［日］滋贺秀三：《中国家族法原理》，张建国、李力译，商务印书馆2013年版。

二、英文文献

［英］马礼逊、米怜主编：《印中搜闻（*The Indo-Chinese Gleaner, 1817—1822*）》（影印本），国家图书馆出版社2009年版。

［英］但尼士、［德］欧德理等主编:《中国评论（*The China Review: Or, Notes and Queries on the Far East, 1872—1901*）》（影印本，共22册），国家图书馆出版社2010年版。

［英］库寿龄主编:《新中国评论（*The New China Review, 1919—1922*）》（影印本，全四册），国家图书馆出版社2012年版。

张西平主编，顾钧、杨慧玲整理:《中国丛报（*Chinese Repository, 1832. 5—1851. 12*）》（影印本，共21卷），广西师范大学出版社2008年版。

Alabaster, Ernest. *Notes and Commentaries on Chinese Criminal Law and Cognate Topic*, Luzac & Co., 1899.

Aylmer, Charles. "The Memoirs of H. A. Giles," *East Asian History*, No. 13/14, June/Dec, 1997.

Baller, F. W. *The Sacred Edict: With a Translation of the Colloquial Rendering, Notes and Vocabulary*, American Presbyterian Mission Press, 1892.

Baker, J. H. *An Introduction to English Legal History*, Butterworths, 1990.

Bentham, Jeremy. "Papers Relative to Codification and Public Instruction," in John Bowring (ed.), *The Works of Jeremy Bentham*, Vol. 4, 1962.

Blackstone, William. *Commentaries on the Laws of England*, Vol. IV, Clarendon Press, 1769.

Bodde, Derk. Clarence Morris, *Law in Imperial China: Exemplified by 190 Ch'ing Dynasty Cases*, Harvard University Press, 1967.

Bowden, Brett. "The Ideal of Civilisation: Its Origin and Socio-Political Character," *Critical Review of International Social and Political Philosophy*, Vol. 7, 2004.

Brown, Elizabeth Gaspar. "Frontier Justice: Wayne County 1796-1836," 16 *Am. J. Legal Hist*. 126 (1972).

Buzan, Barry. "The 'Standard of Civilisation' as an English School Concept," *Millennium: Journal of International Studies*, Vol. 42, No. 3, 2014.

Chapman, Richard A. "Thomas Hill Green (1836-1822)," *The Review of Politics*, Vol. 27, No. 4, 1965.

Chen, Li. "Lawyers as the Emerging Diplomatic Elite in China: The Making of the First Chinese Barrister at the English Bar," *The Chinese Journal of*

Comparative Law, Vol. 2, No. 2, 2014.

Choa, Gerald Hugh. *The Life and Times of Sir Kai Ho Kai: A Prominent Figure in Nineteenth-Century Hong Kong*, Chinese University Press, 2000.

Clark, Douglas. *Gunboat Justice: British and American Law Courts in China and Japan (1842-1943)*, Vol. 1, Earnshaw Books Ltd, 2015.

Coates, P. D. *The China Consuls: British Consular Officers, 1843-1943*, Oxford University Press, 1988.

Coke. "Seventh Reports," in Sheppard Steve (eds.), *The Selected Writings and Speeches of Sir Edward Coke*, Vol. 1, Liberty Fund, 2003.

Davis, John Francis. *The Chinese: A General Description of the Empire of China and Its Inhabitants*, Vol. 1, Charles Knight, 1836.

Dennys, N. B. (ed.), *Notes and Queries on China and Japan*, Charies A. Saint, 4 Vols, 1867-1869.

Dyzenhaus, David. "Dicey's Shadow," *University of Toronto Law Journal*, Vol. 43 No. 1, 1993.

Eiichi, Motono. "H. A. Giles versus Huang Chengyi: Sino-British Conflict over the Mixed Court, 1884-85," *East Asian History*, No. 12, Dec., 1996.

Erickson, Amy Louise. *Women and Property: In Early Modern England*, Routledge, 1993.

Fairbank, John K. *Trade and Diplomacy on the China Coast: The Opening of the Treaty Ports 1842-1854*, Harvard University Press, 1953.

Fox, George. *To the Parliament of the Common-Wealth of England: Fifty Nine Particulars Laid Down for the Regulating Things, and the Taking Away of Oppressing Laws, and Oppressors, and to Ease the Oppressed*, Printed for Thomas Simmons, at the Bull and Mouth near Aldersgate, 1659.

Gifford, John. *The Complete English Lawyer, or, Every Man His Own Lawyer*, London, 1817.

Giles, Herbert Allen. *The "Hsi Yüan Lu" or "Instructions to Coroners"*, John Bale, Sons & Danielsson Ltd, 1924.

Gong, Gerrit W. *The Standard of "Civilization" in International Society*, Clarendon Press, 1984.

Green, Thomas Hill. *Prolegomena to Ethics*, Clarendon Press, 1883.

Green, Thomas Hill. *Prolegomena to Ethics*, A. C. Bradley (ed.), Thomas Y. Crowell Company, 1969.

Gutzlaff, Charles. *A Sketch of Chinese History, Ancient and Modern*, John P. Haven, 1834.

Harris, Paul. "Moral Progress & Politics: The Theory of T. H. Green, " *Polity*, Vol. 21, No. 3, 1989.

Hill, Christopher. *The Collected Essays of Christopher Hill: Writing and Revolution in 17th Century England*, Harvester Press, 1985.

Huc, M. *A Journey Through the Chinese Empire*, Harper & Brothers, 1855.

Jacob, Giles. *Lex Constitutionis: Or, the Gentleman's Law*, E. Nutt and B. Gosling, 1719.

Jacob, Giles. *City Liberties: Or, the Rights and Privileges of Freemen*, W. Mears, 1732.

Jacob, Giles. *Every Man His Own Lawyer: Or a Summary of the Laws of England in a New and Instructive Method*, London, 1736.

Jacob, Giles. *Every Man His Own Lawyer: Or a Summary of the Laws of England in a New and Instructive Method*, Philadelphia, 1769.

Jamison, G. *Chinese Family and Commercial Law*, Kelly and Walsh, Limited, 1921.

Jernigan, T. R. *China in Law and Commerce*, The Macmillan Company, 1905.

Jones William C. (trans.), *The Great Qing Code*, Clarendon Press, 1994.

Kranz, P. *Some of Professor J. Legge's Criticisms on Confucianism*, American Presbyterian Mission Press, 1898.

Legge, Helen Edith. *James Legge: Missionary and Scholar*, The Religious Tract Society, 1905.

Legge, James. *The Land of Sinim: A Sermon Preached in the Tabernacle, Moorfields, at the Sixty-Fifth Anniversary of the London Missionary Society*, John Snow, 1859.

Legge, James. *The Chinese Classics: With a Translation, Critical and Exegetical Notes, Prolegomena, and Copious Indexes*, SMC Publishing Inc., 1991.

Liburne, John. "The Petition was Delivered on the 15. of April, 1645 to the Common-Councell of London, Sitting at Guild-hall, " in David M. Hart, *Tracts on Liberty by the Levellers and Their Critics* Vol. 2 (1644-1645), edited by David M. Hart and Ross Kenyon, Liberty Fund, 2015.

Lovell, Colin Rhys. *English Constitutional and Legal History: A Survey*, Oxford University Press, 1962.

Mallory, John. *Attorney's Pocket Companion*, Printed by E. and R. Nutt, and R. Gosling for R. Gosling, 1733.

Marshall, T. H. *Citizenship and Social Class, Inequality and Society*, edited by Jeff Manza and Michael Sauder, W. W. Norton and Co., 2009.

Mellinkoff, David. *The Language of the Law*, Little, Brown & Company, 1963.

McLennan, John F. *Primitive Marriage*, Adam and Charles Black, 1865.

Medhurst, W. H. *China: Its State and Prospects, with Especial Reference to the Spread of the Gospel: Containing Allusions to the Antiquity, Extent, Population, Civilization, Literature, and Religion of the Chinese*, John Snow, 1838.

Milne, William. *The Sacred Edict, Containing Sixteen Maxims of the Emperor Kang-He, Amplified by His Son, the Emperor Yoong-Ching; Together with a Paraphrase on the Whole, by a Mandarin*, Black, Kingsbury, Parbury, and Allen, 1817.

Minford, John, Tong Man. "Whose Strange Stories? Pu Sung-ling (1640-1715), Herbert Giles (1845-1935), and the Liao-chai chin-yi, " *East Asia History*, Vol. 17/18, 1999.

Möllendorff, Paul Georg von. *The Family Law of the Chinese*, Kelly & Walsh, Ltd., 1896.

Nettleship, R. L. (ed.), *Works of Thomas Hill Green*, 3 Vols, Longmans, Green, and Co., 1885-1888.

Paul, John. *Paul's Select Law Library, or, Every Man His Own Lawyer*, Printed for J. Richardson, 1807-1810.

Pfister, Lauren F. *Striving for "The Whole Duty of Man": James Legge and the Scottish Protestant Encounter with China*, Peter Lang, 2004.

Poling, Kathleen. "The Performance of Power and the Administration of Justice: Capital Punishment and the Case Review System in Late Imperial China," A dissertation submitted in partial satisfaction of the requirements for the degree of Doctor of Philosophy in History in the Graduate Division of the University of California, Berkeley, 2012.

Pound, Roscoe. "Administration of Justice in the Modern City," 26 *Harv. L. Rev.* (1912-1913).

R., H. *The Country-man's Counsellour, or, Every Man Made His Own Lawyer*, Printed for J. Clarke at the Bible and Harp near the hospital gate in West-Smith-Field, London, 1682.

Raymond, Joad. *Pamphlets and Pamphleteering in Early Modern Britain*, Cambridge University Press, 2003.

Shaw, James, *Every Man His Own Lawyer or, a Practical and Popular Exposition of the Laws of England*, London, 1833.

Spufford, Margaret. *Small Books and Pleasant Histories: Popular Fiction and Its Readership in Seventeenth-Century England*, Cambridge University Press, 1985.

Staunton, George Thomas (ed. and trans.), *Ta Tsing Leu Lee; Being Fundamental Laws, and a Selection from the Supplementary Statutes, of the Penal Code of China*, T. Cadell and W. Davies, 1810.

Staunton, George Thomas. *Miscellaneous Notices Relating to China, and Our Commercial Intercourse with That Country, Including a Few Translations from the Chinese Language*, John Murray, 1822.

Tyler, Colin. *Metaphysics of Self-Realisation and Freedom: Part I of the Liberal Socialism of Thomas Hill Green*, Imprint Academic, 2010.

Wade, Thomas Francis. *The Hsin Ching Lu, or Book of Experiments: Being the First of a Series of Contributions to the Study of Chinese*, Hongkong, 1859.

Williams, S. W. *The Middle Kingdom: A Survey of the Geography, Government, Education, Social Life, Arts, Religion, etc. of the Chinese Empire and Its Inhabitants, with a New Map of the Empire*, John Wiley, 1871.

Williams, T. *Every Man His Own Lawyer, or, Complete Law Library,*

London, 1812.

Wylie, Alexander. *Memorials of Protestant Missionaries to the Chinese: Giving a List of Their Publications and Obituary*, American Presbyterian Mission Press, 1867.

Zheng, Qin, Guangyuan Zhou, "Pursuing Perfection: Formation of the Qing Code," *Modern China*, Vol. 21, No. 3, 1995.

The Punishments of China, Illustrated by Twenty-Two Engraving: With Explanations in English and French, Printed for William Miller, Old Bond-Street, by W. Bulmer and Co. Cleveland-Row, St. James's, 1801.

A Catalogue of Books Including Many New and Standard Works, Lockwood & Co, 1874.

A Barrister, *Every Man's Own Lawyer: A Handy Book of the Principles of the Law and Equity*, Crosby Lockwood & Co., 1879.

Catalogue of the Pepys Library at Magdalene College, Census of Printed Books, Boydell & Brewer Ltd, 2004.

"Every Man His Own Lawyer," *The Oxford Companion to the Book*, edited by Michael F. Suarez, S. J. and H. R., Oxford University Press, 2010.

索 引[*]

A

阿巴蒂斯塔（Guido Abbattista）38、107

阿查立（Chaloner Alabaster）31、35、41、43

阿拉巴德（Ernest Alabaster，又译"阿拉巴斯特"）27、41、43、44、51、116、117、131、132

阿美士德（William P. Amherst）134、142、251、252、258、265、277、308、309、311

艾田蒲（René Etiemble）298

《爱丁堡评论》（Edinburgh Review）38、105、208、209、304、305

爱丽丝·沃克登（Alice Walkden）368

奥立芬（D. W. C. Olyphant）313

B

巴霍芬（Johann Jakob Bachofen）91

巴罗（John Barrow）253、258、259、265、271、299

白挨底（G. M. H. Playfair）25

班德瑞（F. S. A. Bourne）25

"半文明"（half-civilized）8、150、181、182、183、184、187

"宝星案"242、243

鲍康宁（Frederick W. Baller）205

《北华捷报》（North-China Herald）43、179

毕利干（A. A. Billequin）34、168、169

---

[*] 索引条目以"主题篇"和"附篇"所涉的主要人物、刊物、案例、法规等为限，且已包含在篇目中的，如《中国评论》《刑案汇览》《圣谕广训》及哲美森、理雅各、翟理斯等，不再列于其中。索引页码为本书页码。

神治文（E. C. Bridgman）2、4、33、138、142、143、145、195、196、253、254、264、265、268、274、278、314、315、323

边沁（Jeremy Bentham）361

别发洋行（Kelly & Welsh）36、113、231

斌椿 13、320、324、327、328、329、331、340

波乃耶（James D. Ball）3、41、145、238

《补注洗冤录集证》231、234、235、236、238

布迪（Derk Bodde）38、43、51、106、122、307

布莱克斯通（William Blackstone）59、299、358、363

布莱斯神父（Father Boulais）106

《不列颠批评》（British Critic）105

C

《察世俗每月统记传》284、321

长尾景弼 376

陈福勋 240、241

D

《鞑靼西藏旅行记》262

《大清会典》5、25、35、44

《大英国志》326

丹尼斯（N. B. Dennys，又译"但尼士"）3、19、41、144、145、235

《道光皇帝传》273、277

德庇时（J. F. Davis）118、183、205、211、213、215、222、223、255、266

《德臣报》（China Mail）19、144、147

笛福（Daniel Defoe）299

《帝国的儒学：康熙十六条圣谕》（Imperial Confucianism, or the Sixteen Maxims of the Kang-hsi Period）8、175、178、205、207

《地理便童略传》321

丁韪良（W. A. P. Martin）170、256、263、267、271、329

《东西洋考每月统记传》321

F

《法国律例》34、39、168

"反鸦片贸易协会"（Society for the Suppression of the Opium Trade）199

菲拉斯特上尉（Lieutenant Philastre）106

费时本（Captain Fishbouine）255、275

费伊（L. M. Fay）27、140

伏尔泰（Voltaire）3、298

福开森（John C. Ferguson）36

G

郭实腊（Charles Gutzlaff）195、196、253、260、265、271、273、274、275、277、278

"郭世那案"61、74、76、77

郭嵩焘 13、42、320、321、326、332、333、335、336、337、340

格尔茨（Clifford Geertz）256、257、277、280

龚当信（Cyr Contancin）310

巩涛（Jérome Bourgon）106

古伯察（Évariste-Régis Huc）255、262、271、272、273、275

《古今万国纲鉴》321

古郎士（Numa Denis Fustel de Coulanges）91

《广训附律例成案》206

《广州纪录报》255

H

海伯里神学院（Highbury Theological College）175

《海国图志》322、324、325

汉恩·蒲拉斯（Dr. J. Heinr. Plath）24

何启 3、14、20、367、368、369、370、371、376

何天爵（Chester Holcombe）256、267

何伟亚（James L. Hevia）279

合信（Benjamin Hobson）278

赫德（Robert Hart）256、329

黑尔（Matthew Hale）59

黑尔委员会（The Hale Commission）349

亨利·埃利斯（Henry Ellis）309

亨利·福克德（Henry C. Folkard）362、367、368

胡礼垣 14、367、368、369、370、371、372、373、374、375、376、377

《华英谳案定章考》48、131

黄承乙 240、241、242、243、244、245、246、247、248

《皇家亚洲文会北华支会会刊》（Journal of the North-China Branch of the Royal Asiatic Society）40、43、113、178、255

"会审公堂风波"（Mixed Court Scandal）230、240、249

霍近拿（Alexander Falconer）3、41、145

J

基德（Samuel Kidd）176

索引　499

《稽查西洋教章程》307
吉本（Edward Gibbon）208
吉尔·摩尔（Gile Moore）354
吉尔斯·雅各伯（Giles Jacob）352、355
吉瑞德（Norman J. Girardot）174
"家父权"（Partia Potestas）92、97、99、103、129
嘉约翰（J. G. Kerr）29、136、140
《教会新报》273、341
杰弥逊（J. W. Jamieson）15、23、24、25、35、41
《京报》29、31、143、289、290、291、293、305、310、315

K

柯克（Edward Coke）58、345
柯维（George Cowie）176
柯文（Paul A. Cohen）268、322
克伦威尔（Oliver Cromwell）349
"孔昭池案"61、67、69
库寿龄（Samuel Couling）42

L

"劳船长（M. C. Law）诉李毛弄案"246
"老沙逊洋行诉陈荫堂和范德盛案"242
老斯当东（即乔治·斯当东，George L. Staunton）255、258、259、267、271
莱布尼茨（Gottfried W. Leibniz）3、298
李圭 328
李鸿章 27、39、142、326、335
"李龙见案"87、89
"李四案"84
李提摩太（Timothy Richard）131
梁进德 322
林肯律师会馆（Lincoln's Inn）368、369
林乐知（Young J. Allen）256、272、273、279
林则徐 322、323、324
"刘七案"61、65、66
《六合丛谈》326
"六礼"61
卢公明（Justus Doolittle）255、263、268、271
《陆战法手册》（Les lois de la guerre sur terre）170
《陆地战例新选》170
伦敦传教会（London Missionary Society）2、259、283、306、308、311
罗伯茨（J. A. G. Roberts）37、275、304
罗斯（E. A. Ross）256
罗斯科·庞德（Roscoe Pound）

363

络德睦（Teemu Ruskola）276

洛克（John Locke）364

M

《孖剌报》(Daily Press) 144

马戛尔尼（George Macartney）134、142、253、258、299、302、305、308、309、311

马建忠 42、326

马礼逊（R. Morrison）2、131、137、139、142、143、145、255、259、283、286、287、289、290、296、298、305、306、307、308、309、310、311、312、313、314、315、316

马森（Mary G. Mason）37、275

玛高温（M. J. Macgowan）254、266

迈尔斯·戴维斯（Myles Davies）353

麦都思（W. H. Medhurst）144、253、264、265、266、267、274、305、321

麦高温（J. Macgowan）256

麦华陀（Walter H. Medhurst）256、266、267、275

麦克伦南（John Ferguson McLennan）91

《每月评论》(Monthly Review) 38、105

《美理哥合省国志略》321、323

梅因 7、49、91、92、93、94、95、99、100、101、102、127、128、129

梅森（George H. Mason）134、300

美魏茶（William C. Milne）176

孟德斯鸠（Montesquieu）3、298

米怜（W. Milne）2、137、145、176、205、207、255、259、283、284、285、305、306、307、309、311、312、313、314、316

米歇尔-英尼斯（N. G. Mitchell-Innes）31

密迪乐（Thomas T. Meadows）129、272

明恩溥（A. H. Smith）216、221、256、263、268、271、272、279

摩尔根（Lewis Henry Morgan）91

莫里斯（Clarence Morris）38、51

穆麟德（Paul Georg von Möllendorff）29、113

慕瑞（Hugh Murray）322

慕维廉（William Muirhead）326

N

奈益（N. Gye）153、154、155、

156、158、159、164
内殿律师会馆（Inner Temple Inn）47、108
倪为霖（W. McGregor）254、255、262、263
倪维思（John L. Nevius）255、267、274
《牛津书籍指南》352

O

欧德理（E. J. Eitel）3、25、30、41、43、145、199、200

P

帕克男爵（B. Parke）54
丕思业（C. F. Preston）25、37、41
《评论季刊》(*Quarterly Review*) 38
蒲安臣（Anson Burlingame）142

Q

《弃之于死》(Left to Die) 280
乔治·福克斯（George Fox）349、350、351、352
《全地五大洲女俗通考》273

R

"任统信案" 61、69、71、73、76

"儒莲奖" 230、231

S

萨缪尔·皮普斯（Samuel Pepys）354
萨义德（Edward W. Said）274
《上谕合律直解》206
《申报》241、246、248、255
《圣谕便讲附律》206
《圣谕广训衍》204、205、207、212、218、219、220
《圣谕十六条附律易解》206
施美夫（George Smith，又名"四美"）255、263
《十二表法》24、92
十户长（tithing-man）127
《使西纪程》336
《世界地理大全》(*Encyclopaedia of Geography*) 322
司登得（G. C. Stent）27、41
斯密（Adam Smith）299
斯塔德（John L. Stoddard）256、272
《死亡之屋》(*Dying Room*) 279
《四洲志》322、323、324、325、339
宋慈 233、234、236、237

T

"特拉诺瓦案"（Terranova）134

"土巴资号案"（Topaze）310

托马斯·莫尔（Thomas More）346、347、352、361

"拖欠房租案" 245

W

《万国公报》273、341

王韬 42、326、329、335、340、369

"王万春案" 61、63、65

威妥玛（Thomas F. Wade）15、163、164、167、169、205、207、208、231、249

伟烈亚力（Alexander Wylie）177、326

韦利（Authur Waley）249

"韦士荣案" 61、74、77

"未开化"（savage）150、153

卫三畏（S. W. Williams）4、33、142、143、145、205、207、249、253、254、264、265、270、274、278、304、314、315

魏源 322、324

《文学公报》（The Literary Gazette）38

倭讷（E. T. C. Werner）160、161、162

沃德豪斯（H. E. Wodehouse）163

《五车韵府》131

X

西塞罗（Marcus Tullius Cicero）126

《遐迩贯珍》42、144

《香港公报》（Hong Kong Gazette）144

《香港记录报》（Hong Kong Register）144

《香港政府宪报》（Hong Kong Government Gazette）144

小斯当东（George Thomas Staunton）7、28、38、39、50、105、106、107、113、115、116、118、122、125、126、131、134、138、205、208、209、210、255、263、264、267、277、303、304、305、308、311

谢和耐（Jacques Gernet）297

《新议略论》163

《新政真诠》368、371、372、376

《新中国评论》（The New China Review）42

休士（G. Hughes）254、255、262

"休斯女士号案"（Lady Hughes）134

徐继畲 324

许士（Sir Patrick J. Hughes）242、244、246、247

《学衡》（Critical Review）105

"巡丁 Chu K'un 被控勒索案" 244

《循环日报》42、369

Y

雅裨理（Rev. David Abeel）254、260、261、262、268、271、272、273、279、324

《亚洲杂志》(Asiatic Journal) 38

《1730年法院程序法》(Proceedings in Courts of Justice Act 1730) 360

伊罗生（Harold R. Isaacs）276

怡和洋行（Jardine, Matheson & Co.）243

《异域录》277、308、309

《英国法释义》299、358、363

英福公司（Peking Syndicate）47、108

英国驻华法院（The British Supreme Court for China and Japan）41、47、108、242

《英例全书》(Every Man's Own Lawyer: A Handy Book of the Principles of the Law and Equity) 13、14、367、368、370、372、373、374、375、376、377

《瀛寰志略》324、325

佑尼干（Thomas R. Jernigan）132

约翰·李尔本（John Lilburne）348、349、351、352

Z

《在遥远中国的外国人》266

曾纪泽 13、39、42、320、321、326、337

张德彝 327、331、332、333、334、335、337、340

《折衷评论》(Eclectic Review) 105

《智环启蒙塾课初步》8、175、178、179

中殿律师会馆（Middle Temple Inn）47、93、108

《中国度支考》48

《中国家庭法与商事法》(Chinese Family and Commercial Law) 6、43、44、46、47、50、56、75、90、92、109、121、132

《中国经典》8、174、175、177、178、179、183、185、187、192、202、212

《中国民法入门》(Manual of Chinese Civil Law) 56、121

《中国沿海三次航行记》253、260、277

《中国之友与香港公报》(Friend of China and Hong Kong Gazette) 144

《中华帝国》262

《中日释疑》(Notes and Queries on China and Japan) 19、40、144、255

钟威廉（William C. Jones）106、115、125

《字林西报》(North China Daily News) 145、255、272

《阻止毁灭与谋杀私生子法案》269

后　记

在当下的科研体制下，国家社科项目备受青睐。可我对于申请课题曾那么抗拒，总觉得预设时限的研究必受到束缚，有经费的支持是个负担，而且自恃早已完成生存于高校所必须解决的职称，以为这样也便有了按自己的兴趣和节奏阅读、研究的资格和自由。所以每年定时必到的项目指南及申报通知之类的文件，我几乎从不打开浏览。想法是会变的，也就是2015年春节前后，本来应该彻底休整几天的日子，被动念要申请并立即着手填报申请书的忙碌所代替。很大程度上，想法的最初改变是来自外部，而非内心。

本校法律史学科每次开会时，学科带头人、导师何勤华教授必谈申请国家社科项目的重要性，而且他早已身体力行，领衔完成了数个重要项目，还实现了本校国家重大项目顺利申请的零的突破，而我连他项目中的子项目都没有参与，会场上何老师鼓励大家应踊跃申报时，话虽不多，但有意无意的那一瞟颇具威慑力。时任处长罗培新教授率领的校科研处团队，对于动员项目申请的热情投入，不由得让人在校园里的各个角落都能感受到，着实有点感动。学科内，校园里，鼓动申报的话听多了，就是压力。申请了不成是一回事，若一直不参与申请那是另一回事。压力有时确实会成为动力。就是在这样的心境下，我转念参与申报。沿着当年出版的以探讨近代早期中西法律文化交流为旨趣的《中法西绎:〈中国丛报〉与十九世纪西方人的中国法律观》的路径,我选择聚焦另一重要媒介——《中国评论》,设计框架,填报表格。这是自己本来就计划过的后续研究,所以填表倒没有花多少时间。

研读《中国丛报》,完成《中法西绎》,前后断断续续用了我八年多的时间。《中国评论》比起《中国丛报》,编作者更多,关于中国法的言说更广、更杂,想完成得有品,需要投入更多的时间、精力,最关键的是,对于知识储备、思考视角和方法论的要求也更高,况且结束项目有截止时间,容不得歇歇停停。所以一开始,我便放弃了习惯上的单打独斗,转而组织团队,邀请研究兴趣相近,并有了较好积累的青年才俊参与。于明、冷霞、李洋、汪强、赖骏楠、胡译之、洪佳期相继加入课题,并完成了各自心仪的专题,高珣、涂钒、刘芸伊、于莹、罗带、毛皓强等参与了"刊文选译"各篇的译校。优质的课题组团队是项目得以按时保质推进的基础,各位的努力和文稿超出了我的预期,统稿过程中不时令我惊喜,浏览时的愉悦又启发了新的思考。

本课题从立项到结束,一直得到师友们的帮助和鼓励。当初申报时,得到了屈文生教授、王笑红编审、李明倩副教授、姚远副教授、肖崇俊博士的支持,陈颐教授、王沛教授、陈越峰教授、吴一鸣副教授也给了许多有益的建议。从立项到准时于三年半时间内结项获得"良好"的成绩,离不开至今也不知其名的评审专家的鼓励和抬爱。刚好立项的那个初夏,於兴中老师来校讲学,我在法律史研究中心办公室呈送其《中法西绎》时,他顺口一句"还有一份《中国评论》也很值得研究",让我顿有"英雄所见略同"的欣喜,颇受鼓舞。初稿完成后,曾得到梁治平、侯欣一、徐爱国、苏亦工、张仁善、王志强等诸位老师的教益。前期成果，部分已刊载于《中外法学》《比较法研究》《华东政法大学学报》《中国法律评论》《社会科学》《法学研究》《国际汉学》，在时下莫名其妙多趋向讲求所谓"现实意义"的办刊导向下，尤其感佩诸位审稿人和编辑老师的慧眼识珠。明倩及其先生 Terry 再次帮助英译了一个点睛的书名。朱明哲副教授、赵智勇博士曾帮助解读法语名词和资料。承蒙梁治平老师的鼓励，本书被列入"法律文化研究文丛"，即将在商务印书馆出版，责编王静老师认真审阅了书稿。梁老师建议的书名主标题"镜中观法"，远超我原本拟用的"旁观侧语"，更有意蕴，也较契合。

在全国外国法制史研究会和中国法学会比较法学研究会的各次年会上，作为几乎不缺席的聆听者，与会者的许多发言和评议都让我受益。时刻关注学界动态，尤其从年轻同道的最新研究中汲取学术养分，是防止并延缓思维固化、倚老卖老的良方。在课题推进过程中，我得到了华政法律史学科诸位老师及孙晓鸣博士、宫雪博士的暖心支持。在给法律史的博士生、硕士生讲授比较法律文化史、比较法等课程时，同学们的偶尔提问，也促使了我对于一些议题的重新思考，陈川、李琴曾通读并订正课题初稿的文字疏漏。这些年本人指导的博士、硕士，毕业后从事着各自喜欢的工作，过上了适合自己的生活，其中有十多位也走上了教学研究岗位，他们的不停努力和进步，令人欣慰，于我也是一种激励。

家人的一路陪伴和理解，是我得以心安理得持续用心于阅读、研究的重要支撑。最近一年多来，每周一次与女儿的视频通话，家事、国事、天下事，吃住、读书、研究，社会、政治、法律，什么都聊，在不能想聚就聚的日子里，这是很大的安慰。她即时分享的发生于太平洋彼岸各地层出不穷的稀奇古怪之事，也促发了我的一些对照和思考。

我家先生对于家中累积的各类世界历史书籍，看得比我还勤，他若打开话匣子聊起普罗柯比、查士丁尼，还有埃莉诺王后和腓特烈二世，想不听都难，这期间我们也一同踏访过希罗多德的故乡、尼罗河畔的帝王谷、耶路撒冷的苦路，在古迹中品读历史，在游履中感受世界之变。

从立项到提交出版，六年的时间似乎一晃而过。现在我感到，有时限有经费的课题同样可以保有研究的纯粹，当然，如果经费的使用能更简化便捷，那么过程中的体会将更自如。回想这六年，觉得经历了许多，数次遭遇需要自己持续深呼吸才能重新平复的境况，环顾周遭，也见多了朱楼起、朱楼塌，好生感慨。而印象特别深刻的是，在就杀女婴问题的思考过程中，阅读19世纪各类相关记述，作为有女儿的妈妈，代入感太强，越读越郁闷，五味杂陈，有数日甚至寝食难安。经常说要重视传统，悠久的传统是底蕴是财富，但不要这样说多了就忘却其中的泥沙俱下，这一点中外无别。2020年至2021年，无数人亲历了意想不到的痛楚和失去，中外关系剧变的时代之中，我们也见证了各种撕裂和互掐，或隔岸观火，或直接互怼，那些不上台面的辞令，那种失却逻辑的指指点点，都让人意识到百多年前的历史仿佛正在重演，而我们正身处其中。如果说19世纪的中国躲不开来自他人的打量，那么21世纪的中国与世界更是无法脱离彼此。历史经验告诉我们，越自信，越开放，摊开来让人品头论足，比扭扭捏捏、躲躲闪闪被人窥探，来得大气，或许才可能得到比较全面、客观的评说，在这一点上，其实也不分中外。

李秀清
2020年10月20日初稿
2021年11月5日定稿
于沪上寓所

图书在版编目（CIP）数据

镜中观法：《中国评论》与十九世纪晚期西方视野中的中国法 / 李秀清主编 . — 北京：商务印书馆，2023
（法律文化研究文丛）
ISBN 978-7-100-21944-0

Ⅰ．①镜… Ⅱ．①李… Ⅲ．①法律—研究—中国 Ⅳ．① D920.4

中国版本图书馆 CIP 数据核字（2022）第 256510 号

权利保留，侵权必究。

法律文化研究文丛
镜中观法：《中国评论》与十九世纪晚期
西方视野中的中国法
李秀清　主编

商务印书馆出版
（北京王府井大街36号　邮政编码100710）
商务印书馆发行
南京鸿图印务有限公司印刷
ISBN 978-7-100-21944-0

| 2023年2月第1版 | 开本 880×1240 1/32 |
| 2023年2月第1次印刷 | 印张 16⅜ |

定价：85.00元